"用制度管人，按流程办事"系列图书

房地产企业必备的47 个制度和 68 个流程

刘瑞江　袁艳烈　编著

人民邮电出版社
北　京

图书在版编目(CIP)数据

房地产企业必备的47个制度和68个流程/刘瑞江,
袁艳烈编著.—北京:人民邮电出版社,2014.7
("用制度管人,按流程办事"系列图书)
ISBN 978-7-115-36204-9

Ⅰ.①房…　Ⅱ.①刘…　②袁…　Ⅲ.①房地产企业—
企业管理　Ⅳ.①F293.3

中国版本图书馆CIP数据核字(2014)第138541号

内 容 提 要

　　本书从构建企业管理制度体系和流程体系的角度出发,针对房地产企业战略发展规划管理、市场调研管理、开发立项管理、土地取得管理、行政审批管理、规划设计管理、招标管理、工程开工管理、工程项目管理、工程建设管理、工程风险控制管理、工程验收管理、销售营销管理等工作事项,分别提供了13套设计思路,并给出了必备的47个制度范例和68个流程范例。

　　本书内容实用、全面,不仅涵盖了房地产企业制度建设中的体系指引设计、目标设计、关注点设计和范例设计四项工作重点,而且涉及了流程建设中的流程目录设计、流程关键节点梳理、流程说明和流程范例设计四大维度,为房地产企业开展各项工作提供了"拿来即用"或"稍改即用"的参考范本。

　　本书适合房地产企业中高层管理人员、企业管理流程与制度设计人员及高校相关专业师生阅读与使用。

◆ 编　　著　刘瑞江　袁艳烈
　　责任编辑　张国才
　　责任印制　杨林杰
◆ 人民邮电出版社出版发行　　北京市丰台区成寿寺路11号
　　邮编 100164　　电子邮件 315@ptpress.com.cn
　　网址 http://www.ptpress.com.cn
　　北京铭成印刷有限公司印刷
◆ 开本:787×1092　1/16
　　印张:19.5　　　　　　　　　2014年7月第1版
　　字数:195千字　　　　　　　2014年7月北京第1次印刷

定　价:65.00元
读者服务热线:(010)81055656　印装质量热线:(010)81055316
反盗版热线:(010)81055315
广告经营许可证:京崇工商广字第0021号

"用制度管人，按流程办事"系列图书序

"用制度管人，按流程办事"系列图书旨在解决企业中存在的工作执行不规范、制度落实不到位的问题，为研发、生产、物流、销售、零售、餐饮、房地产、物业八大类企业的生产经营管理工作设计了科学、完善的管理体系，从而为企业推进规范化管理、提高生产经营效率提供了实务性的操作范本。

与市场上的同类书相比，本系列图书内容扎实，范例均来自于企业的实际工作。同时，作者将当前流行的制度与流程管理思想融入本系列图书的内容中，使读者既能获得先进的理论，也能利用本系列图书提供的内容脚踏实地地推进所在企业的工作。具体而言，本书具有以下三大特点。

1. 制度建设全面务实

本系列图书首先明确了管理制度设计的四大准则与四大标准，为企业管理制度体系的建立提供了基本框架，并在此基础上构建了管理制度顶层设计模型，明确了企业管理制度体系的基本构成，从而规范了企业管理制度的编制工作，确保了企业管理制度的规范性与可执行性。

2. 流程设计规范合理

本系列图书首先确定了流程设计准则，明确了流程设计的三大基本要素，给出了流程设计的四大标准，并且根据企业的实际情况和管理需要构建了管理流程顶层设计模型，为企业管理流程体系的建立和改造提供了指导与参考，从而确保了企业管理流程体系的合理性与可执行性。

3. 实用性强，易于操作，便于落实

本系列图书针对八大类企业的每一项日常管理工作，以"制度体系＋流程体系"的模式，为各项工作提出了切实可行的管理思路，从而使繁琐、杂乱的管理事务变得简单、有序。同时，本系列图书提供了大量符合上述八大类企业管理特点的制度与流程范例，为企业提高效率提供了易于操作的范本，便于各级管理人员、企业员工在实际工作中落实和执行。

前　言

《房地产企业必备的 47 个制度和 68 个流程》是"用制度管人，按流程办事"系列图书中的一本。本书从企业管理的实际需求出发，为房地产企业推进制度化管理与流程化管理提供了高实务性、强实用性的参考范本。

本书主要针对房地产企业战略发展规划管理、市场调研管理、开发立项管理、土地取得管理、行政审批管理、规划设计管理、招标管理、工程开工管理、工程项目管理、工程建设管理、工程风险控制管理、工程验收管理、销售营销管理 13 大工作重点，为房地产企业构建制度体系和流程体系分别提供了 13 套设计思路，并给出了必备的 47 个制度范例和 68 个流程范例。

本书具有以下四大特点。

1. 建立了规范的制度体系

本书从房地产企业的实际需求出发，从**制度指引图绘制**、**制度目标确定**、**制度关注点寻找**三个维度出发，为管理人员构建企业管理制度体系提供了参考范例，确保房地产企业管理制度体系的全面性与规范性。

2. 设计了可行的制度范例

在构建管理制度体系的基础上，本书进一步针对房地产企业的各项活动提供了结构统一、内容要求明确的管理制度范例，既为房地产企业提供了全套规范可行的管理制度内容，促进企业深入贯彻执行"用制度管人"，又为房地产企业制度编制人员提供了参考范例，以提高制度编写人员的工作效率。

3. 构建了完善的流程体系

本书根据房地产企业的实际需要编制**流程目录**，确定企业推进每一职能事项所需的流程，并梳理出**流程关键节点**、给出**流程说明**、明确**流程设计关注点**，构建完善的管理流程体系，确保管理流程体系的合理性与可执行性。

4. 设计了实用的流程范例

本书根据构建完成的流程体系，针对房地产企业每一经营管理事项，逐一分析管理流程，并给出了**管理流程**的设计**范例**，既帮助各级员工明确了流程名称、执行主体及主要的流程动作，方便其顺利地"按流程办事"，又为房地产企业流程编制人员提供了参考范例，以提高流程编制人员的工作效率。

在本书编写的过程中，孙立宏、王淑燕、刘伟、孙宗坤负责资料的收集和整理，王玉凤、廖应涵、翟睿明负责图表编排，周鸿参与编写了本书的第 1 章，韩建国参与编写了本书的第 2 章，程淑丽参与编写了本书的第 3 章，姚小风参与编写了本书的第 4 章，毕春月参与编写了本书的第 5 章，王胜会参与编写了本书的第 6 章，姜东青参与编写了本书的第 7 章，韩庆龄参与编写了本书的第 8 章，邹晓春参与编写了本书的第 9 章，李文龙参与编写了本书的第 10 章，孙佩红参与编写了本书的第 11 章，唐磊参与编写了本书的第 12 章，金成哲参与编写了本书的第 13 章，黄成日参与编写了本书的第 14 章，严刘建参与编写了本书的第 15 章，全书由刘瑞江、袁艳烈统撰定稿。

目　录

第 1 章　房地产企业流程与制度设计

第 2 章　制定流程与制度标准技术

第3章　房地产战略发展规划管理流程与制度

第4章　房地产开发市场调研管理流程与制度

第5章 房地产开发立项管理流程与制度

第6章 房地产开发土地取得管理流程与制度

第7章 房地产开发行政审批管理流程与制度

第8章 房地产开发规划设计管理流程与制度

第9章 房地产开发招标管理流程与制度

第10章 房地产工程开工管理流程与制度

第 11 章　房地产工程项目管理流程与制度

第12章 房地产工程建设管理流程与制度

第13章 房地产工程风险控制管理流程与制度

第14章　房地产工程验收管理流程与制度

第15章　房地产销售营销管理流程与制度

第1章　房地产企业流程与制度设计

1.1　房地产企业流程设计准则

1.1.1　流程设计的基本要素

流程的目的就是将企业进行的一系列活动与客户需求、企业目标、企业价值联系起来，从而满足客户需求、实现企业目标及提升企业价值。简单地讲，流程就是一组将输入转化为输出的相互关联或相互作用的活动。

房地产企业在设计各类流程时，应从执行主体、流程节点和执行主体权责三方面入手。执行主体说明了"谁去做"的问题，流程节点说明了"做什么"的问题，执行主体权责说明了"如何做"的问题，其具体说明如图1-1所示。

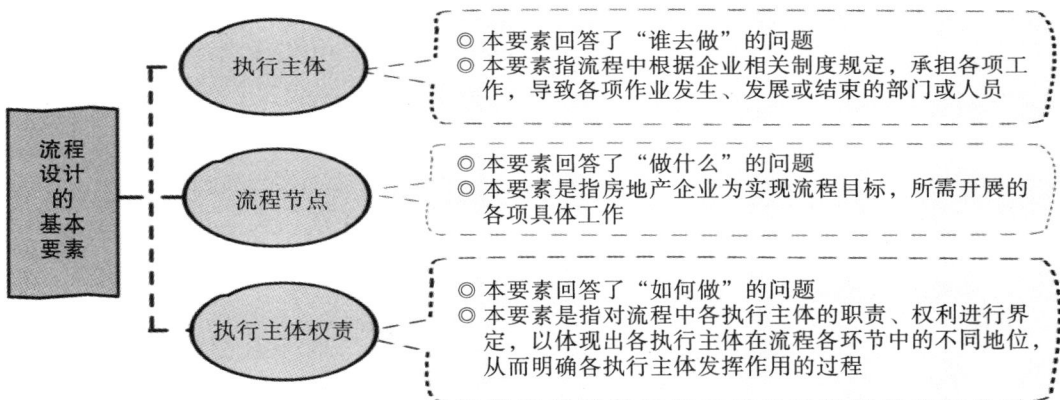

图1-1　流程设计的基本要素

除执行主体、流程节点及执行主体权责外，流程图符号也可作为流程设计的基本要素。关于流程图符号，美国国家标准学会（ANSI）给出了相应的规定。下面对流程设计过程中可能用到的流程图符号进行——介绍，以便规范使用，具体说明如表1-1所示。

表1-1　流程设计常用到的流程符号

序号	流程图符号	符号说明
1	⬭	该符号表示流程的开始或结束

序号	流程图符号	符号说明
2		该符号表示某项具体任务或工作
3		该符号表示决策、判断和审批等动作
4		该符号表示单向流程线
5		该符号表示双向流程线
6		该符号表示两项工作无交集
7		该符号表示两项工作可作同一处理
8	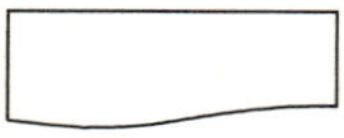	该符号表示作业过程中涉及的文档信息
9	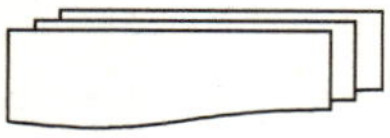	该符号表示作业过程中涉及的多文档信息
10		该符号表示与本流程关联的其他流程
11		该符号表示信息来源
12	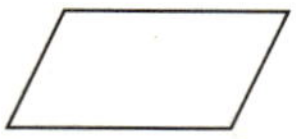	该符号表示信息储存与输出

1.1.2 流程设计的整体逻辑

为了保证企业流程的最优，在设计流程时，房地产企业应在系统思考分析的基础上设计自身所需的各项管理流程。

房地产企业在设计流程时应坚持的整体逻辑如图 1-2 所示。

初步确定流程	明确工作目标，确定工作过程的各个环节及相互关系，理顺工作的开展步骤
界定流程范围和参与部门	界定管理流程所涉及的范围，确定参与该项工作的各个部门或人员及其职能与作用
绘制并分析流程图	绘制初步的流程图，并同流程相关人员分析判断流程的准确性
精调、修改流程	相关人员对流程进行审核、讨论并进行精调，修改流程的不适当之处
试行流程	安排精调、修改后的流程在日常工作中试行，并及时收集流程试行过程中的反馈信息
分析、研究和反馈信息	对流程试行的信息进行分析、研究，并将分析研究结果反馈至流程相关人员
改进、优化流程	相关人员根据试行反馈结果修改或重新绘制流程图，并对流程进行改进、优化
确定最终流程	企业管理层正式公示流程，确定流程

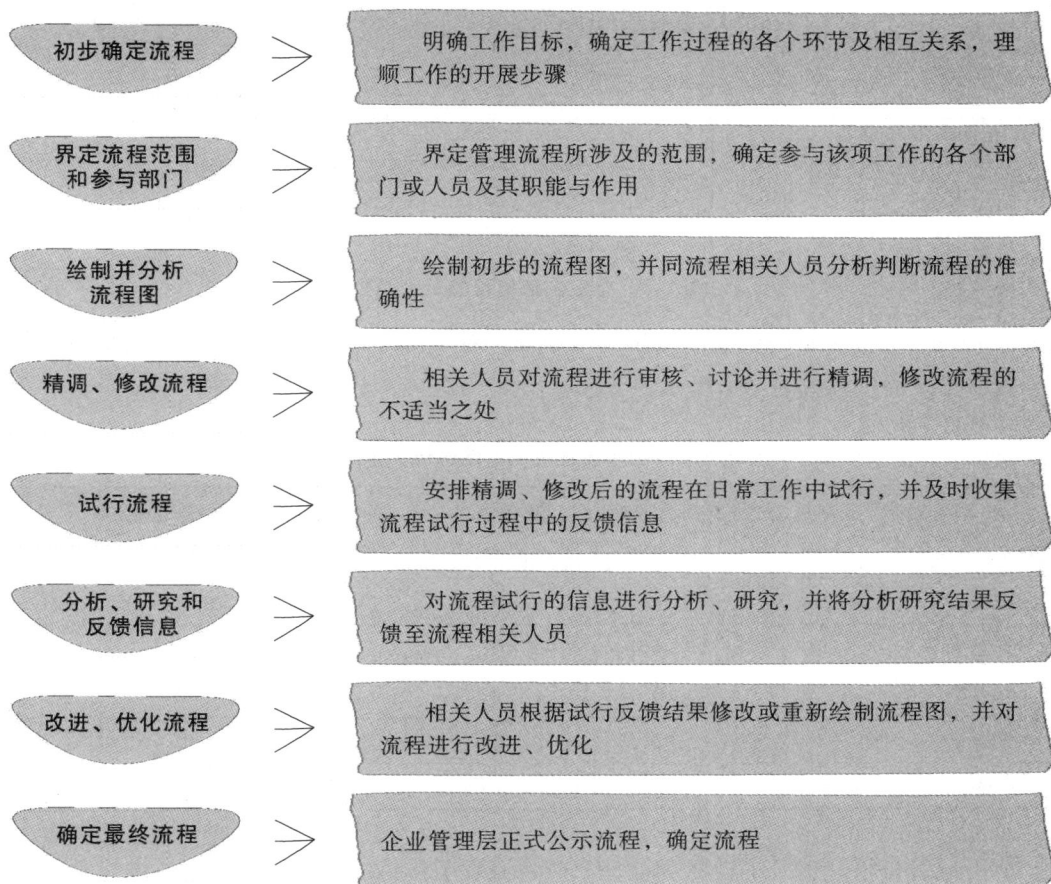

图1-2　流程设计的整体逻辑说明图

1.1.3　流程设计的主要方法

房地产企业在设计各管理流程时，应选择"关键流程"为突破口。在选择"关键流程"时，可选用以下几种方法。

1. 流程优先矩阵法

（1）流程优先矩阵主要是根据分析关键成功因素对流程的影响程度，将企业内部流程分为三大类，具体如图1-3所示。

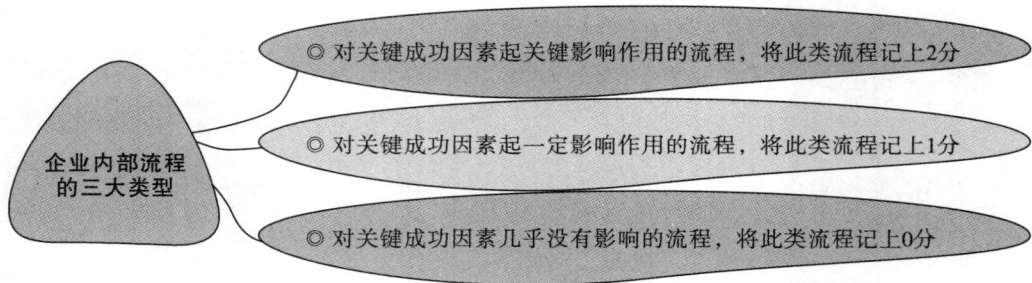

图 1-3 企业内部流程的三大类型

（2）设计人员根据得分情况绘制一个矩阵，对于得分高的流程将给予高度重视，其具体分析、比较的过程如表 1-2 所示。

表 1-2 利用流程优先矩阵选择关键流程

因素 流程	关键成功 因素 1	关键成功 因素 2	关键成功 因素 3	关键成功 因素 4	关键成功 因素 5	总分
流程 1	1	1	0	2	2	6
流程 2	0	1	0	1	0	2
流程 3	2	0	1	2	0	5
流程 4	0	2	2	0	0	4
流程 5	2	0	1	0	0	3

（3）通过分析、记分、计算等处理，应将流程 1 作为流程再造的优先考虑对象。

2. 绩效表现—重要性矩阵法

（1）首先利用漏斗原理对企业所有流程进行初步筛选，再利用绩效表现—重要性矩阵来识别、筛选需要优先改进的关键流程，具体如图 1-4 所示。

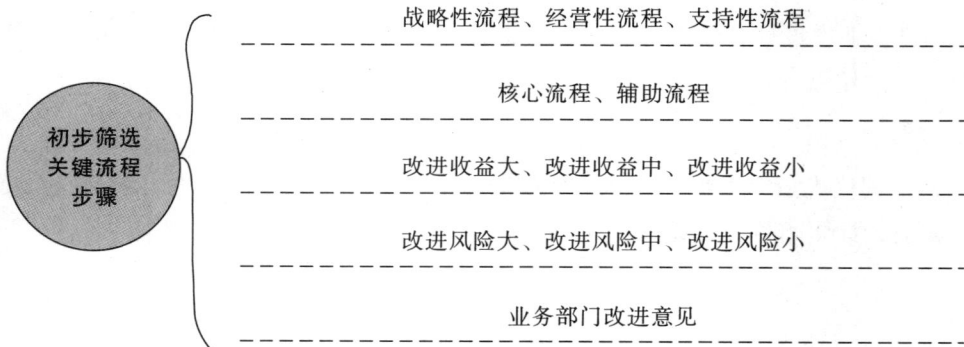

图 1-4 初步筛选关键流程步骤

（2）利用漏斗原理初步筛选关键流程后，设计人员将"流程绩效表现"和"流程重要性"作为纵、横坐标对初选流程进行矩阵分类，找出优先改进的关键流程，具体如图1-5所示。

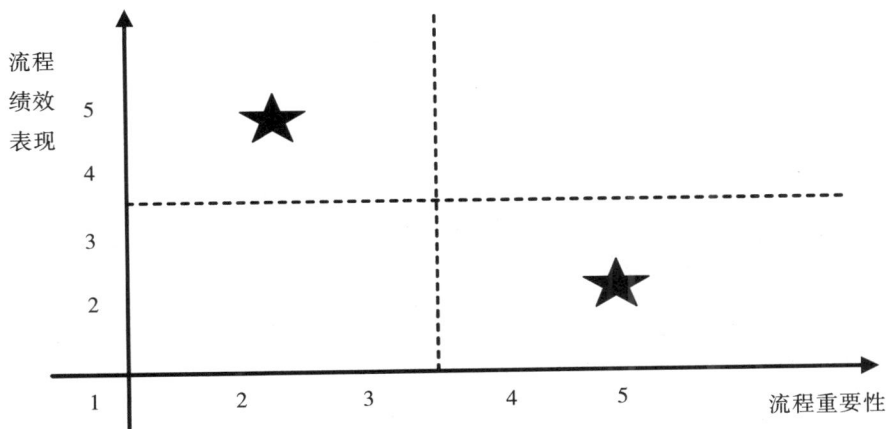

图 1-5 利用绩效表现—重要性矩阵选择关键流程

如上图所示，右下角的五角星重要性高、绩效表现分数低，应该是流程设计的首选。而左上角的五角星重要性低、绩效表现分数却很高，所以目前不急于马上进行流程再造。

1.2 房地产企业流程顶层设计

1.2.1 流程顶层体系模型

房地产企业的流程顶层体系是企业各工作流程的整体框架，涵盖了房地产企业所有职能活动的全部实施过程，其具体体系模型如图1-6所示。

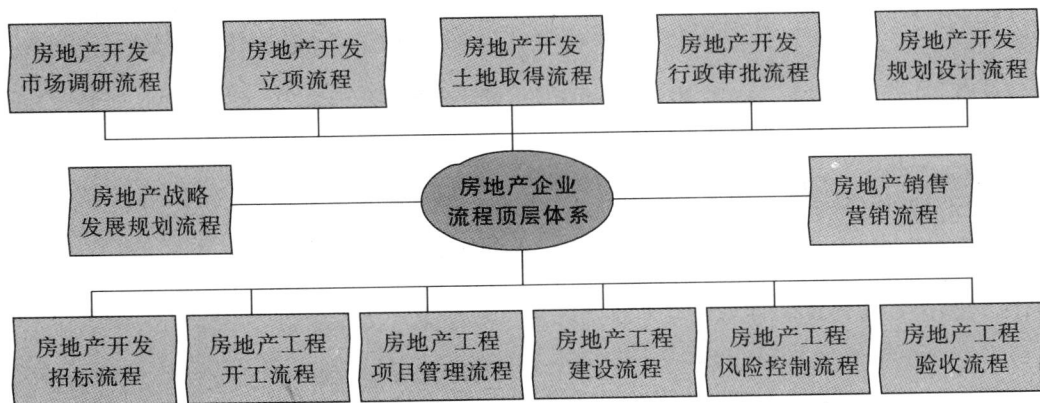

图 1-6 房地产企业流程顶层体系模型

1.2.2　流程顶层设计分层

在设计房地产企业流程体系顶层时，设计人员根据流程的适用层级，对各项流程进行分层设计。房地产企业的流程一般分为三个层级，即企业级流程、部门级流程和部门内流程，具体说明如图1-7所示。

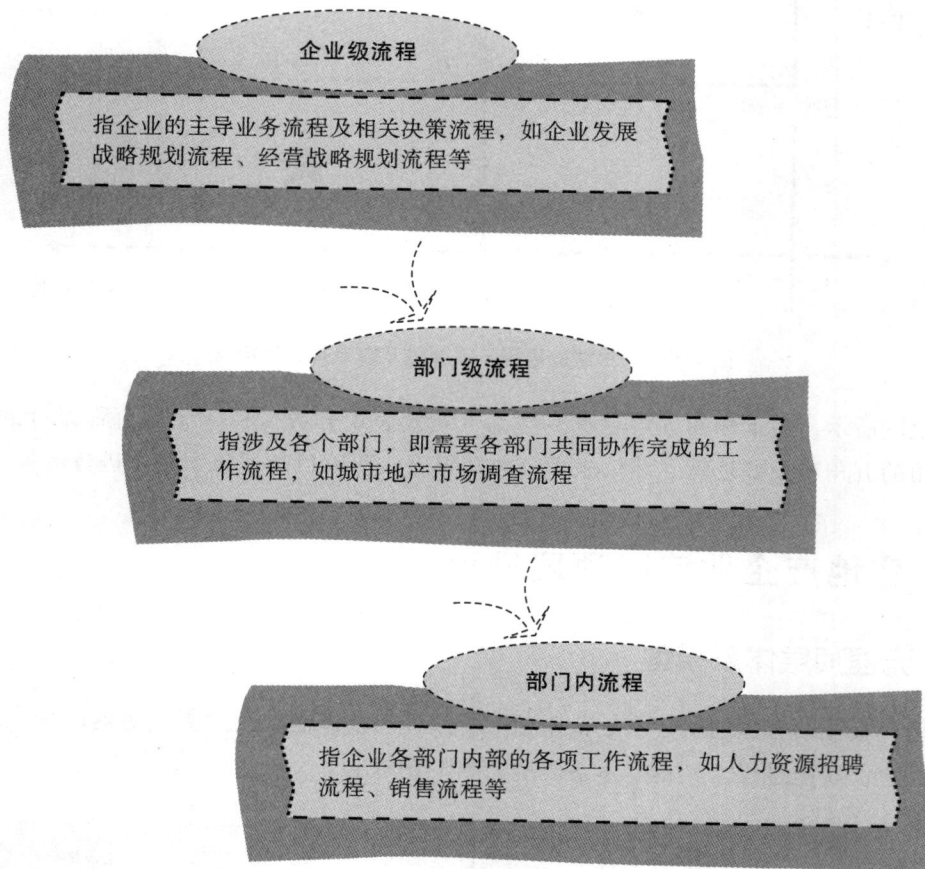

企业级流程

指企业的主导业务流程及相关决策流程，如企业发展战略规划流程、经营战略规划流程等

部门级流程

指涉及各个部门，即需要各部门共同协作完成的工作流程，如城市地产市场调查流程

部门内流程

指企业各部门内部的各项工作流程，如人力资源招聘流程、销售流程等

图1-7　流程顶层设计分层说明

1.2.3　流程顶层设计分类

根据流程的实施目的，房地产企业流程顶层体系中的各项流程可分为管理类流程和业务类流程两类，具体说明如表1-3所示。

表1-3 流程顶层设计分类说明

流程类别	类别说明
管理类流程	◆ 管理流程主要解决"做什么"这样的方向性问题 ◆ 管理流程就是把一系列的活动与满足客户需求、实现企业目标和提升企业价值联系起来，强调流程中的各项活动都是直接或间接地服务于企业营运过程，目标直指客户需求、企业目标和企业价值。在管理流程中，可能存在一个向他人发号施令的主管，使同一流程中的承担主体在地位和权力上不平等 ◆ 管理类流程主要包括市场营销类流程、售后服务管理流程等
业务类流程	◆ 业务流程是对完成某项工作的先后顺序进行安排，并对每一步工作的标准、作业方式等内容做出明确的规定，主要解决"如何完成工作"这一问题 ◆ 在业务流程中，主要由流程下一步执行主体向上一步执行主体提出要求和工作指令，而且双方都能理解这一要求和指令的含义。因此，流程活动的承担者之间能够实现一种平等、互助的关系 ◆ 如财务类流程主要指与财务管理工作相关的流程，具体包括房地产预算管理流程、房地产成本核算流程和房地产成本控制流程等

1.2.4 流程设计展现形式

基于上述管理流程与业务流程的特点，在实际工作中，设计人员可根据需要灵活选择流程的展现形式。在设计管理流程时，既要直观、简洁地将活动的顺序表达清楚，也要将执行主体的不平等地位表示出来，所以，设计人员常倾向于选用矩阵式流程图。

在设计业务流程时，仅需要明确流程的上下执行主体、活动要求及指令，并将这些要求和指令用统一的语言表达出来即可。因此，设计人员常倾向于箭头式流程图、业务流程图、矩阵式流程图加节点说明（或工作底稿）等形式。

矩阵式流程图由横、纵两个坐标方向的坐标构成，纵向依次为各项任务，横向则为各项任务的执行主体。这种流程图既能清晰地展现流程中各项作业之间的上下承接关系，同时也能直观地展现每项任务的责任部门或责任人，适用于复杂作业任务的流程设计。

矩阵式流程图常见的样式如图1-8所示。

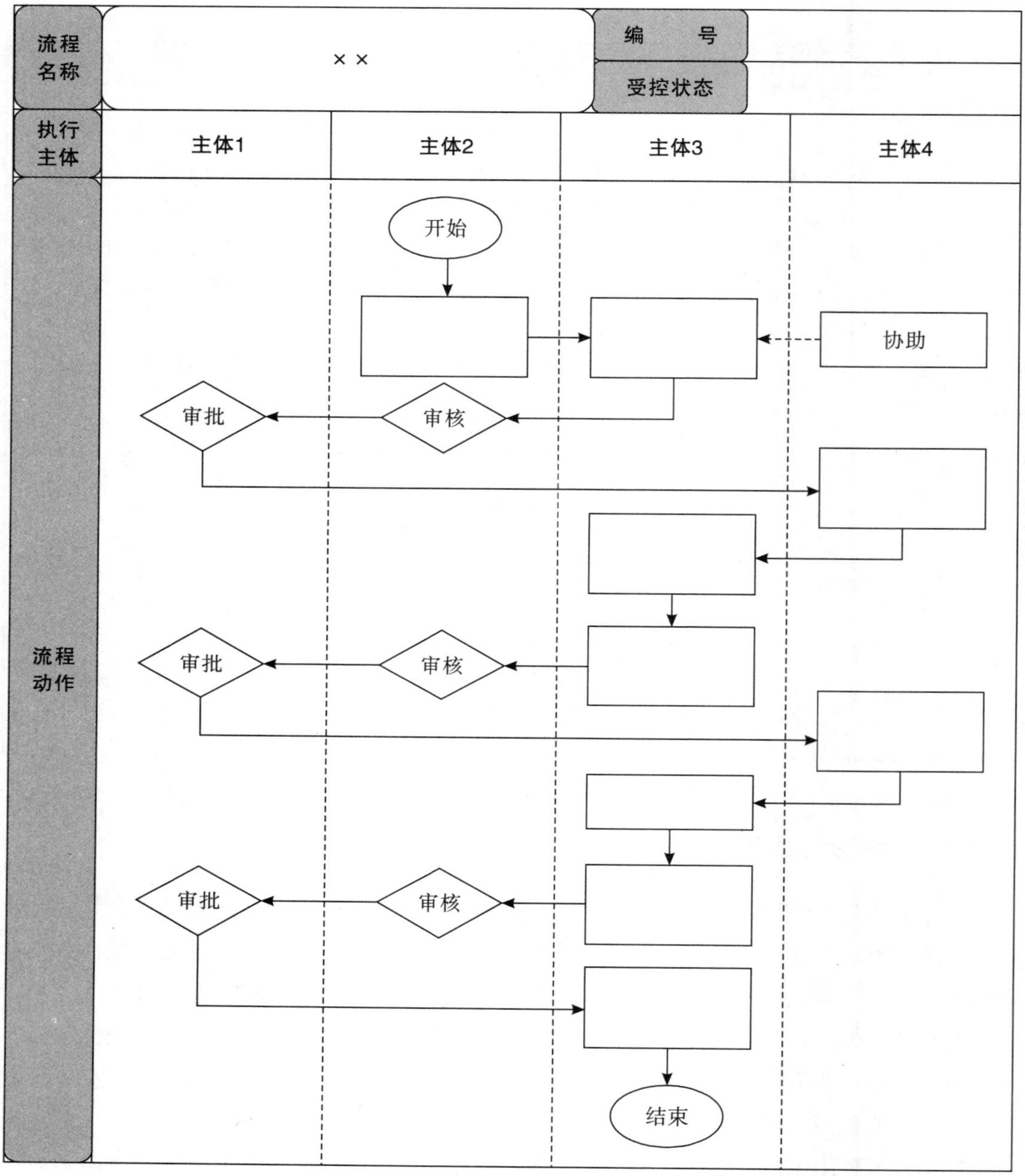
流程名称
××
编　　号
受控状态
执行主体
主体1
主体2
主体3
主体4
流程动作
开始
协助
审批
审核
审批
审核
审批
审核
结束

图 1-8　矩阵式流程图常见样式图

1.2.5　流程顶层体系设计实例

房地产企业流程的顶层体系设计实例如表 1-4 所示。

表 1-4 房地产企业流程顶层体系设计实例

流程编号	企业级流程	部门级流程	部门内流程
FDCLC-01	房地产战略规划流程		
FDCLC-01-01	房地产目标定位规划流程		
FDCLC-01-02	房地产城市地段定位规划流程		
FDCLC-01-03	房地产开发模式规划流程		
FDCLC-01-04	房地产财政预算规划流程		
FDCLC-01-05	取得开发土地规划流程		
FDCLC-01-06	房地产品牌化规划流程		
FDCLC-02		房地产开发调研流程	
FDCLC-02-01		城市地产市场调查流程	
FDCLC-02-01-01			地产区域市场调查流程
FDCLC-02-01-02			市场调查预算编制流程
FDCLC-02-02		政治环境调查分析流程	
FDCLC-02-03		经济环境调查分析流程	
FDCLC-02-03-01			宏观经济环境调查分析流程
FDCLC-02-03-02			微观经济环境调查分析流程
FDCLC-02-04		文化环境调查分析流程	
FDCLC-02-05		购房愿望调研分析流程	
FDCLC-02-06		市场需求容量调研流程	
FDCLC-02-07		竞争对手调研分析流程	
FDCLC-02-08		项目基本状况调研流程	
FDCLC-02-09		市场战略选择评估流程	
FDCLC-02-10		房地产开发调研报告编制流程	
FDCLC-03		房地产开发立项流程	
FDCLC-03-01		房地产开发项目选择流程	
FDCLC-03-02		房地产开发地段选择流程	

（续表）

流程编号	企业级流程	部门级流程	部门内流程
FDCLC-03-02-01			房地产开发地段分析流程
FDCLC-03-02-02			房地产开发地段分析报告编制流程
FDCLC-03-03		房地产开发可行性报告编制流程	
FDCLC-03-03-01			房地产开发信息收集流程
FDCLC-03-03-02			房地产开发信息整理流程
FDCLC-03-03-03			房地产开发信息汇总流程
FDCLC-03-04		房地产开发可行性评审流程	
FDCLC-03-04-01			技术可行性评审流程
FDCLC-03-04-02			资金可行性评审流程
FDCLC-03-04-03			设备可行性评审流程
FDCLC-03-05		房地产开发立项报告编制流程	
FDCLC-03-06		房地产开发立项评审流程	
FDCLC-04		房地产开发土地取得流程	
FDCLC-04-01		土地使用权取得流程	
FDCLC-04-02		意向地块开发研究分析工作流程	
FDCLC-04-03		国有土地使用权的获得办理流程	
FDCLC-04-04		以招标方式获得土地使用权流程	
FDCLC-04-05		以拍卖方式获得土地使用权流程	

（续表）

流程编号	企业级流程	部门级流程	部门内流程
FDCLC-04-06		以挂牌方式获得土地使用权流程	
FDCLC-04-07		国有土地使用权的转让办理流程	
FDCLC-04-08		国有土地使用权的租赁办理流程	
FDCLC-04-09		农用地征用转建设用地办理流程	
FDCLC-04-10		城市征地房屋拆迁管理工作流程	
FDCLC-05		房地产行政审批流程	
FDCLC-05-01		建设工程项目五证申领流程	
FDCLC-05-02		公用设施配套审批流程	
FDCLC-05-03		选址定点行政审批流程	
FDCLC-05-04		项目规划总图审查流程	
FDCLC-05-05		项目施工图纸审查流程	
FDCLC-05-06		规划报建图纸审查流程	
FDCLC-05-07		项目施工报建审查流程	
FDCLC-06		房地产规划设计流程	
FDCLC-06-01		房地产开发前期策划流程	
FDCLC-06-02		房地产开发投资策划流程	
FDCLC-06-03		规划设计方案制定流程	
FDCLC-06-04		规划设计方案评审流程	
FDCLC-06-05		设计外包招标流程	
FDCLC-06-06		设计外包招标评审流程	
FDCLC-06-07		建设工程规划许可证办理流程	
FDCLC-07		房地产开发招标流程	
FDCLC-07-01		项目工程量清单编制流程	
FDCLC-07-02		项目工程预算制定流程	
FDCLC-07-03		工程勘察设计招标流程	
FDCLC-07-04		工程施工招标工作流程	
FDCLC-07-05		工程装饰装修招标流程	
FDCLC-07-06		工程监理招标工作流程	
FDCLC-07-07		设备物资采购招标流程	
FDCLC-07-08		前期物业招标工作流程	

流程编号	企业级流程	部门级流程	部门内流程
FDCLC-07-09		国际工程招标管理流程	
FDCLC-08		房地产开发工程开工流程	
FDCLC-08-01		建设工程开工许可证办理流程	
FDCLC-08-02		固定资产投资许可证办理流程	
FDCLC-08-03		建设区域配电系统审批流程	
FDCLC-08-04		区域给排水系统审批流程	
FDCLC-08-05		红线区域道路建设审批流程	
FDCLC-08-06		红线区域燃气建设审批流程	
FDCLC-08-07		红线区域绿化建设审批流程	
FDCLC-08-08		红线区域供暖建设审批流程	
FDCLC-09		工程项目管理流程	
FDCLC-09-01		工程项目进度管理流程	
FDCLC-09-01-01			项目进度计划编制流程
FDCLC-09-02-02			工程项目进度控制流程
FDCLC-09-02		工程项目质量管理流程	
FDCLC-09-03		工程项目安全管理流程	
FDCLC-09-03-01			项目施工安全管理流程
FDCLC-09-04-02			项目人员安全管理流程
FDCLC-09-04		工程项目监理管理流程	
FDCLC-09-05		工程项目成本管理流程	
FDCLC-10		房地产工程建设流程	
FDCLC-10-01		土建工程建设管理流程	
FDCLC-10-02		配电工程建设管理流程	
FDCLC-10-03		给排水工程建设管理流程	
FDCLC-10-04		燃气工程建设管理流程	
FDCLC-10-05		供暖工程建设管理流程	

（续表）

流程编号	企业级流程	部门级流程	部门内流程
FDCLC-10-06		装修工程建设管理流程	
FDCLC-11		房地产工程风险控制流程	
FDCLC-11-01		融资风险控制流程	
FDCLC-11-02		坏账风险控制流程	
FDCLC-11-03		成本费用控制流程	
FDCLC-11-04		建设安全控制流程	
FDCLC-12		房地产工程验收流程	
FDCLC-12-01		单项工程竣工验收流程	
FDCLC-12-02		工程综合竣工验收流程	
FDCLC-12-03		工程质量竣工核验流程	
FDCLC-12-04		商品住宅性能认定流程	
FDCLC-12-05		竣工统计登记审核流程	
FDCLC-12-06		办理竣工房屋测绘流程	
FDCLC-12-07		办理产权登记管理流程	
FDCLC-13		房地产销售营销流程	
FDCLC-13-01		预售许可证审批流程	
FDCLC-13-02		商品房期房销售管理流程	
FDCLC-13-03		商品房现房销售管理流程	
FDCLC-13-04		销售经营的法律程序流程	
FDCLC-13-05		销售经营的相关税费流程	

1.3 房地产企业制度设计准则

1.3.1 制度设计的合规性

在房地产企业中，各项管理制度设计的合规性体现在内容合规性和程序合规性两个方面，具体说明如图1-9所示。

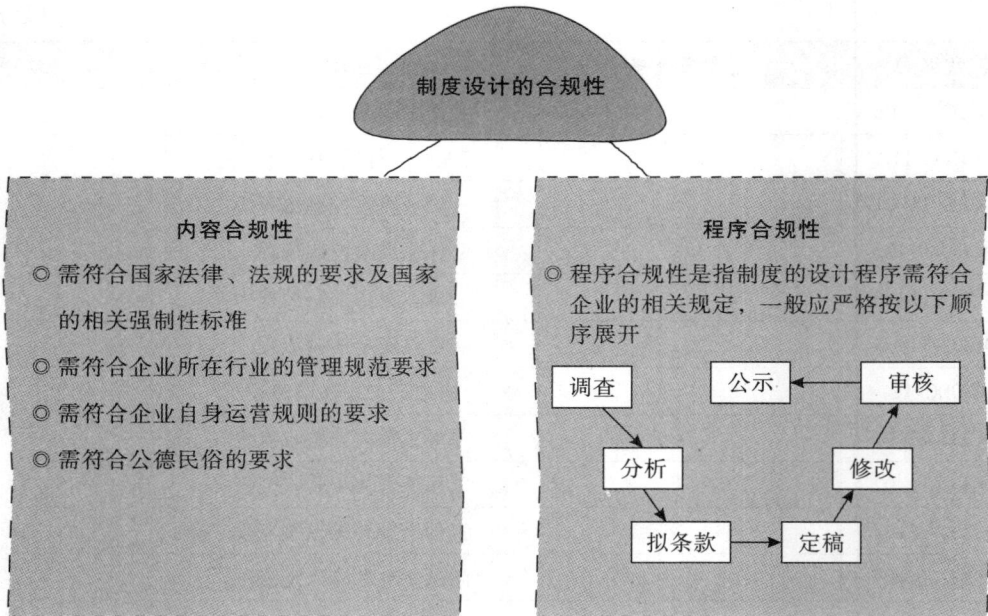

图 1-9　制度设计的合规性说明

1.3.2　制度设计的适用性

制度设计的适用性是指制度设计的"实用性"与"适应性"，主要是指房地产企业制定的各项管理制度应适用于企业的具体管理事项，并与房地产企业的整体运营环境相适应。

房地产企业在设计各项管理制度时，应参照的适用性说明如图 1-10 所示。

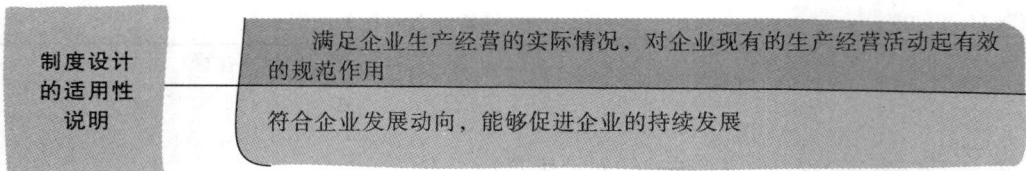

图 1-10　制度设计的适用性说明

1.3.3　制度设计的可行性

制度设计的可行性是指企业设计的各项制度应具有执行上的可能性，其具体说明如图 1-11所示。

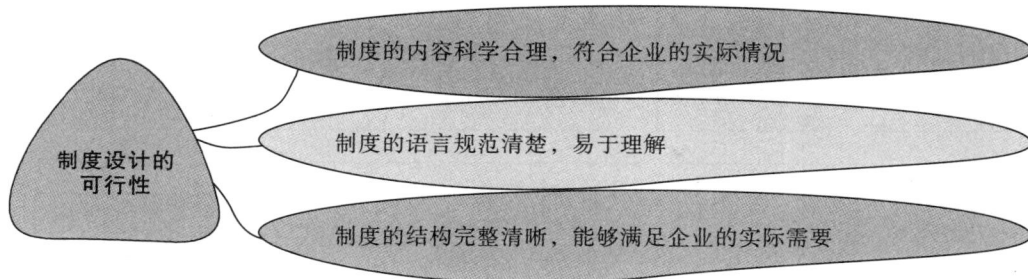

图 1-11 制度设计的可行性说明

1.3.4 制度设计的健全性

制度设计的健全性是指房地产企业管理制度内容的全面性和结构的完整性。其中，内容的全面性要求制度应涉及所管理事务的方方面面，结构的完整性要求制度需完整、全面，其具体说明如表 1-5 所示。

表 1-5 制度设计的健全性说明

健全性要求	具体说明
内容的全面性	◆ 管理制度体系应包括房地产企业中各项经营活动的实施管理规范 ◆ 每项制度中需明确制度的设计目的、业务流程、职责权限和管理范围等内容
结构的完整性	◆ 管理制度应包括总则、正文和附则三部分 ◆ 制度总则需包括制度目的、依据的法律法规和企业内部的相关制度文件、制度的适用范围、相关术语解释和职责描述等内容 ◆ 制度正文是制度的主体部分，需包括对受约对象或具体事项的详细约束条目 ◆ 制度附则需说明制度的制定、审批、实施、修订等内容，并对制度的未尽事宜进行解释，以增强制度的严肃性、有效性

1.4 房地产企业制度顶层设计

1.4.1 制度顶层体系模型

房地产企业的制度顶层体系是指房地产企业管理制度体系的整体框架，包括房地产企业在各项经营活动中的管理规范及办法等，具体的体系模型如图 1-12 所示。

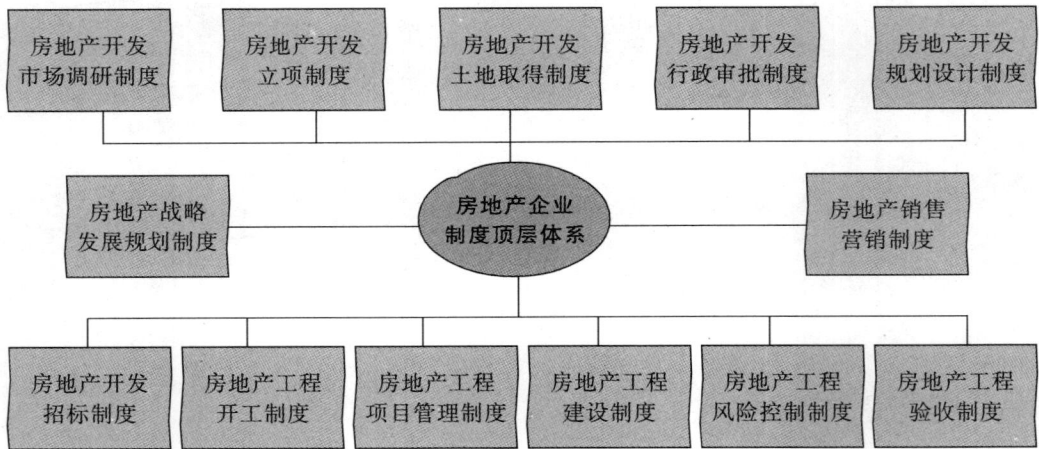

图 1-12　房地产企业制度顶层体系模型

1.4.2　制度顶层设计分层

在设计企业各项管理制度时，设计人员应根据制度的适用事项及约束范围，将制度划分为三个层次，各层次的具体说明如表 1-6 所示。

表 1-6　房地产企业制度顶层设计分层说明

层次类别	类别说明
企业级制度	◆ 企业级制度是针对企业的重大决策、重要管理人员任免、内部管理控制等制定的规程，如企业章程、战略规划制度、总经理工作条例等
部门级制度	◆ 部门级制度主要指各部门的规章，如财务管理规章、人力资源管理规章、行政后勤管理规章等
操作规范	◆ 操作规范主要指在部门级制度的基础上，进一步细化为可操作的办法或细则，如房地产规划开发、房地产招投标管理制度等

1.4.3　制度顶层设计分类

设计人员可根据不同部门对制度的具体使用要求，确定制度的类别。房地产企业常见的制度类别如图 1-13 所示。

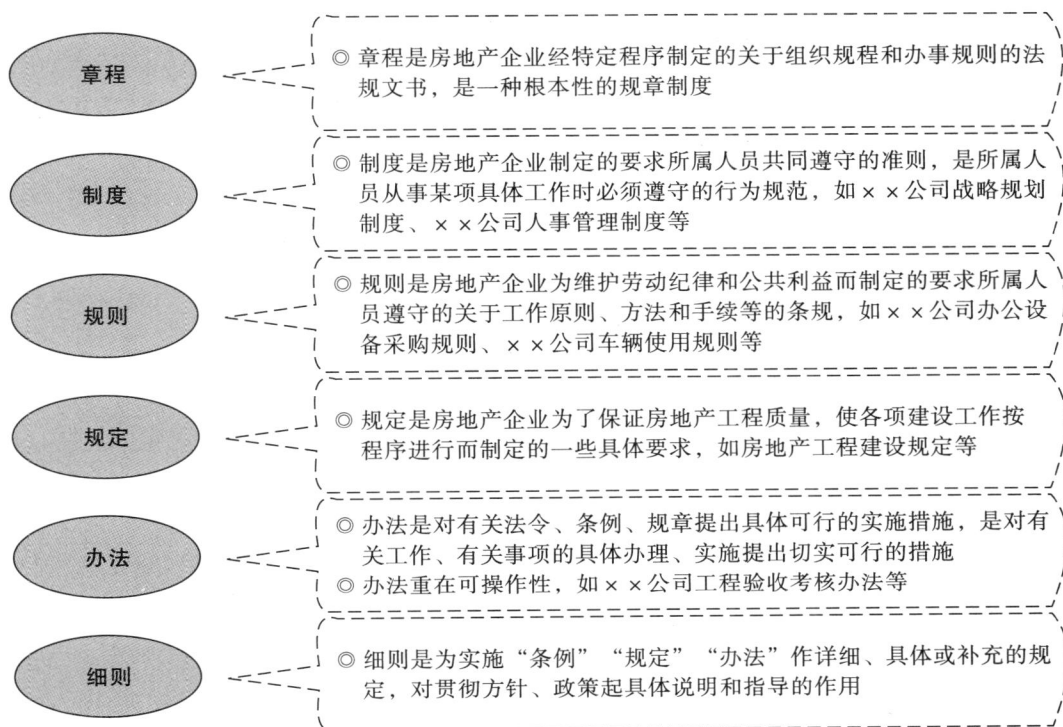

◎ 章程是房地产企业经特定程序制定的关于组织规程和办事规则的法规文书，是一种根本性的规章制度

◎ 制度是房地产企业制定的要求所属人员共同遵守的准则，是所属人员从事某项具体工作时必须遵守的行为规范，如××公司战略规划制度、××公司人事管理制度等

◎ 规则是房地产企业为维护劳动纪律和公共利益而制定的要求所属人员遵守的关于工作原则、方法和手续等的条规，如××公司办公设备采购规则、××公司车辆使用规则等

◎ 规定是房地产企业为了保证房地产工程质量，使各项建设工作按程序进行而制定的一些具体要求，如房地产工程建设规定等

◎ 办法是对有关法令、条例、规章提出具体可行的实施措施，是对有关工作、有关事项的具体办理、实施提出切实可行的措施
◎ 办法重在可操作性，如××公司工程验收考核办法等

◎ 细则是为实施"条例""规定""办法"作详细、具体或补充的规定，对贯彻方针、政策起具体说明和指导的作用

图 1-13　房地产企业制度顶层设计分类说明

1.4.4　制度顶层体系设计实例

房地产企业制度顶层体系设计实例如表 1-7 所示。

表 1-7　房地产企业制度顶层体系设计实例

制度编号	企业级制度	部门级制度	操作规范
FDCZD-01	房地产战略发展规划制度		
FDCZD-01-01	房地产战略目标规划制度		
FDCZD-01-02	房地产城市地段定位规划制度		
FDCZD-01-03	房地产开发模式规划制度		
FDCZD-01-04	房地产财政预算规划制度		
FDCZD-01-05	取得开发土地规划制度		
FDCZD-01-06	房地产品牌化规划制度		
FDCZD-02		房地产开发调研制度	

（续表）

制度编号	企业级制度	部门级制度	操作规范
FDCZD-02-01		房地产开发调研管理制度	
FDCZD-02-01-01			市场调查准备制度
FDCZD-02-01-02			市场调查实施制度
FDCZD-02-02		房地产开发调研分析制度	
FDCZD-02-03		房地产开发调研报告制度	
FDCZD-02-04		房地产开发调研评审制度	
FDCZD-02-05		房地产开发调研决策制度	
FDCZD-03		房地产开发立项制度	
FDCZD-03-01		房地产开发项目选择制度	
FDCZD-03-02		房地产开发项目评审制度	
FDCZD-03-03		房地产开发可行性研究制度	
FDCZD-03-03-01			资金可行性研究制度
FDCZD-03-03-02			资源可行性研究制度
FDCZD-03-03-03			技术可行性研究制度
FDCZD-03-04		房地产开发可行性评审制度	
FDCZD-03-04-01			技术可行性评审制度
FDCZD-03-04-02			资金可行性评审制度
FDCZD-03-04-03			设备可行性评审制度
FDCZD-03-05		房地产开发立项申报制度	
FDCZD-04		房地产开发土地取得制度	
FDCZD-04-01		取得土地使用权法律程序制度	
FDCZD-04-02		取得开发土地使用权税费制度	
FDCZD-04-03		拆迁安置阶段的法律程序制度	
FDCZD-04-04		拆迁安置阶段的相关税费制度	
FDCZD-04-05		国有土地使用权证申领制度	
FDCZD-05		房地产行政审批制度	
FDCZD-05-01		公用设施配套审批制度	
FDCZD-05-02		选址定点行政审批制度	
FDCZD-05-03		项目规划总图审查制度	
FDCZD-05-04		项目施工图纸审查制度	

（续表）

制度编号	企业级制度	部门级制度	操作规范
FDCZD-05-05		规划报建图纸审查制度	
FDCZD-05-06		项目施工报建审查制度	
FDCZD-05-07		建设工程项目许可证办理制度	
FDCZD-06		房地产规划设计制度	
FDCZD-06-01		房地产开发前期策划制度	
FDCZD-06-02		房地产开发规划设计制度	
FDCZD-06-03		房地产开发设计招标制度	
FDCZD-06-04		房地产开发规划评审制度	
FDCZD-06-05		建设工程规划许可证办理制度	
FDCZD-07		房地产开发招标制度	
FDCZD-07-01		开发项目建设资金预算制度	
FDCZD-07-02		开发项目建设招标申报制度	
FDCZD-07-03		开发项目建设招标管理制度	
FDCZD-07-04		开发项目建设招标评审制度	
FDCZD-07-05		开发项目建设招标公示制度	
FDCZD-07-06		开发项目建设招标合同制度	
FDCZD-07-07		国际项目建设招标管理制度	
FDCZD-08		房地产开发工程开工制度	
FDCZD-08-01		建筑工程施工许可证管理制度	
FDCZD-08-02		固定资产投资许可证管理制度	
FDCZD-08-03		电力设施设计施工审批制度	
FDCZD-08-04		给排水设施设计施工审批制度	
FDCZD-08-05		道路设施设计施工审批制度	
FDCZD-08-06		绿化设施设计施工审批制度	
FDCZD-08-07		燃气设施设计施工审批制度	
FDCZD-08-08		供暖设施设计施工审批制度	
FDCZD-09		工程项目管理制度	
FDCZD-09-01		工程项目进度管理制度	
FDCZD-09-01-01			进度统计管理制度
FDCZD-09-02-02			项目进度监控制度

（续表）

制度编号	企业级制度	部门级制度	操作规范
FDCZD-09-02		工程项目质量管理制度	
FDCZD-09-03		工程项目安全管理制度	
FDCZD-09-03-01			施工安全管理制度
FDCZD-09-04-02			人员安全管理制度
FDCZD-09-04		工程项目监理管理制度	
FDCZD-10		房地产工程建设制度	
FDCZD-10-01		土建工程建设管理制度	
FDCZD-10-02		配电工程建设管理制度	
FDCZD-10-03		给排水工程建设管理制度	
FDCZD-10-04		燃气工程建设管理制度	
FDCZD-10-05		供暖工程建设管理制度	
FDCZD-10-06		项目装修工程建设管理制度	
FDCZD-11		房地产工程风险控制制度	
FDCZD-11-01		工程成本费用控制制度	
FDCZD-11-02		工程财务风险控制制度	
FDCZD-11-03		工程质量风险控制制度	
FDCZD-11-04		工程安全风险控制制度	
FDCZD-12		房地产工程验收制度	
FDCZD-12-01		单项工程竣工验收制度	
FDCZD-12-02		工程综合竣工验收制度	
FDCZD-12-03		工程质量竣工核验制度	
FDCZD-12-04		商品住宅性能认定制度	
FDCZD-12-05		竣工统计登记审核制度	
FDCZD-12-06		办理竣工房屋测绘制度	
FDCZD-12-07		办理产权登记管理制度	
FDCZD-13		房地产销售营销制度	
FDCZD-13-01		商品房预售许可证制度	
FDCZD-13-02		商品房期房销售管理制度	
FDCZD-13-03		商品房现房销售管理制度	
FDCZD-13-04		销售经营的法律程序制度	
FDCZD-13-05		销售经营的相关税费制度	

第2章 制定流程与制度标准技术

2.1 房地产企业流程图设计标准

2.1.1 流程图的一致性标准

流程图的一致性是指流程图中相关联内容的概述需保持统一。流程图绘制人员在绘制流程图时，应遵守但不限于以下一致性标准，其具体说明如图2-1所示。

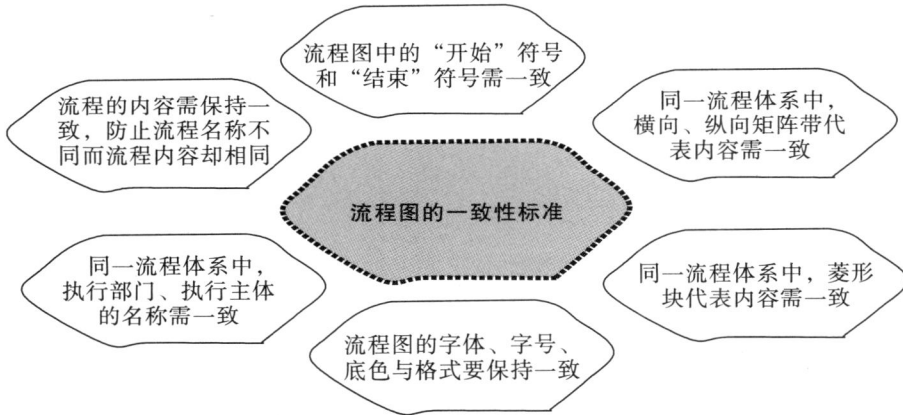

图2-1 流程图的一致性标准说明

2.1.2 流程图的完整性标准

流程图的完整性是指流程图结构和内容需完整，其具体说明如图2-2所示。

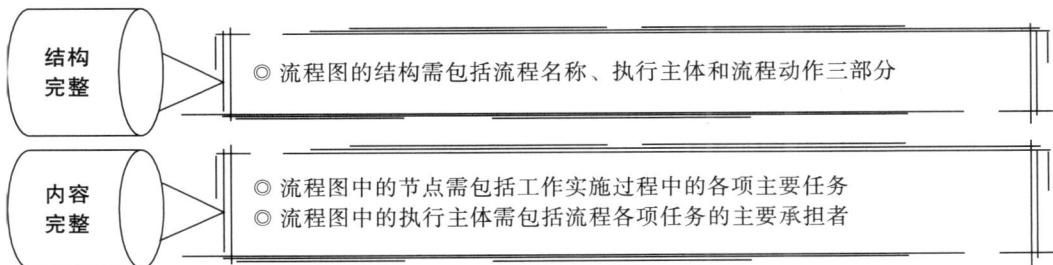

图2-2 流程图的完整性标准说明

2.1.3 流程图的具体性标准

流程图的具体性是指流程图的内容应周密和详实，其具体说明如图2-3所示。

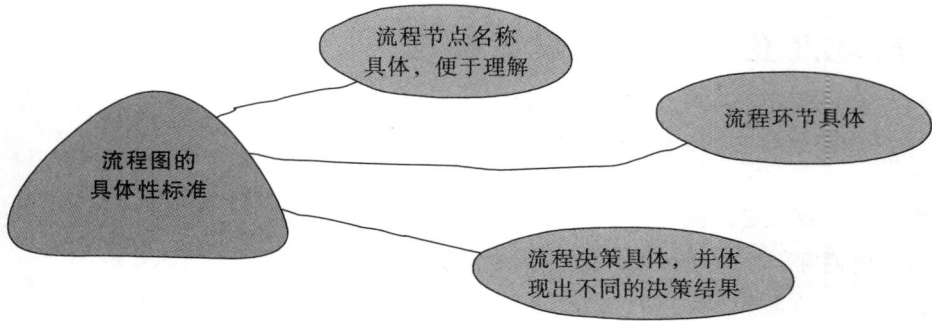

图2-3 流程图的具体性标准说明

为了保证流程图的具体性，流程图绘制人员在绘制流程图时应注意的具体性要求如图2-4所示。

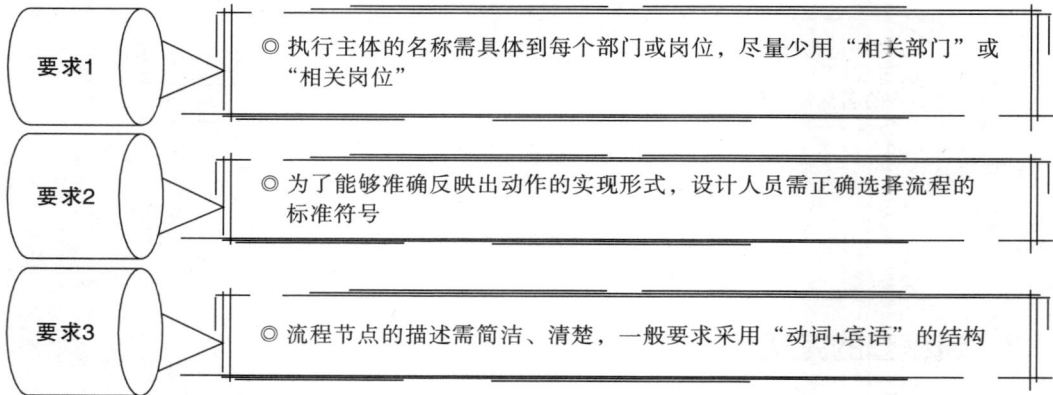

图2-4 流程图的具体性要求说明

2.1.4 标准流程图实例

下面以房地产企业的项目立项报批流程为例，给出标准流程图的具体样式，如图2-5所示，供读者参考。

流程名称	房地产项目立项报批流程	编　号	
		受控状态	

执行主体	市规划局	市发改委或发展计划局	开发部报建人员	相关职能部门

| 流程动作 | | | | |

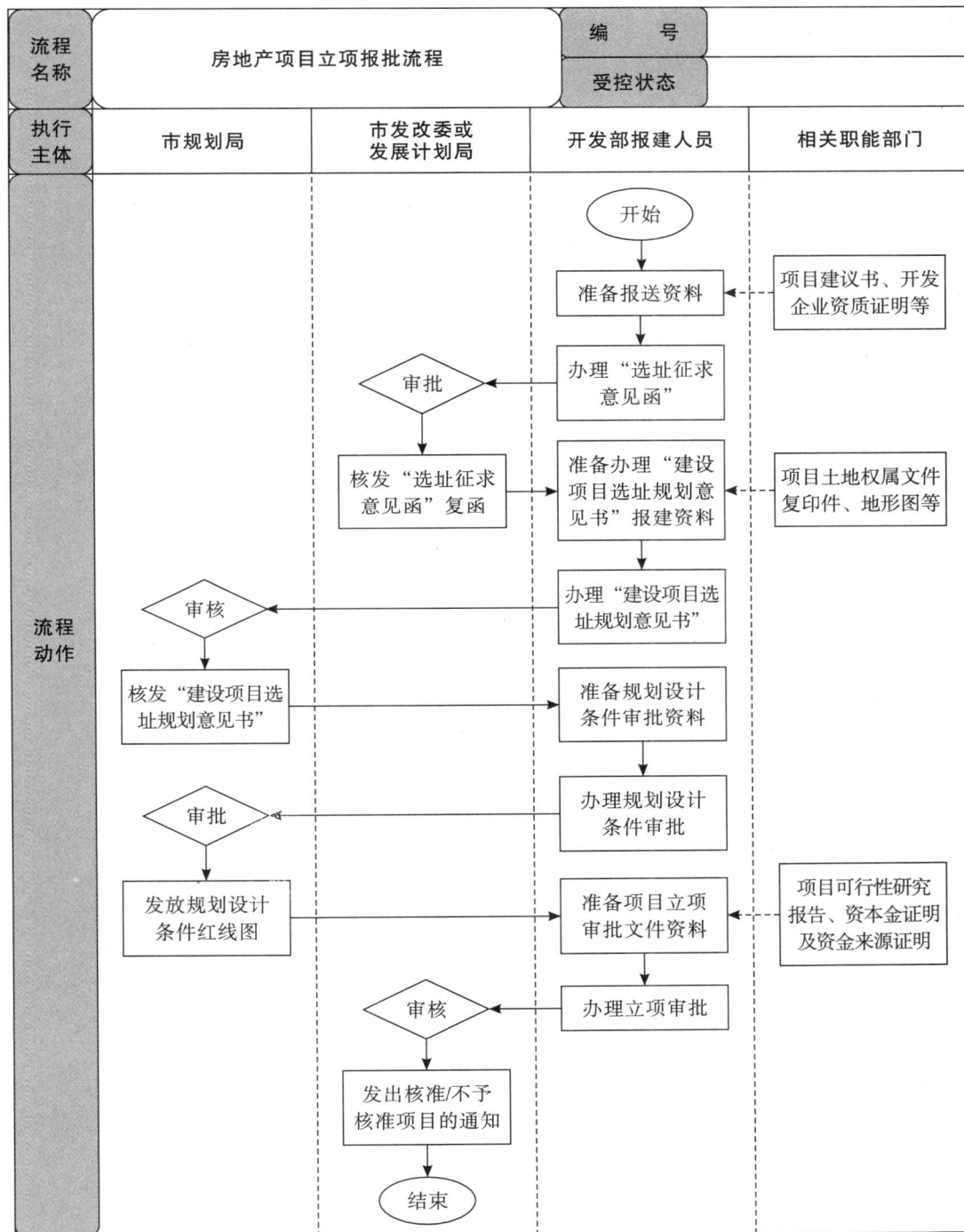

图2-5　房地产企业标准流程图实例

2.2 房地产企业流程图制定技术

2.2.1 流程图的模板工具

流程图应包括流程名称、执行主体和流程动作三部分内容，且根据执行主体数量的不同，可分为三列流程图模板、四列流程图模板、五列流程图模板和六列流程图模板。其中，三列流程图模板的具体样式如图 2-6 所示。

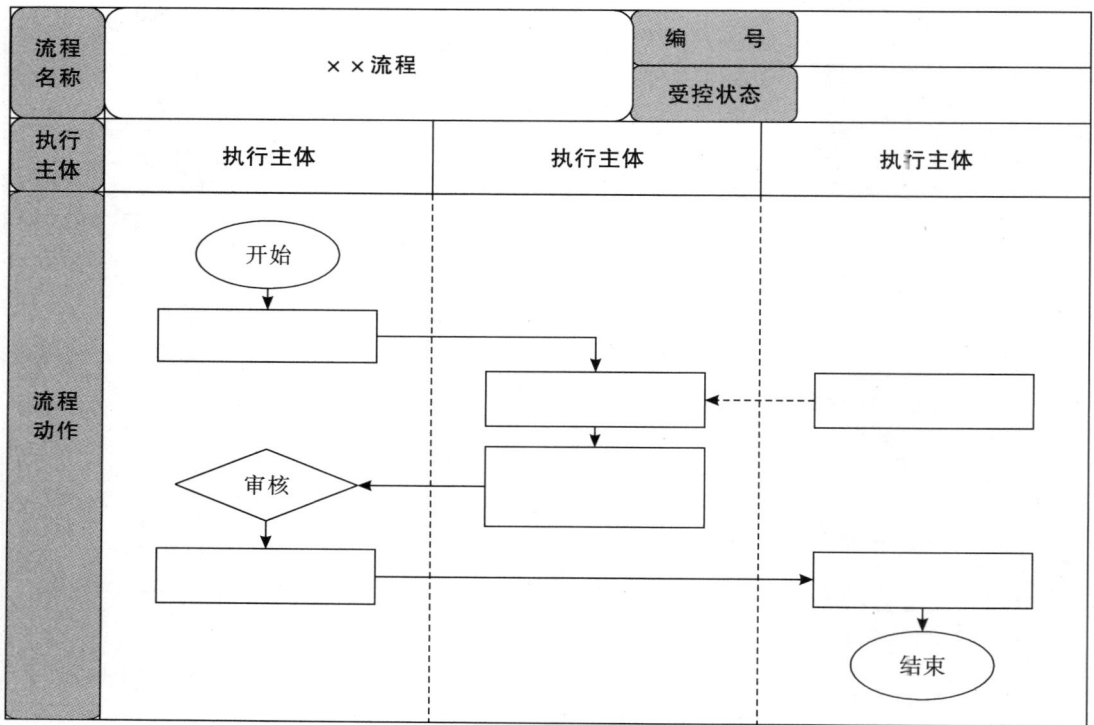

图 2-6 流程图模板示例——三列流程图模板

流程图绘制的常用工具有 Word 和 Visio，流程图设计人员可根据企业流程设计要求及自己的使用习惯等选择使用具体的工具绘制。常用流程图绘制工具的具体说明如表 2-1 所示。

表2-1 常用流程图绘制工具说明表

绘制工具名称	绘制工具说明
Word	◆ 普及率高，使用普遍 ◆ 发排、打印方便，方便流程文件的印制 ◆ 绘制的图片清晰且文件量小，容易复制到移动存储器和作为电子邮件收发 ◆ 绘图比较费时，难度较大 ◆ 与其他专用绘图软件相比，绘图功能简单、不够全面
Visio	◆ 专业的绘图软件，随带有相关的建模符号 ◆ 通过拖动预定义的图形符号，能够很容易地组合图表 ◆ 可根据本单位流程设计需要进行自定义 ◆ 能够绘制一些复杂的流程图

2.2.2 流程图关键节点要素

流程关键节点要素是指流程图的诸多构成要素中，对流程的运行起决定性作用的关键节点要素，其确定原则如图2-7所示。

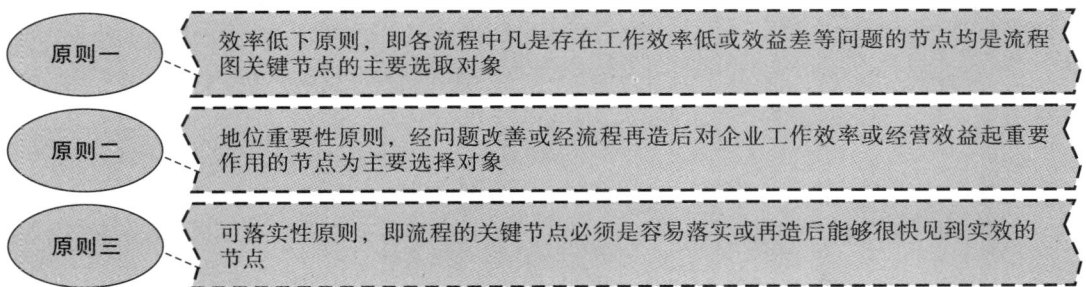

原则一 效率低下原则，即各流程中凡是存在工作效率低或效益差等问题的节点均是流程图关键节点的主要选取对象

原则二 地位重要性原则，经问题改善或经流程再造后对企业工作效率或经营效益起重要作用的节点为主要选择对象

原则三 可落实性原则，即流程的关键节点必须是容易落实或再造后能够很快见到实效的节点

图2-7 流程图关键节点要素确定原则

在把握流程图关键节点要素时，房地产企业应注意做好流程图关键节点要素的识别、处置及突破工作，其具体工作说明如表2-2所示。

表2-2 流程图关键节点要素管理说明表

具体做法	做法说明
关键节点因素识别	◆ 在识别流程关键节点因素时，房地产企业应判断变动某关键节点因素是否对流程的运行产生深远的影响。即关键节点因素变动后，流程是否能够更好地满足客户的需要，是否能够大幅度提高房地产企业的绩效等

（续表）

具体做法	做法说明
关键节点因素处置	◆ 在对流程图关键节点因素进行处置时，房地产企业应对各因素进行全面分析，然后通过对各因素进行重新组合和设计，达到流程再造的目标，促进企业绩效的改善
关键节点因素突破	◆ 流程图关键节点因素的突破主要包括以下三方面内容 ◎ 活动本身的突破，包括活动的整合、活动的分散和活动的废除 ◎ 活动间关系的突破，即活动先后顺序或活动间逻辑关系发生突破性变化 ◎ 活动承担者的突破，即活动承担者职能转变或其被动性向主动性转变

2.2.3 流程说明文件编制要求

流程说明是对流程图中各关键节点的概括与说明，意在清晰地反映各部门或各岗位应如何开展流程中各项关键业务，是对流程图的进一步补充说明。流程说明文件的具体编制要求如图 2-8 所示。

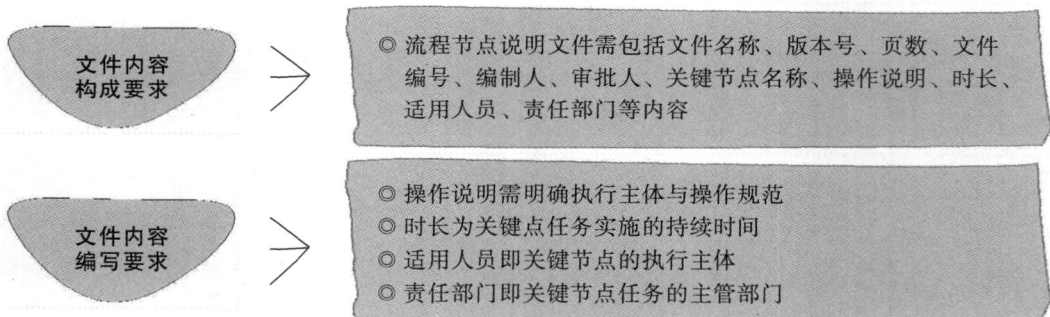

文件内容构成要求 → ◎ 流程节点说明文件需包括文件名称、版本号、页数、文件编号、编制人、审批人、关键节点名称、操作说明、时长、适用人员、责任部门等内容

文件内容编写要求 → ◎ 操作说明需明确执行主体与操作规范
◎ 时长为关键点任务实施的持续时间
◎ 适用人员即关键节点的执行主体
◎ 责任部门即关键节点任务的主管部门

图 2-8　流程说明文件编制要求

2.2.4 流程目录体系构建

在房地产企业的实际运行过程中，流程不能是单一的流程，而应该是整套的流程体系。在构建流程体系时，房地产企业应首先分清流程的层级，然后按层级构建完整的流程管理体系，其具体实例如表 2-3 所示。

表2-3 房地产企业流程层级说明示例

流程编号	一级流程	二级流程	三级流程
1	房地产企业管理流程		
01		房地产战略发展规划流程	
0101			发展目标定位流程
0102			开发模式规划流程
02		培训管理流程	
0201			管理人员培训流程
0202			新入职员工培训流程
03		薪酬管理流程	
0301			薪酬统计管理流程
0302			薪酬核算管理流程
04		绩效管理流程	
0401			绩效改进管理流程
0402			绩效考核管理流程
……		……	……

2.3 房地产企业制度制定标准

2.3.1 制度的形式标准

制度的形式指制度内在要素的结构或变现方式。房地产企业制度设计人员在建立制度体系和编制具体制度时，需保证制度框架的统一。具体模板示例如表2-4所示。

表2-4 房地产企业管理制度模板示例

制度名称	××管理细则/办法/规定		编 号	
			受控状态	
执行部门		监督部门	编修部门	

第1章 总则

第1条 目的

第2条 适用范围

（续）

第2章					
第×条					
第×条					
第×章　附则					
第×条					
第×条					
编制日期		审核日期		批准日期	
修改标记		修改处数		修改日期	

特别需要指出的是，如制度因针对性较强或比较微观而不需分章，可以直接分条列出时，总则和附则的相关条目也应分条列出，不可省略。

除保证制度框架统一外，制度设计人员还需要保证制度格式的统一，其具体说明如图2-9所示。

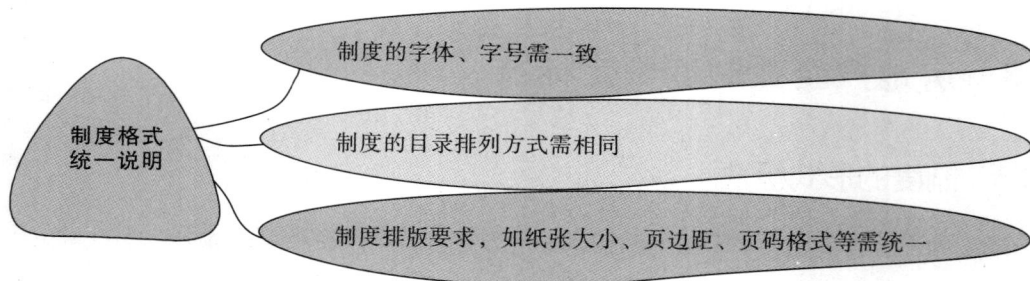

图2-9　制度格式统一说明

2.3.2　明确问题处理标准

在制定各类管理制度时，房地产企业应明确以下两项内容。

1. 制度的执行主体

制度执行主体是指在制度中享有权利和承担义务，并能够引起业务发生、发展和结束的部门或个人，它不仅指在制度中起主导作用的人，还指参与制度规定活动的其他人员。

在设计制度时，设计人员应明确以下执行主体问题，具体内容如图2-10所示。

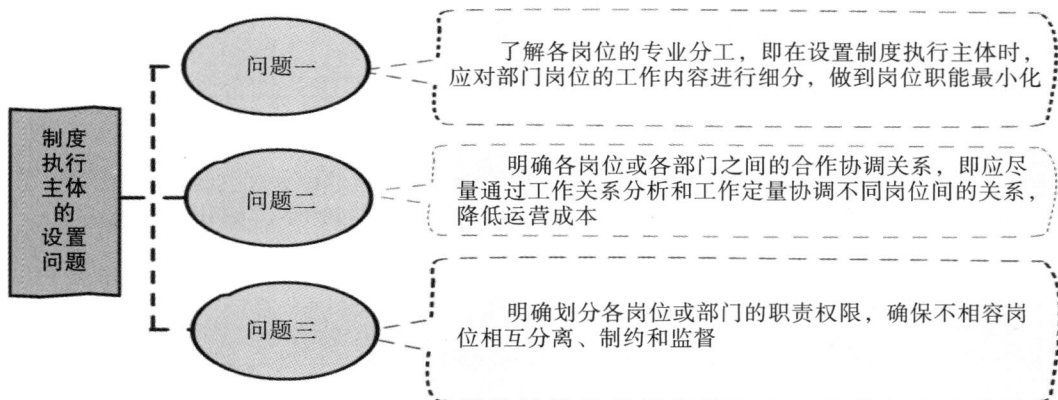

图 2-10 制度执行主体的设置问题

2. 制度描述

制度描述是指对流程中各执行主体的职责、权利、制度的业务内容进行描述或说明。通过对各岗位人员或各部门主要业务职责及岗位设置的描述，能够帮助执行人员或部门清楚自己在流程中的职责和权利，以确保工作的顺利进行。

在对制度进行描述时，需要明确以下问题，具体内容如图 2-11 所示。

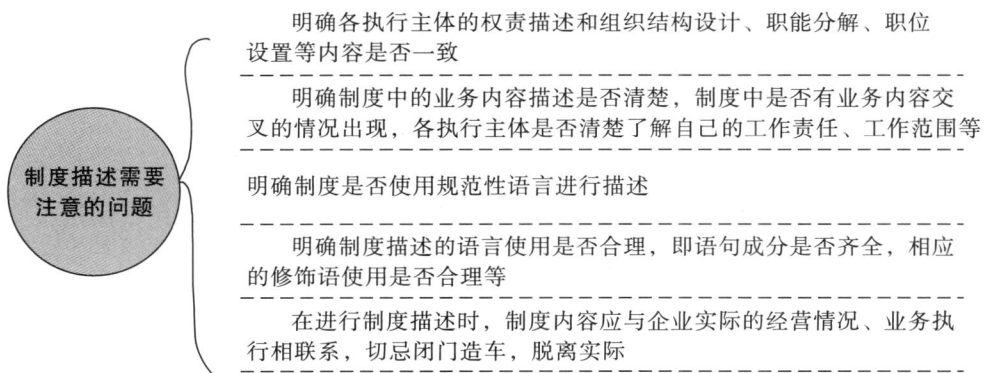

图 2-11 制度描述需要注意的问题

2.3.3 编制目的的标准

目的通常是指行为主体根据自身的需要，借助意识、观念等，预先设想的行为目标和结果。在编制企业管理制度时，设计人员需明确制度的编制目的，并以此为基点，有序展开制度的设计工作，从而保证制度的适用性及有效性。

企业处于不同的发展阶段，其管理制度的编制目的也不相同，具体说明如图 2-12 所示。

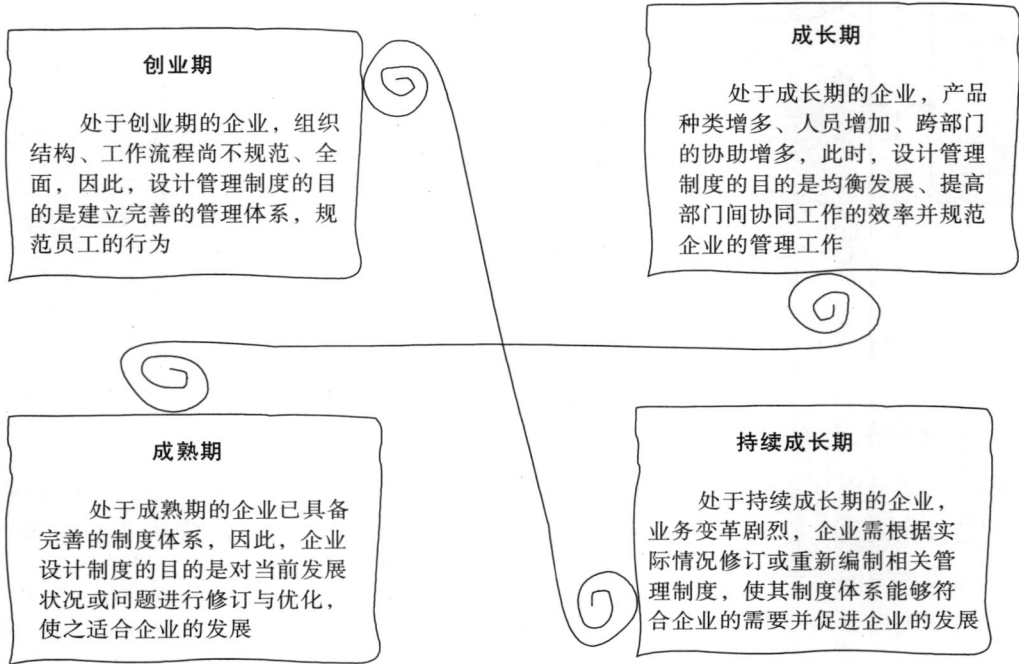

创业期

处于创业期的企业，组织结构、工作流程尚不规范、全面，因此，设计管理制度的目的是建立完善的管理体系，规范员工的行为

成长期

处于成长期的企业，产品种类增多、人员增加、跨部门的协助增多，此时，设计管理制度的目的是均衡发展、提高部门间协同工作的效率并规范企业的管理工作

成熟期

处于成熟期的企业已具备完善的制度体系，因此，企业设计制度的目的是对当前发展状况或问题进行修订与优化，使之适合企业的发展

持续成长期

处于持续成长期的企业，业务变革剧烈，企业需根据实际情况修订或重新编制相关管理制度，使其制度体系能够符合企业的需要并促进企业的发展

图 2-12　企业不同阶段的制度编制目的标准

2.3.4　制度适用范围的编制依据

在编制各项管理制度时，设计人员应明确制度的适用范围。制度适用范围的编制依据具体如图 2-13 所示。

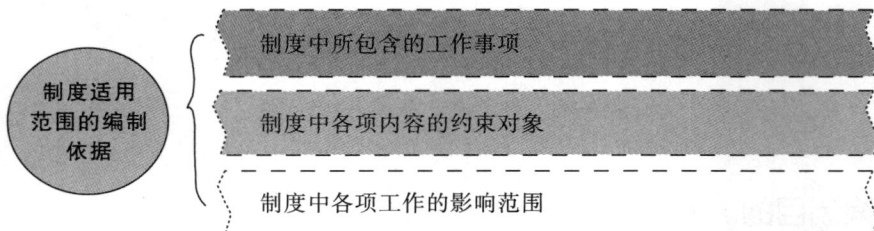

制度适用范围的编制依据

制度中所包含的工作事项

制度中各项内容的约束对象

制度中各项工作的影响范围

图 2-13　制度适用范围的编制依据

2.3.5 制度条款项的编写标准

在编制制度时，设计人员应按照条的编写、款的编写及项的编写三部分对制度内容进行规划，以保证制度的可执行性。具体标准如图 2-14 所示。

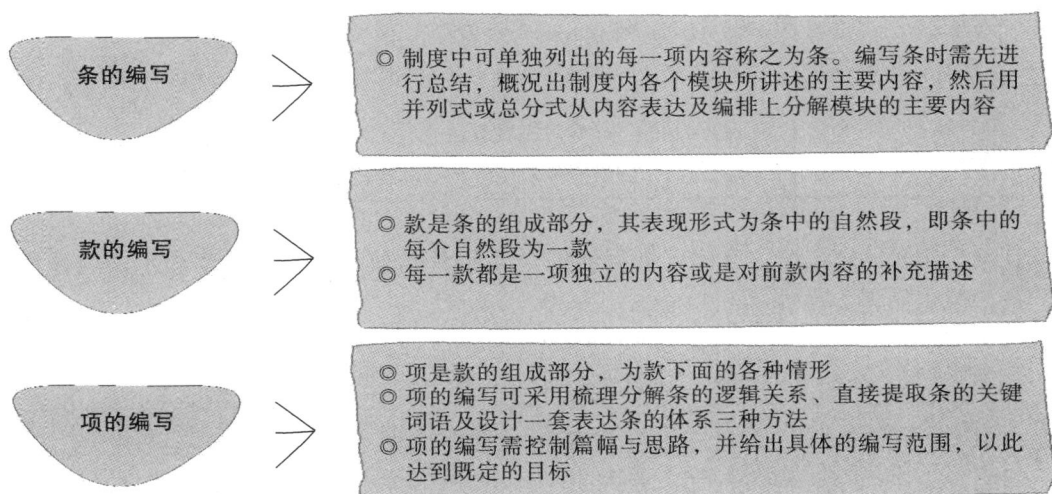

条的编写 ⇒	◎ 制度中可单独列出的每一项内容称之为条。编写条时需先进行总结，概况出制度内各个模块所讲述的主要内容，然后用并列式或总分式从内容表达及编排上分解模块的主要内容
款的编写 ⇒	◎ 款是条的组成部分，其表现形式为条中的自然段，即条中的每个自然段为一款 ◎ 每一款都是一项独立的内容或是对前款内容的补充描述
项的编写 ⇒	◎ 项是款的组成部分，为款下面的各种情形 ◎ 项的编写可采用梳理分解条的逻辑关系、直接提取条的关键词语及设计一套表达条的体系三种方法 ◎ 项的编写需控制篇幅与思路，并给出具体的编写范围，以此达到既定的目标

图 2-14　制度条款项的编写标准

2.4 房地产企业制度制定步骤

2.4.1 制度制定的准备阶段

制度制定准备工作在制度制定中起着重要作用。制度设计人员在准备阶段的具体工作要求如表 2-5 所示。

表 2-5　制度制定准备阶段工作要求说明表

工作要求	要求说明
明确问题	◆ 为了使制度具有针对性，设计人员需明确企业中存在或潜在的问题 ◆ 企业中常见的问题包括经营理念问题、发展战略问题、业务运营管理问题、关键业务流程问题、组织与人员管理问题等

（续表）

工作要求	要求说明
确定目标	◆ 为了明确制度的制定方向与重点，设计人员应根据企业存在或潜在的问题确定制度目标 ◆ 制定制度的主要目标是保证企业经营活动的正常运行，可具体细分为两类，即建立预警机制以规避可能发生的问题和减少已发生问题可能造成的损失 ◆ 设计人员需根据企业的发展要求及相关工作的现状确定制度目标
确定制度定位	◆ 设计人员需根据制度目标确定制度立足点，选择制度角度，如战略角度、企业管理角度、部门管理角度、业务角度等，准确进行制度定位

在确定制度的定位时，设计人员可依据企业经营管理的需要，从五个角度选择切入点，具体说明如表2-6所示。

表2-6　制度体系设计角度定位说明表

设计角度	角度定位说明
战略角度	制度体系设计要从战略高度出发，符合本企业战略发展需要，要依据企业战略发展需要明确职能、确定组织结构、权责关系等
企业文化角度	企业制度本身就是企业文化的组成部分，所以制度体系设计一定要在遵循企业文化的前提下进行，否则制度的执行将会阻力重重或很难执行，最后成为一纸空文
企业管理角度	企业为了整体上把握和控制业务、人力、财务和物力等，对组织架构、资源配置和企业战略、员工行为规范等做出整体性、基础性的规定
部门管理角度	如要对某部门的管理制定规划，就要站在部门管理的角度进行制度体系设计，以明确部门级别、权限范围、规范内容等
业务作业管理角度	即对业务处理的过程管理给出具体的规定。这个角度的制度规范具体可分为三种形式，即管理手册、程序文件和作业指导书

2.4.2　制度制定的调查阶段

不论是制定新制度，还是对原有制度进行修订完善，要想让所制定的制度更适用、更完善、更具有针对性，制度设计人员应首先开展制度制定的调查工作，以了解企业实际存在的、业务运作过程中出现的、需要解决的问题等，从而设计出真正能满足企业需求的制度体系。

进行制度制定调查时，制度设计人员可采用观察法、访问法、会议法、查阅法等。这四种调查方法并非孤立存在的，一般不单独使用，而是根据具体的制度要求、特点等综合使用，以获得全面、准确、有效的资料，为制度的制定提供参考依据。

调查方法的具体说明如表2-7所示。

表2-7 制度制定调查方法说明表

调查方法	方法说明
观察法	◆ 观察法是开展制度制定调查的最基本方法，它是由调查人员通过直接观察的方式，根据调查对象性能及特点开展调查并收集资料的方法
访问法	◆ 访问法可分为结构式访问、无结构式访问和集体访问三个类型 ◎ 结构式访问，是指运用事先设计好的、具有一定结构的访问问卷对被访者进行调查 ◎ 无结构式访问没有具体的调查问题提纲，调查人员只需根据调查主题与被访问者进行自由交谈，在交谈中获取所需要的调研信息，但这种方法的调研进度难以控制 ◎ 集体访问是以集体座谈的方式获取调研所需要的各项信息，这种方法收集的信息较为全面合理
会议法	◆ 会议法是指根据规定的原则选定一定数量的企业员工，按照一定的方式组织制度制定会议，对新制度的制定或原制度的修订等工作进行讨论
查阅法	◆ 查阅法是指调查人员根据手头收集到的关于制度制定的资料，直接进行分析以获取调查资料

在采用上述方法进行制度制定调查时，依据受访对象不同，所获取的资料也有所不同，具体内容说明如表2-8所示。

表2-8 制度制定调查内容说明表

调查对象	调查内容说明
制度发起者	◆ 从制度的发起者进行调查，调查人员可获得制度制定目的、需要达到的效果、管理者的管理思想与理念等内容
制度设计部门的管理人员	◆ 从制度设计部门的管理人员处进行调查，调查人员可从制度实施与落实的角度，了解相关管理人员的需求、当前工作中存在的问题、制度规范的要点及制度体系设计的意见或建议等
其他相关人员及基层员工	◆ 从其他相关人员及基层员工处进行调查，调查人员可根据基层员工的心声，了解其意见、建议、需规范的内容等，让大家都参与制度体系的设计工作，以利于制度的公示执行

对于通过调研访谈所获得的资料，制度设计人员要对其进行整理、归纳和分析，找出规律性的、本质的东西，同时比较各项工作事务之间的联系与区别，总结制度应包含的内容，为制度的制定做充分准备。

2.4.3 制度制定的设计阶段

在制度的制定工作中，房地产企业明确了需要解决的问题及所要达到的目的，找到了制度的设计角度定位，并对制度调查资料进行分析后，就可以对各项制度内容进行设计。

制度设计人员设计企业制度的步骤，具体如图 2-15 所示。

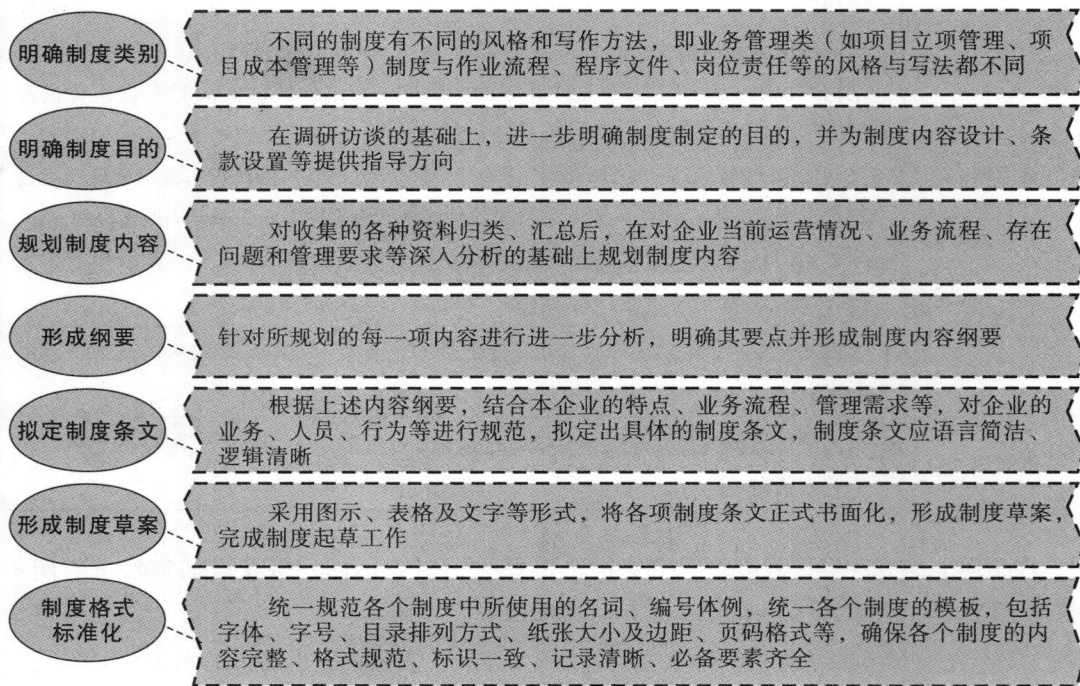

明确制度类别	不同的制度有不同的风格和写作方法，即业务管理类（如项目立项管理、项目成本管理等）制度与作业流程、程序文件、岗位责任等的风格与写法都不同
明确制度目的	在调研访谈的基础上，进一步明确制度制定的目的，并为制度内容设计、条款设置等提供指导方向
规划制度内容	对收集的各种资料归类、汇总后，在对企业当前运营情况、业务流程、存在问题和管理要求等深入分析的基础上规划制度内容
形成纲要	针对所规划的每一项内容进行进一步分析，明确其要点并形成制度内容纲要
拟定制度条文	根据上述内容纲要，结合本企业的特点、业务流程、管理需求等，对企业的业务、人员、行为等进行规范，拟定出具体的制度条文，制度条文应语言简洁、逻辑清晰
形成制度草案	采用图示、表格及文字等形式，将各项制度条文正式书面化，形成制度草案，完成制度起草工作
制度格式标准化	统一规范各个制度中所使用的名词、编号体例，统一各个制度的模板，包括字体、字号、目录排列方式、纸张大小及边距、页码格式等，确保各个制度的内容完整、格式规范、标识一致、记录清晰、必备要素齐全

图 2-15　制度的设计步骤

在设计制度时，制度设计人员应重点对以下内容进行规划，具体说明如图 2-16 所示。

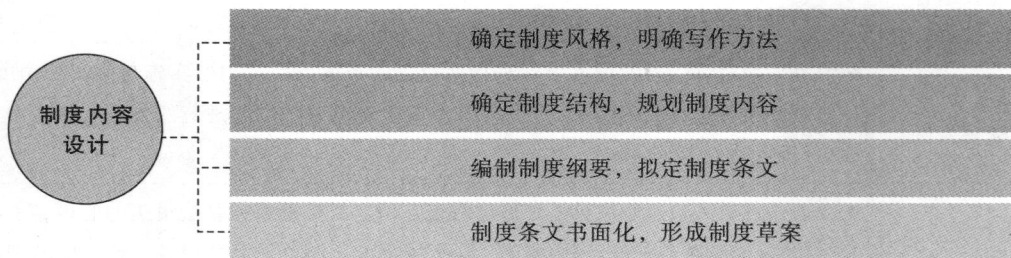

制度内容设计	确定制度风格，明确写作方法
	确定制度结构，规划制度内容
	编制制度纲要，拟定制度条文
	制度条文书面化，形成制度草案

图 2-16　制度内容设计工作一览图

制度设计内容确定后，设计人员需对制度的两种结构形式进行区分，其具体说明如表2-9所示。

表2-9　制度结构形式说明表

结构形式	内容说明
分章列条式	◆ 分章列条式是将制度的内容分成若干章，每章又分若干条，如第一章是总则，中间各章叫分则（制度的正文部分），最后一章叫附则 ◎ 制度总则包括制定制度的原因或目的、制度所依据的法律法规或内部制度文件、适用范围、受约束对象及其行为的界定、定义术语、权责描述及其他与本制度制定有关的说明 ◎ 制度正文是制度的主体部分，主要包括对受约束对象或具体事项的描述 ◎ 制度附则包括施行要求和注意事项、实施日期及解释权或修订权、规章发布单位
条款式	◆ 条款式制度只分条目不分章节，适用于内容比较简单的规章制度 ◆ 这种形式的制度一般开头说明缘由、目的、要求等，主体部分分条列出规章制度的具体内容

在明确制度的设计步骤及制度的主要格式后，制度设计人员在设计房地产企业各制度时，一定要注意以下四个事项。

（1）要制定统一的文本格式和书写要求，包括结构、内容、编号、格示、图标、流程、字号、文字等都要予以说明。

（2）凡属涉及两个或多个部门共同管理、操作的业务，在编写时要注意分清职责界限，完善组织接口的处理。

（3）制度里面不能包含口头语言，要使用书面语。

（4）无需将制度条款涉及的知识点罗列出来或进行知识点介绍。

2.4.4　制度制定的试行阶段

制度设计完成后，房地产企业应组织全体员工对所设计的制度进行试行，以便在制度试行过程中确认制度执行可能出现的各类问题。

制度试行意在检验制度实施效果，发现并修正制度存在的问题，以提高制度的适用性。因此，在制度试行阶段，设计人员需按要求开展制度的试行工作，其具体要求如图2-17所示。

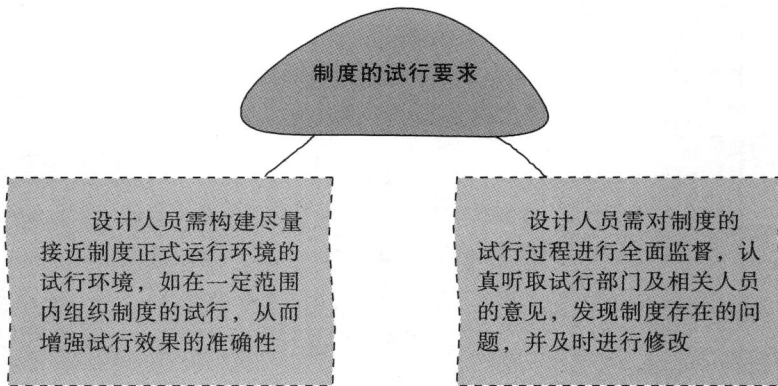

图2-17　制度的试行要求一览图

为了保证设计的制度能够得到有效试行，房地产企业必须建立完善的制度试行管理机制，具体包括三个方面的内容，如表2-10所示。

表2-10　制度试行机制说明表

机制名称	机制说明
制度执行监督机制	◆ 监督检查是对企业制度执行情况的督察，是制度有效执行的基础。在监督过程中，要做到责任层级清晰化，层层落实，各负其责，加强监督检查，确保制度执行的到位
制度执行考核机制	◆ 制度执行考核机制对企业制度的执行起到敦促作用。在设定制度的考核机制时，要注意客观、公平和公正，让执行制度不力的人充分暴露出来并得到相应的处罚，让坚决执行制度的人得到肯定、奖励和重用
制度执行追究机制	◆ 制度执行的追究机制是对考核机制的补充。追究原则是：坚持实事求是、有错必究，处罚与责任相适应，教育与处罚相结合。制度追究采取的最主要方式是教育培训，提高员工执行制度的自觉性，对教育培训后仍然违反制度的员工给予一定处罚

除建立制度试行管理机制外，房地产企业应及时解决制度试行过程中的制度试行不到位、制度难以贯彻执行等问题，具体的解决办法如图2-18所示。

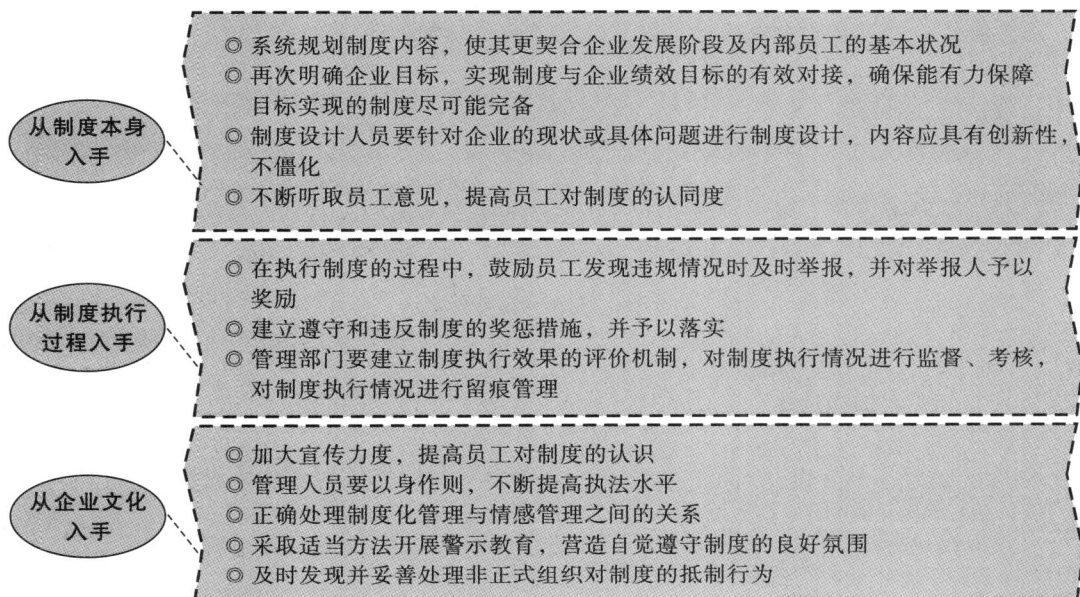

◎ 系统规划制度内容，使其更契合企业发展阶段及内部员工的基本状况
◎ 再次明确企业目标，实现制度与企业绩效目标的有效对接，确保能有力保障目标实现的制度尽可能完备
◎ 制度设计人员要针对企业的现状或具体问题进行制度设计，内容应具有创新性，不僵化
◎ 不断听取员工意见，提高员工对制度的认同度

从制度本身入手

◎ 在执行制度的过程中，鼓励员工发现违规情况时及时举报，并对举报人予以奖励
◎ 建立遵守和违反制度的奖惩措施，并予以落实
◎ 管理部门要建立制度执行效果的评价机制，对制度执行情况进行监督、考核，对制度执行情况进行留痕管理

从制度执行过程入手

◎ 加大宣传力度，提高员工对制度的认识
◎ 管理人员要以身作则，不断提高执法水平
◎ 正确处理制度化管理与情感管理之间的关系
◎ 采取适当方法开展警示教育，营造自觉遵守制度的良好氛围
◎ 及时发现并妥善处理非正式组织对制度的抵制行为

从企业文化入手

图 2-18　制度问题解决方法说明图

2.4.5　制度定稿阶段

制度定稿是设计人员修订完善制度，并最终确定正式制度条文的过程。在对制度进行试行后，房地产企业应根据企业面临的新形势对制度进行适度修订完善，其参考依据如图 2-19 所示。

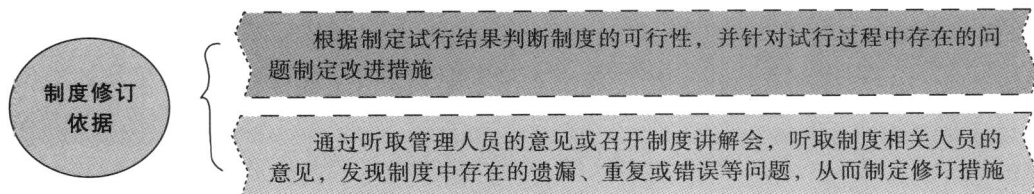

制度修订依据

根据制定试行结果判断制度的可行性，并针对试行过程中存在的问题制定改进措施

通过听取管理人员的意见或召开制度讲解会，听取制度相关人员的意见，发现制度中存在的遗漏、重复或错误等问题，从而制定修订措施

图 2-19　制度修订依据

制度修订完善后，在对制度进行定稿时，房地产企业应注意以下事项，具体如图 2-20 所示。

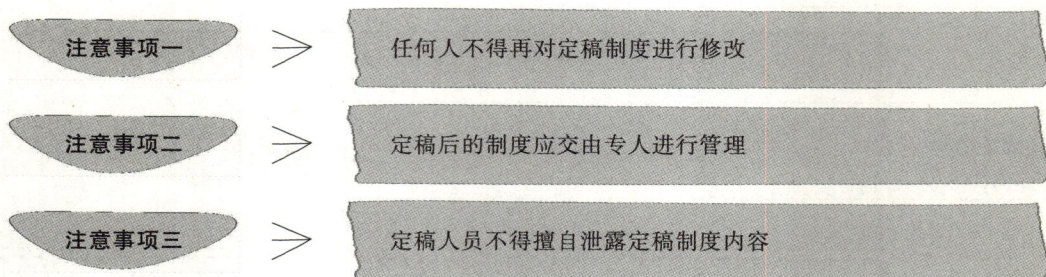

图 2-20　制度定稿注意事项

2.4.6　制度审批阶段

制度定稿后，制度设计人员应将定稿的制度交上级领导进行审核审批，其具体步骤如图 2-21 所示。

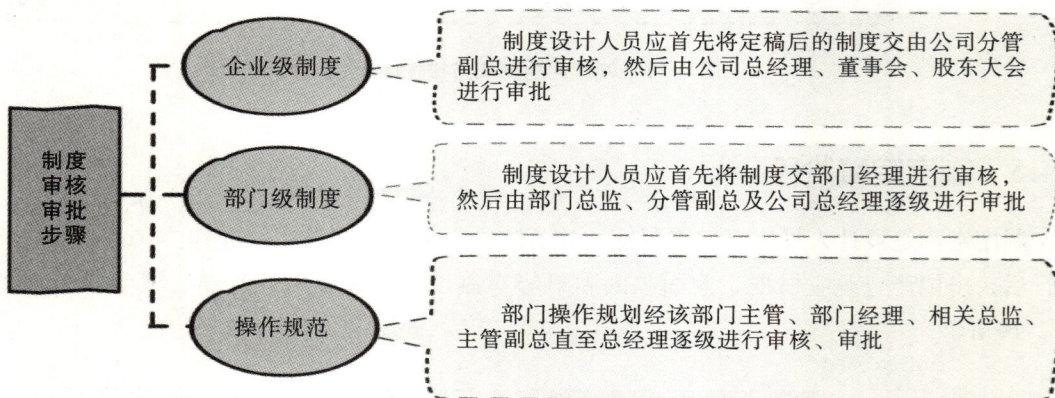

图 2-21　制度审核审批步骤

在对制度进行审核审批时，相关人员应重点关注的内容如表 2-11 所示。

表 2-11　制度审核内容说明表

审核内容	审核内容说明
制度完整性	◆ 制度的结构和内容是否完整，有无遗漏或重复
制度可行性	◆ 制度的实施条件是否与企业的实际情况相符 ◆ 制度中是否明确了各项任务的实施规范与标准
制度适用性	◆ 制度的制定能否有效解决企业当前存在的问题 ◆ 制度的内容是否与企业的发展战略规划一致

2.4.7　制度正式公示阶段

制度的制定，是为了企业的运营和发展。因此，经批准后的各项制度，房地产企业应当以适当的方式向全体员工公示，以示制度自公示之日起生效，也便于员工遵守执行。

一般来说，常用的制度公示方式有四种，企业可根据实际情况选择运用。制度公示方式的具体内容如图 2-22 所示。

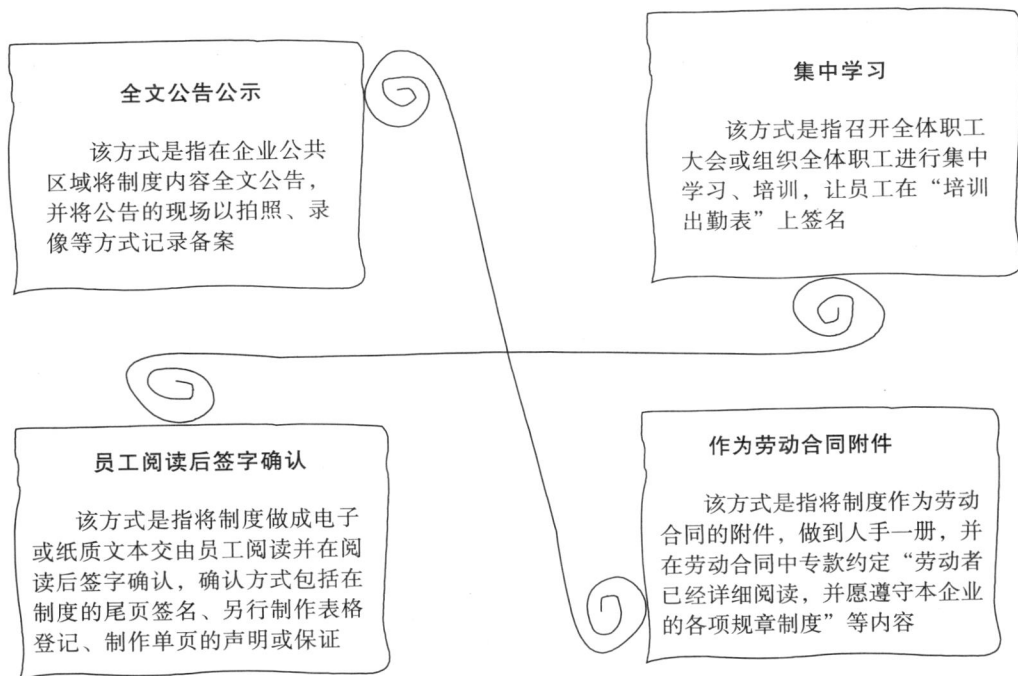

全文公告公示

该方式是指在企业公共区域将制度内容全文公告，并将公告的现场以拍照、录像等方式记录备案

集中学习

该方式是指召开全体职工大会或组织全体职工进行集中学习、培训，让员工在"培训出勤表"上签名

员工阅读后签字确认

该方式是指将制度做成电子或纸质文本交由员工阅读并在阅读后签字确认，确认方式包括在制度的尾页签名、另行制作表格登记、制作单页的声明或保证

作为劳动合同附件

该方式是指将制度作为劳动合同的附件，做到人手一册，并在劳动合同中专款约定"劳动者已经详细阅读，并愿遵守本企业的各项规章制度"等内容

图 2-22　制度公示的四种方式

作为企业的经营管理人员或人事管理人员，在制度公示工作方面一定要细心谨慎，务必要严格注意两大事项，其具体说明如图 2-23 所示。

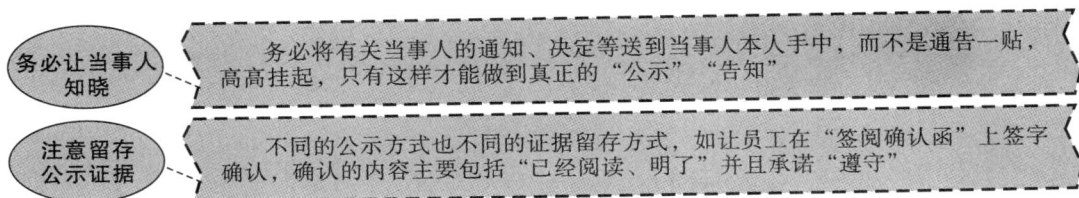

务必让当事人知晓　务必将有关当事人的通知、决定等送到当事人本人手中，而不是通告一贴，高高挂起，只有这样才能做到真正的"公示""告知"

注意留存公示证据　不同的公示方式也不同的证据留存方式，如让员工在"签阅确认函"上签字确认，确认的内容主要包括"已经阅读、明了"并且承诺"遵守"

图 2-23　制度公示注意事项

第3章　房地产战略发展规划管理流程与制度

3.1　房地产战略发展规划管理流程体系

3.1.1　房地产战略发展规划管理流程目录

战略发展规划是企业战略发展计划、发展路线及发展纲领的综合性规划。房地产企业进行战略发展规划管理的流程目录需包括但不限于以下六项，具体如图3-1所示。

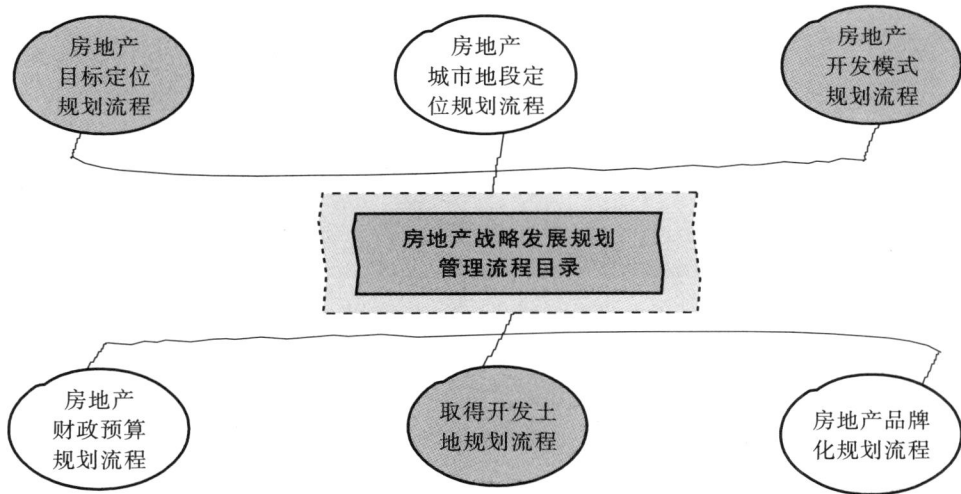

图 3-1　房地产战略发展规划管理流程目录

3.1.2　房地产战略发展规划管理关键节点

房地产企业在进行战略发展规划管理过程中，需加强对四大关键节点的管理，以规范战略发展规划的管理工作，从而提高战略发展规划管理的工作效率，具体如图3-2所示。

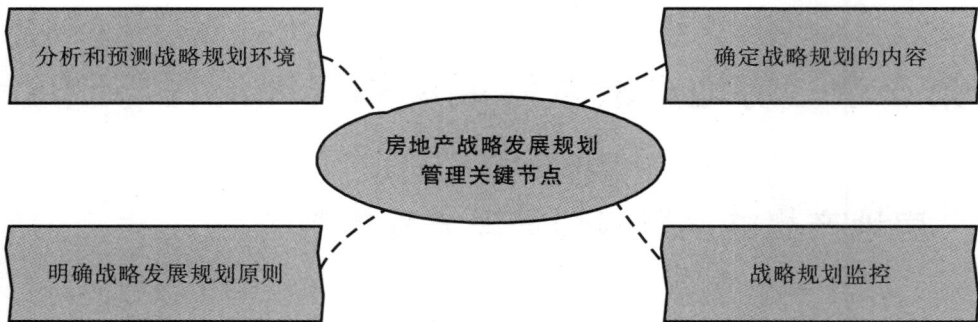

图 3-2　房地产战略发展规划管理关键节点

3.1.3　房地产战略发展规划管理流程说明

房地产战略发展规划管理流程的具体说明如表 3-1 所示。

表 3-1　房地产战略发展规划管理流程说明表

文件名称	房地产战略发展规划管理流程		版本号		页数	
文件编号			编制人		审批人	
关键节点名称	操作说明		时长	适用人员		责任部门
分析和预测战略规划环境	房地产企业在分析和预测战略规划环境时，应收集战略发展规划所需的外部信息以及内部信息，如国家相关政策法规、市场竞争状况、企业现有的资源条件等		＿＿个工作日	规划设计主管、规划设计专员		规划设计部
明确战略发展规划原则	在制定战略发展规划时，规划设计部人员应坚持与企业发展协调一致的原则，统一规划、分步实施原则，整合与构建相结合的原则等		＿＿个工作日	规划设计主管、规划设计专员		规划设计部
确定战略规划的内容	规划设计部制定的战略规划应包括三个要素：方向和目标、约束和政策、计划和指标		＿＿个工作日	规划设计主管、规划设计专员		规划设计部
战略规划监控	规划设计部人员应实施关注房地产市场的发展动态，分析本企业的战略发展规划是否需要根据市场环境的变化进行修订和完善		＿＿个工作日	规划设计主管、规划设计专员		规划设计部

3.2 房地产战略发展规划管理主要流程

3.2.1 房地产目标定位规划流程

流程名称	房地产目标定位规划流程		编　号	
			受控状态	
执行主体	分管副总	规划设计部经理	规划设计主管	规划设计专员
流程动作				

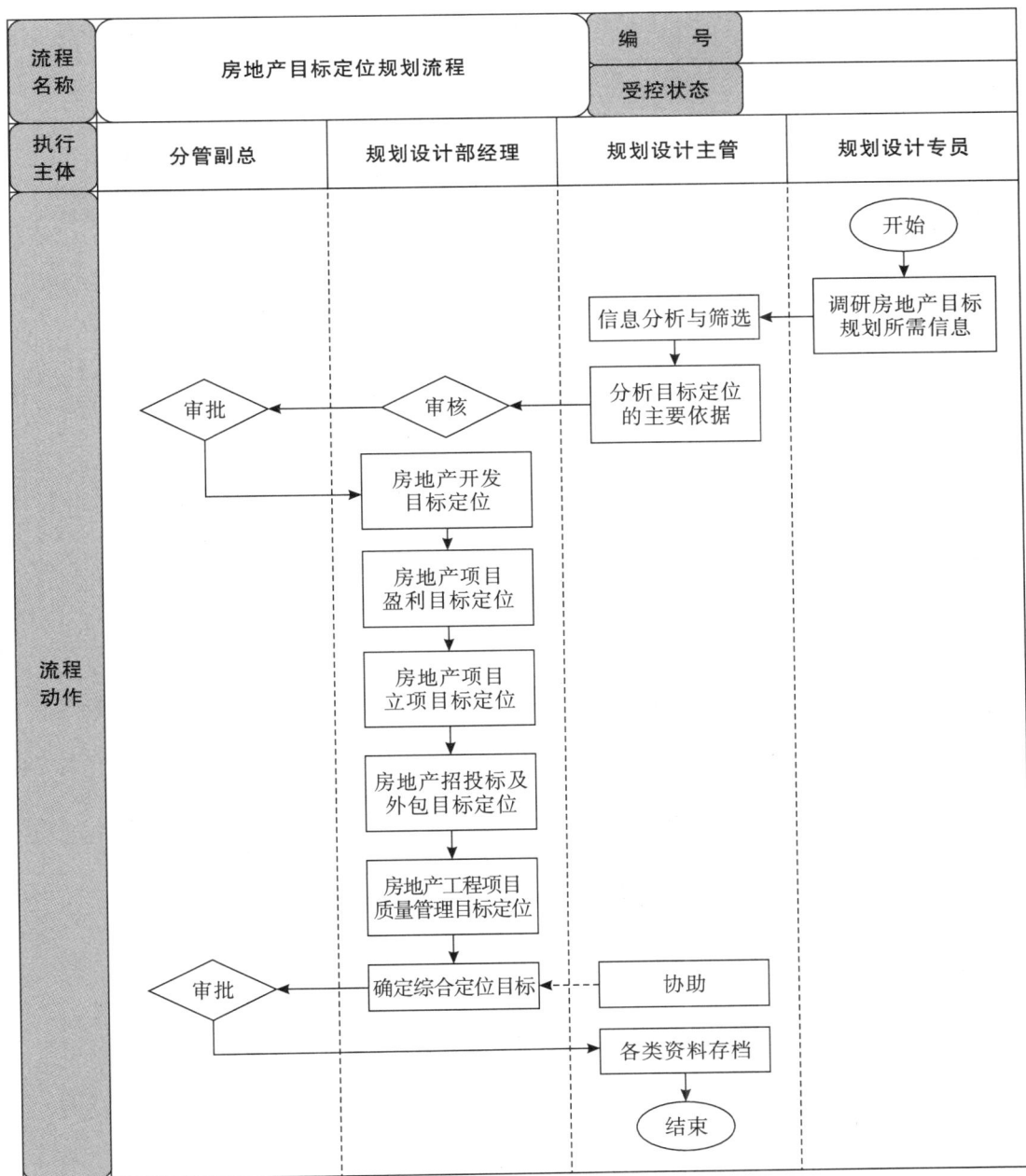

3.2.2 房地产城市地段定位规划流程

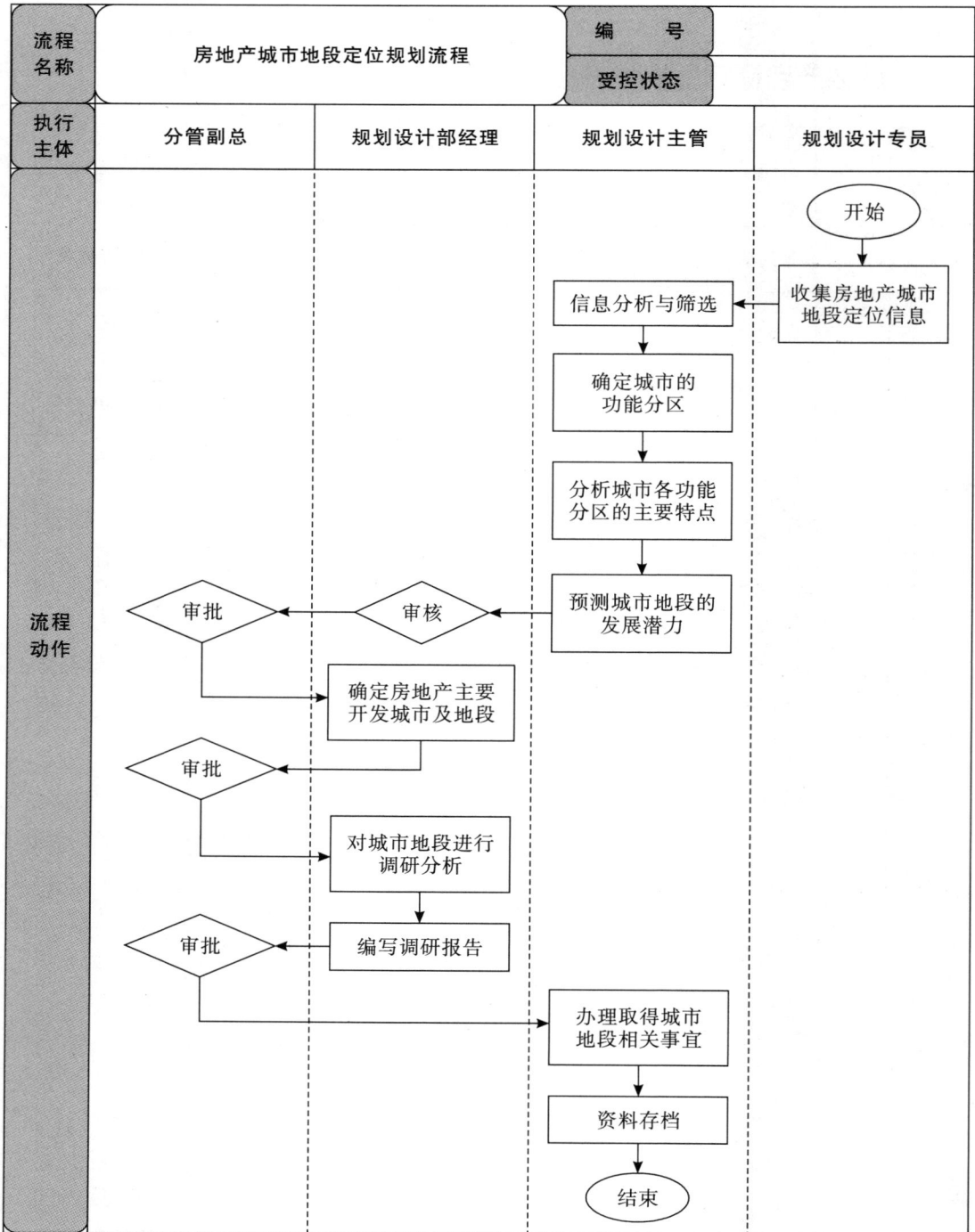

流程名称	房地产城市地段定位规划流程		编　号	
			受控状态	
执行主体	分管副总	规划设计部经理	规划设计主管	规划设计专员

| 流程动作 | | | | |

```
                                                                    开始
                                                                     │
                                                                     ▼
                                          信息分析与筛选  ◄──  收集房地产城市
                                                │              地段定位信息
                                                ▼
                                          确定城市的
                                          功能分区
                                                │
                                                ▼
                                          分析城市各功能
                                          分区的主要特点
                                                │
                                                ▼
              审批  ◄──  审核  ◄──────────  预测城市地段的
               │                            发展潜力
               ▼
        确定房地产主要
        开发城市及地段
               │
       审批  ◄─┘
        │
        ▼
  对城市地段进行
  调研分析
        │
        ▼
  审批  ◄──  编写调研报告
   │
   ▼
                                          办理取得城市
                                          地段相关事宜
                                                │
                                                ▼
                                          资料存档
                                                │
                                                ▼
                                            结束
```

3.2.3 房地产开发模式规划流程

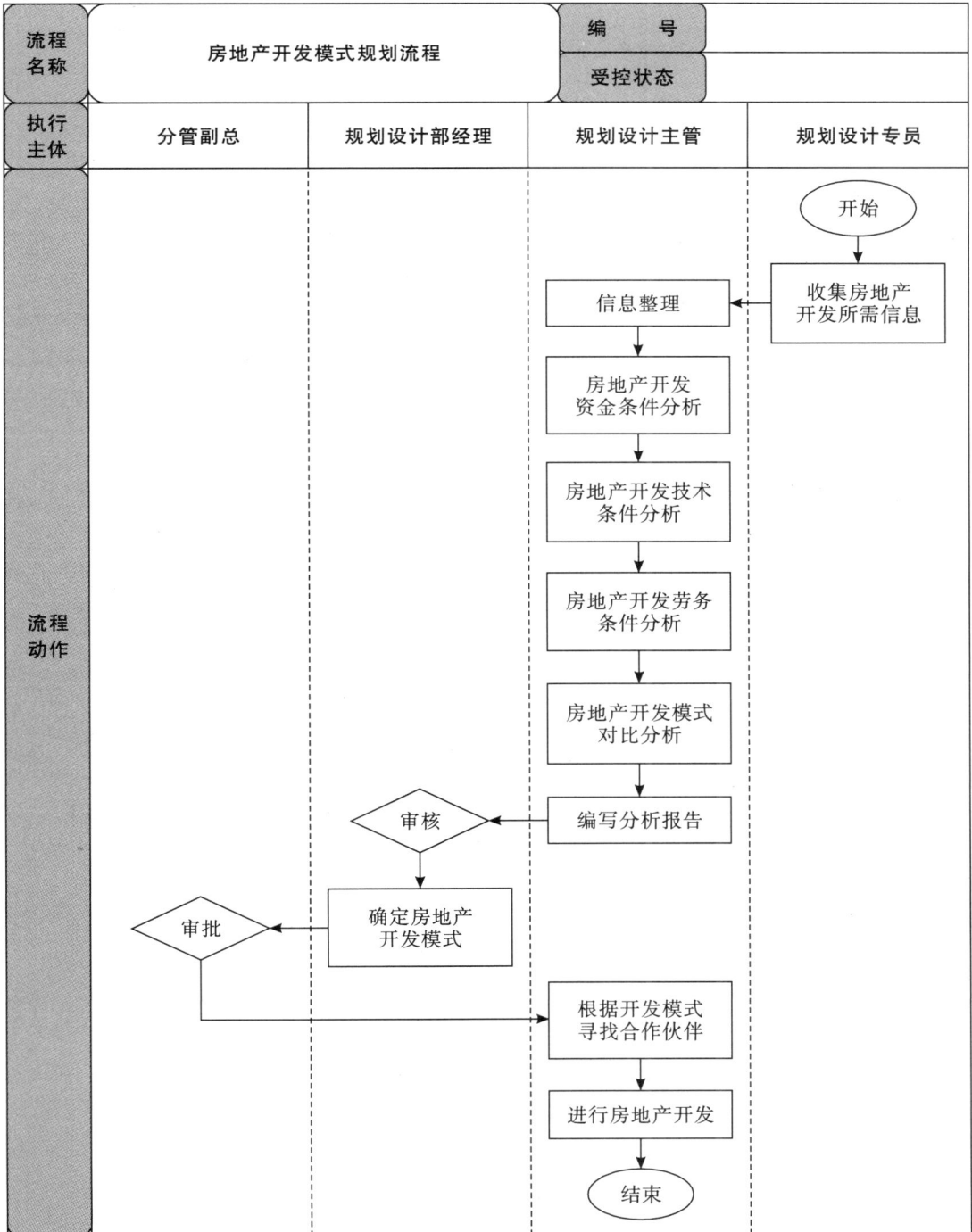

流程名称	房地产开发模式规划流程		编　　号	
			受控状态	
执行主体	分管副总	规划设计部经理	规划设计主管	规划设计专员
流程动作				

开始

收集房地产开发所需信息

信息整理

房地产开发资金条件分析

房地产开发技术条件分析

房地产开发劳务条件分析

房地产开发模式对比分析

编写分析报告

审核

确定房地产开发模式

审批

根据开发模式寻找合作伙伴

进行房地产开发

结束

3.2.4 房地产财政预算规划流程

流程 名称	房地产财政预算规划流程		编　　号	
			受控状态	
执行 主体	分管副总	规划设计部经理	规划设计主管	财务部

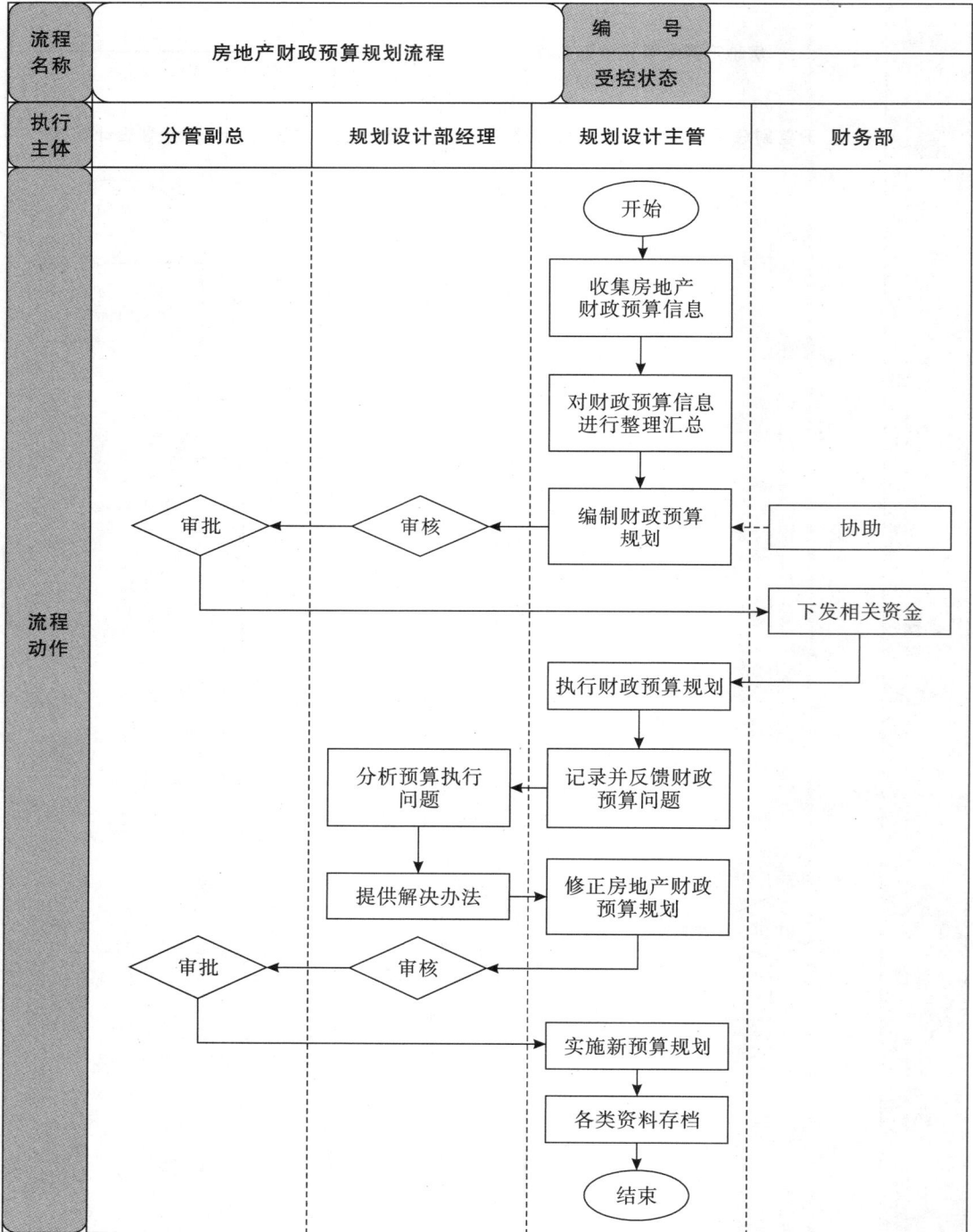

3.2.5　取得开发土地规划流程

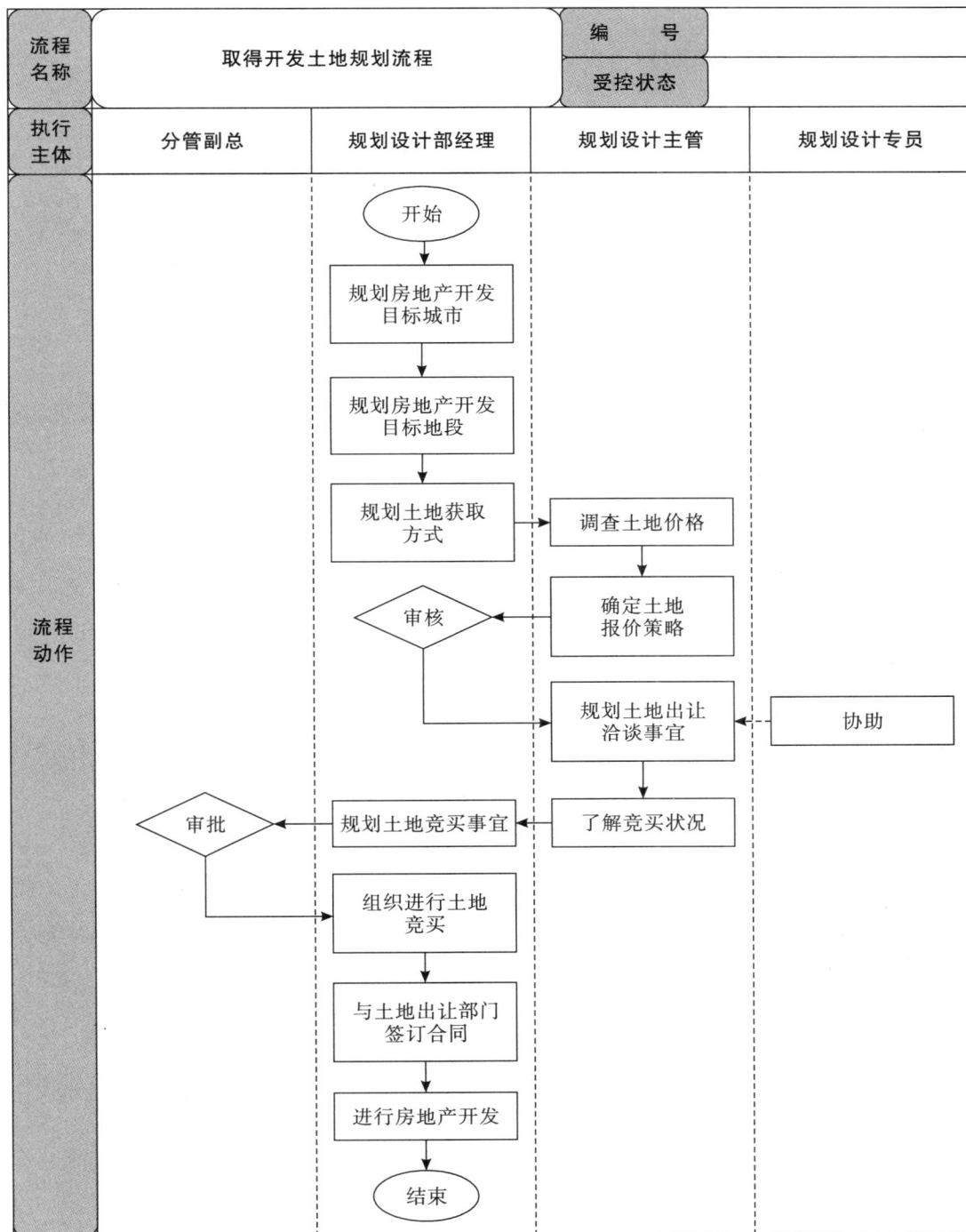

流程 名称	取得开发土地规划流程		编　　号	
			受控状态	
执行 主体	分管副总	规划设计部经理	规划设计主管	规划设计专员
流程 动作				

```
                              开始

                         规划房地产开发
                           目标城市

                         规划房地产开发
                           目标地段

                         规划土地获取        调查土地价格
                             方式

                           审核   ←        确定土地
                                           报价策略

                                         规划土地出让      协助
                                          洽谈事宜

   审批   ←   规划土地竞买事宜  ←   了解竞买状况

                         组织进行土地
                             竞买

                         与土地出让部门
                           签订合同

                         进行房地产开发

                             结束
```

3.2.6　房地产品牌化规划流程

流程名称	房地产品牌化规划流程		编　　号	
			受控状态	
执行主体	分管副总	规划设计部经理	规划设计主管	规划设计专员

| 流程动作 | | | | |

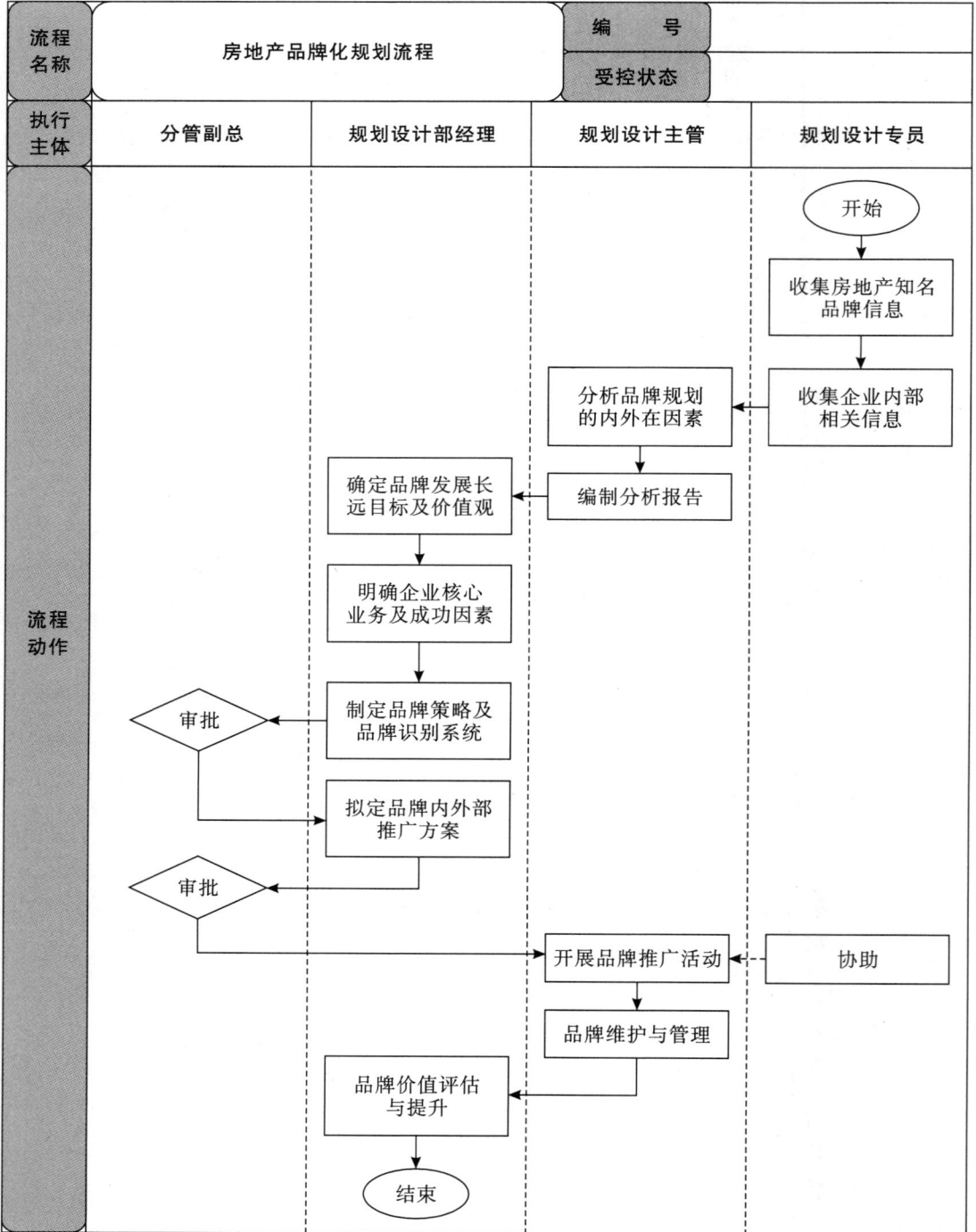

流程图内容（执行主体：规划设计专员 → 规划设计主管 → 规划设计部经理 → 分管副总）：

- 开始
- 收集房地产知名品牌信息
- 收集企业内部相关信息
- 分析品牌规划的内外在因素
- 编制分析报告
- 确定品牌发展长远目标及价值观
- 明确企业核心业务及成功因素
- 制定品牌策略及品牌识别系统 → 审批
- 拟定品牌内外部推广方案 → 审批
- 开展品牌推广活动 ← 协助
- 品牌维护与管理
- 品牌价值评估与提升
- 结束

3.3 房地产战略发展规划管理制度体系

3.3.1 房地产战略发展规划管理制度体系指引图

房地产战略发展规划管理制度体系需包括战略目标规划、城市地段定位规划、开发模式规划、品牌化规划等内容，具体包括但不限于以下六大制度，具体如图3-3所示。

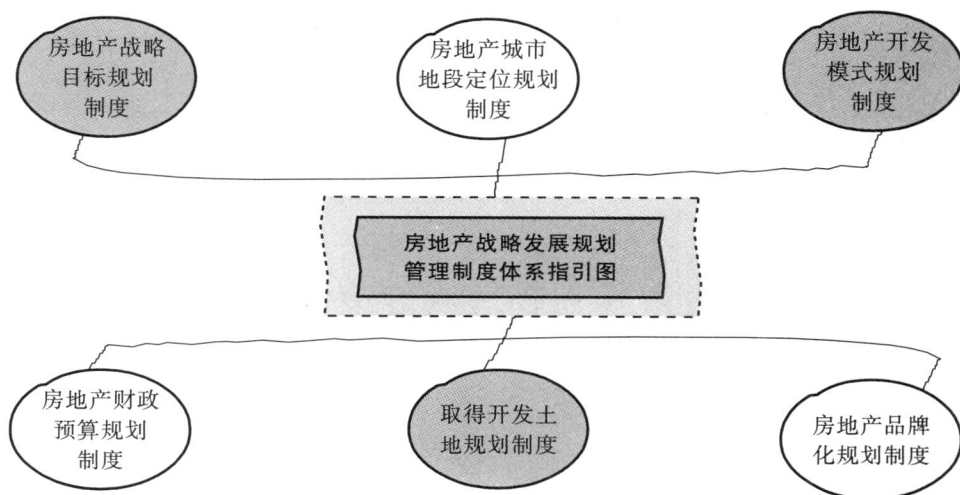

图3-3 房地产战略发展规划管理制度体系指引图

3.3.2 房地产战略发展规划管理制度的设计目标

房地产企业建立战略发展规划管理制度体系，主要是为了完成以下两大目标，具体如图3-4所示。

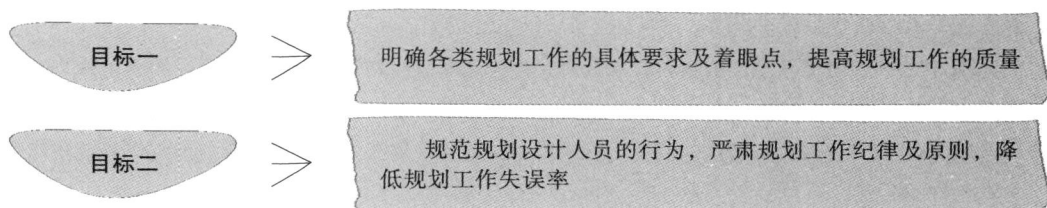

图3-4 房地产战略发展规划管理制度设计目标

3.3.3 房地产战略发展规划管理制度设计关注点

为了实现战略规划的目标，房地产企业在设计战略发展规划管理制度体系时，需关注以下三项内容，具体如图3-5所示。

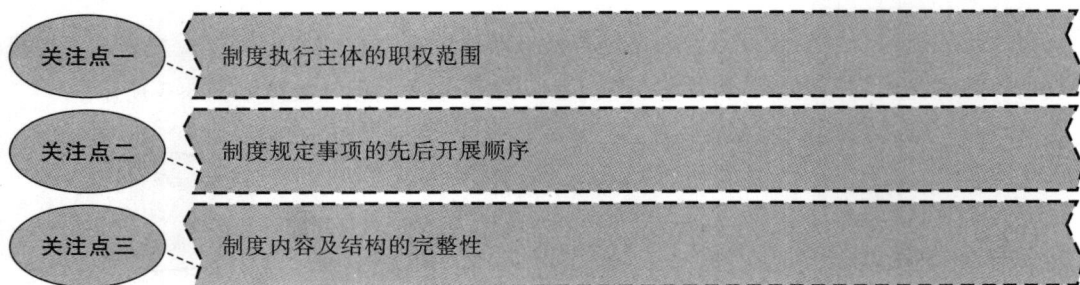

关注点一 —— 制度执行主体的职权范围

关注点二 —— 制度规定事项的先后开展顺序

关注点三 —— 制度内容及结构的完整性

图3-5　房地产战略发展规划管理制度设计关注点

3.4　房地产战略发展规划管理制度设计

3.4.1　房地产战略目标规划制度

制度名称	房地产战略目标规划制度		编　号	
			受控状态	
执行部门		监督部门	编修部门	

第1条　目的

为了有效落实公司发展战略规划，明确并落实公司的战略目标，为公司人员的工作提供指引方向，结合公司实际情况，特制定本制度。

第2条　适用范围

本制度适用于房地产战略目标规划管理的相关工作。

第3条　管理职责

1. 公司总经理负责对房地产战略目标规划事宜进行全面监控和管理，对战略目标的相关规划事宜进行决策。

2. 规划设计部负责做好战略目标的具体规划工作，包括收集和分析规划信息、制定与修改战略目标、实施战略目标等。

3. 公司其他部门向规划设计部提供战略目标规划所需的各项信息，协助规划设计部对战略目标进行规划和实施。

（续）

第 4 条　规划原则

规划设计部在对公司的战略目标进行规划时，应坚持以下原则。

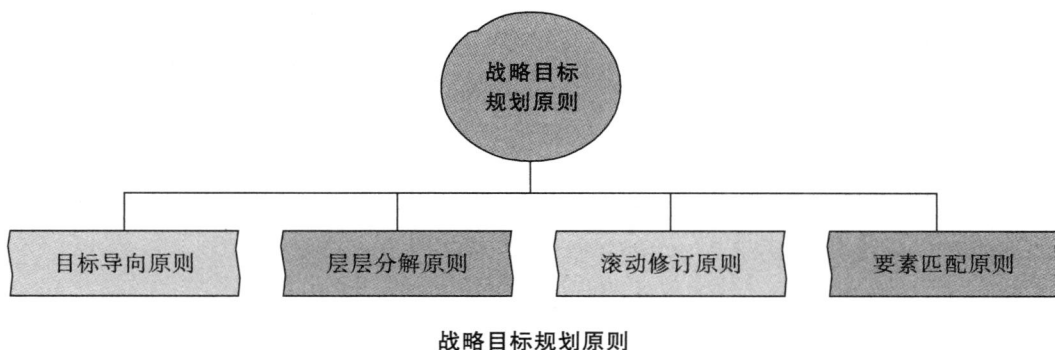

战略目标规划原则

第 5 条　规划内容

规划设计部在对公司的战略目标进行规划时，应着重规划以下内容。

1. 房地产战略总目标。

2. 房地产开发主业务目标。

3. 房地产经营业务目标。

4. 房地产财务目标。

第 6 条　收集、分析战略目标规划信息

1. 规划设计专员首先应对公司的现状信息进行收集与整理，并将所收集的材料交予规划设计主管进行审核确认。

2. 规划设计主管对审核确认后的资料进行分析，主要分析公司的主要优势和劣势、竞争对手的优势和劣势、我公司的发展计划以及我公司面临的主要市场状况等。

3. 分析工作结束后，规划设计部经理根据规划设计主管的分析结果进行判断，确定规划周期的长短，公司在未来____年至____年内是否需要进行改革，以及具体的改革项目等。

第 7 条　制定战略目标规划

1. 判断工作结束后，公司总经理应作出是否需要进行变革的决定。如需要变革，规划设计部经理应组织相关人员对我公司所面临的战略环境进行分析和预测。

2. 分析预测工作结束后，规划设计部经理应制定具体的战略目标以及战略目标执行过程中的重点，交由公司总经理进行审批。

3. 总经理审批通过后，规划设计部经理组织相关人员制订实现战略目标的行动计划，并监督计划的执行。

4. 行动计划制订后，规划设计主管应制定实施战略目标的各项控制措施。

（续）

第8条 评审战略目标规划	

第8条 评审战略目标规划

1. 编制战略目标规划的相关文件后，公司总经理应组织公司各部门召开战略目标规划评估会议，评估战略目标规划的可执行性及可实现性。

2. 在评估战略目标规划时，评估人员应坚持以下两个标准。

（1）公司制定的战略目标是否能够充分发挥公司的主要优势、克服劣势，是否利用了有效机会，并将威胁降到最低程度。

（2）公司制定的战略目标能否被公司的利益相关者所接受。

3. 在评估战略目标规划时，评估人员应将战略目标的评估结果最终落实到战略收益、风险和可行性分析的财务指标上。

第9条 本制度由规划设计部负责制定和修改。

第10条 本制度经公司总经理审批通过后执行。

编制日期		审核日期		批准日期	
修改标记		修改处数		修改日期	

3.4.2 房地产开发模式规划制度

制度名称	房地产开发模式规划制度		编　号	
			受控状态	
执行部门		监督部门	编修部门	

第1章　总则

第1条　目的

为了规范房地产开发，明确房地产开发模式，确保房地产开发工作顺利进行，特制定本制度。

第2条　适用范围

本制度适用于房地产开发模式的规划管理工作。

第2章　房地产联建开发模式

第3条　开发模式定义

房地产联建开发模式，是指提供资金、技术、劳务一方（B企业）与提供土地的一方（A企业）合作，进行房地产开发的模式。

第4条　适用对象

该开发模式适用于土地提供方与房地产开发公司之间进行的合作开发。

第5条　注意事项

使用该开发模式时，规划设计人员应注意以下事项。

（续）

1. 房地产项目开发时，合作双方应以各自的名义向政府部门办理审批手续、变更手续和各种证件许可。

2. 房地产项目开发完成后，A 企业按照所获得房屋的公允价值计算转让土地使用权营业税、土地增值税、印花税和企业所得税。

3. 房地产项目开发完成后，B 企业按照分出的房屋公允价值计算销售不动产营业税、土地增值税、印花税和企业所得税并确定土地入账价值。B 企业投入资金参与房地产开发并享有最终一定成果。

4. 合作双方应在合同里明确约定按比例分配房屋和土地使用权，并以双方各自所有或经营管理的财产等约定双方应承担相应的民事责任。

第 3 章　直接转让土地使用权开发模式

第 6 条　定义

直接转让土地使用权开发模式，是指 A 企业直接将土地使用权转让给 B 企业，并以 B 企业的名义进行房地产立项开发的合作开发模式。

第 7 条　适用对象

该开发模式适用于 A 企业不需要自用开发产品的情况。

第 8 条　注意事项

使用该开发模式时，规划设计人员应注意以下事项。

1. 项目开发销售过程中的营业税、土地增值税、印花税、企业所得税以 B 企业为主体计算缴纳。

2. A 企业转让土地使用权应当缴纳营业税、土地增值税、印花税和企业所得税，B 企业应当缴纳承受土地使用权契税。

第 4 章　组建项目开发公司开发模式

第 9 条　定义

组建项目开发公司是指提供资金、技术、劳务一方与提供土地一方以组建法人资格的经济实体来合作进行房地产开发的行为。

第 10 条　适用对象

该模式适用于合作双方都不是房地产开发公司，组建的项目开发公司用于商品房项目开发的情形。

第 11 条　注意事项

使用该开发模式时，规划设计人员应注意以下事项。

1. 在这种开发模式下，合作双方应以项目公司的名义立项，并办理相关手续、签订合作开发协议。协议中应明确双方的投资方式及项目风险的承担方式、双发违约责任的确定及相应的赔偿办法等。

2. 该开发模式有两种情况，一是 A 企业以土地协议折价入股的方式构成合作投资股，二是 B 企业以土地评估作价入股方式构成投资比例。

3. 房地产项目开发销售过程中的营业税、土地增值税、印花税以及企业所得税等仍然以 B 企业为主体进行计算缴纳。

（续）

4. A 企业以土地使用权作为对 B 房地产企业的投资，不需要缴纳营业税，但应当缴纳土地增值税、印花税。B 房地产企业需要缴纳房地产项目的契税。

第 5 章　整体产权转移开发模式

第 12 条　定义

整体产权转移开发模式，是指已经获得立项批准的房地产开发项目，在项目公司股东之间或合作开发的收益人之间，或向他人转让其股权，或与其他合伙人合作开发权益的房地产开发行为。

第 13 条　适用对象

该模式适用于项目公司能够以公司股权并购方式转让房地产开发项目的情形。

第 14 条　注意事项

使用该开发模式时，规划设计人员应注意以下事项。

1. 项目合作各方以项目权益比例的变更转让房地产项目开发权益。

2. 转让企业不需要缴纳营业税及土地增值税，也无需计算合并环节的清算所得或损失。

3. 受让房地产企业不需要缴纳契税。

第 6 章　房地产参建开发模式

第 15 条　定义

房地产参建开发模式，是指参建人以参建名义对已经开发的房地产项目进行投资或参与房地产建设而获得部分房产所有权的开发模式。

第 16 条　适用对象

该开发模式适用于房地产开发项目已经进行，但项目开发资金不足的情形。

第 17 条　注意事项

房地产参建开发模式通常没有被政府的主管部门行政批准，因而通常被认定无法律效力，因此，规划设计人员对此开发模式可以不予考虑。

第 7 章　附则

第 18 条　本制度由规划设计部负责制定和修改。

第 19 条　本制度经总经理审批通过后执行。

编制日期		审核日期		批准日期	
修改标记		修改处数		修改日期	

3.4.3 房地产品牌化规划制度

制度名称	房地产品牌化规划制度		编　　号	
			受控状态	
执行部门		监督部门	编修部门	

第1章　总则

第1条　目的

为了加强对房地产项目的品牌化管理，提高项目质量及房屋的销售率，维护并提升公司良好的对外形象，特制定本制度。

第2条　适用范围

本制度适用于房地产项目品牌化管理的相关工作。

第3条　管理职责

1. 公司总经理负责对房地产品牌化规划事宜进行全面管理和监控，并指导规划设计部做好具体的品牌规划工作。

2. 规划设计部负责收集品牌化规划所需的各类信息，并对各类信息进行整理汇总，制定品牌规划策略及方案，经审批后组织执行。

3. 公司财务部等其他执行部门协助规划设计部开展品牌化规划工作。

第2章　市场细分管理

第4条　确定市场细分因素

规划设计人员首先收集房地产市场的相关信息，并根据收集的信息对房地产市场进行细分，具体的细分因素说明如下图所示。

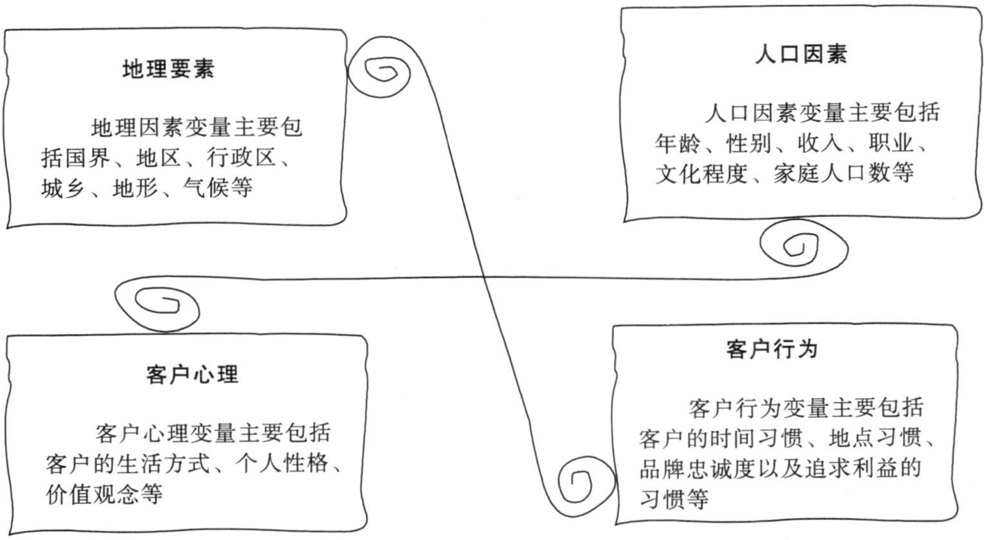

地理要素

地理因素变量主要包括国界、地区、行政区、城乡、地形、气候等

人口因素

人口因素变量主要包括年龄、性别、收入、职业、文化程度、家庭人口数等

客户心理

客户心理变量主要包括客户的生活方式、个人性格、价值观念等

客户行为

客户行为变量主要包括客户的时间习惯、地点习惯、品牌忠诚度以及追求利益的习惯等

房地产细分因素说明

（续）

第5条　市场细分步骤

对房地产市场进行细分时，规划设计人员应按照以下步骤开展细分工作。

1. 在房地产市场调查阶段，规划设计人员应设计市场调查问卷，问卷问题应与房地产项目息息相关。问卷发放后，应指导调查对象填写调查问卷，以保证调查问卷的有效性。

2. 问卷填写回收后，规划设计人员应选择专业分析人员对问卷数据进行专业分析，可采用的分析方法有经验曲线分析法、多元回归分析法、因子分析法等。

3. 根据分析结果，规划设计人员结合客户态度、客户行为、人口变量、心理变量和一般需求习惯划分出每一个细分群体。

第3章　目标市场选择管理

第6条　确定市场发展模式

在确定目标市场时，规划设计人员应确定公司现阶段宜采用的发展模式，如单一市场模式、完全市场覆盖模式、复合市场模式和复合产品模式等。

第7条　市场发展模式分析

结合公司的实际情况，规划设计人员对各发展模式进行详细对比分析，以做出最好的目标市场选择决策，即选择进入哪些市场并为市场提供何种服务等。

第4章　产品定位管理

第8条　选择产品定位方法

在对房地产项目的产品进行定位时，规划设计人员可采用五种方法，具体说明如下表所示。

产品定位方法说明表

定位方法	方法说明
属性/利益定位法	◆ 该方法是根据房地产项目的某一属性或利益方面的领先优势进行产品定位的方法 ◆ 通过这种方法，房地产公司可以突出产品的品牌优势以及其他产品无法比拟的利益等
价格/性能定位法	◆ 该方法是根据能够为目标市场客户提供性价比更好的物业及相应的服务而进行产品定位的方法 ◆ 这一方法可以为公司提供较高的让渡价值
目标客户需求定位法	◆ 该方法是指根据所选定的目标市场的实际需求进行产品定位的方法 ◆ 这种定位方法最能满足客户的个性化需求
竞争者定位法	◆ 该方法是根据公司面临的竞争对手的情况而采取的产品定位方法 ◆ 将本公司的产品定位于竞争对手的产品之上，以突出产品优势

（续）

（续表）

定位方法	方法说明
复合定位法	◆ 该方法是将房地产领域的各种技术手段以及该领域外的其他手段结合，对房地产项目进行定位的方法 ◆ 该方法可以唤醒并满足目标客户及目标市场的潜在需求

第 9 条　品牌塑造准备

产品定位方法选定后，规划设计人员应做好房地产品牌塑造的准备工作，保证整理相关数据资料、挑选合适的品牌名字等。

第 5 章　品牌塑造及营销策划

第 10 条　品牌命名

公司总经理对规划设计部提交的品牌名称清单进行审核，挑选出适合房地产项目的品牌名字。

第 11 条　品牌宣传

品牌名称确定后，营销部人员应通过各类媒体对房地产项目的品牌进行广泛宣传，以使目标客户群体更好地接受本品牌。

第 12 条　制定品牌营销策略

在制定品牌营销策略时，营销部人员应首先确定品牌规划各阶段的具体时间，具体划分说明如下表所示。

品牌推广阶段计划表

阶段名称	阶段时间说明
观念树立期	从___年__月__日 ~ ___年__月__日
形象推广期	从___年__月__日 ~ ___年__月__日
销售促进期	从___年__月__日 ~ ___年__月__日

第 13 条　营销策划注意事项

在制定营销策略时，营销部人员应注意以下事项。

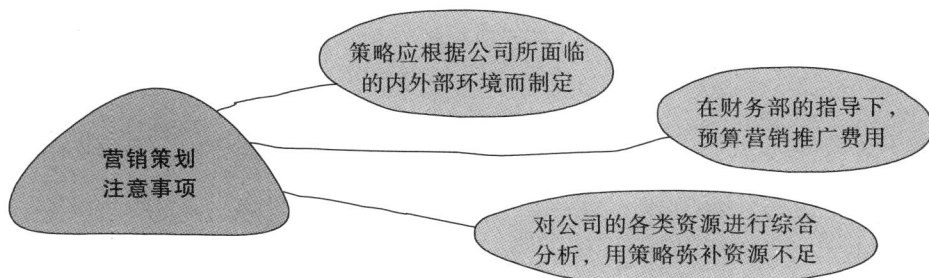

营销策划注意事项

（续）

第14条　规划品牌推广方法

1. 有效整合推广。

营销部人员应整合常规媒体（如报纸杂志、电视、电台、网络等）及创意性媒体（如品牌推广画册、文化书签等），以提高品牌推广的力度。

2. 对楼盘进行包装设计。

营销部人员应在售楼处咨询中心摆放楼盘模型以及具体的户型模型等，必要时可在模型中增加一些小摆设，以生动居住空间的气氛，激发目标客户群体的购买欲望。

第15条　培训推广人员

规划设计部应组织人力资源部做好品牌推广人员的培训规划工作，以提高推广人员的工作能力。

第6章　品牌规划评估

第16条　项目品牌化规划评估

规划设计部经理应组织营销部人员以及其他相关人员，对房地产品牌的整体推广节奏、推广方法等是否适合品牌推广的理念进行评估，确定所制定的品牌化规划是否能够有效推广房地产项目、品牌化的推广效果是否符合预期等。

第17条　目标客户群体对品牌的认知评估

规划设计部应根据来访客户及来电客户的数量及频次，评估目标客户群对公司房地产品牌的了解程度，以确定是否需要对品牌化规划作出进一步改进。

第7章　附则

第18条　本制度由规划设计部负责制定与修改。

第19条　本制度经公司总经理审批通过后执行。

编制日期		审核日期		批准日期	
修改标记		修改处数		修改日期	

第4章　房地产开发市场调研管理流程与制度

4.1　房地产开发市场调研管理流程体系

4.1.1　市场调研管理流程目录

市场调研，即市场调查与研究，是指根据特定调研目的的要求所进行的系统、科学的策划、收集、记录、整理和分析的全过程。

房地产开发市场调研，是指以房地产企业对相关的市场信息进行系统的收集、整理、记录和分析，进而对房地产市场进行研究和预测的全过程。房地产企业在市场调研管理过程中，涉及的管理流程如图4-1所示。

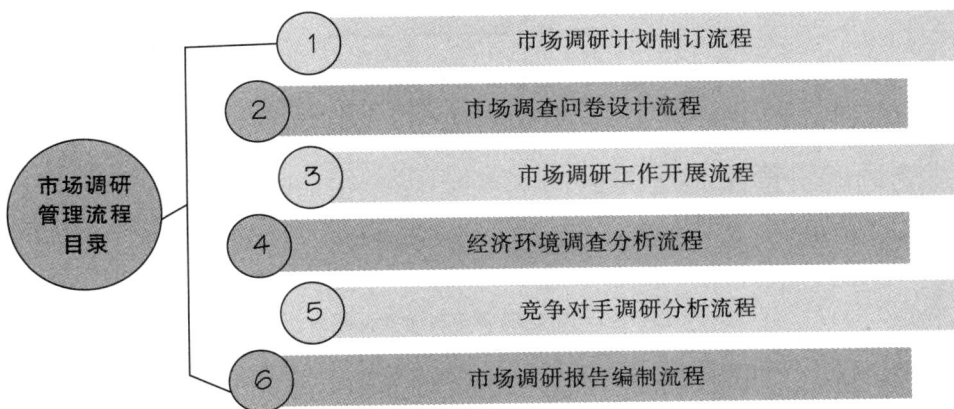

市场调研管理流程目录

1　市场调研计划制订流程
2　市场调查问卷设计流程
3　市场调研工作开展流程
4　经济环境调查分析流程
5　竞争对手调研分析流程
6　市场调研报告编制流程

图 4-1　市场调研管理流程目录

4.1.2　市场调研管理关键节点

在进行市场调研管理过程中，房地产企业需加强对九大关键节点的管理，以规范市场调研管理工作，从而提高市场调研管理的工作效率，具体如图4-2所示。

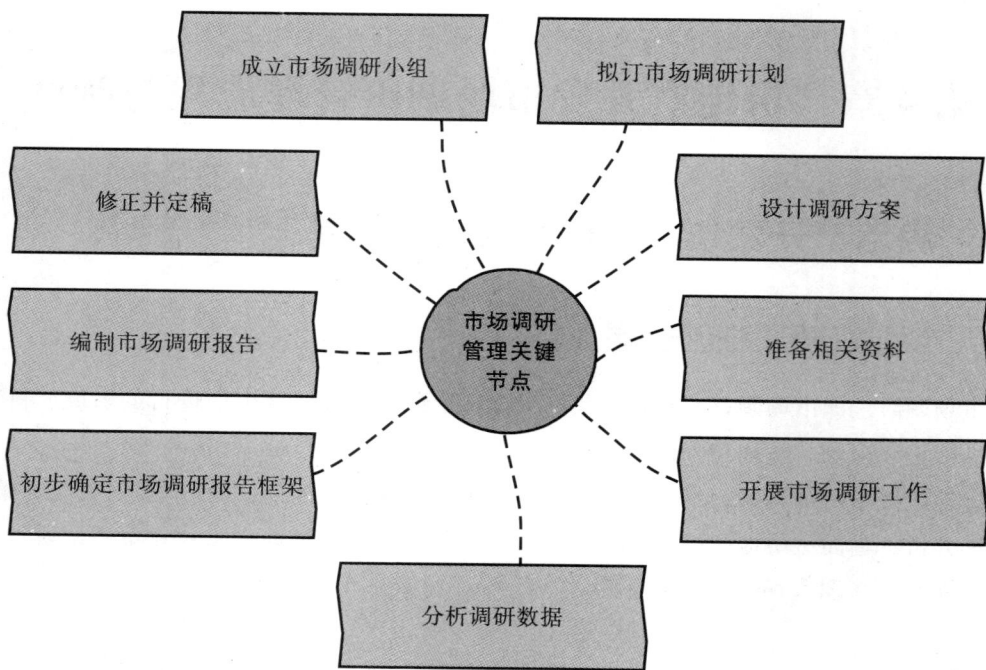

图4-2 市场调研管理关键节点

4.1.3 市场调研管理流程说明

市场调研管理流程的具体说明如表4-1所示。

表4-1 市场调研管理流程说明表

文件名称	市场调研管理流程		版本号		页数	
文件编号			编制人		审批人	
关键节点名称	操作说明		时长	适用人员		责任部门
成立市场调研小组	根据工作量，成立市场调研小组并确定小组人数，选出调研组长		___个工作日	市场部经理		市场部
拟订市场调研计划	1. 明确本次调研的目的、需取得的成果，确定调研方法，明确分工，并拟订调研计划，报部门经理审批 2. 调研计划应包括预计调研时间、个人职责（区域、专项）的明确划分、调研方法、调研预期效果等内容		___个工作日	市场调研小组、市场部经理		市场部

（续表）

关键节点名称	操作说明	时长	适用人员	责任部门
设计调研方案	1. 调研主管根据调研计划、调研工作的具体要求及调研预算等设计调研方案，经调研经理审核及分管副总审批后实施 2. 调研方案应包括调研时间、调研区域、调研内容、调研方法及工具、人员及费用安排等内容	——个工作日	调研主管	市场部
准备相关资料	调研专员应提前准备市场调研所需的地图、调查表格（包括项目简介表、问卷等）、照相机、名片等	——个工作日	调研专员	市场部
开展市场调研工作	1. 调研专员依照调研方案完成信息、资料的采集工作，并对每日的工作进行记录总结 2. 此期间由调研组长根据实际情况安排工作，要求每天向部门经理汇报当天工作进度	——个工作日	调研专员	市场部
分析调研数据	调研资料整理汇总后，调研主管采用事先确定好的分析方法及分析工具对收集的调研数据进行统计、分析，并完成调研数据分析报告	——个工作日	调研主管	市场部
初步确定市场调研报告框架	当天工作结束后，调研小组全体成员应立即整理各自掌握的调研信息，总结调研中存在的问题并找到解决方法，初步讨论报告写作思路	——个工作日	市场调研小组成员	市场部
编制市场调研报告	确立报告写作思路、模式及框架，根据职责分工，由专人主笔写作报告，其余人员进行资料整理、录入并辅助写作	——个工作日	市场调研小组成员	市场部
修正并定稿	1. 调研主管依据审核、审批意见对调研报告进行修正并定稿 2. 修正后的调研报告通过审批后，调研主管按照企业的要求对调研报告进行统一编号	——个工作日	调研主管	市场部

4.2 房地产开发市场调研管理主要流程

4.2.1 市场调研计划制订流程

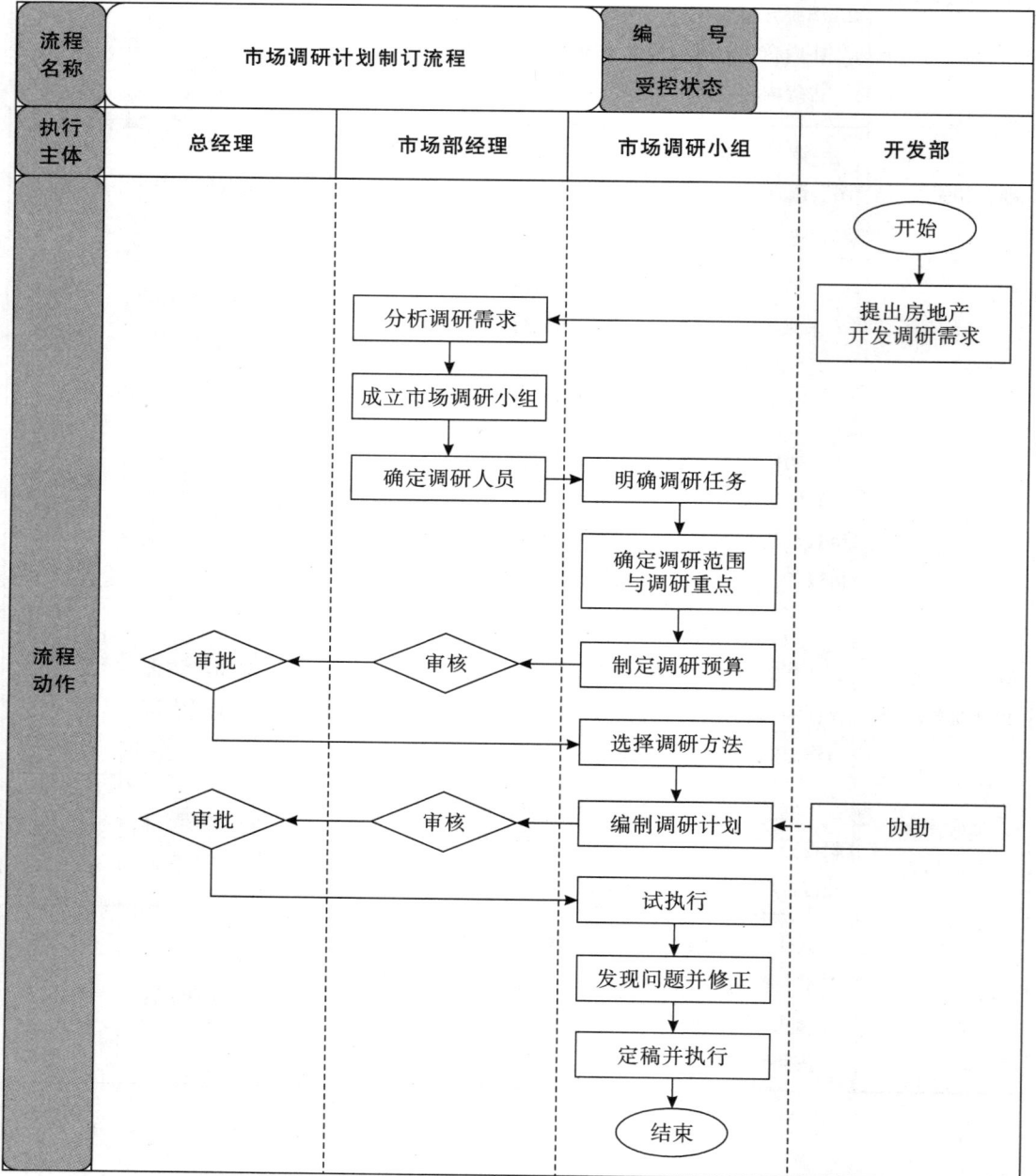

流程名称	市场调研计划制订流程		编　　号	
			受控状态	
执行主体	总经理	市场部经理	市场调研小组	开发部

流程动作

```
                                                                    ┌─────────┐
                                                                    │  开始   │
                                                                    └────┬────┘
                                                                         │
                     ┌──────────────┐                          ┌──────────────┐
                     │ 分析调研需求 │◀─────────────────────────│ 提出房地产   │
                     └──────┬───────┘                          │ 开发调研需求 │
                            │                                  └──────────────┘
                   ┌─────────────────┐
                   │ 成立市场调研小组 │
                   └────────┬────────┘
                            │
                  ┌──────────────┐        ┌──────────────┐
                  │ 确定调研人员 │───────▶│ 明确调研任务 │
                  └──────────────┘        └──────┬───────┘
                                                 │
                                          ┌──────────────┐
                                          │ 确定调研范围 │
                                          │ 与调研重点   │
                                          └──────┬───────┘
                                                 │
      ◇审批◇ ◀──── ◇审核◇ ◀──────────────── ┌──────────────┐
                                          │ 制定调研预算 │
                                          └──────────────┘
         │                                 ┌──────────────┐
         └───────────────────────────────▶│ 选择调研方法 │
                                          └──────┬───────┘
                                                 │
      ◇审批◇ ◀──── ◇审核◇ ◀──────────────── ┌──────────────┐        ┌──────┐
                                          │ 编制调研计划 │◀·······│ 协助 │
                                          └──────────────┘        └──────┘
         │                                 ┌──────────────┐
         └───────────────────────────────▶│   试执行     │
                                          └──────┬───────┘
                                          ┌──────────────────┐
                                          │ 发现问题并修正   │
                                          └──────┬───────────┘
                                          ┌──────────────┐
                                          │ 定稿并执行   │
                                          └──────┬───────┘
                                            ┌─────────┐
                                            │  结束   │
                                            └─────────┘
```

4.2.2 市场调查问卷设计流程

流程名称	市场调查问卷设计流程		编　　号	
			受控状态	
执行主体	总经理	市场部经理	调研主管	调研专员

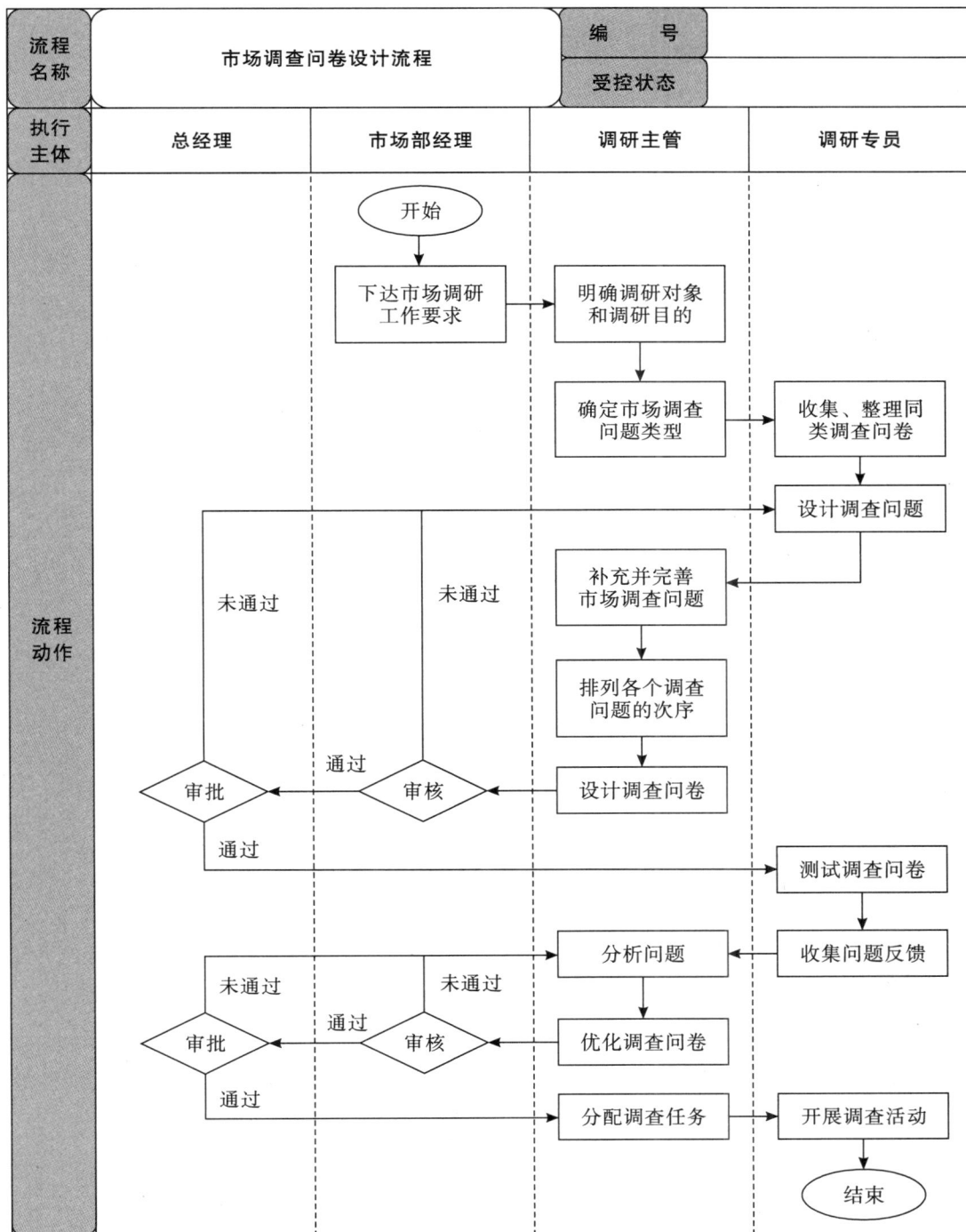

流程动作

开始

下达市场调研工作要求 → 明确调研对象和调研目的

确定市场调查问题类型 → 收集、整理同类调查问卷

设计调查问题

补充并完善市场调查问题

排列各个调查问题的次序

审批 ← 未通过 / 通过 — 审核 ← 未通过 / 通过 — 设计调查问卷

测试调查问卷

收集问题反馈

分析问题

审批 ← 未通过 / 通过 — 审核 ← 未通过 / 通过 — 优化调查问卷

分配调查任务 → 开展调查活动

结束

4.2.3 市场调研工作开展流程

流程名称	市场调研工作开展流程		编　　号	
			受控状态	
执行主体	总经理	市场部经理	调研主管	调研专员

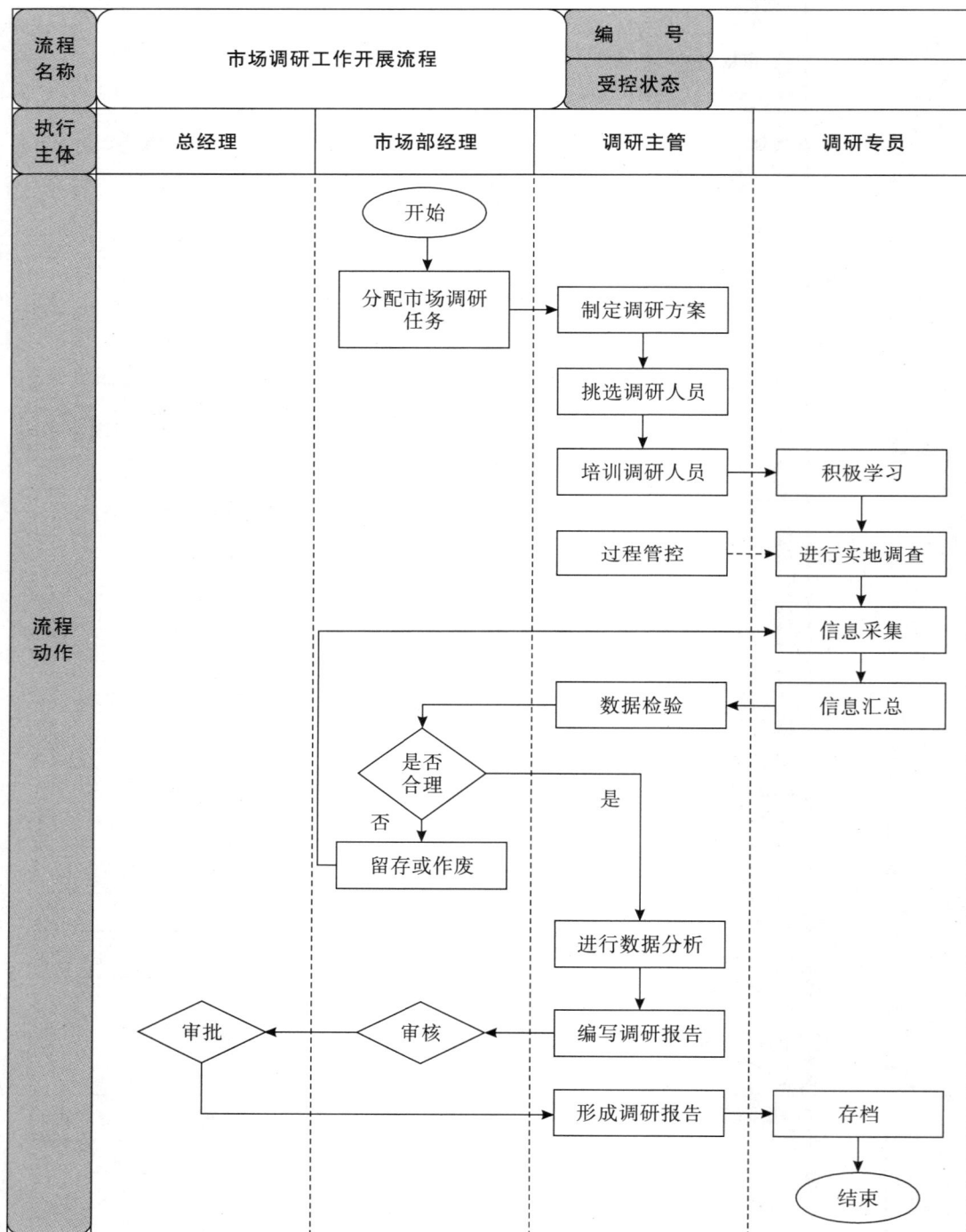

4.2.4 经济环境调查分析流程

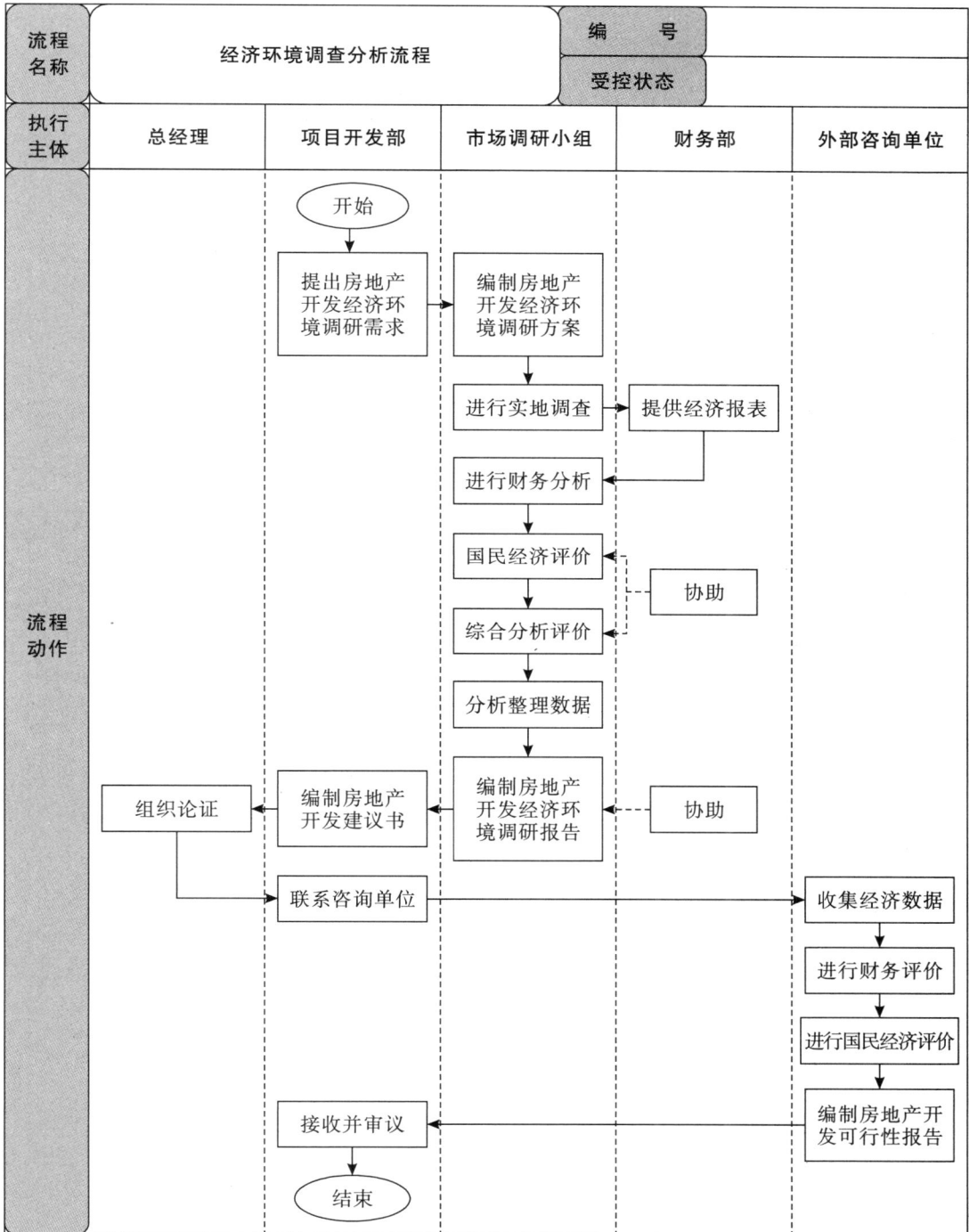

流程名称	经济环境调查分析流程		编　　号		
			受控状态		
执行主体	总经理	项目开发部	市场调研小组	财务部	外部咨询单位

流程动作

开始

提出房地产开发经济环境调研需求 → 编制房地产开发经济环境调研方案

进行实地调查 → 提供经济报表

进行财务分析

国民经济评价 ← 协助

综合分析评价

分析整理数据

编制房地产开发经济环境调研报告 ← 协助

组织论证 ← 编制房地产开发建议书 ←

联系咨询单位 → 收集经济数据

进行财务评价

进行国民经济评价

接收并审议 ← 编制房地产开发可行性报告

结束

4.2.5 竞争对手调研分析流程

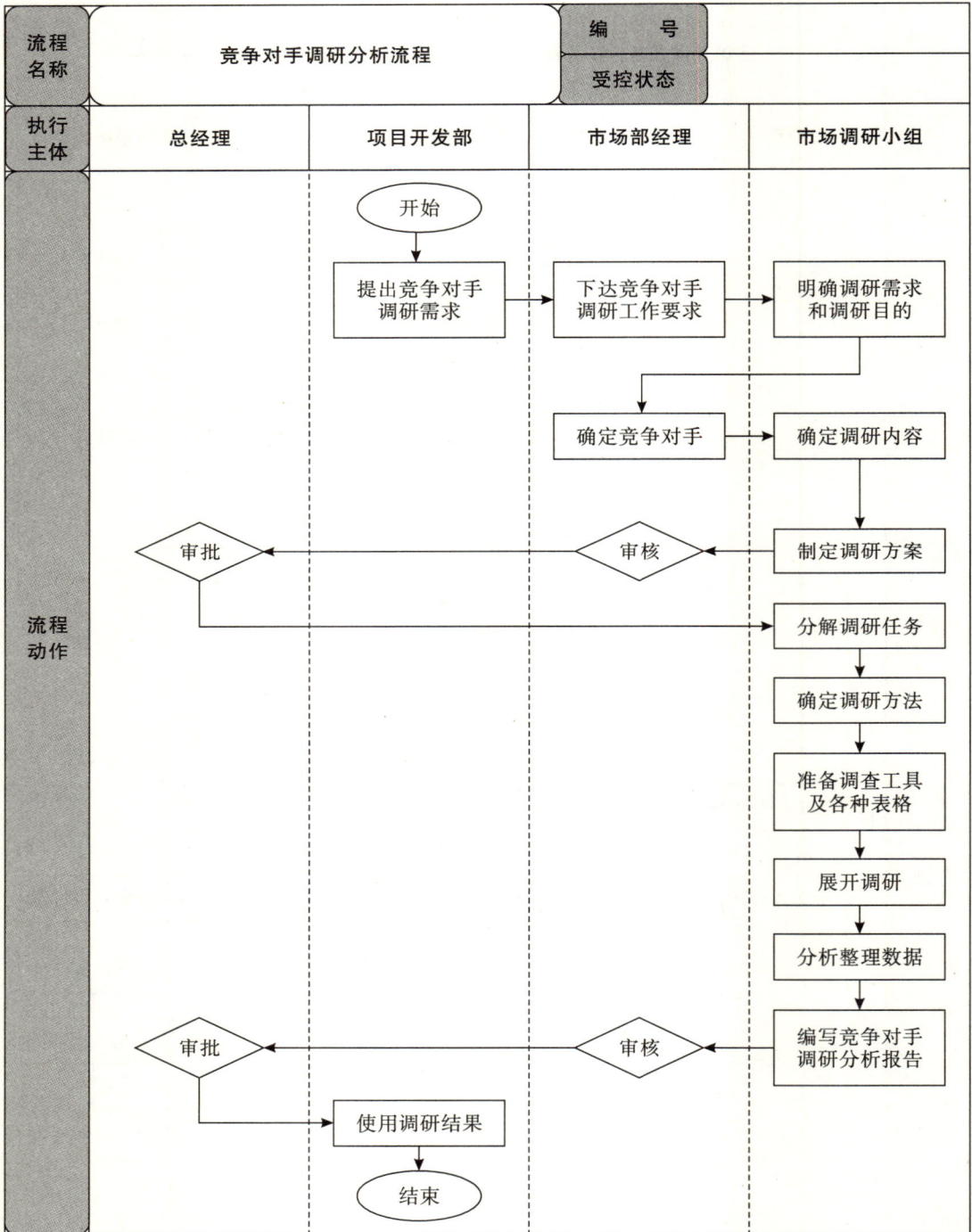

流程名称	竞争对手调研分析流程		编　　号	
			受控状态	
执行主体	总经理	项目开发部	市场部经理	市场调研小组

流程动作

```
                                    开始
                                     │
            提出竞争对手调研需求 → 下达竞争对手调研工作要求 → 明确调研需求和调研目的
                                                                      │
                                             确定竞争对手 → 确定调研内容
                                                                      │
              审批 ← ───────────── 审核 ← ──────────── 制定调研方案
               │                                                      
               └──────────────────────────────────→ 分解调研任务
                                                                      │
                                                              确定调研方法
                                                                      │
                                                         准备调查工具及各种表格
                                                                      │
                                                              展开调研
                                                                      │
                                                            分析整理数据
                                                                      │
              审批 ← ───────────── 审核 ← ──────── 编写竞争对手调研分析报告
               │
          使用调研结果
               │
             结束
```

4.2.6 市场调研报告编制流程

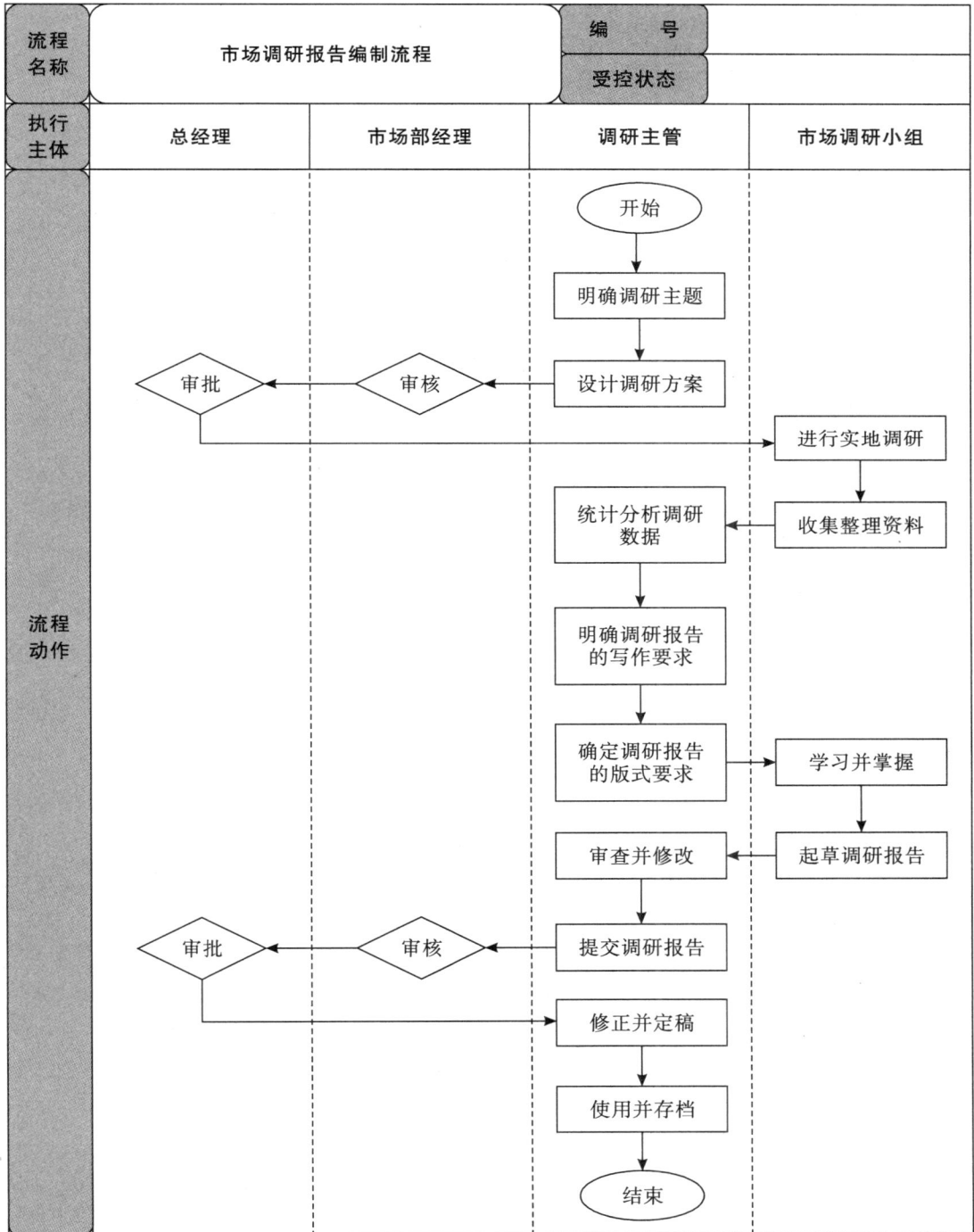

流程名称	市场调研报告编制流程		编　　号	
			受控状态	
执行主体	总经理	市场部经理	调研主管	市场调研小组
流程动作				

开始

明确调研主题

设计调研方案

审核

审批

进行实地调研

收集整理资料

统计分析调研数据

明确调研报告的写作要求

确定调研报告的版式要求

学习并掌握

起草调研报告

审查并修改

提交调研报告

审核

审批

修正并定稿

使用并存档

结束

4.3 房地产开发市场调研管理制度体系

4.3.1 房地产开发市场调研管理制度体系指引图

房地产开发市场调研管理制度体系包括房地产市场调研管理、问卷调研实施管理、市场调研报告管理等内容，其体系指引图如图4-3所示。

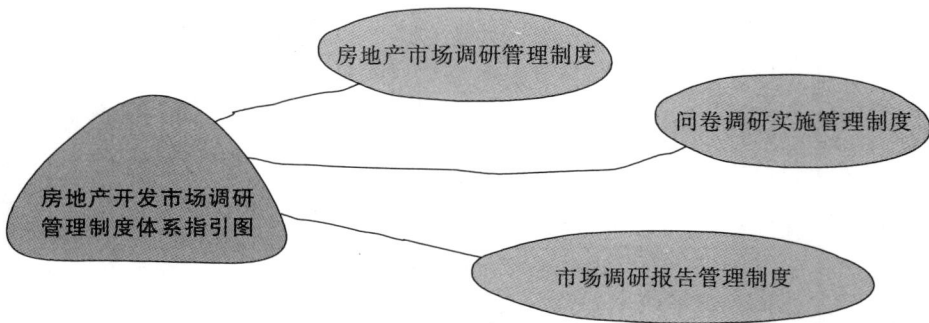

图4-3　房地产开发市场调研管理制度体系指引图

4.3.2 房地产开发市场调研管理制度的设计目标

房地产企业建立开发市场调研管理制度体系，主要是为了完成以下三大目标，具体如图4-4所示。

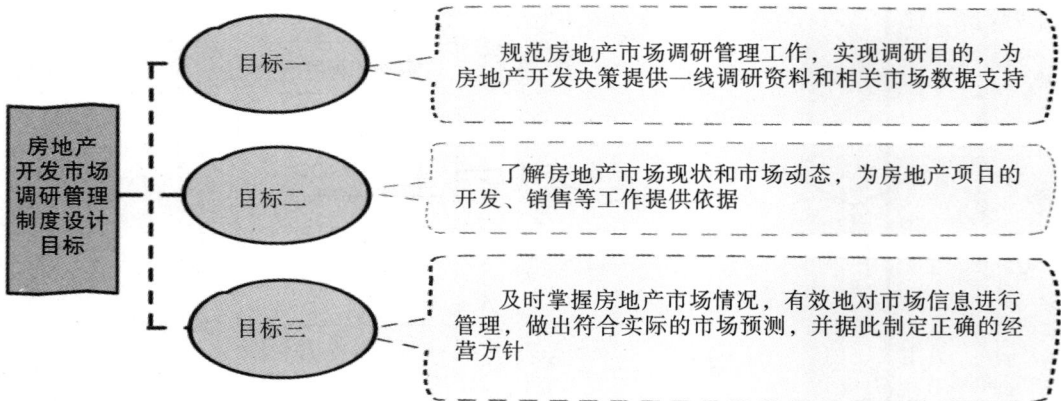

图4-4　房地产开发市场调研管理制度设计目标

4.3.3 房地产开发市场调研管理制度设计关注点

为了规范市场调研活动，使其能够系统反映市场信息，并为房地产开发决策提供科学依据，房地产企业在设计开发调研管理制度体系时需关注以下七项内容，具体如图4-5所示。

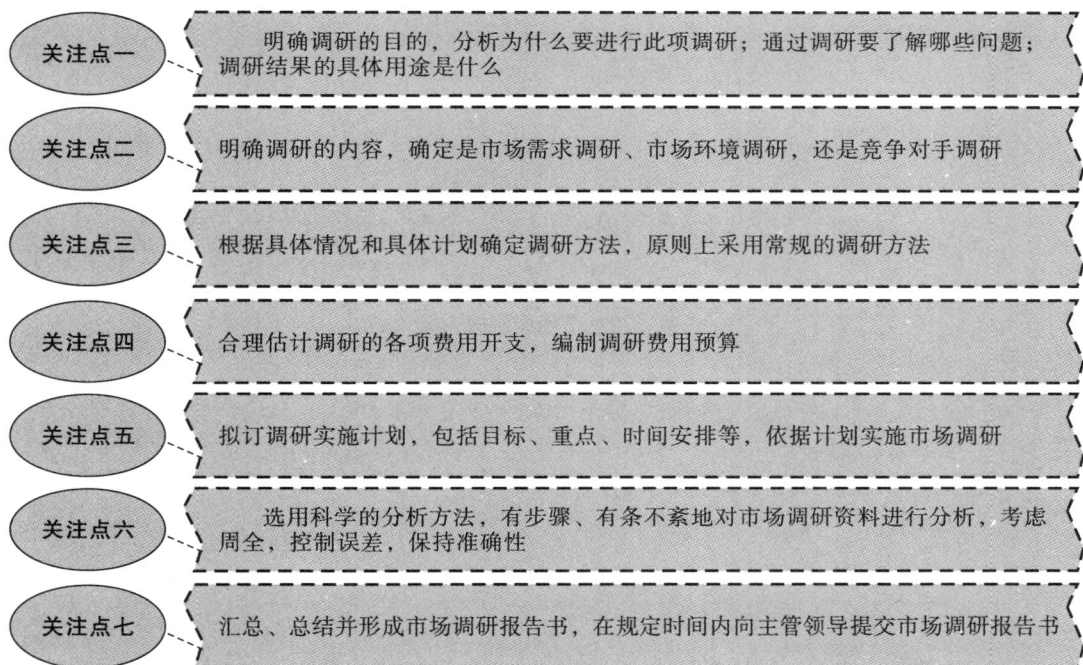

关注点一　明确调研的目的，分析为什么要进行此项调研；通过调研要了解哪些问题；调研结果的具体用途是什么

关注点二　明确调研的内容，确定是市场需求调研、市场环境调研，还是竞争对手调研

关注点三　根据具体情况和具体计划确定调研方法，原则上采用常规的调研方法

关注点四　合理估计调研的各项费用开支，编制调研费用预算

关注点五　拟订调研实施计划，包括目标、重点、时间安排等，依据计划实施市场调研

关注点六　选用科学的分析方法，有步骤、有条不紊地对市场调研资料进行分析，考虑周全，控制误差，保持准确性

关注点七　汇总、总结并形成市场调研报告书，在规定时间内向主管领导提交市场调研报告书

图4-5　房地产开发市场调研管理制度设计关注点

4.4　房地产开发市场调研管理制度设计

4.4.1　房地产开发市场调研管理制度

制度名称	房地产开发市场调研管理制度		编　　号	
			受控状态	
执行部门		监督部门	编修部门	
第1章　总则				

第1条　目的

为了规范市场调研活动，及时掌握市场情况，做好市场调研及预测工作，有效地对市场信息进行管理，做出符合实际的市场预测，并据此制定正确的经营方针，特制定本制度。

（续）

第2条　适用范围

本制度适用于房地产开发市场调研的各项工作。

第3条　管理职责

本公司的市场调研活动由市场部经理领导，市场调研小组负责具体实施的组织工作。

第4条　市场调研方式

房地产企业常用的市场调研方式主要包括以下五种。

1. 问卷调查。

2. 随机调查。

3. 重点（专项）调查。

4. 利用与用户接触的机会，征询意见，收集信息。

5. 收集日常用户来函来电，进行分类整理，对于需要处理的问题应及时反馈。

第2章　市场调研的内容

第5条　市场需求调研

市场需求调研主要包括对市场需求量、需求结构和需求时间的调研。

1. 市场需求量主要取决于社会购买力水平。

2. 需求结构调研，主要是了解购买力的投向。

3. 需求时间调研，主要是了解消费者需求集中出现的时间。

第6条　购房者产品需求调研

1. 购房者产品需求调研模型

购房者产品需求调研可从七个方面展开，具体内容如下图所示。

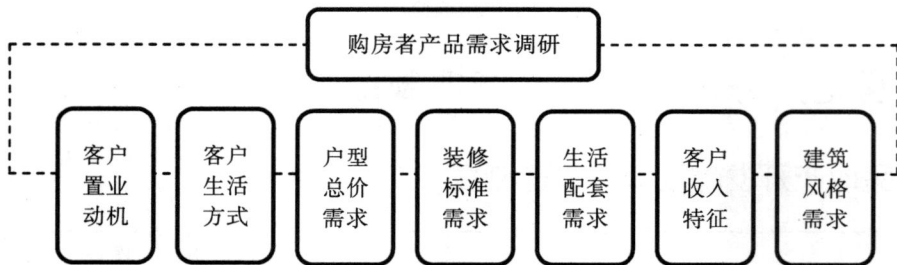

购房者产品需求调研模型

2. 购房者产品需求特征分析

通过对购房者产品需求的调研与分析，结合购房者不同的消费心理需求特征，可以将其对住房产品的需求分为三大类，即基本改善型需求、中间型需求、品质追求型需求。每种需求的具体分析如下表所示。

（续）

购房者对住房产品需求的特征分析表

内容 类型	特征	年龄层和收入情况	选择房型
基本改善型	较关注价格因素，在购房时更注重一些住房基本功能的实现	消费者平均年龄在30岁左右，其个人收入和家庭年收入较低	主要选择经济适用房，只有少部分人选择普通商品房，而且他们更愿意购买小面积的住房
中间型	追求住房档次与品质，但在提高住房品质上又不愿多支付钱，相对来说较为挑剔	年龄一般在40～50岁，他们拥有中等的个人年收入和家庭年收入	以经济适用房和普通商品房为主
品质追求型	注重产品的档次与品位，偏好环境高雅、设施高档、绿化环境好的社区，对于价格有较强的承受能力	年龄偏高，与前两类消费者相比，这类消费者是拥有汽车比例最高的一类消费者	以普通商品房为主，兼顾别墅等其他类型

第7条 购房者购买行为调研

购房者包括现实购房者与潜在购房者，其购买行为调研分析的内容主要如下图所示。

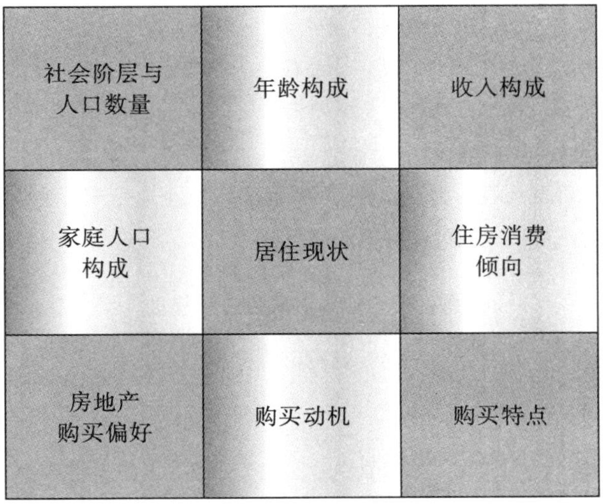

社会阶层与 人口数量	年龄构成	收入构成
家庭人口 构成	居住现状	住房消费 倾向
房地产 购买偏好	购买动机	购买特点

购房者购买行为调研模型图

（续）

第 8 条　市场环境调研

企业的经营活动要受企业自身条件和外部环境的制约，环境的变化可以给企业带来市场机会，也可以给企业形成某种威胁。所以，市场环境调研是企业有效开展经营活动的基本前提。市场环境调研主要包括以下三个方面的内容。

1. 企业政治环境调研

在对企业政治环境进行分析时，"政策法规索引表"是常用工具之一，具体如下表所示。

政策法规索引表

标题	文件号	政策类别	编号（页码）	条文概述

在上表中，"政策类别"主要是指政府对房地产项目在开发与流通方面的行业法规、城市规划、金融政策三大类。其中，每个类别所涉及的具体法规包括但不限于以下内容。

（1）行业法规，包括国家、政府有关城市房地产开发经营的方针政策，如土地制度与土地政策、人口政策、房改政策、开发区政策、房地产价格政策、房地产税收政策、房地产金融政策等，具体包括《中华人民共和国房地产管理法》《中华人民共和国土地管理法》《房地产开发经营管理条例》《商品房销售合同网上备案和登记办法》等。

（2）城市规划，包括政府中短期在项目所在地及项目地块周边的市政规划、土地利用总体规划、城市建设规划和区域规划、城市发展战略等，如《××市总体规划》《××市中心区历史风貌保护规划》等。

（3）金融政策，包括政府对于地产开发、商品住宅、商业地产、市政规划等方面的政策法规和银行对房地产借贷的相关政策，税率及利息等金融政策。

2. 企业经济环境调研

企业的经营活动要受经济环境的制约。环境的变化可以给企业带来市场机会，也可以形成某种威胁。市场调研人员应做好房地产企业经济环境的调研分析工作，其模型如下表所示。

房地产企业经济环境分析模型

经济环境因素分析			
房地产 行业结构	◇ 国家整体经济结构 ◇ 房地产企业消费结构 ◇ 房地产企业供需结构 ◇ 房地产企业投资结构	政府 经济政策	◇ 固定资产投资政策 ◇ 存贷款利率与汇率政策 ◇ 税费政策 ◇ 对外贸易政策

（续）

（续表）

经济环境因素分析			
市场 经济环境	◇ 居民消费模式与消费心理 ◇ 居民储蓄习惯与信贷情况 ◇ 房价波动情况 ◇ 通货膨胀率 ◇ 证券市场行情 ◇ 房地产企业的市场规模	国家经济 发展水平	◇ 国民生产总值及增长率 ◇ 政府预算赤字 ◇ 劳动生产率水平 ◇ 居民消费水平 ◇ 贫富差距水平 ◇ 人均收入水平
城市经济 发展规划	◇ 城市发展总体规划 ◇ 城市基础设施建设 ◇ 城市人口分布 ◇ 城市区域划分	其他 经济因素	◇ 商业零售与贸易状况 ◇ 城市能源和资源状况

3. 社会文化环境调研

社会文化环境调研，包括知识、信仰、艺术、道德、风俗习惯以及人作为社会成员一分子的任何观念与习惯。社会文化环境调研的结果一般会直接影响产品定位，如对楼型、户型、价格等都有影响。

第9条 竞争对手调研

市场调研人员对竞争对手调研分析的主要内容包括但不限于下表所列的内容。

竞争对手调研分析内容

项目	具体内容	分析的结果
竞争对手的 广告活动	竞争对手在哪些媒体上做广告宣传楼盘	（包括杂志、报纸、电视、电台等）
	广告活动是否定期推出，推出的版面有多少	
	广告的具体内容是什么	
	竞争对手广告播出的时间及长度	
	竞争对手广告的覆盖面、播出成本	
	竞争对手所采用的广告媒体组合的作用	（包括广告牌、广告画、广告信的费用预算比、发挥的作用是否协调）
	竞争对手是否用广告刺激和引导消费群体	
	竞争对手所采取的公关措施	
	竞争对手采取广告措施的实际效果分析	

（续）

（续表）

项目	具体内容	分析的结果
竞争对手的销售策略	竞争对手对楼盘产品分销的重视和依赖程度	
	竞争对手拥有多大的市场份额	
	竞争对手主要依靠哪种销售渠道	（自己销售、通过代理公司、团购等）
	竞争对手的分销成本	
	竞争对手所选销售渠道的形象情况	
	竞争对手的分销目标和销售策略概述	
竞争对手的现场销售	竞争对手的促销活动	
	现场气氛营造措施	（包括现场送礼品、现场抽奖、现场拍卖、折上折、现场送物业服务费等）
	楼盘付款方式	

第3章　市场调研程序

第 10 条　明确调研目的

在编制调研计划时，调研人员首先应明确调研目的，根据调研目的对各项问题进行分类，并规定每项问题应调查、收集的资料内容及范围。

第 11 条　确定调研方法

调研方法是指取得资料的方式，包括在什么地点、找什么人、用什么方法进行调查。调研人员应根据调研内容合理选择调研方法。

1. 确定调研地点。首先要从市场调研的范围出发，如果是调研一个城市的市场情况，就要明确是在一个区还是在几个区调研；其次要明确调研对象的居住地点是平均分布还是分布在不同地区。

2. 确定调研对象，就是根据市场调研的目的选择符合条件的市场活动参与者，确定调研对象的数目。

3. 确定用什么方法进行调研，主要应从调研的具体条件出发，以有利于收集到第一手原始资料为原则。如果是直接面对消费者做调研，直接收集第一手材料，可以采取访问法、观察法和实验法；如果调研内容较多，可采用问卷法。

第 12 条　确定调研人员

确定调研人员，主要是确定参加市场调研人员的条件和人数，包括对调研人员的必要培训。

第 13 条　编制调研费用预算

企业编制调研费用预算的基本原则是在坚持调研费用有限的条件下，力求取得最好的调研效果；或是在保证实现调研目的的前提下，力求使调研费用支出最少。

（续）

第 14 条　编制市场调研计划

调研主管根据调研需求或调研内容制订调研计划，并上报分管副总、总经理审批。

第 15 条　开展调研工作

1. 调研主管根据具体实施程序和计划方案推进市场调研工作。

2. 调研专员根据市场调研计划采用设计好的调研方法和工具实施市场调研活动。

第 16 条　分析与整理

市场调研部门可按以下程序对调研结果进行分析与整理。

1. 对调研资料、调研结果或调研表进行整理和初步分析，然后汇总或编辑成册。

2. 对所收集的信息进行分类、分项目分析研究，并结合原始记录或历史数据等资料进行对比研究。

3. 对调研结果或调研资料的真伪、可靠性和误差进行计算与分析。

第 17 条　编写调研报告

调研报告由调研主管组织起草或撰写，经调研经理审核。市场调研报告应包括以下三个方面的内容。

1. 序言，主要说明调研目的、调研过程及方法。

2. 主体部分，根据调研目的分析情况，作出结论与工作建议。

3. 附件，主要是报告主体部分引用过的重要数据和资料，必要时可以把详细的统计图表和调研资料作为附件。

第 4 章　附则

第 18 条　本制度由市场部负责解释、修订。

第 19 条　本制度自颁布之日起生效。

编制日期		审核日期		批准日期	
修改标记		修改处数		修改日期	

4.4.2　问卷调研实施管理制度

制度名称	问卷调研实施管理制度		编　号	
			受控状态	
执行部门		监督部门	编修部门	

第 1 条　目的

为了规范调研人员行为，保证问卷调研工作顺利进行并取得积极效果，特制定本制度。

(续)

第 2 条　适用范围

本制度适用于使用问卷调研方式进行市场调研的管理工作。

第 3 条　调研人员组成

调研人员一般由市场调研部门人员或由直接委托调研机构的人员组成。

第 4 条　调研人员的资格要求

1. 遵从调研监督者的指示，实施调研事项。

2. 具有忍耐力。

3. 具有宽容的态度。

4. 具有正确的判断和理解能力。

5. 具有丰富的常识。

第 5 条　调研人员管理

调研经理负责调研人员的管理。

第 6 条　前期准备

1. 调研人员应熟悉问卷，理解问题，确定提问的顺序。

2. 掌握调研地区和调研对象的大致情况，以便花最少的时间精力收获最大的效果。

3. 准备好调研用的各类物品。

第 7 条　调研技巧

调研人员常用的调研技巧如下。

1. 接近方法。调研人员提问时须保持尊重的态度；考虑好初次见面时的问候语，给人留下良好的第一印象，并且要有自信；对于调研中出现的各种问题要做到随机应变，将调研工作做好。

2. 提问的方式。调研人员要做到不对问题的内容做说明，按问卷中的问题顺序发问，对问题以外的事项不做交谈，将问卷中的问题一题不漏地问完，为问题不做自身的考虑以免影响对方的选择。

3. 被调查者如果回答离题，应将其拉回主题，并注意说话的技巧。

4. 不和被调查者争论。

5. 如果被调查者对问题做了不恰当的回答，调研人员应判断其说话的态度、真实性等，进而转向下一个问题。

6. 被调查者回答"不知道"是很平常的事，调研人员可据此判断问卷内容的普及程度、常识的广知程度等，不可轻率地进行处理。

7. 如果有模棱两可的回答，调研人员应引导其对"在原则上同样吗"做出回答。

8. 如果需要书写作答，调研人员在被调查者书写时不可注视对方，使对方能顺畅地写完，并且将时间定为 5 分钟左右。

第 8 条　记录处理

1. 一般情况下，被调查者会不经思考地回答问题，但也有因为要被记录而不愿回答的情况。所以，调研人员要向对方说明调查记录是被保密的，以取得被调查者的理解。

（续）

2. 如果被调查者因记录而拒绝回答，调研人员就应该放弃记录，而将其记在脑子里，等被调查者离开后再做记录。

3. 如果被调查者对记录不反对，调研人员可以将问卷拿出来，按其回答依样记录。

4. 对于选择性回答，调研人员应事前向对方说明宗旨，取得其理解后再要求回答。

5. 调研人员要确认被调查者所说的话，并迅速、如实地记录。

6. 对于个人隐私问题，如性别、职业、年龄、家庭关系、教育程度、财产收入等事项，调研人员要做好记录并严守秘密。

7. 调研结束后，调研人员应对占用被调查者宝贵的时间表示歉意，赠送小礼品，并向对方保证绝对保守秘密，同时希望将来能再次合作。

8. 调研活动结束后，调研人员应整理调研问卷，做好回答者的观察记录，整理调研对象表，撰写当日的报告书，向调研监督者报告。

第 9 条　本制度由市场部制定，解释权、修订权归市场部所有。

第 10 条　本制度自颁布之日起开始执行。

编制日期		审核日期		批准日期	
修改标记		修改处数		修改日期	

4.4.3　市场调研报告管理制度

制度名称	市场调研报告管理制度		编　号	
			受控状态	
执行部门		监督部门	编修部门	

第 1 条　目的

为了促进公司调研报告管理工作的规范化、制度化，明确调研报告编写规范，特制定本制度。

第 2 条　适用范围

本制度适用于市场调研报告编制、审批、保管等工作的管理。

第 3 条　调研报告撰写的原则

调研报告编制人员在撰写调研报告时，应遵循以下五大原则。

1. 态度客观。调研是市场信息的一种客观、科学的收集与分析工作，其结论是建立在客观的事实与数据的基础上，因此也要求报告撰写人员以客观的态度来阐述调研结果。

2. 结论鲜明。由于调研结论是调研科学性的直接反映，因此，含糊、模棱两可的结果只能说明调研设计的不科学及调研实施的控制不力。

3. 论证充分。论证程序是论据——论点——结论，其中，论据一般为调研所得的客观事实或数据。

（续）

4. 语言精练。由于调研报告的信息量较大，因此，以最简短、精练、明晰的语言对调研结果进行表述，将有利于减少客户进行分析时的工作量。

5. 层次明晰。它是就两方面而言的，一是论据、论点、结论之间的层次必须明晰；二是对调研问题的阐述必须层次分明，问题的阐述可以根据方案中调研问题设置的层次来进行写作。

第4条　调研报告的构成

一份完整的调研报告通常由调研说明、样本概况、主要结论、报告正文、主要建议、附件等部分构成，具体说明如下表所示。

调研报告构成说明表

构成	主要说明
调研说明	主要对项目情况、调研过程、质量控制等进行简单说明，为调研结果的准确性提供佐证
样本概况	主要对调研对象，即样本的年龄、性别、文化程度、职业、家庭人口、家庭收入等方面进行分析
主要结论	对调研所得结果的一个简单、精练的综合性概述
报告正文	以事实和数据为依据，对调研内容的详细、客观分析
主要建议	根据调研结论，对公司目前所面临的问题提出可供采取的办法
附件	包含问卷、图表、技术细节说明、统计输出结果显示和其他

第5条　调研报告写作要点

调研报告编制人员在编制报告时应遵循的要点如下图所示。

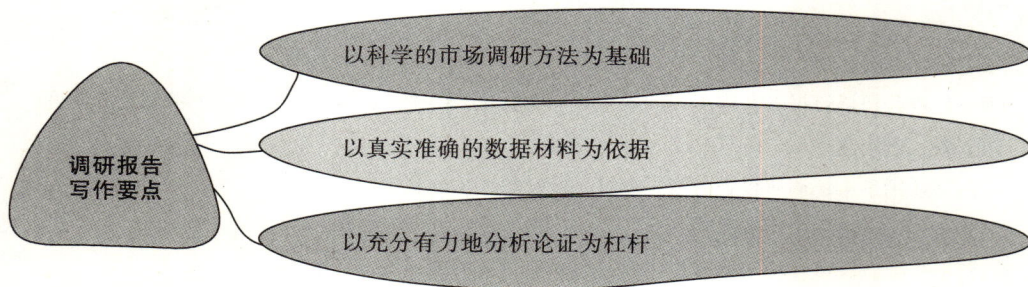

调研报告写作要点：
- 以科学的市场调研方法为基础
- 以真实准确的数据材料为依据
- 以充分有力地分析论证为杠杆

调研报告写作要点

第6条　调研报告的审核

调研报告编制完成后，市场部经理组织对"调研报告"进行审核，审核的内容如下图所示。

（续）

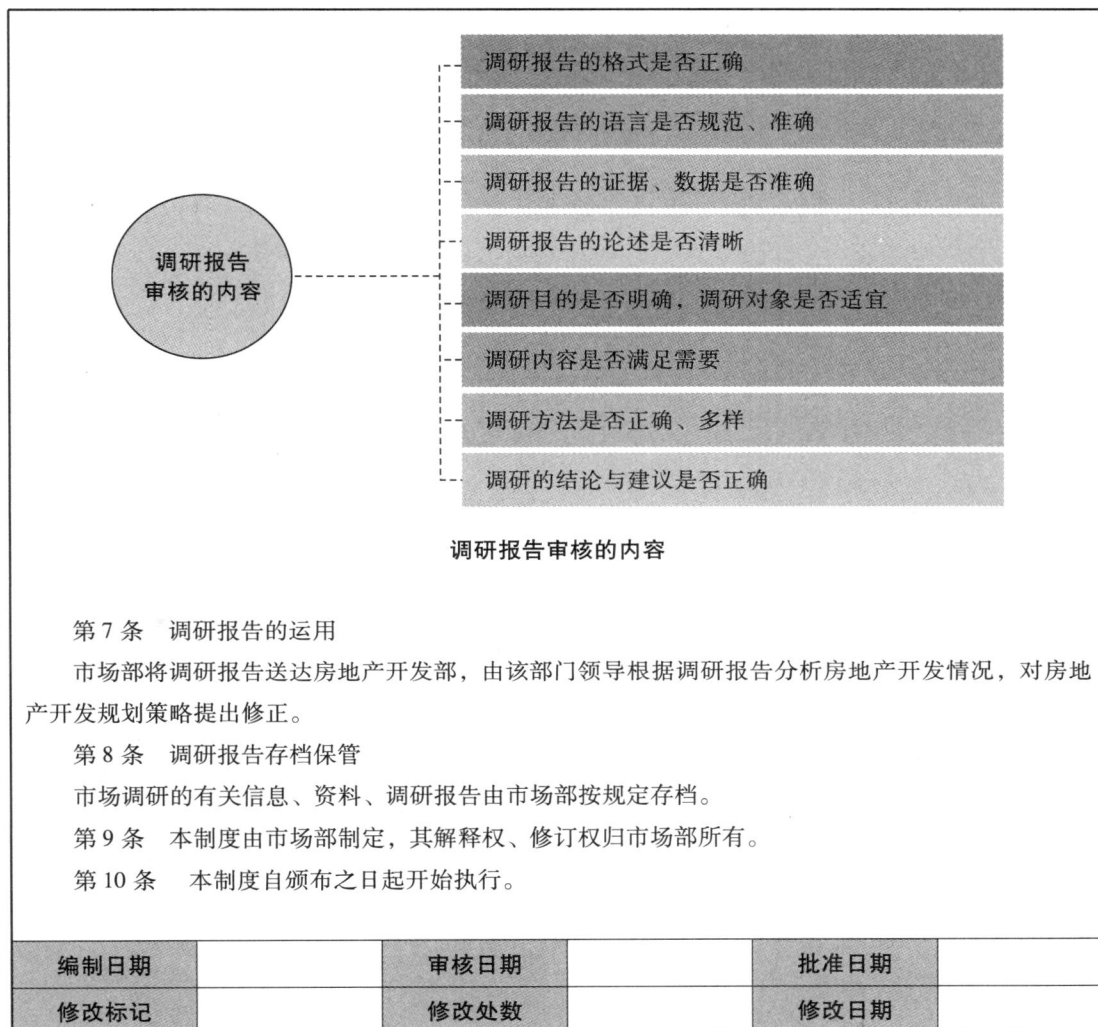

调研报告
审核的内容
- 调研报告的格式是否正确
- 调研报告的语言是否规范、准确
- 调研报告的证据、数据是否准确
- 调研报告的论述是否清晰
- 调研目的是否明确，调研对象是否适宜
- 调研内容是否满足需要
- 调研方法是否正确、多样
- 调研的结论与建议是否正确

调研报告审核的内容

第7条　调研报告的运用

市场部将调研报告送达房地产开发部，由该部门领导根据调研报告分析房地产开发情况，对房地产开发规划策略提出修正。

第8条　调研报告存档保管

市场调研的有关信息、资料、调研报告由市场部按规定存档。

第9条　本制度由市场部制定，其解释权、修订权归市场部所有。

第10条　本制度自颁布之日起开始执行。

编制日期		审核日期		批准日期	
修改标记		修改处数		修改日期	

第 5 章　房地产开发立项管理流程与制度

5.1　房地产开发立项管理流程体系

5.1.1　房地产开发立项管理流程目录

　　房地产开发立项是房地产开发决策阶段中最后一个环节。它是指经过对项目开发的必要性和协调性、技术的可行性和先进性、经济的合理性和效益性进行详尽、科学的论证，投资者认为可行并决定项目上马后，报请投资主管部门审批、核准或备案的程序。

　　企业进行房地产开发立项管理的流程目录需包括但不限于以下五项，具体如图 5-1 所示。

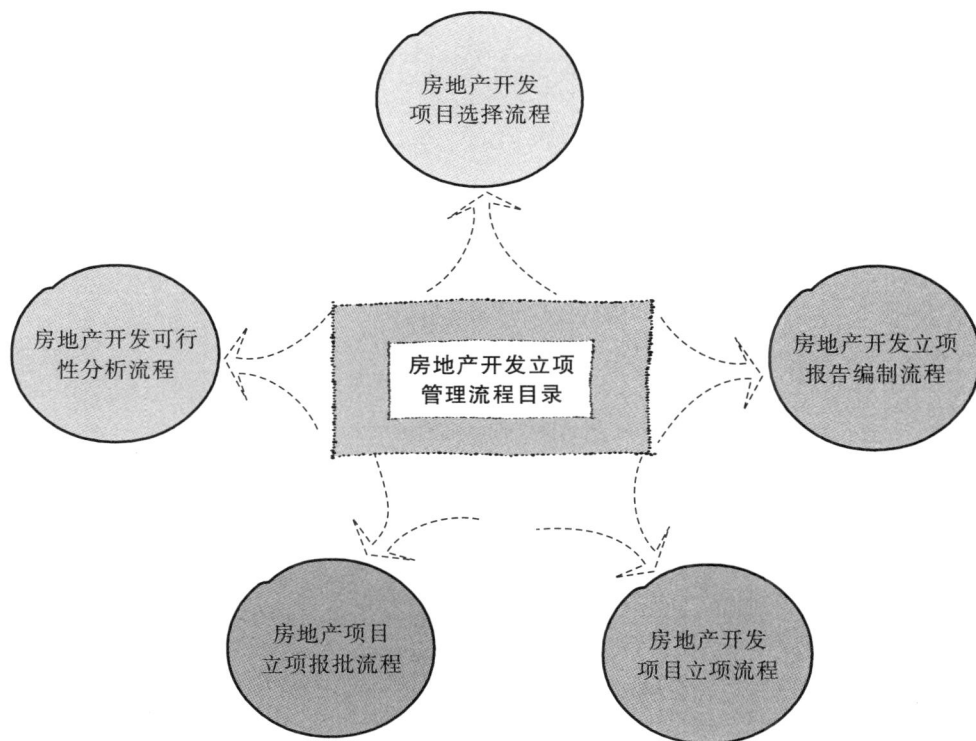

图 5-1　房地产开发立项管理流程目录

5.1.2 房地产开发立项管理关键节点

企业在进行房地产开发立项管理过程中，需加强对以下八大关键节点的管理，以规范房地产开发立项的管理工作，从而提高房地产开发管理的工作效率，具体如图5-2所示。

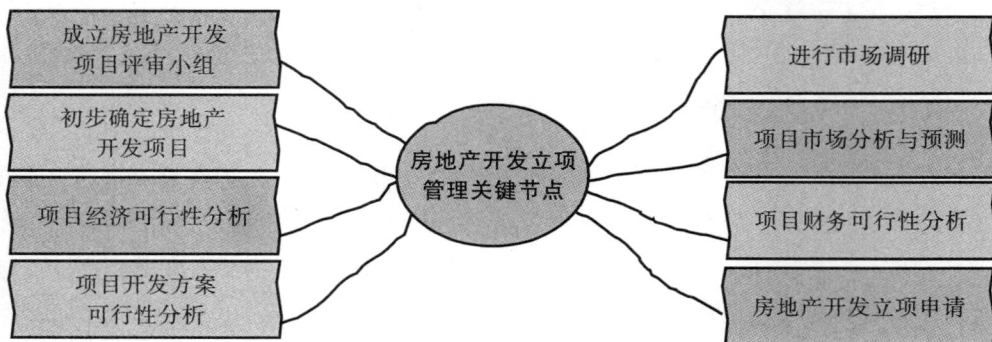

图5-2 房地产开发立项管理关键节点

5.1.3 房地产开发立项管理流程说明

房地产开发立项管理流程的具体说明如表5-1所示。

表5-1 房地产开发立项管理流程说明表

文件名称	房地产开发立项管理流程		版本号		页数	
文件编号			编制人		审批人	
关键节点名称	操作说明		时长	适用人员		责任部门
成立房地产开发项目评审小组	1. 开发部在正式开始选择项目前应申请组织成立房地产开发项目评审小组，并上报总经理进行审批 2. 评审小组应包含市场部、销售部、项目部、开发部、技术部、人力资源部和财务部等部门的人员		___个工作日	开发部经理、总经理		开发部
进行市场调研	开发部组织对项目进行前期调研，对项目区域内及周边进行市场分析、客户需求分析、产品分析、已成交客户分析、竞争楼盘分析等		___个工作日	开发主管		开发部

（续表）

关键节点名称	操作说明	时长	适用人员	责任部门
初步确定房地产开发项目	项目评审小组根据市场调研结果初步确定房地产开发项目	____个工作日	项目评审小组	开发部
项目市场分析与预测	1. 项目方案确定后，项目评审小组根据相关资料对项目的市场进行分析，并根据分析结果预测项目的市场前景与盈利能力 2. 项目市场分析的内容主要有市场供应情况、市场需求、目标市场现状、价格现状、市场竞争力及市场风险	____个工作日	项目评审小组	开发部
项目经济可行性分析	项目评审小组组织对房地产开发项目的经济可行性进行分析，包括项目投入和产出的成果分析和市场价格的动态分析	____个工作日	项目评审小组	开发部
项目财务可行性分析	1. 项目评审小组组织对房地产开发项目的财务可行性进行分析，主要工作为计算项目投资、研究资金运作方式并对项目的成本进行概算 2. 开发主管应对项目财务的可行性分析提出适当的意见和建议	____个工作日	项目评审小组、开发主管	开发部
项目开发方案可行性分析	1. 项目评审小组对项目开发方案进行可行性分析，并针对其中的问题提出有效的改进办法 2. 项目评审小组主要对项目规模与范围、组织机构与人员配置、进度安排、投资预算、融资方案、资源条件、技术条件、原材料供应条件、安全条件、环境影响、社会影响、项目分析及规避措施进行分析	____个工作日	项目评审小组	开发部
房地产开发立项申请	开发主管根据对项目的可行性分析，结合公司的实际情况确定项目立项，填写项目开发立项申请书，提出立项申请	____个工作日	开发主管	开发部

5.2 房地产开发立项管理主要流程

5.2.1 房地产开发项目选择流程

流程名称	房地产开发项目选择流程	编　号	
		受控状态	
执行主体	总经理	项目评审小组	项目办公室

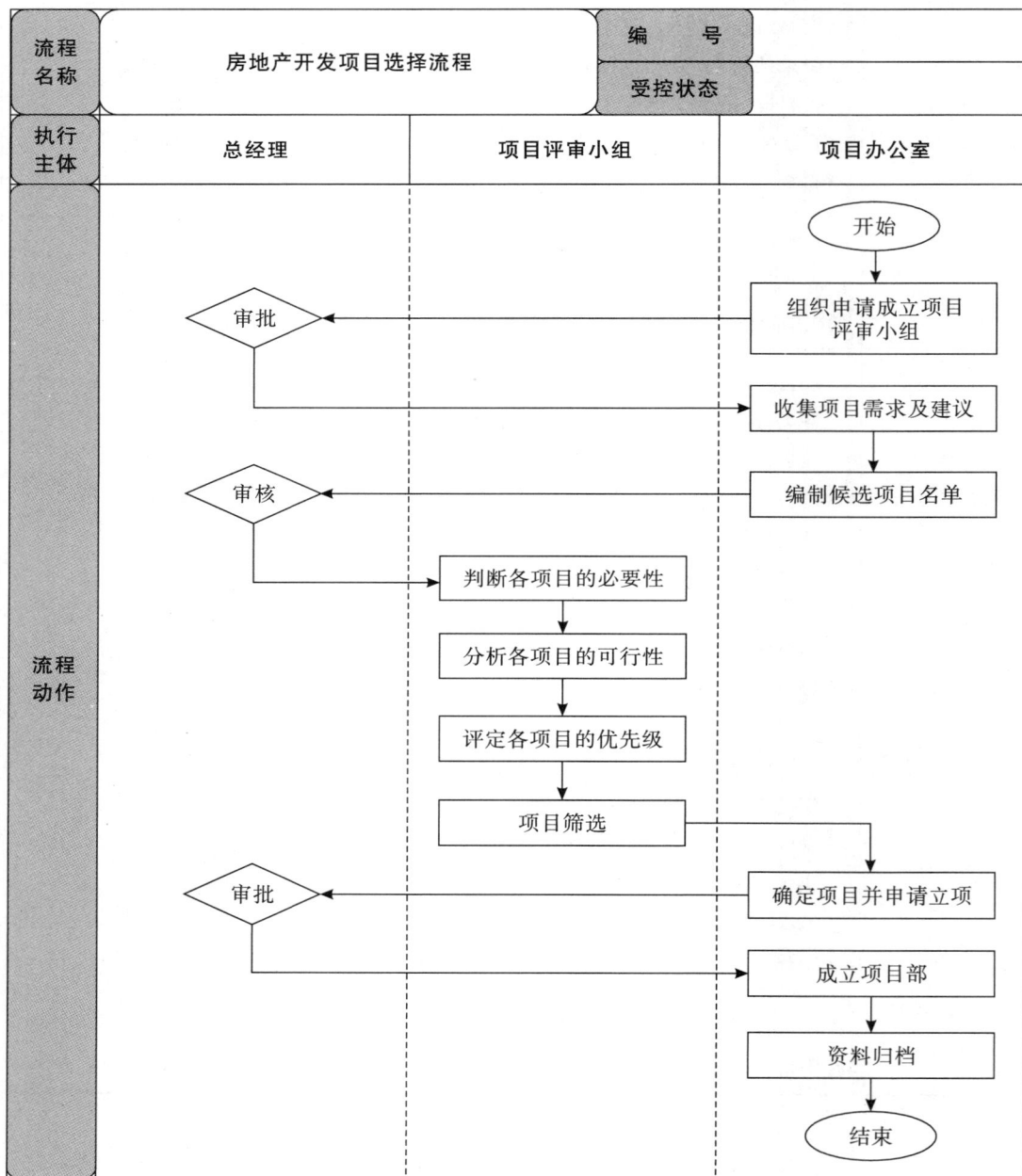

流程动作

- 开始
- 组织申请成立项目评审小组 → 审批
- 收集项目需求及建议
- 编制候选项目名单 → 审核
- 判断各项目的必要性
- 分析各项目的可行性
- 评定各项目的优先级
- 项目筛选
- 确定项目并申请立项 → 审批
- 成立项目部
- 资料归档
- 结束

5.2.2 房地产开发可行性分析流程

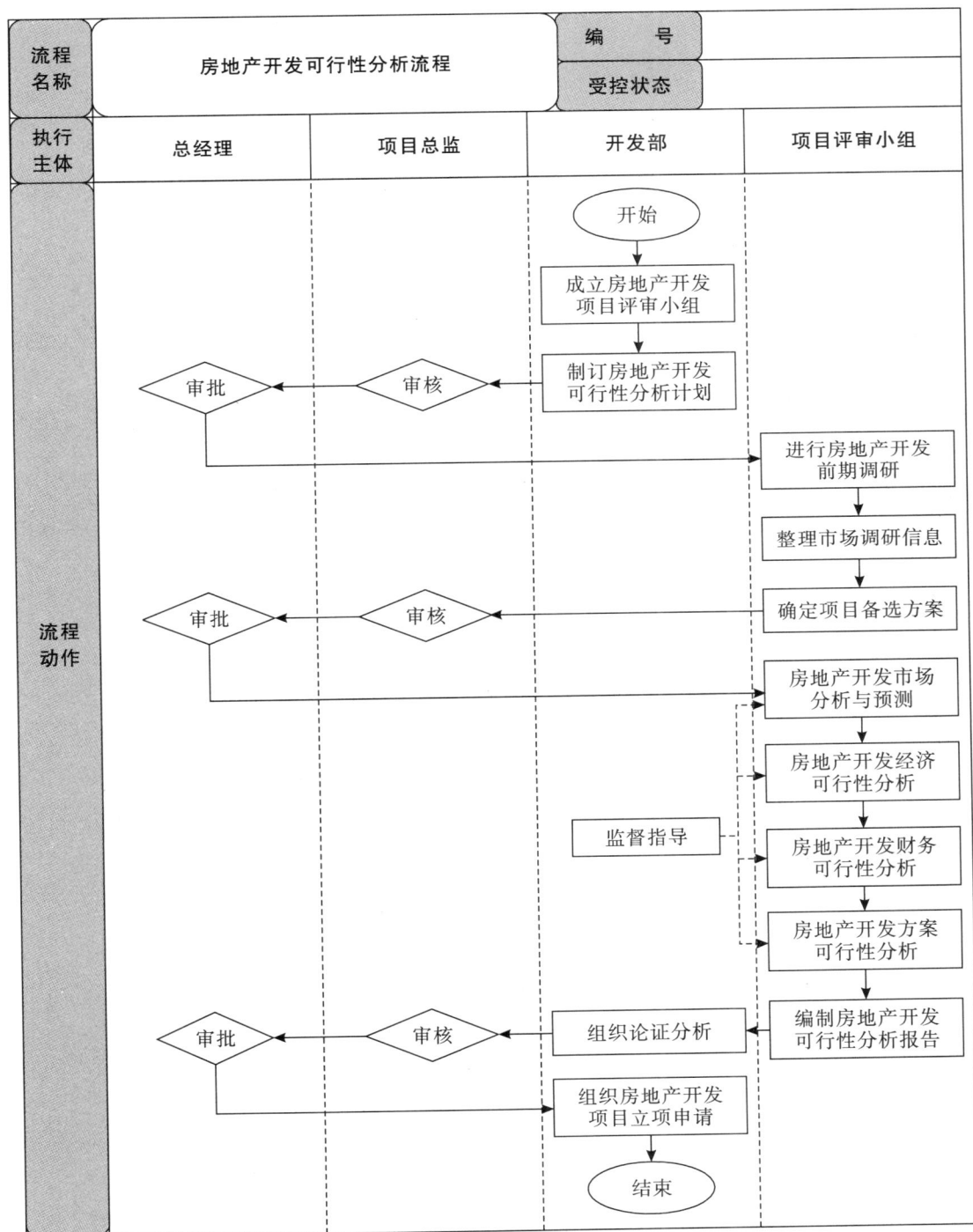

流程名称	房地产开发可行性分析流程		编　号	
			受控状态	
执行主体	总经理	项目总监	开发部	项目评审小组

流程动作

```
                                              ┌──────────┐
                                              │   开始   │
                                              └────┬─────┘
                                                   │
                                         ┌─────────┴─────────┐
                                         │ 成立房地产开发     │
                                         │ 项目评审小组       │
                                         └─────────┬─────────┘
                                                   │
        ┌──────┐      ┌──────┐         ┌─────────┴─────────┐
        │ 审批 │◄─────│ 审核 │◄────────│ 制订房地产开发     │
        └──┬───┘      └──────┘         │ 可行性分析计划     │
           │                           └───────────────────┘
           │                                          ┌───────────────┐
           └─────────────────────────────────────────►│ 进行房地产开发 │
                                                       │ 前期调研       │
                                                       └───────┬───────┘
                                                               │
                                                       ┌───────┴───────┐
                                                       │ 整理市场调研信息│
                                                       └───────┬───────┘
                                                               │
        ┌──────┐      ┌──────┐                         ┌───────┴───────┐
        │ 审批 │◄─────│ 审核 │◄────────────────────────│ 确定项目备选方案│
        └──┬───┘      └──────┘                         └───────────────┘
           │                                           ┌───────────────┐
           └──────────────────────────────────────────►│ 房地产开发市场 │
                                                        │ 分析与预测     │
                                                        └───────┬───────┘
                                                                │
                                                        ┌───────┴───────┐
                                                        │ 房地产开发经济 │
                                                        │ 可行性分析     │
                                                        └───────┬───────┘
                              ┌──────────┐               ┌───────┴───────┐
                              │ 监督指导 │               │ 房地产开发财务 │
                              └──────────┘               │ 可行性分析     │
                                                         └───────┬───────┘
                                                                 │
                                                         ┌───────┴───────┐
                                                         │ 房地产开发方案 │
                                                         │ 可行性分析     │
                                                         └───────┬───────┘
                                                                 │
        ┌──────┐      ┌──────┐     ┌───────────┐         ┌───────┴───────┐
        │ 审批 │◄─────│ 审核 │◄────│ 组织论证分析│◄────────│ 编制房地产开发 │
        └──┬───┘      └──────┘     └───────────┘         │ 可行性分析报告 │
           │                                             └───────────────┘
           │                        ┌───────────────┐
           └───────────────────────►│ 组织房地产开发 │
                                     │ 项目立项申请   │
                                     └───────┬───────┘
                                             │
                                     ┌───────┴───────┐
                                     │     结束      │
                                     └───────────────┘
```

5.2.3 房地产开发立项报告编制流程

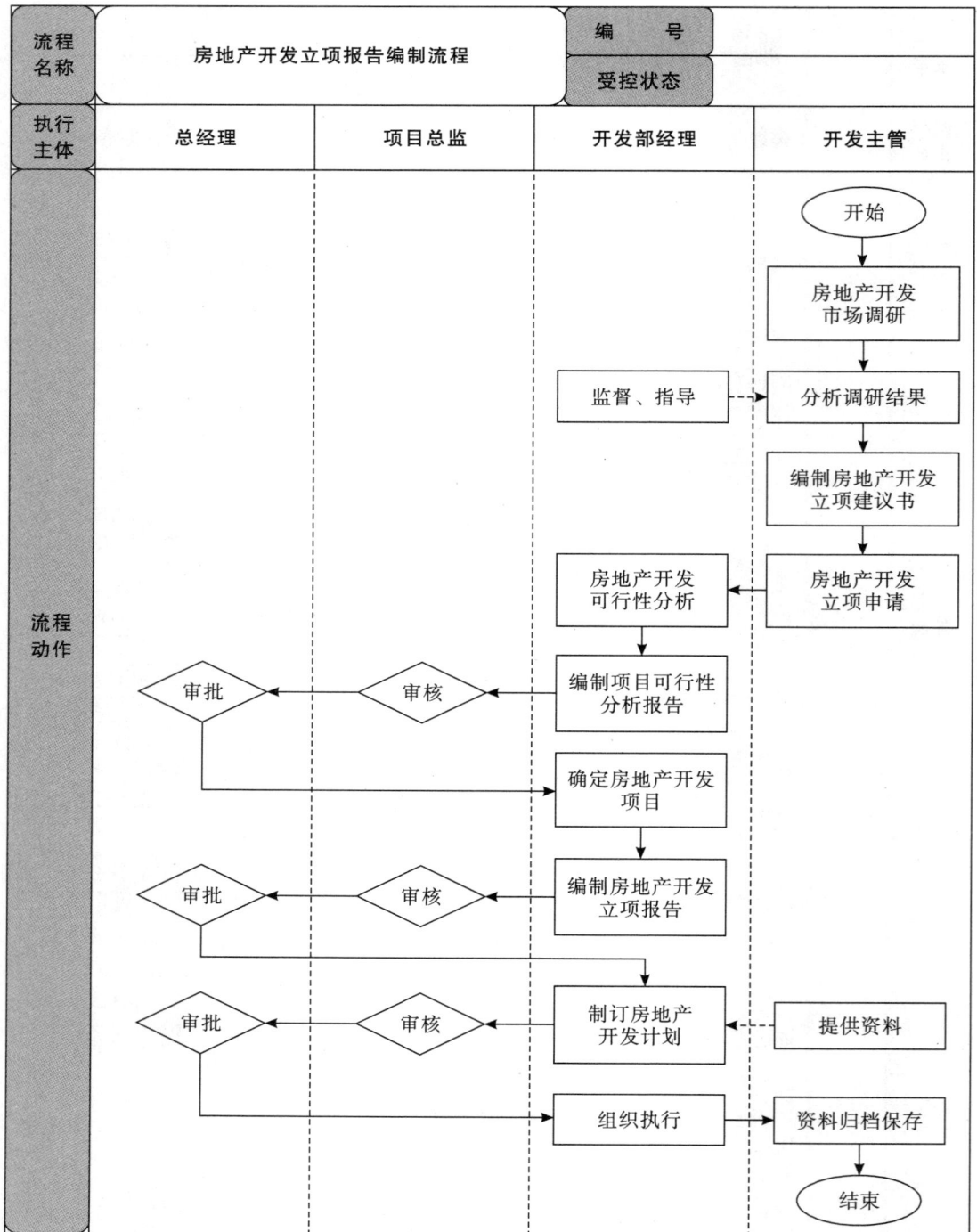

流程名称	房地产开发立项报告编制流程		编　号	
			受控状态	
执行主体	总经理	项目总监	开发部经理	开发主管

流程动作

```
                                                            开始
                                                             │
                                                             ▼
                                                      房地产开发
                                                      市场调研
                                                             │
                                          监督、指导 ┈┈┈┈►  分析调研结果
                                                             │
                                                             ▼
                                                      编制房地产开发
                                                      立项建议书
                                                             │
                                          房地产开发          房地产开发
                                          可行性分析  ◄──── 立项申请
                                              │
                                              ▼
                审批 ◄── 审核 ◄── 编制项目可行性
                                  分析报告
                                              │
                                              ▼
                                          确定房地产开发
                                          项目
                                              │
                                              ▼
                审批 ◄── 审核 ◄── 编制房地产开发
                                  立项报告
                                              │
                                              ▼
                审批 ◄── 审核 ◄── 制订房地产     ◄┈┈ 提供资料
                                  开发计划
                                              │
                                              ▼
                                          组织执行  ────►  资料归档保存
                                                             │
                                                             ▼
                                                           结束
```

5.2.4 房地产项目立项报批流程

流程名称	房地产项目立项报批流程		编　号	
			受控状态	
执行主体	市规划局	市发改委或发展计划局	开发部报建人员	相关职能部门

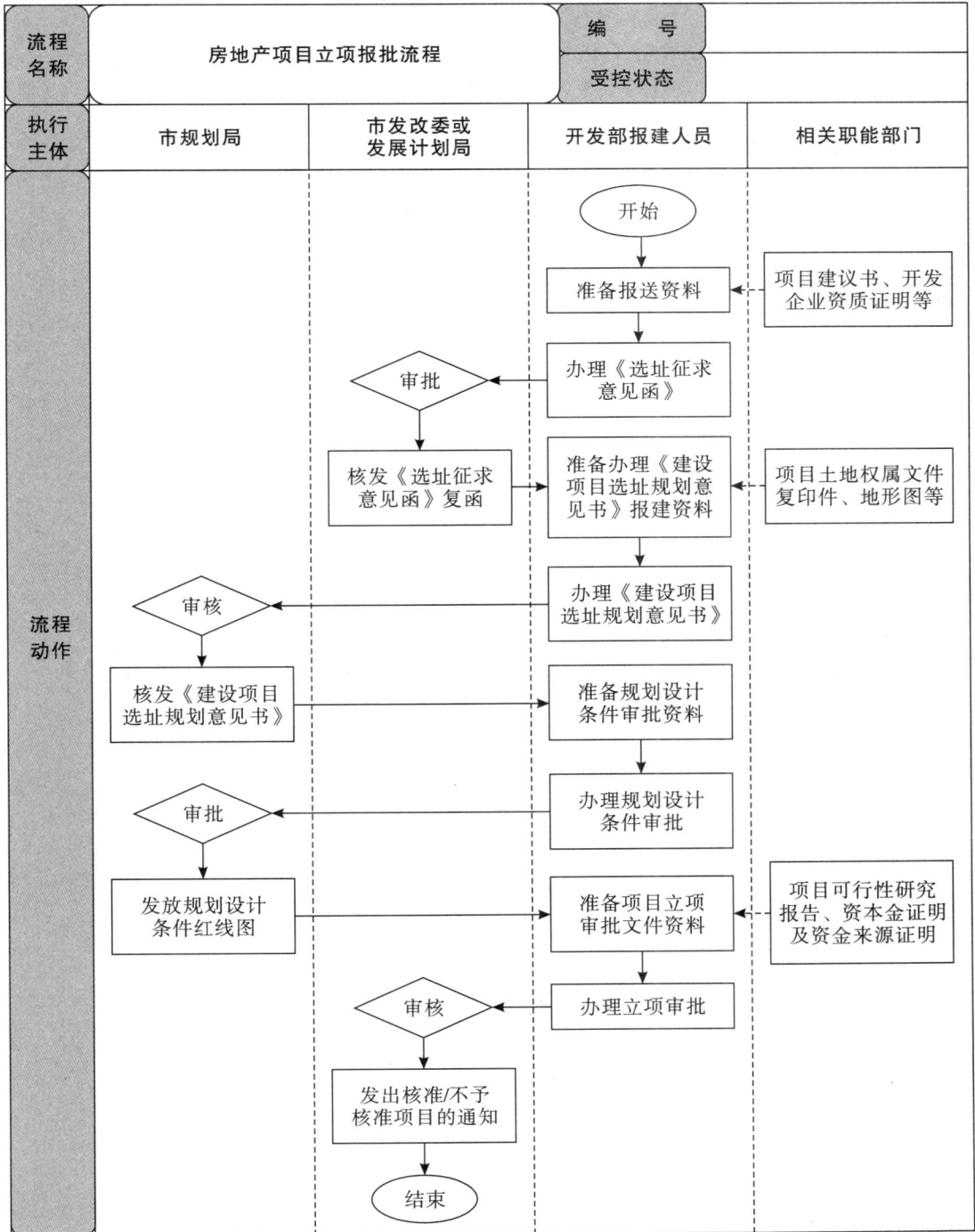

流程动作

开始

准备报送资料 — 项目建议书、开发企业资质证明等

办理《选址征求意见函》→ 审批

核发《选址征求意见函》复函 → 准备办理《建设项目选址规划意见书》报建资料 — 项目土地权属文件复印件、地形图等

办理《建设项目选址规划意见书》→ 审核

核发《建设项目选址规划意见书》→ 准备规划设计条件审批资料

办理规划设计条件审批 → 审批

发放规划设计条件红线图 → 准备项目立项审批文件资料 — 项目可行性研究报告、资本金证明及资金来源证明

办理立项审批 → 审核

发出核准/不予核准项目的通知

结束

5.2.5 房地产开发项目立项流程

流程名称	房地产开发项目立项流程	编　号	
		受控状态	
执行主体	开发部经理	房地产开发项目评审小组	开发部

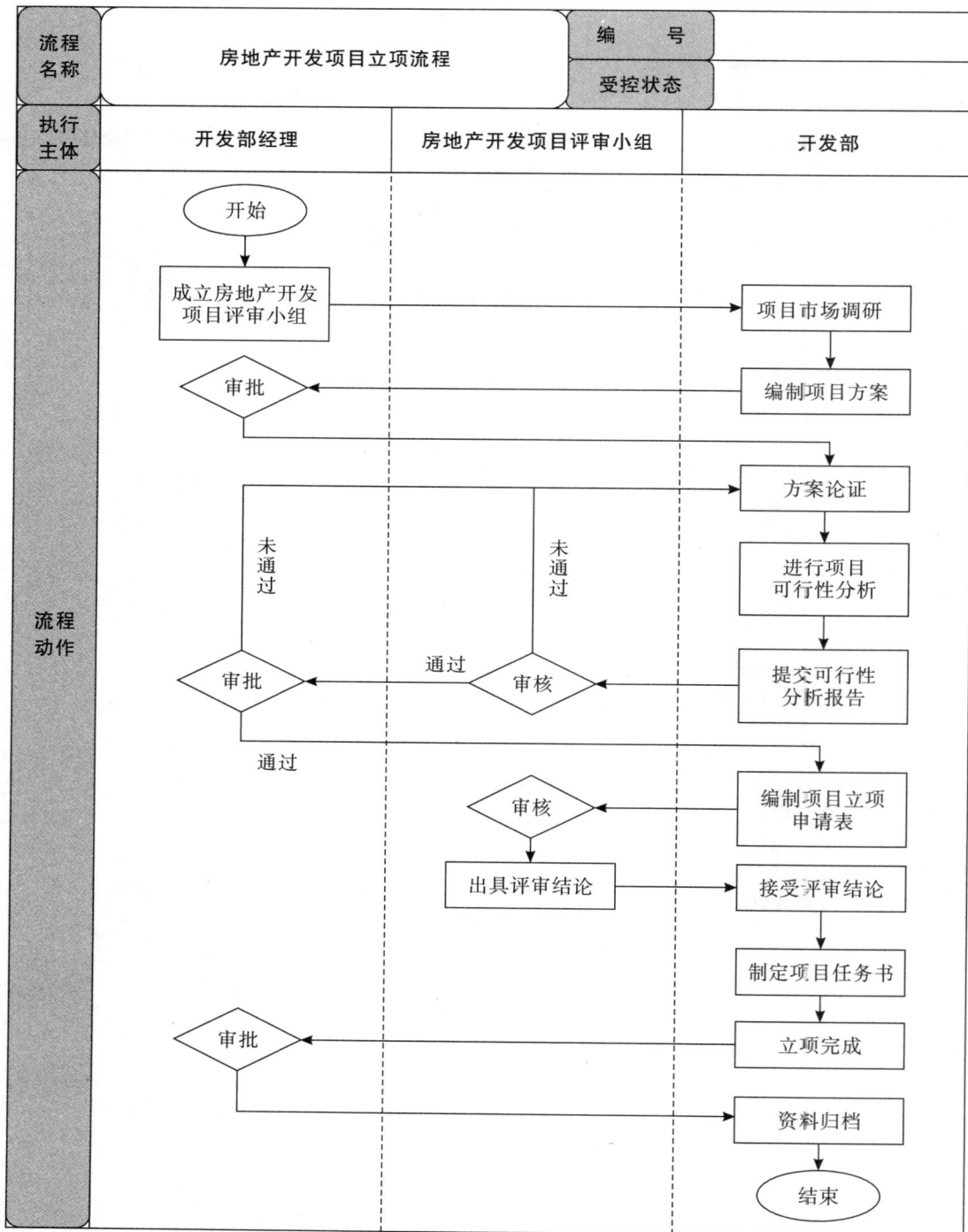

5.3 房地产开发立项管理制度体系

5.3.1 房地产开发立项管理制度体系指引图

房地产开发立项管理制度体系包括房地产开发立项管理制度、房地产开发可行性研究管理制度、房地产项目立项报批管理制度等内容，其体系指引图如图5-3所示。

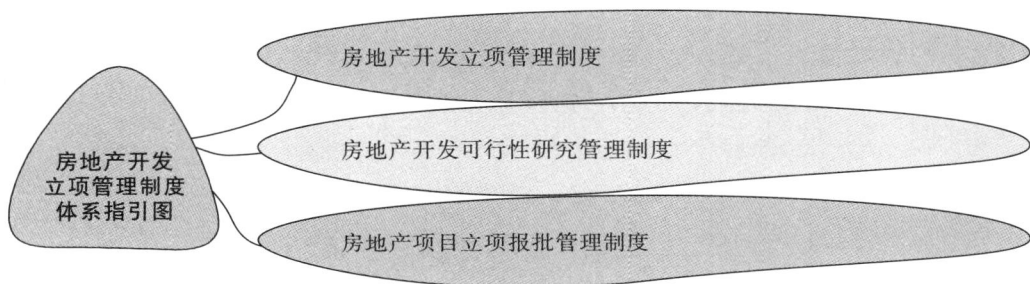

图5-3 房地产开发立项管理制度体系指引图

5.3.2 房地产开发立项管理制度的设计目标

企业建立房地产开发立项管理制度体系，主要是为了完成以下四大目标，具体内容如图5-4所示。

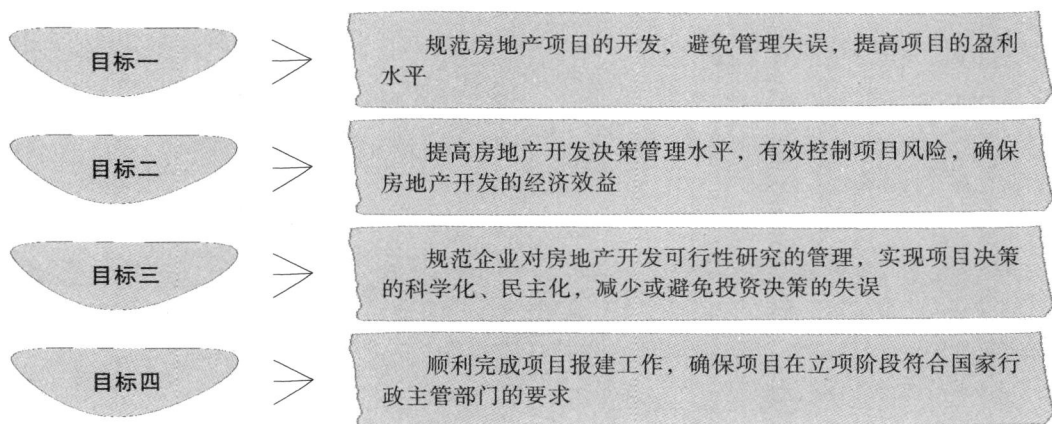

图5-4 房地产开发立项管理制度的设计目标

5.3.3　房地产开发立项管理制度设计关注点

在房地产开发立项管理制度设计中，企业需加强对以下三大关注点的管控，以确保房地产开发经济效益的实现，具体如图 5-5 所示。

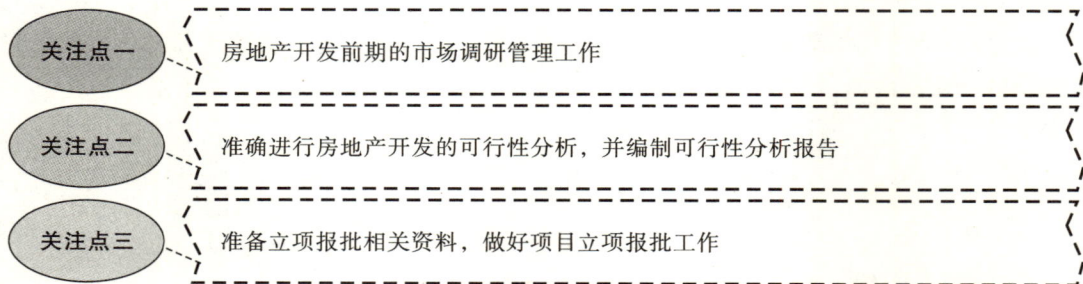

关注点一 ········· 房地产开发前期的市场调研管理工作

关注点二 ········· 准确进行房地产开发的可行性分析，并编制可行性分析报告

关注点三 ········· 准备立项报批相关资料，做好项目立项报批工作

图 5-5　房地产开发立项管理制度设计关注点

5.4　房地产开发立项管理制度设计

5.4.1　房地产开发立项管理制度

制度名称	房地产开发立项管理制度		编　号	
			受控状态	
执行部门		监督部门	编修部门	

第 1 条　目的

为了规范公司房地产项目开发管理，避免决策失误，控制项目风险，提高项目的盈利水平，根据国家法律法规的规定，结合本公司近年来在房地产项目开发上的经验，特制定本制度。

第 2 条　适用范围

本制度适用于在房地产开发项目中的立项、决策等事宜。

第 3 条　项目市场调研

开发部应积极考察各个城市的发展前景、地理位置、未来规划、经济发展潜力等综合因素，结合本公司的实力，选择具有投资价值且能够带来丰厚回报的开发项目。

第 4 条　项目可行性研究

对于选定的立项开发项目，开发部应积极组织人员进行项目可行性分析，具体操作可参照《房地产开发可行性研究管理制度》中的相关规定。

（续）

第 5 条　编制房地产开发计划书

合同签订后，开发部经理应组织编制详细的房地产开发计划书，其具体内容如下。

1. 确定房地产开发前期应办理的各种手续。

2. 项目资金的筹措。

3. 项目的规划设计与论证。

4. 施工图纸的设计与优化。

5. 工程的监理。

6. 施工进度、人员安排、办理步骤等。

7. 施工过程中的质量与成本控制。

8. 项目工程的验收与销售。

第 6 条　规划设计开发项目

1. 房地产开发规划设计原则上由公司的设计部门担当，本公司设计部门无法完成时，可申请委托给外部设计院进行规划设计。

2. 委托给外部设计院时要进行招标处理，禁止暗箱操作。

3. 房地产开发设计规划的原则如下图所示。

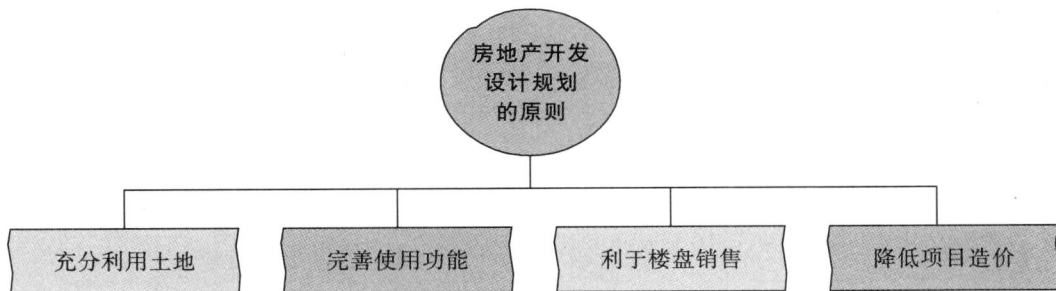

房地产开发设计规划的原则

4. 设计部在进行房地产开发设计规划时，要掌握好进度并建立起质量控制体系，按时、保质地完成任务。

5. 外部的设计由开发部进行监督，保证外部设计按时、按质、按量地完成。开发部应阶段性地掌握设计的进度，避免因设计进度影响房地产开发设计规划的进度。

第 7 条　开发立项申请

开发部准备项目的各种资料，填写"项目开发立项申请表"，进行房地产开发立项申请。

第 8 条　项目评审

1. 评审小组以上报的开发项目资料为基础，对项目进行初步分析与评审，并做出初步评审结果。

2. 开发部根据初审结果，有针对性地对项目进行补充完善和说明，并及时将补充的资料和说明材料送交项目评审小组。

（续）

3. 评审小组接到开发部的补充资料和说明材料后，应当及时组织召开评审会，对项目进行论证。

4. 评审会结束后＿＿＿日内，评审小组各成员根据专业分工提出相应专业内容的单项评审报告，由评审小组集体讨论后，形成项目评审报告。

5. 评审报告经领导或指定人员审核后，正式上报、下发。

第9条　开发立项

公司董事会根据开发部提交的开发项目可行性研究报告，结合公司的实力决定是否进行房地产开发。

第10条　订立各种协议

经公司董事会确定相关项目后，开发部应立即着手办理征地手续，进行合作谈判，同时与各方订立开发前期的各种协议，如与土地持有方签订土地使用权出让（或转让）合同、土地合作开发合同等，并缴纳地价和市政配套费、拆迁费、测量与勘探费等费用。

第11条　办理项目的前期手续

开发部组织人员有计划、有步骤地办理项目前期相关手续，主要包括以下五个方面。

1. 向投资发展部报批项目，申请开发经营许可证。

2. 向计划部门申报固定资产投资计划，报批项目立项。

3. 向政府土地管理部门申领土地使用证和建设用地批准书。

4. 向规划部门申请规划定点，办理建设用地许可证。

5. 如果项目属于旧城改造项目，应按当地政府的拆迁政策委托拆迁管理部门办理拆迁安置，拆迁完成后请相关部门验收。

第12条　本制度由开发部负责制定、修订和解释。

第13条　本制度自颁布之日起生效。

编制日期		审核日期		批准日期	
修改标记		修改处数		修改日期	

5.4.2　房地产开发可行性研究管理制度

制度名称	房地产开发可行性研究管理制度		编　　号	
			受控状态	
执行部门		监督部门	编修部门	

第1章　总则

第1条　目的

为了规范公司对项目可行性研究的管理，实现项目决策的科学化、标准化、民主化，避免房地产项目投资的失误，特制定本制度。

（续）

第2条 适用范围

本公司所有房地产开发项目的整体及部分论证、可行性研究的相关事项均需依照本制度执行。

第3条 名词解释

可行性研究是指在房地产开发投资决策前，对与房地产开发有关的社会、经济、技术、风险等方面进行研究、分析和论证，对拟定房地产开发方案进行全面的分析，评估房地产开发的可行性，确定是否应该投资和怎样投资，为公司对开发项目的决策提供可靠、科学的依据。

第4条 可行性研究的任务

本公司房地产开发可行性研究工作主要包括以下三项内容。

1. 在项目工程投资决策前，对与项目有关的社会、经济、技术、风险等方面进行研究、分析和论证。

2. 对拟定的各种项目相关的方案进行全面分析，并确定项目是否应该投资和怎样投资。

3. 评估项目的可行性，为公司对开发项目的决策提供可靠、科学的依据。

第2章 可行性研究的内容

第5条 项目概况

1. 项目名称。

2. 项目的地理位置，包括项目所在城市、区和街道及项目周围主要建筑物等。

3. 项目所在地的周围环境状况，主要从工业、商业、相关行业现状及发展潜力、项目建设的时机及自然环境等方面说明项目建设的必要性和可行性。

4. 项目的性质及主要特点。

第6条 开发项目用地的现状调查及动迁安置分析

1. 土地调查，包括开发项目用地范围内的各类土地面积及使用单位。

2. 人口调查，包括开发项目用地范围内总人口数、总户数及需动迁的人口数、户数等。

3. 调查开发项目用地范围内建筑物的种类，各种建筑物的数量及面积，需要拆迁的建筑物种类、数量和面积等。

4. 各种市政管线，主要应调查上水管、雨水管、污水管线、热力管线、燃气管线、电力和通信管线的现状及目标和其可能实现的时间。

5. 其他地下、地上物现状。开发项目用地范围内地下物调查了解的内容，包括水井、人防工程、各种管线等；地上物包括各种树木、植物等。开发项目用地现状要附平面示意图。

6. 如需要进行拆迁的，要制订动迁计划，确定安置方案。

第7条 市场分析和建设规模分析

1. 市场供给、需求现状分析及预测。

2. 市场需求现状分析及预测。

3. 市场交易的数量与价格。

4. 服务对象分析、制订租售计划。

（续）

5. 拟建项目建设规模的确定。

第 8 条　资源供给情况分析

1. 建筑材料的需用量、采购方式和供应计划。

2. 项目施工的组织计划。

3. 项目施工期间的动力、水等供应条件。

4. 项目建成投入使用后，水、电、热力、煤气、交通、通信等供应条件。

第 9 条　项目开发组织机构和管理费用研究

1. 开发项目的管理体制、机构设置及管理人员的配备方案。

2. 人员培训计划、年管理费用估算等。

第 10 条　房地产开发经济及社会效益分析

1. 项目总投资估算，包括开发建设投资和经营资金两部分。

2. 项目投资来源、筹措方式的确定。

3. 开发成本、销售成本、经营成本估算。

4. 销售收入、租金收入、经营收入和其他收入估算。

5. 财务评估，运用静态和动态分析方法分析计算项目投资回收期、净现值、内部收益率、投资利润率及借款偿还期等技术指标，并对项目进行财务评价。

6. 风险分析，一方面采用盈亏平衡分析、敏感性分析、概率分析等定量分析方法进行风险分析，另一方面结合政治形势、国家方针、经济发展趋势、市场周期、自然环境等因素的可能变化进行定性风险分析。

7. 项目环境效益、社会效益及综合效益评价。

8. 结论及建议，即运用各种数据从技术、经济、财务等方面论述开发项目的可行性，提出存在的问题及相应的建议，并推荐最佳方案。

第 3 章　可行性研究步骤

第 11 条　可行性研究筹备

在可行性研究开始之前，可行性研究人员需做好研究的筹备工作，主要包括提出项目开发的设想、组建研究小组、制订研究计划、编制工作大纲等。

第 12 条　可行性调查

可行性研究筹备工作完成之后，研究人员需对项目进行市场和资源调查，具体调查内容如下。

1. 市场调查应查明和预测市场的供给和需求量、价格、竞争能力等，以便确定房地产开发的经济规模和项目构成。

2. 资源调查应包括建设地点调查、开发项目用地现状、交通运输条件、外围基础设施、环境保护等方面的调查，为下一步规划方案设计、进行技术经济分析提供资料。

第 13 条　方案的制定与选择

研究人员在收集资料和数据的基础上拟出若干方案，在对这些方案进行反复比较与论证后，挑选出科学性、经济性和实用性最优的房地产开发方案。

（续）

第 14 条 财务评价与不确定性分析

在对挑选出的最优方案估算项目进行投资、成本、价格、收入等分析的基础上，研究人员应对方案进行详细的财务评价和不确定性分析，以此论证项目的盈利能力。

第 15 条 编写可行性研究报告

对方案进行分析和评价后，研究人员即可编写可行性研究报告，并提出结论性意见、措施和建议以供领导决策。可行性研究报告需包含下表所示的六个部分内容。

项目可行性研究报告内容一览表

部分	内容概要
封面	需包含评估项目的名称、评估人员及报告的写作时间
报告摘要	需用简洁的语言介绍评估项目所处地区的市场情况、项目本身的情况与特点、评估的结论等内容
目录	指引相关人员阅读
正文	需包括项目总说明、项目概况、投资环境研究、市场研究、项目地理环境、附近竞争对手、城市规划状况、建设方式、进度安排、投资估算与资金筹措、项目评估基础数据的预测与选定、项目经济效益评估、风险分析、分析结论与建议等 14 项内容
附表	对正文中不便插入的较大型表格、文件进行补充，一般应包括项目工程进度计划表、项目投资估算表、投资计划和资金筹措表、项目销售计划表、项目销售收入测算表、财务现金流量表、资金来源与运用表、贷款还本付息估算表和敏感性分析表等内容
附图	包括项目位置示意图、项目规划用地红线图、建筑设计方案平面图等

第 16 条 可行性研究工作总结

房地产开发项目竣工验收结束后，曾参与过项目可行性研究的部门和人员应开会进行总结，将研究的方法、结论、建议等与实际项目情况相比较，从中找出成功的经验和教训，以不断提高可行性研究的科学水平以及定性、定量分析的准确性。

第 4 章 可行性研究的管理

第 17 条 可行性研究人员权限规定

1. 对于公司开发部组织的一般规模项目，需由总工程师总体负责，由开发部、销售部、财务部、工程部等部门派出人员组成研究小组进行研究。

2. 对于大规模与超大规模的开发项目，必须由开发部委托专门的咨询机构承担项目可行性的研究工作。

（续）

第18条　可行性研究报告格式规定

对于公司自行组织的小组所编制的房地产开发可行性研究报告，应在其首页加盖公司的印章，并签署公司总经理及成员名单，在末页签署报告撰写人的姓名。

第19条　外部机构提供的报告审议规定

对于外部咨询机构所提供的可行性研究报告，需由开发部组织人员进行初审，审议通过后方可报董事会审议。

第20条　可行性研究报告保密原则

1. 房地产开发可行性研究报告与决策结果应当作为重要档案资料，由专人归档保管。

2. 可行性研究报告属于公司的知识财产和重要信息，且关系到公司的投资方向与投资策略，因此，凡接触可行性研究报告的人员必须遵守保密原则，不得向外泄露，否则，公司将严厉追究当事人的责任。

第 5 章　附则

第21条　本制度由开发部制定，其修订、解释权归开发部所有。

第22条　本制度经公司董事会审议批准后，自颁布之日起执行。

编制日期		审核日期		批准日期	
修改标记		修改处数		修改日期	

5.4.3　房地产项目立项报批管理制度

制度名称	房地产项目立项报批管理制度		编　号	
			受控状态	
执行部门		监督部门		编修部门	

第1条　为了顺利完成项目立项工作，确保项目在立项阶段即符合国家行政主管部门的要求，指引报建人员顺利取得《建设项目选址规划意见书》并通过市发改委或发展计划局的核准，特制定本制度。

第2条　本制度适用于公司开发的所有建设工程项目的项目选址规划意见和立项报批。

第3条　管理职责与分工

1. 开发部负责联系市发改委或发展计划局、市规划局等政府主管部门，完成项目立项报批过程中的各项工作。

2. 总经理办公室、行政部、工程技术部等职能部门负责提供项目立项报批所需的相应文件、图标等资料，协助开发部报建人员按时准备好立项报批所需的文件、图标等资料。

（续）

第 4 条　办理《选址征求意见函》

1. 开发部报建人员按市发改委或发展计划局的要求，如实填写《建设单位报批函》。

2. 开发部在投资发展部、营销部的协助下，编写《建设项目建议书》和《建设项目可行性研究报告》；在行政部的协助下，取得房地产开发企业资质证明文件。

3. 开发部报建人员将上述三份资料提交至市发改委或发展计划局，取得《选址征求意见函》的复函。

第 5 条　办理《建设项目选址规划意见书》

1. 开发部报建人员按市规划局的要求，如实填写"建设项目选址意见书申请表""规划局主案申请表"、《建设项目选址意见书》、"建设项目选址存根"和"建设项目选址规划设计要点申请表"。

2. 开发部根据建设项目的实际情况，如实准备下列相关文件。

（1）出让、转让、划拨土地需提供征地批准文件或供地单位的供地文件（县级以上国土部门土地出让、转让、划拨意见书）。

（2）自有、招标、拍卖、挂牌土地需提供相关土地权属文件（国土证、国土出让合同或划拨决定书）的原件及复印件，原件经规划局核验确认后退回。

（3）扩建项目需提供产权证复印件，联建项目需提交联建协议。

3. 开发部在工程技术部的协助下取得勘察设计范围绘制的 1：500 地形图（六份），其中一份需用蓝色标出拟建设用地的范围，并由供地单位或自有用地单位加盖公章。

4. 开发部根据规划局办事窗口的审核意见，及时准备所需的图纸、文件等。

5. 待规划局通知核发《建设项目选址规划意见书》时，在指定时间内及时领取盖有"某市规划管理局"印章的《建议项目选址规划意见书》。

第 6 条　办理规划设计条件审批

1. 开发部报建人员根据市规划局的要求，如实填写"建设项目规划设计条件申请表"。

2. 报建人员将下列文件资料提交至市规划局，办理规划设计条件审批。

（1）填写完整的"建设项目规划设计条件申请表"。

（2）《建设项目选址规划意见书》及附件。

（3）1：500 现状地形图（两份）。

（4）建设用地规划许可证及用地红线图、国有土地使用证及界址地图等。

第 7 条　办理立项审批

1. 开发部报建人员按市发改委或发展计划局的要求，填写"投资项目立项申请表"、"企业投资项目核准登记表（房地产项目）"，拟定《项目立项申请书》《房地产项目申请报告书》等。

2. 报建人员将下列资料提交至市发改委或发展计划局的办事窗口，办理立项审批手续。

（1）投资项目立项申请表、申请书、房地产项目申请报告书。

（2）企业投资项目核准登记表（房地产项目）。

（3）项目可行性研究报告。

（续）

（4）资金证明及资金来源证明（外商投资项目需提供外资资信证明）。

（5）营业执照（商业登记表或外商投资批准证书）及法人代表的身份证复印件。

（6）相关职能部门对项目建设的审查意见。

（7）上级行政主管部门对项目建设的意见、相关文件以及建设单位的上级或主管部门的相关文件。

（8）项目招标投标申请表。

（9）根据项目的类型、性质，确定需要提供或补充的相关资料。

3. 在市发改委或发展计划局发出核准或不予核准项目的通知前，报建人员应定期关注立项审批的进程，以便及时补充文件资料。

第8条　本制度由开发部负责制定，开发部有权根据国家行政主管部门的制度或规定对本制度进行修订。

第9条　本制度报总经理审批通过后执行。

编制日期		审核日期		批准日期	
修改标记		修改处数		修改日期	

第6章 房地产开发土地取得管理流程与制度

6.1 房地产开发土地取得管理流程体系

6.1.1 房地产开发土地取得管理流程目录

土地是房地产开发中必不可少的生产资料，房地产开发土地取得是指房地产开发商为了某种开发建设的需要，按照一定的程序（包括行政的、法律的、经济的），通过契约的形式获得土地使用权，并在规定的期限内按批准的规划完成房地产开发建设的活动。

房地产企业进行开发土地取得管理的流程目录需包括但不限于以下五项，具体如图6-1所示。

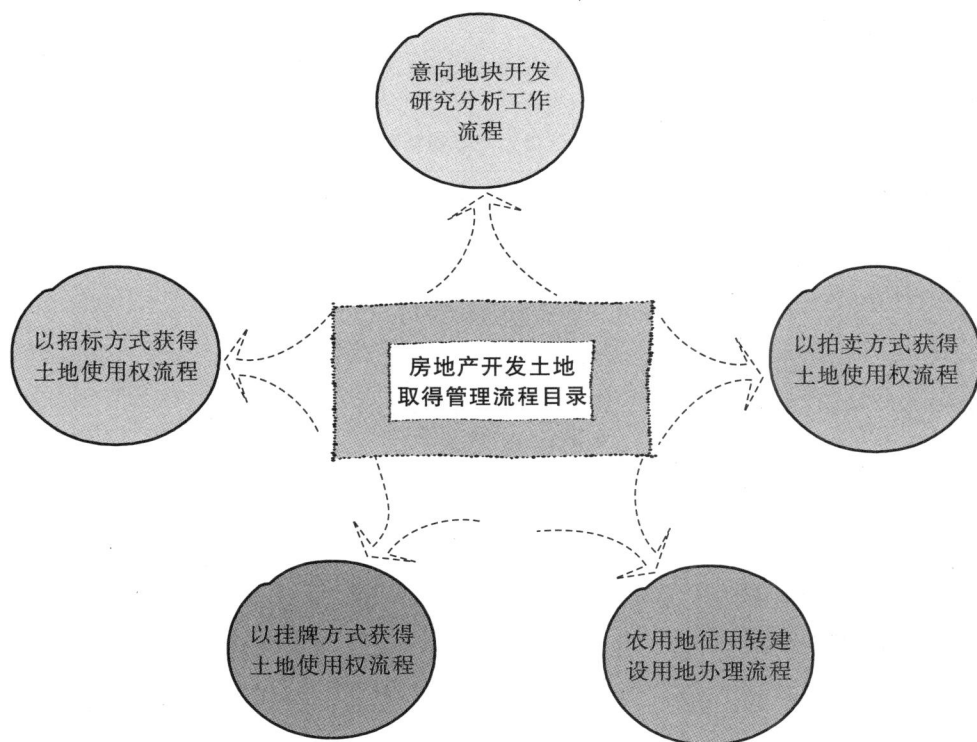

图6-1 房地产开发土地取得管理流程目录

6.1.2 房地产开发土地取得管理关键节点

企业在进行开发土地取得管理过程中，需加强对以下六大关键节点的管理，以规范开发土地取得的管理工作，从而提高房地产开发工作的效率，具体如图6-2所示。

图6-2 房地产开发土地取得管理关键节点

6.1.3 房地产开发土地取得管理流程说明

房地产开发土地取得管理流程的具体说明如表6-1所示。

表6-1 房地产开发土地取得管理流程说明表

文件名称	房地产开发土地取得管理流程	版本号		页数	
文件编号		编制人		审批人	
关键节点名称	操作说明	时长	适用人员	责任部门	
确定目标城市	在公司发展战略方针的指导下，结合各地区房地产市场发展特征，制订年度发展计划，确定公司房地产业发展的目标城市	——个工作日	开发部经理	开发部	
明确项目获取途径	项目获取主要分为直接购买土地获取项目和通过朋友、社会关系等途径获取合作开发项目两种途径	——个工作日	开发主管	开发部	
确定土地价格及报价策略	确定目标地块可能成交的最低价格和最高价格，并根据目标地块使用权的出让方式确定报价策略	——个工作日	开发主管、开发部经理	开发部	

（续表）

关键节点名称	操作说明	时长	适用人员	责任部门
办理相关竞买手续	根据土地使用权出让部门的规定，准备有关资料，实地办理竞买手续	——个工作日	投资主管	投资发展部
现场竞买	公司投资发展部组织人员进行现场竞买	——个工作日	投资主管	投资发展部
签订合同	如土地竞买成功，需及时签订国有土地使用权出让的有关合同	——个工作日	投资主管	投资发展部

6.2 房地产开发土地取得主要流程

6.2.1 意向地块开发研究分析工作流程

流程 名称	意向地块开发研究分析工作流程	编　　号	
		受控状态	
执行 主体	总经理	开发部	其他职能部门

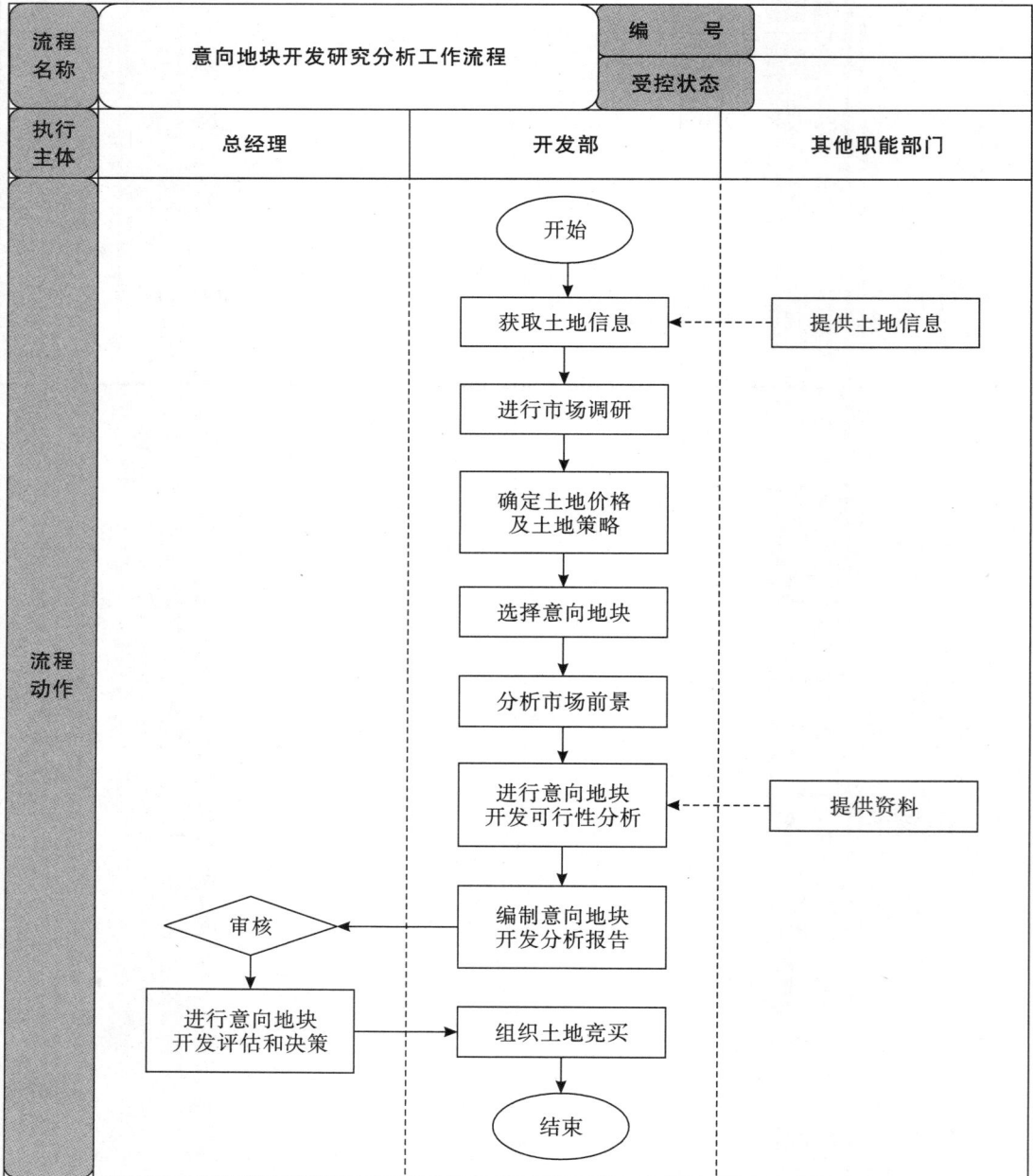

6.2.2 以招标方式获得土地使用权流程

流程名称	以招标方式获得土地使用权流程		编　　号	
			受控状态	
执行主体	项目总监	开发部	土地管理部门	

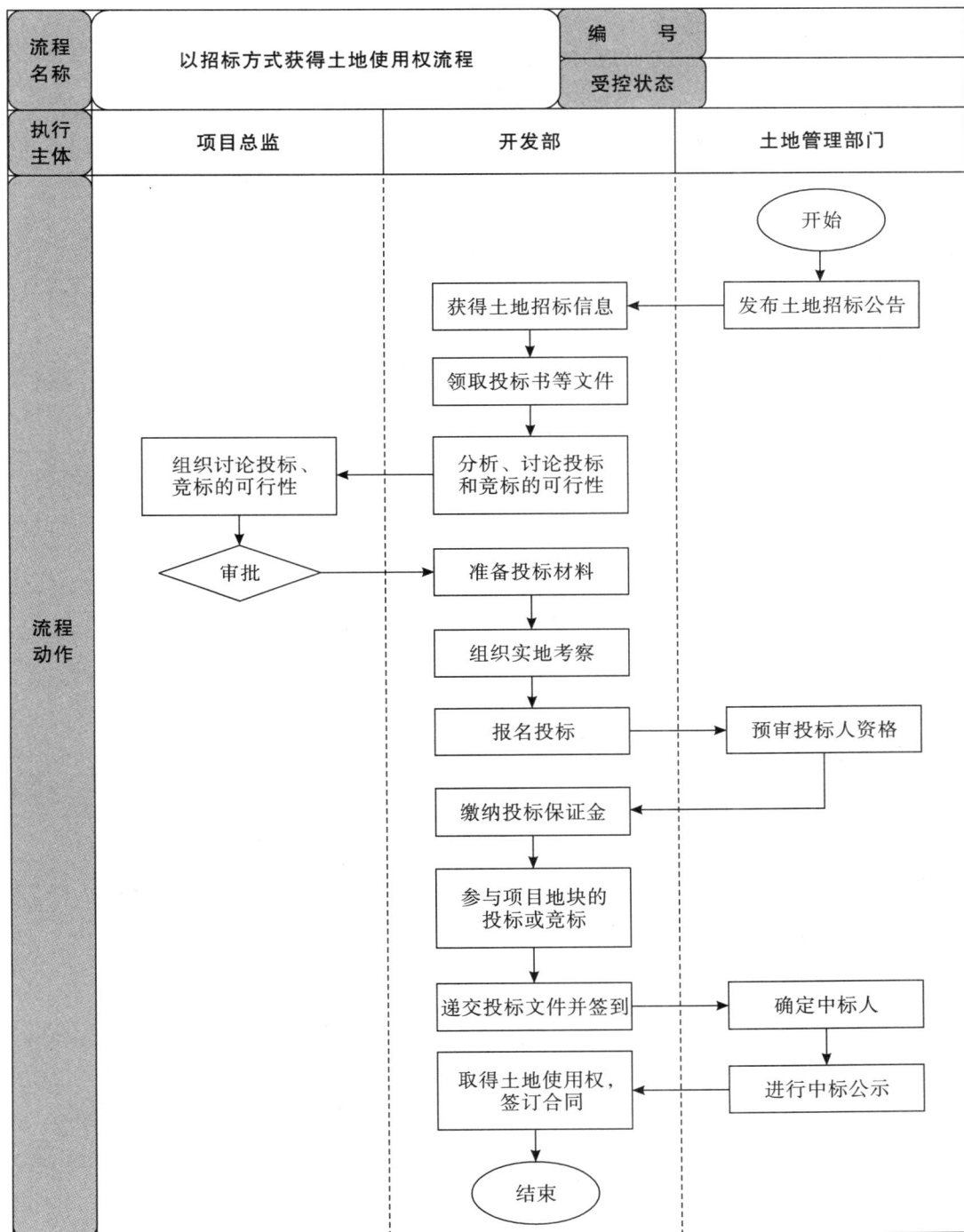

流程动作			

开始

发布土地招标公告

获得土地招标信息

领取投标书等文件

组织讨论投标、竞标的可行性 ← 分析、讨论投标和竞标的可行性

审批

准备投标材料

组织实地考察

报名投标 → 预审投标人资格

缴纳投标保证金

参与项目地块的投标或竞标

递交投标文件并签到 → 确定中标人

取得土地使用权，签订合同 ← 进行中标公示

结束

6.2.3　以拍卖方式获得土地使用权流程

流程 名称	以拍卖方式获得土地使用权流程		编　号	
			受控状态	
执行 主体	开发部	市土地房产交易中心	土地管理部门	

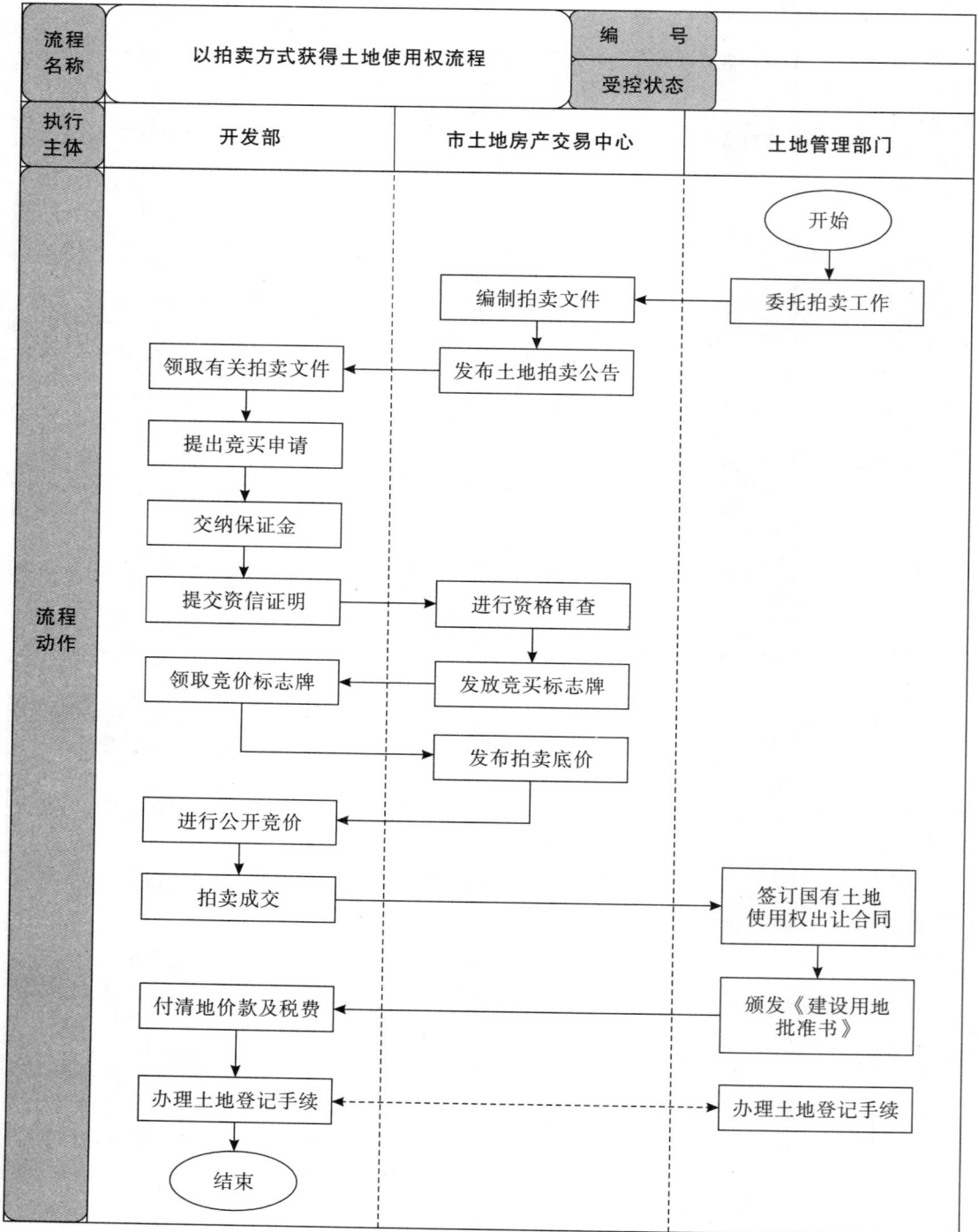

流程动作

- 开始
- 委托拍卖工作
- 编制拍卖文件
- 发布土地拍卖公告
- 领取有关拍卖文件
- 提出竞买申请
- 交纳保证金
- 提交资信证明 → 进行资格审查
- 领取竞价标志牌 ← 发放竞买标志牌
- 发布拍卖底价
- 进行公开竞价
- 拍卖成交 → 签订国有土地使用权出让合同
- 付清地价款及税费 ← 颁发《建设用地批准书》
- 办理土地登记手续 ←→ 办理土地登记手续
- 结束

6.2.4 以挂牌方式获得土地使用权流程

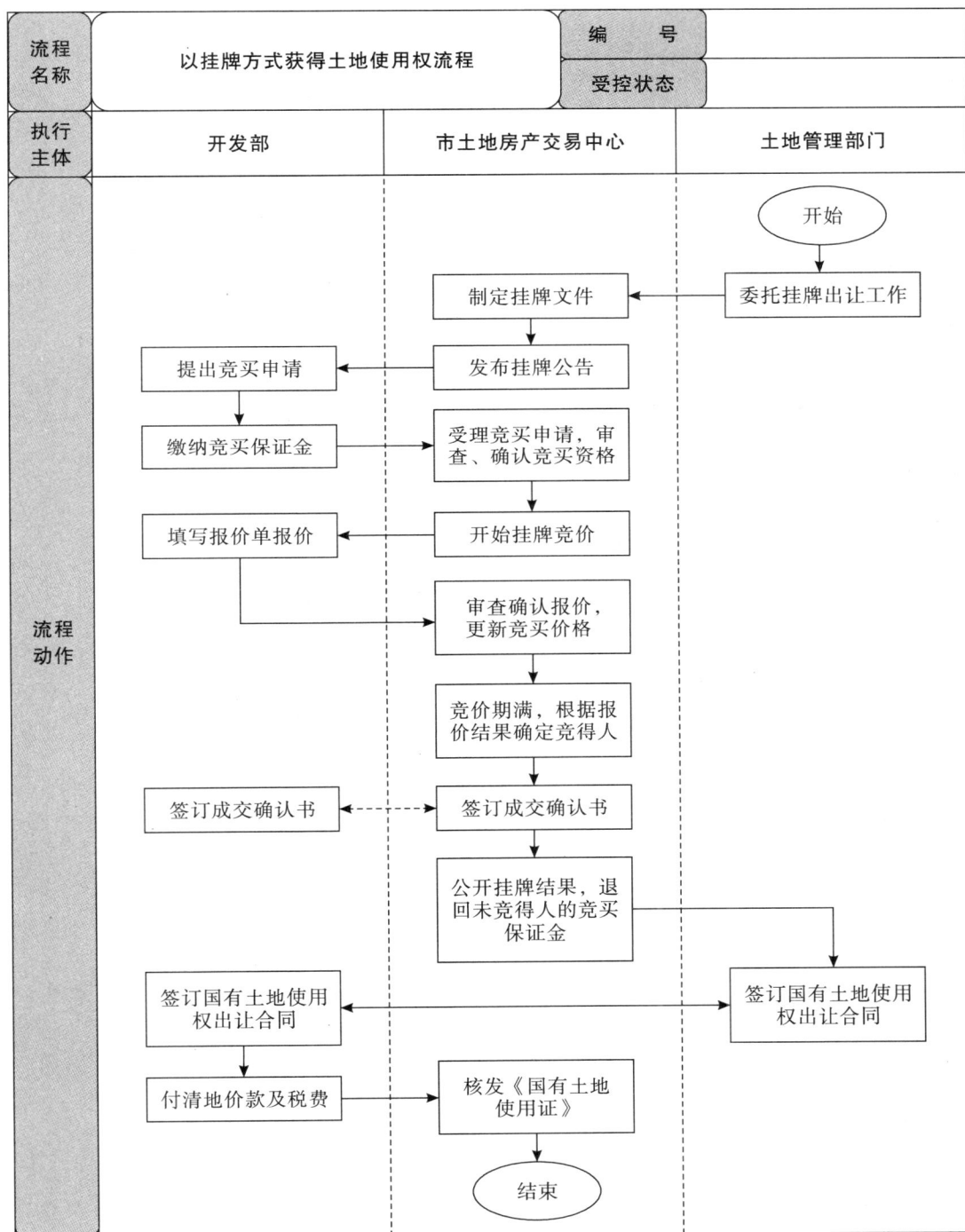

流程名称	以挂牌方式获得土地使用权流程		编 号	
			受控状态	
执行主体	开发部	市土地房产交易中心	土地管理部门	

流程动作

```
                                                              ┌──────────┐
                                                              │   开始    │
                                                              └────┬─────┘
                                                                   ↓
                                              ┌──────────┐    ┌──────────┐
                                              │ 制定挂牌文件 │←───│委托挂牌出让工作│
                                              └────┬─────┘    └──────────┘
                       ┌──────────┐    ┌──────────┐
                       │ 提出竞买申请 │←───│ 发布挂牌公告 │
                       └────┬─────┘    └──────────┘
                            ↓
                       ┌──────────┐    ┌─────────────────┐
                       │缴纳竞买保证金│───→│受理竞买申请，审查、确认竞买资格│
                       └──────────┘    └─────────────────┘
                       ┌──────────┐    ┌──────────┐
                       │填写报价单报价│←───│ 开始挂牌竞价 │
                       └────┬─────┘    └──────────┘
                            ↓
                                         ┌─────────────┐
                                         │审查确认报价，更新竞买价格│
                                         └─────────────┘
                                         ┌─────────────────┐
                                         │竞价期满，根据报价结果确定竞得人│
                                         └─────────────────┘
                       ┌──────────┐    ┌──────────┐
                       │ 签订成交确认书│←‑ ‑ ┤ 签订成交确认书 │
                       └──────────┘    └──────────┘
                                         ┌─────────────────┐
                                         │公开挂牌结果，退回未竞得人的竞买保证金│
                                         └─────────────────┘
             ┌─────────────┐                               ┌─────────────┐
             │签订国有土地使用权出让合同│←──────────────────────┤签订国有土地使用权出让合同│
             └──────┬──────┘                               └─────────────┘
                    ↓
             ┌─────────────┐    ┌─────────────┐
             │付清地价款及税费│───→│核发《国有土地使用证》│
             └─────────────┘    └──────┬──────┘
                                        ↓
                                   ┌──────────┐
                                   │   结束    │
                                   └──────────┘
```

6.2.5 农用地征用转建设用地办理流程

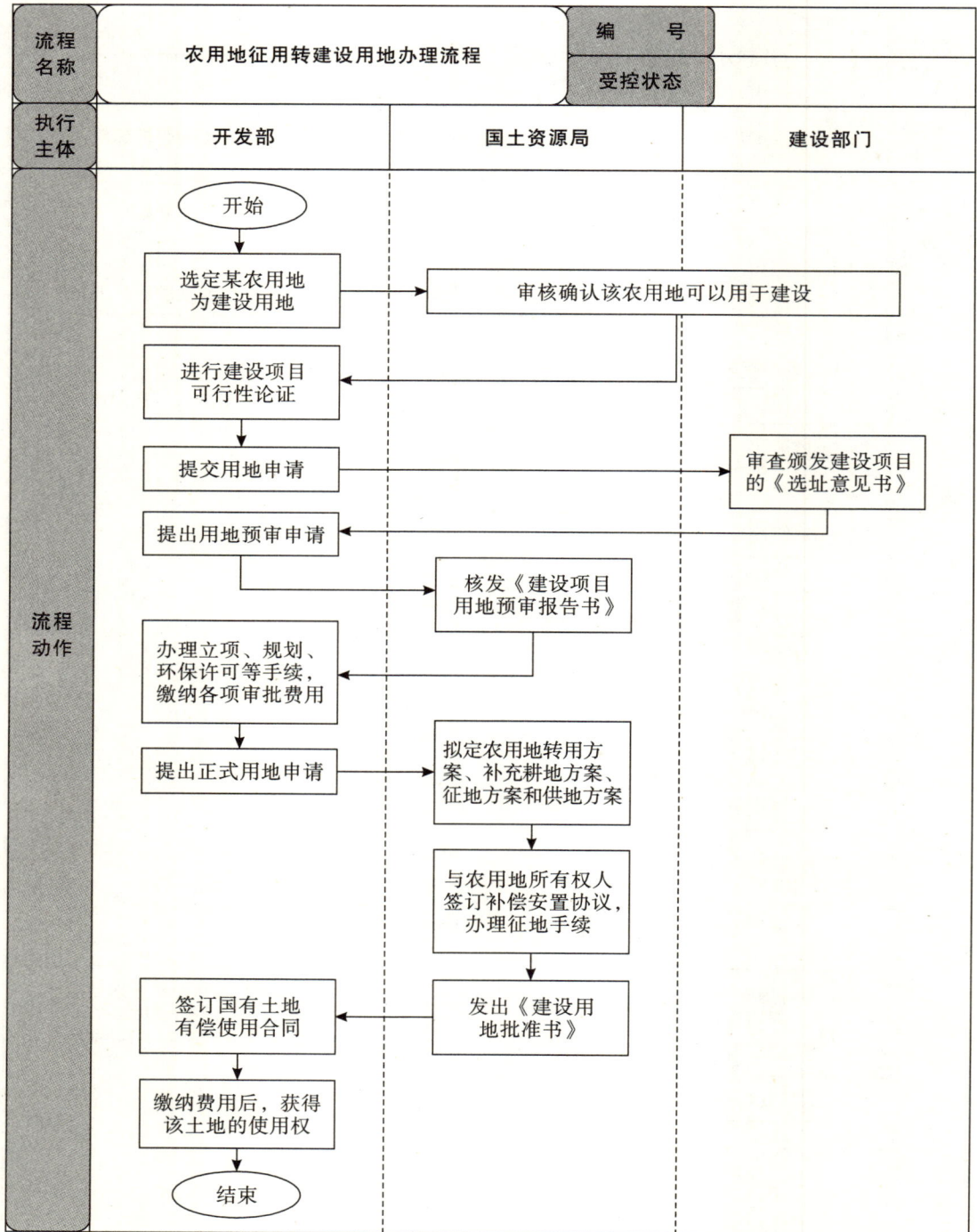

流程 名称	农用地征用转建设用地办理流程	编　　号	
		受控状态	
执行 主体	开发部	国土资源局	建设部门

流程 动作	

```
                        开始
                         │
                         ▼
              ┌──────────────────┐      ┌──────────────────────────────┐
              │ 选定某农用地      │─────▶│ 审核确认该农用地可以用于建设  │
              │ 为建设用地        │      └──────────────────────────────┘
              └──────────────────┘
                         │
                         ▼
              ┌──────────────────┐
              │ 进行建设项目      │◀─────────────
              │ 可行性论证        │
              └──────────────────┘
                         │
                         ▼
              ┌──────────────────┐                                    ┌──────────────────┐
              │ 提交用地申请      │───────────────────────────────────▶│ 审查颁发建设项目 │
              └──────────────────┘                                    │ 的《选址意见书》 │
                         │                                            └──────────────────┘
                         ▼
              ┌──────────────────┐
              │ 提出用地预审申请  │◀───────────────────────────────────
              └──────────────────┘
                         │              ┌──────────────────┐
                         └─────────────▶│ 核发《建设项目    │
                                        │ 用地预审报告书》  │
              ┌──────────────────┐      └──────────────────┘
              │ 办理立项、规划、  │◀─────────────
              │ 环保许可等手续，  │
              │ 缴纳各项审批费用  │
              └──────────────────┘
                         │              ┌──────────────────┐
                         ▼              │ 拟定农用地转用方  │
              ┌──────────────────┐      │ 案、补充耕地方案、│
              │ 提出正式用地申请  │─────▶│ 征地方案和供地方案│
              └──────────────────┘      └──────────────────┘
                                                 │
                                                 ▼
                                        ┌──────────────────┐
                                        │ 与农用地所有权人  │
                                        │ 签订补偿安置协议，│
                                        │ 办理征地手续      │
                                        └──────────────────┘
              ┌──────────────────┐      ┌──────────────────┐
              │ 签订国有土地      │◀─────│ 发出《建设用      │
              │ 有偿使用合同      │      │ 地批准书》        │
              └──────────────────┘      └──────────────────┘
                         │
                         ▼
              ┌──────────────────┐
              │ 缴纳费用后，获得  │
              │ 该土地的使用权    │
              └──────────────────┘
                         │
                         ▼
                        结束
```

6.3 房地产开发土地取得管理制度体系

6.3.1 房地产开发土地取得制度体系指引图

房地产开发土地取得管理制度体系包括取得土地使用权法律程序、划拨土地使用权管理、项目用地投标管理等内容，其体系指引图如图6-3所示。

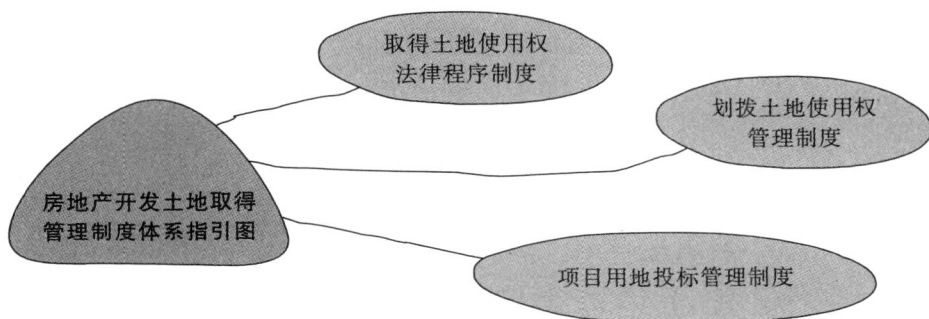

图6-3 房地产开发土地取得管理制度体系指引图

6.3.2 房地产开发土地取得管理制度的设计目标

企业建立房地产开发土地取得管理制度体系，主要是为了完成以下三大目标，具体如图6-4所示。

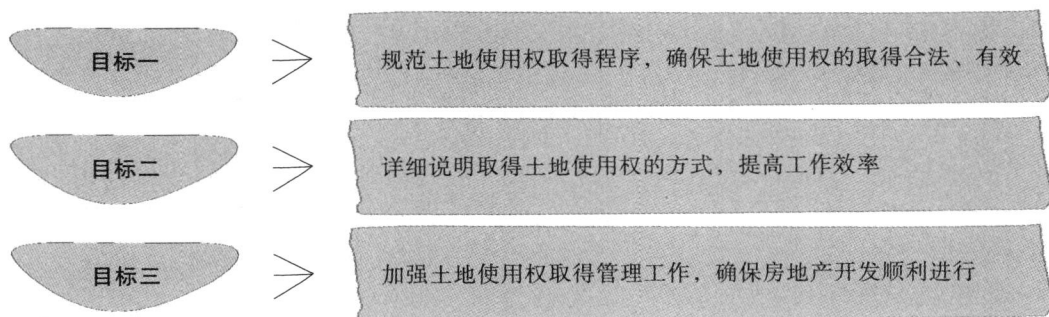

图6-4 房地产开发土地取得管理制度的设计目标

6.3.3 房地产开发土地取得管理制度设计关注点

在房地产开发土地取得管理制度设计中，企业需加强对以下三大关注点的管控，以确保土地取得工作的完成，具体如图 6-5 所示。

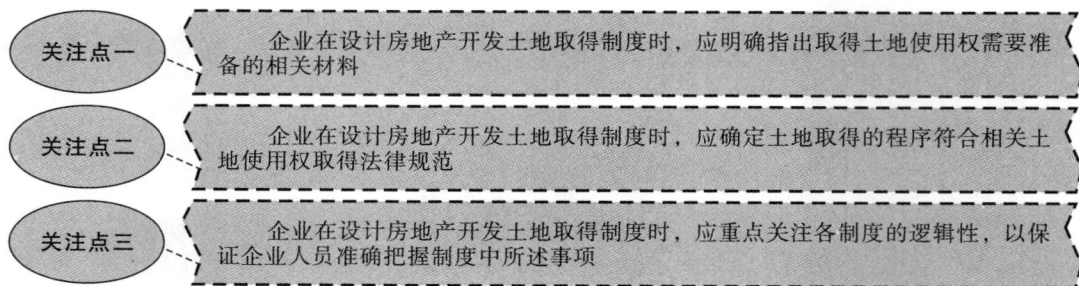

关注点一 —— 企业在设计房地产开发土地取得制度时，应明确指出取得土地使用权需要准备的相关材料

关注点二 —— 企业在设计房地产开发土地取得制度时，应确定土地取得的程序符合相关土地使用权取得法律规范

关注点三 —— 企业在设计房地产开发土地取得制度时，应重点关注各制度的逻辑性，以保证企业人员准确把握制度中所述事项

图 6-5 房地产开发土地取得管理制度设计关注点

6.4 房地产开发土地取得制度设计

6.4.1 取得土地使用权法律程序制度

制度名称	取得土地使用权法律程序制度		编　号	
			受控状态	
执行部门		监督部门	编修部门	

第 1 章　总则

第 1 条　目的

为了规范取得土地使用权的法律程序，确保土地使用权取得合法、有效，特制定本制度。

第 2 条　适用范围

本制度适用于以各种方式取得土地使用权工作的管理。

第 3 条　术语解释

土地使用权，是指企业或个人依法或依约定，对国有土地或集体土地所享有的占有、使用、收益和有限处分的权利。

第 4 条　取得途径

房地产开发企业取得土地使用权有出让、划拨、转让三种法律途径。

1. 土地使用权出让，是指国家将土地使用权在一定年限内出让给土地使用者，由土地使用者向国家支付土地使用权出让金的行为。

（续）

2. 土地使用权划拨，是指县级以上人民政府依法批准，在土地使用者缴纳补偿、安置等费用后将该幅土地交付其使用，或将土地使用权无偿交付给土地使用者使用的行为。

3. 土地使用权转让，是指土地使用者将土地使用权再转移的行为，即土地使用者将土地使用权单独或随同地上建筑物及其他附着物转移给他人的行为。原拥有土地使用权的一方称为转让人，接受土地使用权的一方称为受让人。

第 2 章　土地使用权出让的法律管理

第 5 条　土地使用权出让原则

1. 公平、公正、公开。

2. 诚实信用。

第 6 条　出让方式

土地使用权出让，可以采取拍卖、招标或双方协议的方式。

第 7 条　以出让方式取得国有土地使用权的前提条件

1. 征收

城市规划区内集体所有的土地经依法征收转为国有土地后，该幅国有土地的使用权方可有偿出让。

2. 规划

土地使用权出让，必须符合土地利用总体规划、城市规划和年度建设用地计划。

3. 报批

（1）县级以上地方人民政府出让土地使用权用于房地产开发的，须根据省级以上人民政府下达的控制指标拟订年度出让土地使用权总面积方案，按照国务院规定报国务院或省级人民政府批准。

（2）出让的每幅地块、用途、年限和其他条件，由市、县人民政府土地管理部门会同城市规划、建设、房地产管理等部门共同拟定方案，按照国务院规定报经有批准权的人民政府批准后，由市、县人民政府土地管理部门实施。

（3）直辖市的县人民政府及其有关部门行使前款规定的权限，由直辖市人民政府规定。

第 8 条　土地使用权出让法律程序

房地产企业以出让方式取得土地使用权的法律程序如下。

1. 办理《建设用地规划许可证》。

2. 办理建设用地委托钉桩。

3. 办理国有土地使用权出让申请。

4. 主管部门实地勘察。

5. 进行土地估价报告的预审。

6. 委托地价评估。

7. 办理核定地价手续。

8. 办理土地出让审批。

（续）

9. 签订《国有土地使用权出让合同》。

10. 领取临时《国有土地使用证》。

11. 领取正式《国有土地使用证》。

12. 国有土地使用权出让金的返还。

第 3 章　土地使用权划拨的法律管理

第 9 条　在原集体所有土地上取得划拨土地使用权的程序

1. 房地产企业必须持国务院土地管理部门或县级以上地方人民政府按照国家基本建设程序批准的设计任务书或其他批准文件，向县级以上地方人民政府土地管理部门提出用地申请。

2. 县级以上土地管理部门审查同意申请后，会同有关部门进行项目选址。

3. 选址后，由土地管理部门根据项目的总体规划方案及申请用地范围，向拟征土地所在地的有关部门发征询单。

4. 拟征土地所在地有关部门同意后，被征土地的地方人民政府组织建设单位与被征地单位及有关部门依法商定征收土地的补偿安置方案，然后按照审批权限提交县级以上人民政府审查批准，再由土地管理部门发给建设用地批准书。

5. 获得建设用地批准书后，由土地管理部门根据建设进度一次或分期划拨建设用地。

6. 建设项目竣工后，先由建设项目部组织有关部门进行验收，再由县级以上人民政府土地管理部门核查实际用地，在认可后按有关规定办理土地管理登记手续，核发《国有土地使用证》，房地产企业正式取得划拨土地的使用权。

第 10 条　在国有建设用地上取得划拨土地使用权的程序

1. 预审

由土地管理部门对建设用地有关事项进行审查，提出建设项目用地预审报告。

2. 申请

房地产企业持建设项目的有关批准文件，向市、县人民政府土地管理部门提出建设用地申请。

3. 审查

市、县人民政府土地管理部门对用地申请进行审查，拟定供地方案，报市、县人民政府批准。

4. 批准

供地方案经批准后，由市、县人民政府向房地产企业颁发建设用地批准书，由市、县人民政府土地管理部门向土地使用者核发《国有土地划拨决定书》。

5. 登记

房地产企业向市、县人民政府土地管理部门申请土地登记，并由市、县人民政府颁发《国有土地使用证》。

第 4 章　土地使用权转让的法律管理

第 11 条　转让方式

土地使用权的转让方式包括出售、交换和赠与等。

（续）

第12条　禁止性规定

未按土地使用权出让合同规定的期限和条件投资开发、利用的土地，土地使用权不得转让。

第13条　转让原则

1. 房地一体原则。

2. 转让时登记原则。

3. 公平、自愿和诚实信用原则。

4. 成交价格申报原则。

第14条　转让程序

1. 申请

交易双方提出转让、受让申请，同时还应提供转让协议、土地使用证、宗地界址点图、建筑物产权证明、法人资格证明、委托书及身份证明等资料。

2. 受理和审查

市、县土地管理部门受理申请后，应当依据相关规定对申请人提交的申请材料进行审查，并就申请地块的土地用途等征询规划管理部门意见。经审查，申请地块用途符合规划，并且符合办理协议出让手续条件的，市、县土地管理部门应当组织地价评估，确定应缴纳的土地出让金额，拟定协议出让方案。

3. 地价评估

市、县土地管理部门应当组织对申请转让地块的出让土地使用权市场价格和划拨土地使用权权益价格进行评估，估价基准期日为拟出让时点。

4. 确定出让金，拟定出让方案

市、县土地土地管理部门或国有土地使用权出让协调决策机构应当根据土地估价结果、产业政策和土地市场情况等，集体决策、综合确定办理出让手续时应缴纳土地使用权出让金额，并拟定协议出让方案。

5. 方案报批，发出准予转让通知书

市、县土地管理部门应当按照规定，将协议出让方案报市、县人民政府审批。协议出让方案经批准后，市、县土地管理部门应向申请人发出《划拨土地使用权准予转让通知书》。

6. 公开交易

取得《划拨土地使用权准予转让通知书》的申请人，应当将拟转让的土地使用权在土地有形市场等场所公开交易，确定受让人和成交价款。

7. 签订转让合同

通过公开交易确定受让方和成交价款后，转让人应当与受让人签订转让合同，约定双方的权利和义务，明确划拨土地使用权转让价款。

8. 办理出让手续

（1）受让人应在达成交易后10日内，持转让合同、原土地使用证、准予转让通知书、转让方和受让方的身份证明材料等，向市、县土地管理部门申请办理出让手续。

（续）

（2）市、县土地管理部门应当按照批准的协议出让方案、公开交易情况等，依法收回原土地使用权人的划拨决定书，注销土地登记，收回原土地证书，与受让方签订出让合同。

第 5 章　附则

第 15 条　本制度由开发部组织制定，其修订权和解释权归开发部所有。

第 16 条　本制度自颁布之日起生效。

编制日期		审核日期		批准日期	
修改标记		修改处数		修改日期	

6.4.2　划拨土地使用权管理制度

制度名称	划拨土地使用权管理制度		编　　号	
			受控状态	
执行部门		监督部门	编修部门	

第 1 条　为了贯彻实施《中华人民共和国国有土地使用权出让和转让暂行条例》（以下简称《条例》），加强对划拨土地使用权的管理，特制定本制度。

第 2 条　本制度适用于公司划拨土地使用权（以下简称"土地使用权"）转让、出租、抵押活动的管理。

第 3 条　划拨土地使用权，是指公司通过除出让土地使用权以外的其他各种方式依法取得的国有土地使用权。

第 4 条　公司总经理依法对土地使用权转让、出租、抵押活动进行管理和监督。

第 5 条　未经市、县人民政府土地管理部门批准并办理土地使用权出让手续，公司不得转让、出租、抵押公司土地使用权。

第 6 条　符合下列条件的，经市、县人民政府土地管理部门批准，经公司总经理审批后，公司相关部门可进行土地使用权的转让、出租、抵押等手续的办理。

1. 土地使用者为公司、企业、其他经济组织和个人。

2. 持有《国有土地使用证》。

3. 具有合法的地上建筑物、其他附着物产权证明。

4. 依照《条例》和本制度规定，已签订土地使用权出让合同，公司须向当地市、县人民政府交付土地使用权出让金或以转让、出租、抵押所获收益抵交土地使用权出让金。

第 7 条　土地使用权转让，是指公司将土地使用权单独或随同地上建筑物、其他附着物转移给他人的行为。我公司为转让人，接受土地使用权的一方称为受让人。

第 8 条　土地使用权转让的方式包括出售、交换和赠与等。

（续）

1. 出售是指我公司以土地使用权作为交易条件，取得一定收益的行为。

2. 交换是指我公司与另一方土地使用者之间互相转移土地使用权的行为。

3. 赠与是指我公司将土地使用权无偿转移给受让人的行为。

第9条　土地使用权出租，是指我公司将土地使用权单独或随同地上建筑物、其他附着物租赁给他人使用，由他人向其支付租金的行为。我公司为出租人，承租土地使用权的一方称为承租人。

第10条　土地使用权抵押，是指公司提供可供抵押的土地使用权作为按期清偿债务的担保行为。我公司为抵押人，抵押债权人称为抵押权人。

第11条　公司进行土地使用权转让、抵押时，其地上建筑物、其他附着物所有权随之转让、抵押；转让、抵押地上建筑物、其他附着物所有权时，其使用范围内的土地使用权随之转让、抵押，但地上建筑物、其他附着物作为动产转让的除外。

第12条　公司需要转让、出租、抵押土地使用权时，必须持《国有土地使用证》以及地上建筑物、其他附着物产权证明等合法证件；出租土地使用权，其地上建筑物、其他附着物使用权随之出租；出租地上建筑物、其他附着物使用权，其使用范围内的土地使用权随之出租。

第13条　公司需要转让、出租、抵押土地使用权时，必须持《国有土地使用证》以及地上建筑物、其他附着物产权证明等合法证件，并向所在地市、县人民政府土地管理部门提出书面申请。

第14条　公司接到申请回复后，应与市、县人民政府土地管理部门进行协商，并签订土地使用权出让合同。

第15条　公司进行土地使用权转让、出租、抵押时，应当依照有关法律、法规和土地使用权出让合同的规定，与另一方签订土地使用权转让、租赁、抵押合同。

第16条　公司应当在土地使用权出让合同签订后60日内，向所在地市、县人民政府交付土地使用权出让金，到市、县人民政府土地管理部门办理土地使用权出让登记手续。

第17条　公司与土地使用方应在办理土地使用权出让登记手续后15日内，到所在地市、县人民政府土地管理部门办理土地使用权转让、出租、抵押登记手续。

办理登记手续，应当提交下列证明文件、材料。

1.《国有土地使用证》。

2.《国有土地使用权出让合同》。

3. 土地使用权转让、租赁、抵押合同。

4. 市、县人民政府土地管理部门认为有必要提交的其他证明文件、材料。

第18条　土地使用权转让，土地使用权出让合同和登记文件中所载明的权利、义务随之转移。

第19条　土地使用权出租、抵押，公司必须继续履行土地使用权出让合同。

第20条　土地使用权转让后，受让人需要改变土地使用权出让合同规定内容的，应与我公司进行协商，征得所在地市、县人民政府土地管理部门同意后，按规定的审批权限经土地管理部门和城市规划部门批准，依照《条例》和本制度规定重新签订土地使用权出让合同，调整土地使用权出让金并办理土地登记手续。

（续）

第 21 条　土地使用权出租后，承租人不得新建永久性建筑物、构筑物。需要建造临时性建筑物、构筑物的，必须征得我公司同意，并按照有关法律、法规的规定办理审批手续。

第 22 条　土地使用权出租后，承租人需要改变土地使用权出让合同规定内容的，必须征得我公司同意，并按规定的审批权限经土地管理部门和城市规划部门批准，依照《条例》和本制度规定重新签订土地使用权出让合同，调整土地使用权出让金并办理土地登记手续。

第 23 条　土地使用权租赁合同终止后，公司应当自租赁合同终止之日起 15 日内，到原登记机关办理注销土地使用权出租登记手续。

第 24 条　土地使用权抵押合同终止后，公司应当自抵押合同终止之日起 15 日内，到原登记机关办理注销土地使用权抵押登记手续。

第 25 条　公司与土地使用者协商确定土地使用权出让期，并在土地使用权出让合同中注明；土地使用权出让期不得超过《条例》规定的最高年限。

第 26 条　土地使用权出让金按标定地价的一定比例收取，最低不得低于标定地价的 40%。标定地价由所在地市、县人民政府土地管理部门根据基准地价，按土地使用权转让、出租、抵押期限和地块条件核定。

第 27 条　土地使用权出让期届满，我公司必须在出让期满之日起 15 日内持《国有土地使用证》和土地使用权出让合同，到原登记机关办理注销出让登记手续。

第 28 条　土地使用权出让期满后，我公司再转让、出租、抵押土地使用权时，须按本制度规定重新签订土地使用权出让合同，支付土地使用权出让金，并办理变更土地登记手续。

第 29 条　土地使用权出让期间，如出现特殊情况，我公司可以依照法律程序收回土地使用权，并根据已使用的年限和开发、利用土地的实际情况给予土地使用者相应的补偿。

第 30 条　土地使用者未按土地使用权出让合同规定的期限支付全部出让金的，公司有权解除合同并可请求违约赔偿。

第 31 条　公司进行土地使用权转让、出租、抵押时，应依法办理土地登记手续。

第 32 条　公司应当加强对土地使用权转让、出租、抵押活动的监督检查工作，对违法行为应当及时查处。

第 33 条　公司在对土地使用权转让、出租、抵押活动进行监督检查时，被检查人应当予以配合，如实反映情况，提供有关文件、资料，不得阻挠。

第 34 条　公司在监督检查中，可以采取下列措施。

1. 查阅、复制与土地监督检查事项有关的文件、资料。

2. 要求被监督检查的人员需提供或报送与监督检查事项有关的文件、资料及其他必要情况。

3. 责令被监督检查的人员停止正在进行的土地违法行为。

第 35 条　以土地使用权作为条件，与他人进行联建房屋、举办联营企业的，视为土地使用权转让行为，按照本制度办理。

第 36 条　本制度由总经理办公会组织编制并负责解释，自颁布之日起施行。

编制日期		审核日期		批准日期	
修改标记		修改处数		修改日期	

6.4.3 项目用地投标管理制度

制度名称	项目用地投标管理制度		编　号	
			受控状态	
执行部门		监督部门	编修部门	

第1章　总则

第1条　目的

为了规范本公司项目用地投标工作，提高投标成功率，提升公司总体竞争力，特制定本制度。

第2条　适用范围

本制度适用于公司所有项目用地招标活动。

第3条　管理职责

1. 投资拓展部负责土地信息的收集和整理。

2. 开发部具体负责土地的投标管理。

3. 造价管理部负责土地投标相关经济指标的预算工作。

第2章　投标信息的获取

第4条　投资发展部与开发部应密切留意当地政府或其他有关机关指定发布公告的报刊或其他媒介，以确保及时获得土地招标信息。

第5条　开发部在获知公告或收到土地投标、拍卖邀请书的当天，及时领取标书格式、竞买申情书、投标/拍卖须知、土司使用和规划条件、土地使用权出让合同样式等招标、拍卖文件。

第6条　自公告或收到邀请书之日起七日内，开发部会同投资发展部、造价管理部共同讨论，以做出是否参加投标的决定，同时报送总经理。

第7条　总经理在收到参加投标的决定后，应及时组织总工程师、总会计师及相关部门负责人共同协商，并由总经理最终确定是否参加土地的投标。

第3章　投标准备

第8条　初步决定参加投标的，开发部应在决定后三日内准备如下材料，并组织投资发展部、造价管理部、项目部等部门人员成立项目小组。

1. 投标、拍卖公告或投标邀请书。

2. 标书格式申请书等招标文件。

3. 参加投标初步分析。

4. 拟需要的资金额度。

第9条　对于初步决定参加投标的地块，项目小组要及时进行现场勘查，核实"三通一平"（通电、通路、通水和地面平整）等情况，并对该地块有无设立抵押等法律形态向有关部门进行核查，发现土地现状与公告内容或邀请书内容不符的，或对土地现状有其他异议的，应及时向招标人或拍卖委托人（地方政府或土地管理部门）提出异议。

（续）

第 10 条　初步决定参加投标的地块，项目小组应立即组织人员完成项目论证报告。报告包括但不限于以下内容。

1. 项目概况。

2. 市场分析。

3. 竞争分析。

4. 投资收益分析。

5. 项目综合评价及对公司经营和发展的影响。

第 11 条　根据前期调研评估结果，项目小组应在土地招标最后截止日前 10 天确定是否参加投标。

第 12 条　确定参加投标后，项目小组应参加招标人或拍卖委托人（地方政府或土地管理部门）组织的答疑会。

第 13 条　确定参加投标的，项目小组应在截止日前七天备齐下列材料并报送开发部。

1. 召开项目听证会申请。

2. 已填写的投标书、竞买申请书样稿。

3. 项目可行性论证报告。

第 14 条　开发部在收到上述资料后，需要对相关资料进行评估，并将评估意见报送公司领导。

第 4 章　投标实施

第 15 条　确定参加土地投标后，开发部应通知财务部准备投标所需的资金，并于投标参加截止日前三天确定资金准备情况。

第 16 条　开发部应在截止日前两天准备好保证金与参加投标所需的文件，具体材料如下。

1. 标书申请书。

2. 营业执照副本。

3. 法定代表人证明。

4. 法定代表人身份证复印件。

5. 招标公告或邀请书要求的其他文件。

第 17 条　对于决定参加投标的地块，开发部应密切关注投标程序的合法性，对违法现象须及时向招标人、拍卖委托人或其他有关机关提出异议，或依法采取其他措施，维护本公司的合法权益。

第 18 条　对参加项目竞买的负责人应严格按照公司制定的价格策略执行，不得超出公司设定的价格区间，特殊情况下应电话请示总经理。

第 19 条　中标或竞买成功的，开发部应按规定及时与拍卖人签订拍卖成交确认书，与招标人、土地管理部门签订土地使用权出让合同，给付价款，并在收到中标通知书或拍卖结束后七日内向投资发展部提交关于投标、竞买成功的分析报告。

第 20 条　如投标、竞买失败，开发部应在获悉招标结果后或拍卖结束后七日内向投资发展部提交关于投标失败的分析报告。

第 21 条　因标底、保留价被泄露等原因，招标人在开标前终止招标的，或拍卖人终止拍卖的，或

（续）

委托人撤销委托拍卖的，开发部应对该地块土地使用权的出让方式与时间继续跟踪，并将有关情况及时报给投资发展部。

第22条 开发部应将投标书、竞买申请书等与投标、拍卖有关的资料备份并存档。

第5章 附则

第23条 本制度由项目部负责编制、修订和解释。

第24条 本制度自颁布之日起实施。

编制日期		审核日期		批准日期	
修改标记		修改处数		修改日期	

第7章　房地产开发行政审批管理流程与制度

7.1　房地产开发行政审批管理流程体系

7.1.1　房地产开发行政审批管理流程目录

行政审批是指国家指行政机关（包括有行政审批权的其他组织）根据自然人、法人或其他组织提出的申请，经过依法审查，采取"批准""同意""年检"发放证照等方式，准予其从事特定活动、认可其资格资质、确认特定民事关系的行为。

房地产开发行政审批过程分为规划许可、施工许可和验收三个阶段，其管理流程目录包括但不限于以下七项，具体如图 7-1 所示。

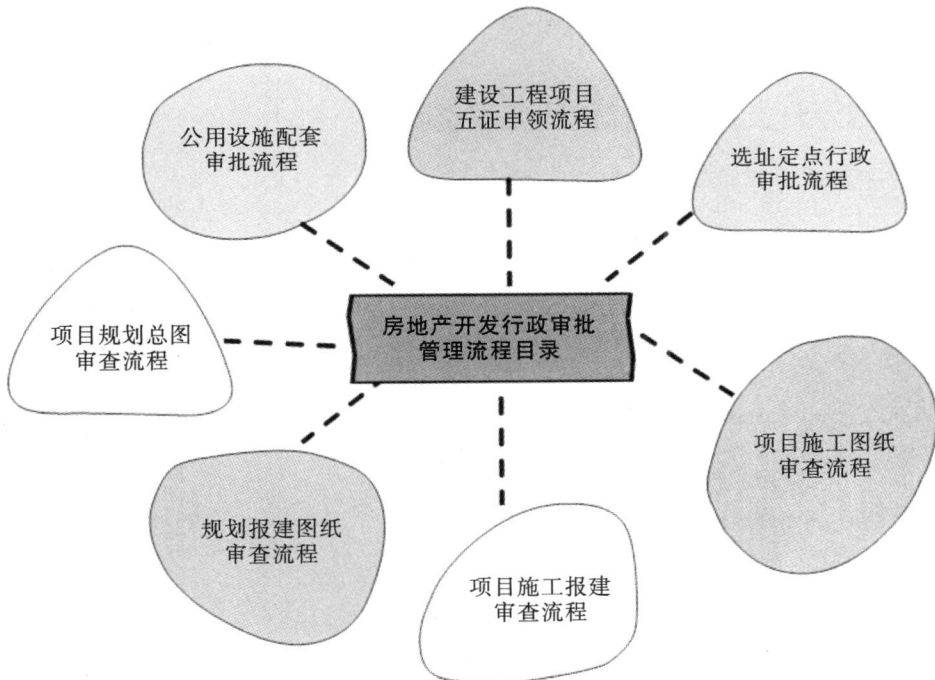

图 7-1　房地产开发行政审批管理流程目录

7.1.2　房地产开发行政审批管理关键节点

企业在进行房地产开发行政审批管理过程中，需加强对以下八大关键节点的管理，以规范开发行政审批的管理工作，从而提高开发行政审批管理的工作效率，具体如图7-2所示。

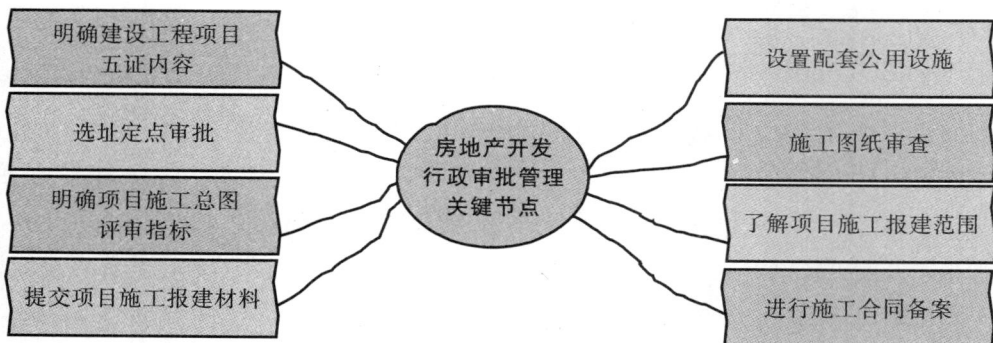

图7-2　房地产开发行政审批管理关键节点

7.1.3　房地产开发行政审批管理流程说明

房地产开发行政审批管理流程的具体说明如表7-1所示。

表7-1　房地产开发行政审批管理流程说明表

文件名称	房地产开发行政审批管理流程		版本号		页数	
文件编号			编制人		审批人	
关键节点名称	操作说明		时长	适用人员		责任部门
明确建设工程项目五证内容	房地产建设工程项目五证包括《建设用地规划许可证》《建设工程规划许可证》《国有土地使用证》《建筑工程施工许可证》《商品房预售许可证》		＿个工作日	规划设计专员		规划设计部
设置配套公用设施	房地产企业应配置公共服务设施，包括文化活动用房、社区用房、物业用房、集中绿地、健身路径及娱乐场地等		＿个工作日	规划设计部经理、规划设计主管		规划设计部

（续表）

关键节点名称	操作说明	时长	适用人员	责任部门
选址定点审批	在进行选址定点审批时，企业应提前报送选址定点的地形图、申报报告、土地使用证或土地权属证明、企业营业执照及开发资质证明等文件	___个工作日	分管副总	规划设计部
施工图纸审查	对施工图纸进行审查时，房地产企业应提供施工图设计文件、批准立项文件或初步设计批准文件以及审定设计方案的通知书（复印件）、政府相关部门核发的建设项目规划许可证及附件（复印件）、审查合格的岩土工程勘察报告、结构计算书及计算软件名称和相应的数据文件软（光）盘、设计单位资质证书副本（复印件）、建设工程设计合同、外来设计单位的注册证明等材料	___个工作日	规划设计专员、政府部门	规划设计部
明确项目施工总图评审指标	在评审项目施工总图时，政府相关部门主要对以下指标进行评审：面积指标、容积率、建筑占地面积、建筑密度、绿化面积、道路广场面积等	___个工作日	规划设计主管、规划设计专员	规划设计部
了解项目施工报建范围	房地产项目建设工程报建范围包括：各类房建筑（包括新建、改建、扩建、翻建、大修等）、土木工程（包括道路、桥梁、房屋基础打桩）、设备安装、管道线路敷设、装饰装修等建设工程	___个工作日	规划设计主管、规划设计专员	规划设计部
提交项目施工报建材料	规划设计部需提交的项目施工报建材料包括：国土使用证、中标通知书、项目费用交纳凭证、消防报建资料、施工（设计、勘察、监理）单位营业执照和资质证书等	___个工作日	规划设计主管、规划设计专员	规划设计部
进行施工合同备案	在备案项目施工合同时，规划设计部应向政府部门提供本单位的法定代表人证明书和授权委托书、施工合同补充协议、承包人资质证书、项目部相关人员的相关证书、中标通知等文件	___个工作日	规划设计主管、规划设计专员	规划设计部

7.2 房地产开发行政审批管理主要流程

7.2.1 建设工程项目五证申领流程

流程名称	建设工程项目五证申领流程		编　号	
			受控状态	
执行主体	分管副总	规划设计部经理	规划设计主管	政府相关部门

| 流程动作 | | | | |

流程图（泳道图）：

- 规划设计主管：开始 → 了解需办理证件的类别及作用 → 确定各证的主要办理部门 → 咨询办理各证件需提交的材料
- 政府相关部门：解答
- 规划设计部经理：组织编制相关申报文件 → 完善相关申报文件
- 分管副总：审批
- 规划设计主管：文件汇总并提交
- 政府相关部门：受理申请 → 审核（通过 / 未通过）
- 未通过：说明申请材料问题 → 规划设计部经理：改进相关申报文件
- 规划设计主管：再次提交 → 政府相关部门：审核 → 发放证书
- 规划设计主管：领取证书 → 结束

7.2.2 公用设施配套审批流程

流程名称	公用设施配套审批流程		编　号	
			受控状态	
执行主体	分管副总	规划设计部经理	规划设计主管	政府部门

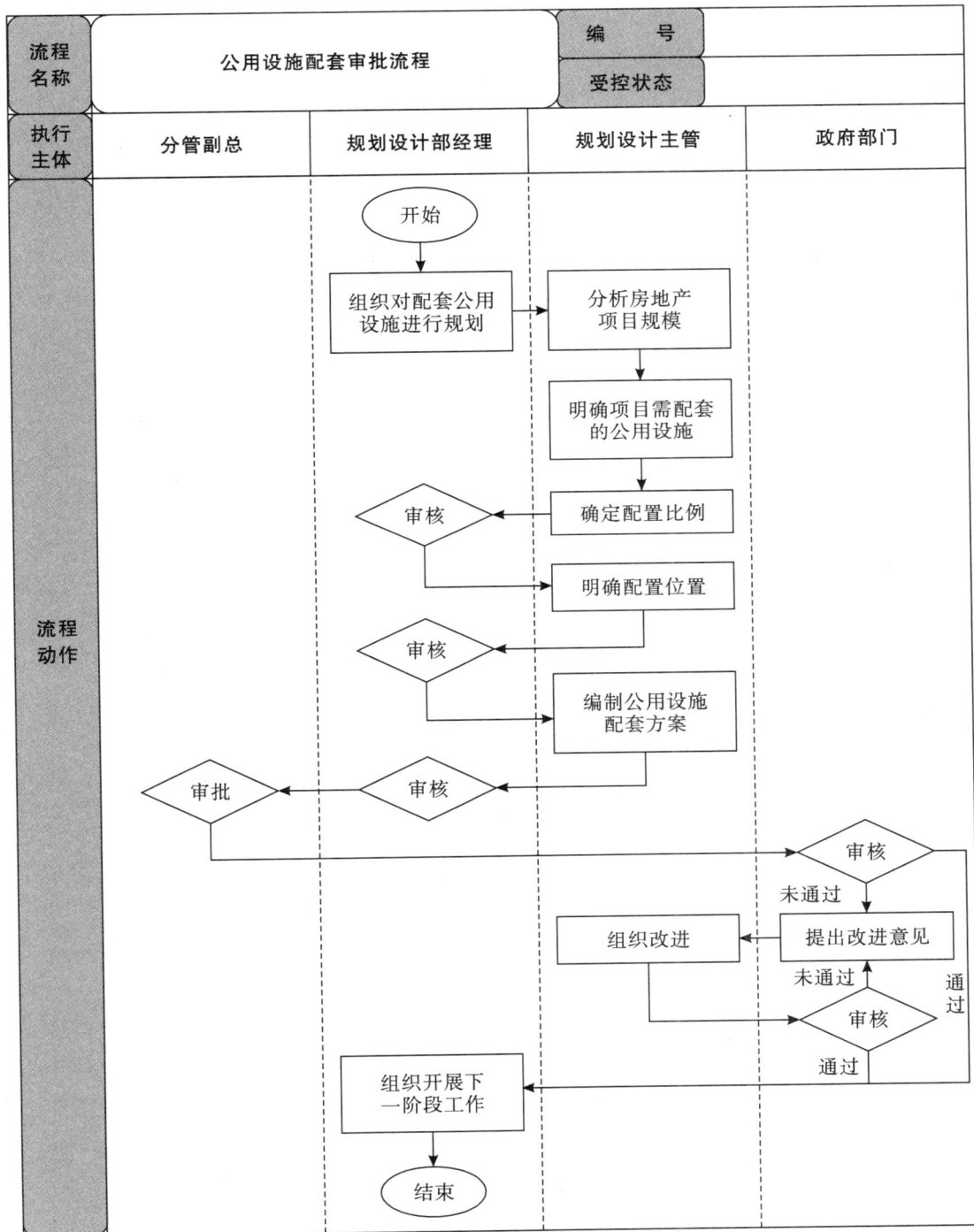

7.2.3 选址定点行政审批流程

流程 名称	选址定点行政审批流程		编　　号	
			受控状态	
执行 主体	分管副总	规划设计部经理	规划设计主管	政府部门

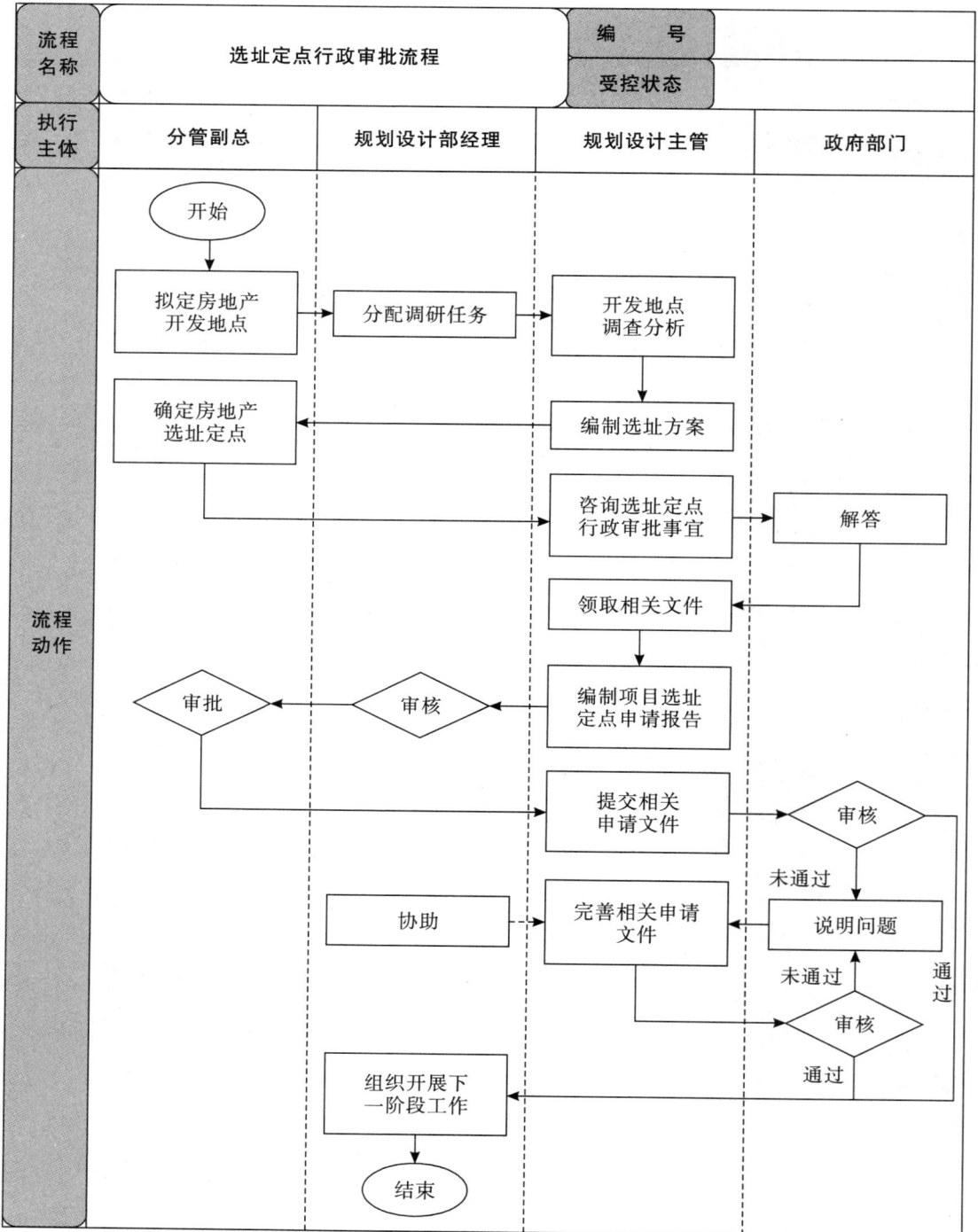

流程动作

开始

拟定房地产开发地点 → 分配调研任务 → 开发地点调查分析

确定房地产选址定点 ← 编制选址方案

咨询选址定点行政审批事宜 → 解答

领取相关文件

审批 ← 审核 ← 编制项目选址定点申请报告

提交相关申请文件 → 审核

协助 ⇢ 完善相关申请文件 ← 说明问题（未通过 / 通过）

审核（未通过 / 通过）

组织开展下一阶段工作

结束

7.2.4 项目规划总图审查流程

流程 名称	项目规划总图审查流程		编　　号	
			受控状态	
执行 主体	分管副总	规划设计部经理	规划设计主管	政府部门

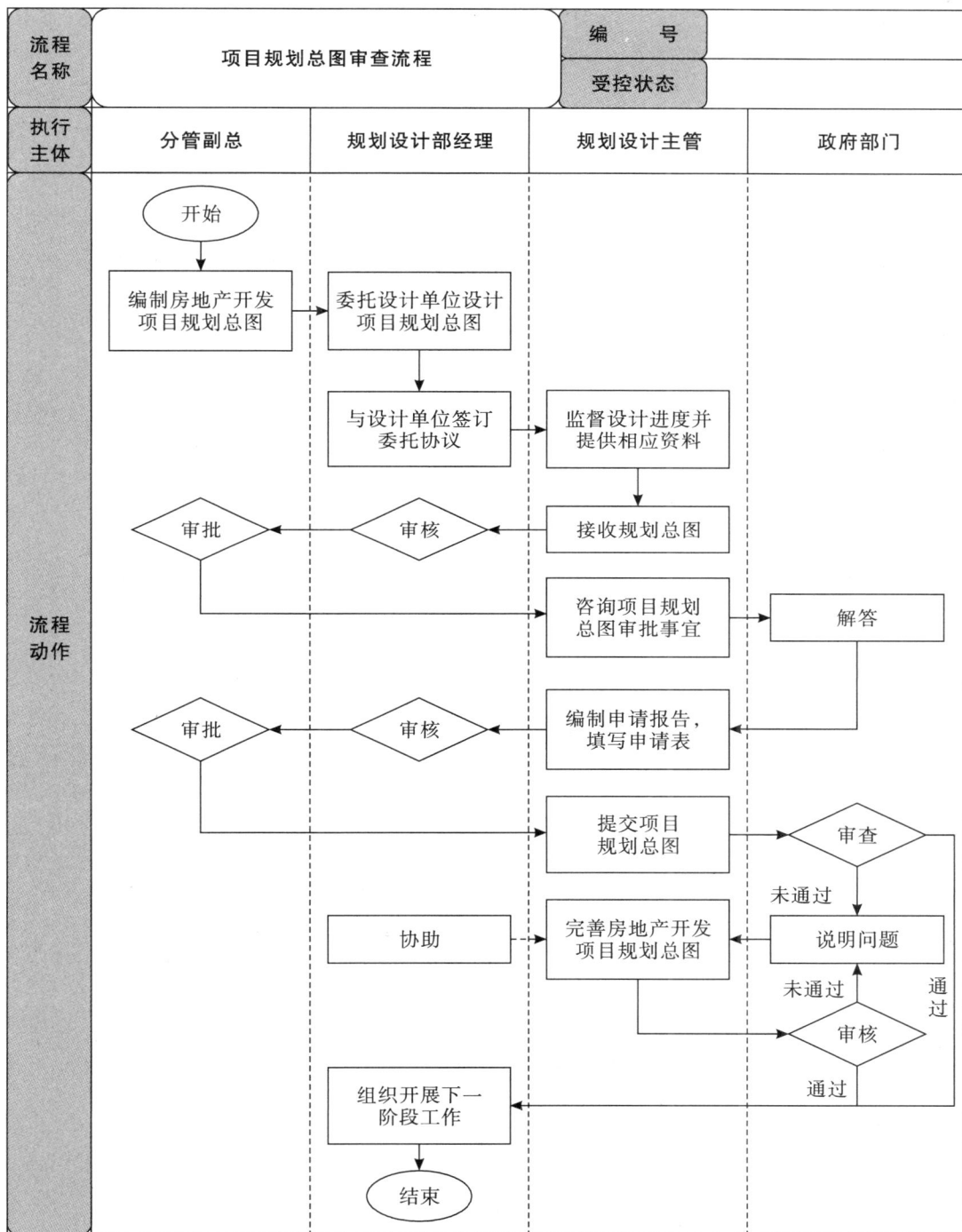

流程动作

开始

编制房地产开发项目规划总图 → 委托设计单位设计项目规划总图

与设计单位签订委托协议 → 监督设计进度并提供相应资料

审批 ← 审核 ← 接收规划总图

咨询项目规划总图审批事宜 → 解答

审批 ← 审核 ← 编制申请报告，填写申请表

提交项目规划总图 → 审查

协助 ⇢ 完善房地产开发项目规划总图 ← 说明问题（未通过）

未通过 / 通过　审核

组织开展下一阶段工作

结束

7.2.5 项目施工图纸审查流程

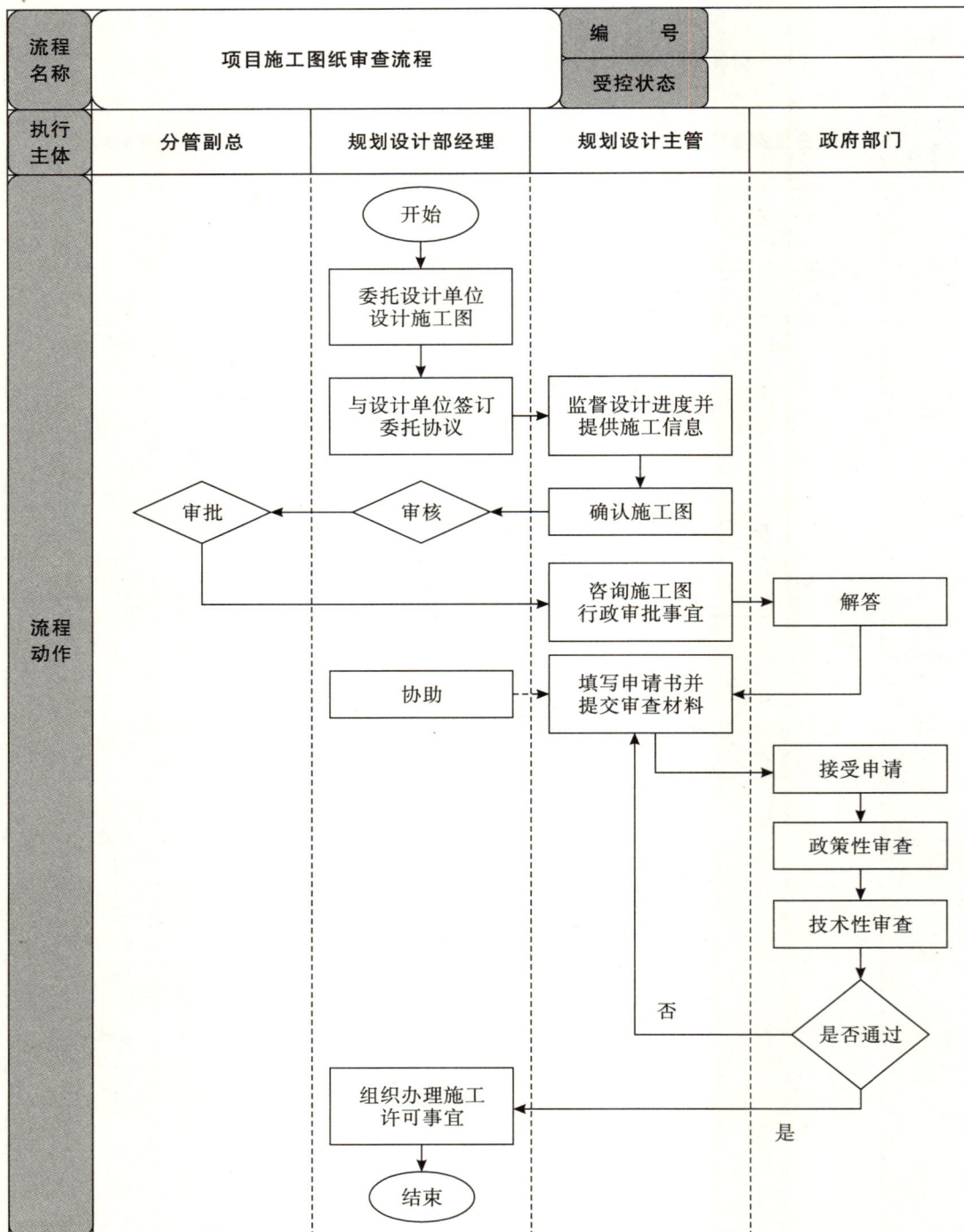

流程名称	项目施工图纸审查流程		编　　号	
			受控状态	
执行主体	分管副总	规划设计部经理	规划设计主管	政府部门

流程动作

```
                            ┌────────┐
                            │  开始  │
                            └───┬────┘
                                ↓
                        ┌──────────────┐
                        │ 委托设计单位 │
                        │ 设计施工图   │
                        └──────┬───────┘
                               ↓
                    ┌──────────────┐    ┌──────────────┐
                    │ 与设计单位签订│──→│ 监督设计进度并│
                    │ 委托协议     │    │ 提供施工信息  │
                    └──────────────┘    └──────┬───────┘
                                               ↓
      ┌─────┐        ┌─────┐          ┌──────────────┐
      │审批 │←───────│审核 │←─────────│ 确认施工图   │
      └──┬──┘        └─────┘          └──────────────┘
         │
         │                     ┌──────────────┐    ┌──────┐
         └────────────────────→│ 咨询施工图   │──→│ 解答 │
                               │ 行政审批事宜 │    └──────┘
                               └──────────────┘
      ┌──────┐         ┌──────────────┐
      │ 协助 │-------→│ 填写申请书并 │←──────────
      └──────┘         │ 提交审查材料 │
                       └──────────────┘
                               ↓         ┌──────────────┐
                               │        │ 接受申请     │
                               │         └──────┬───────┘
                               │                ↓
                               │         ┌──────────────┐
                               │         │ 政策性审查   │
                               │         └──────┬───────┘
                               │                ↓
                               │         ┌──────────────┐
                               │         │ 技术性审查   │
                               │         └──────┬───────┘
                               │                ↓
                          否   │          ┌──────────┐
                        ←──────┘          │ 是否通过 │
                                          └────┬─────┘
      ┌──────────────┐                         │ 是
      │ 组织办理施工 │←────────────────────────┘
      │ 许可事宜     │
      └──────┬───────┘
             ↓
        ┌────────┐
        │  结束  │
        └────────┘
```

7.2.6 规划报建图纸审查流程

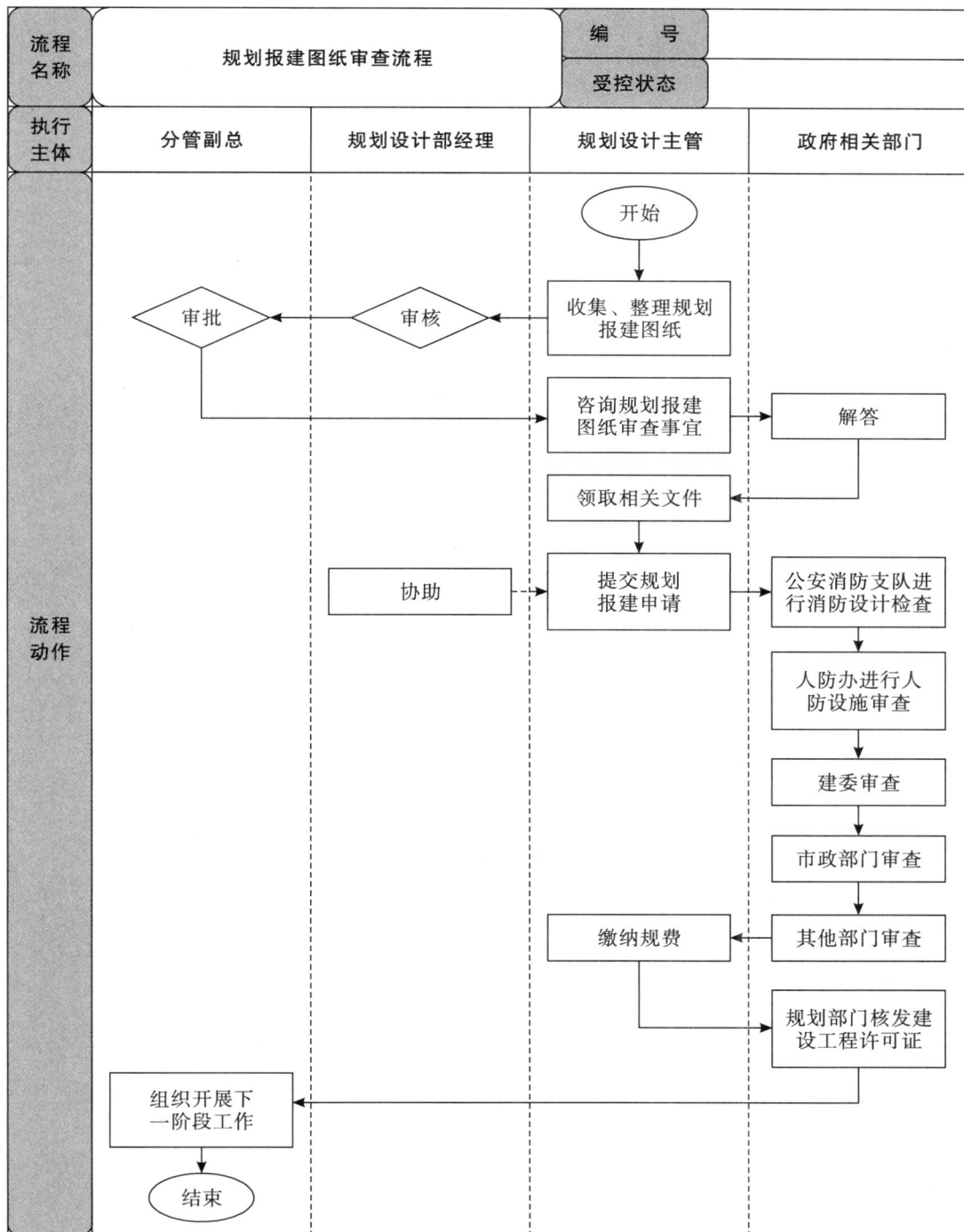

流程 名称	规划报建图纸审查流程			编　　号	
				受控状态	
执行 主体	分管副总	规划设计部经理	规划设计主管	政府相关部门	

```
                                              开始
                                               │
                                               ▼
      审批 ◀──────── 审核 ◀────────  收集、整理规划
        │                              报建图纸
        │                                  │
        └──────────────────────────▶  咨询规划报建   ──▶   解答
                                       图纸审查事宜            │
                                                              │
                                          领取相关文件 ◀──────┘
                                               │
                                               ▼
                   协助 ┄┄┄▶           提交规划       公安消防支队进
                                       报建申请   ──▶  行消防设计检查
                                                            │
                                                            ▼
                                                      人防办进行人
                                                      防设施审查
                                                            │
                                                            ▼
                                                        建委审查
                                                            │
                                                            ▼
                                                      市政部门审查
                                                            │
                                                            ▼
                                      缴纳规费 ◀──────  其他部门审查
                                         │
                                         ▼
                                                      规划部门核发建
                                                      设工程许可证
                                                            │
         组织开展下 ◀──────────────────────────────────────┘
         一阶段工作
            │
            ▼
          结束
```

7.2.7　项目施工报建审查流程

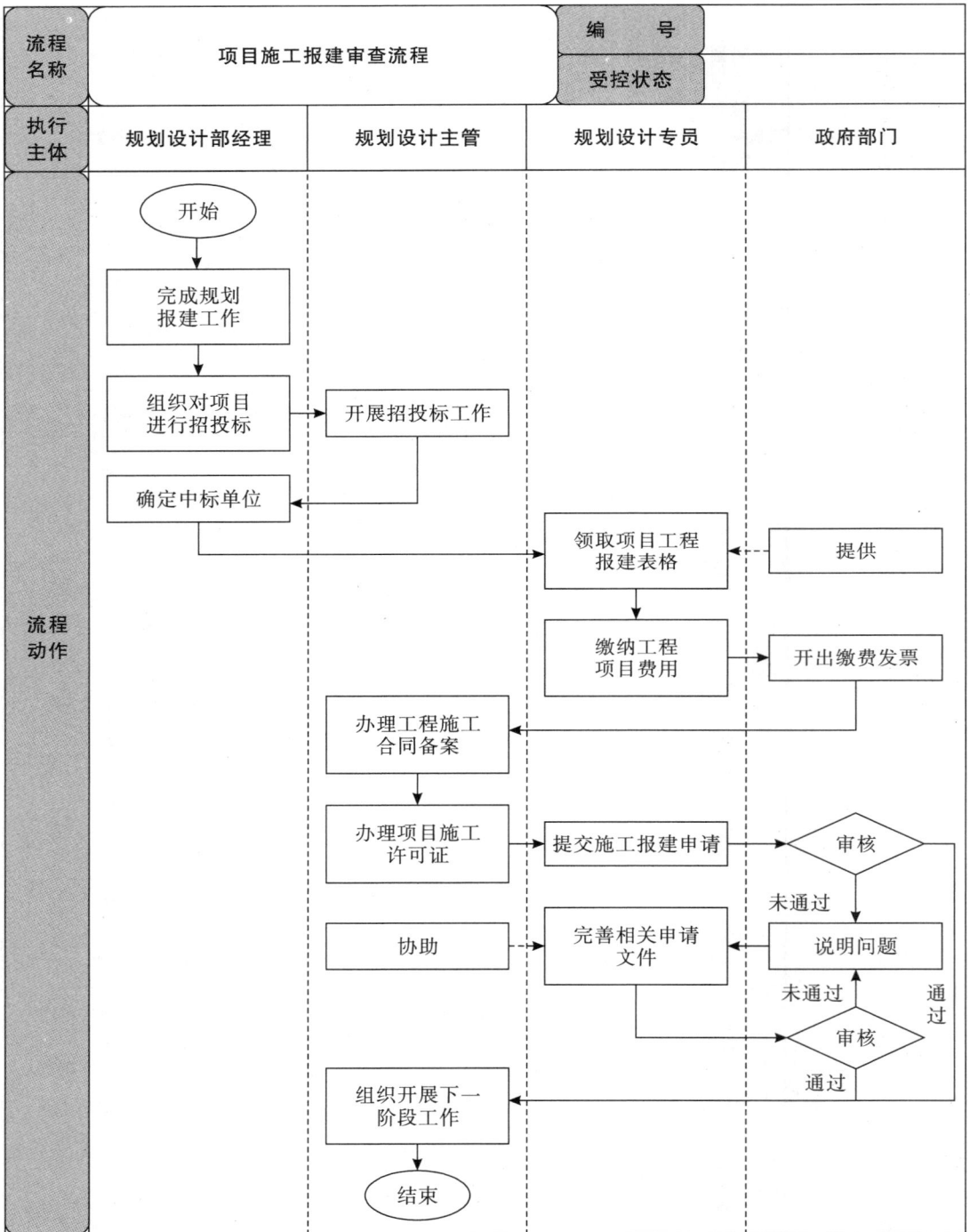

流程名称	项目施工报建审查流程		编　号	
			受控状态	
执行主体	规划设计部经理	规划设计主管	规划设计专员	政府部门

流程动作				

```
                开始
                 │
                 ▼
          完成规划报建工作
                 │
                 ▼
       组织对项目进行招投标 ──→ 开展招投标工作
                 │                    │
                 ▼                    │
          确定中标单位 ◀─────────────┘
                 │
                 └──────────────────→ 领取项目工程报建表格 ◀┄┄ 提供
                                              │
                                              ▼
                                       缴纳工程项目费用 ──→ 开出缴费发票
                                              │                    │
       办理工程施工合同备案 ◀──────────────────────────────────┘
                 │
                 ▼
       办理项目施工许可证 ┄┄→ 提交施工报建申请 ──→ 审核
                                              │         │未通过
              协助 ┄┄→ 完善相关申请文件 ◀─── 说明问题
                                  │           │未通过    │通过
                                  └──────→ 审核
                                              │通过
       组织开展下一阶段工作 ◀──────────────────┘
                 │
                 ▼
                结束
```

7.3 房地产开发行政审批管理制度体系

7.3.1 房地产开发行政审批管理制度体系指引图

房地产开发行政审批管理制度体系包括公用设施配套审批、选址定点行政审批、项目施工图纸审查等内容，其体系指引图如图 7-3 所示。

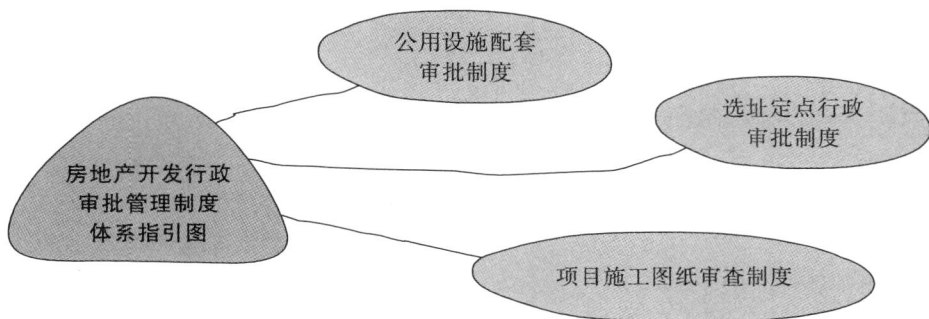

图 7-3 房地产开发行政审批管理制度体系指引图

7.3.2 房地产开发行政审批管理制度的设计目标

企业建立行政审批管理制度体系，主要是为了完成以下三大目标，具体如图 7-4 所示。

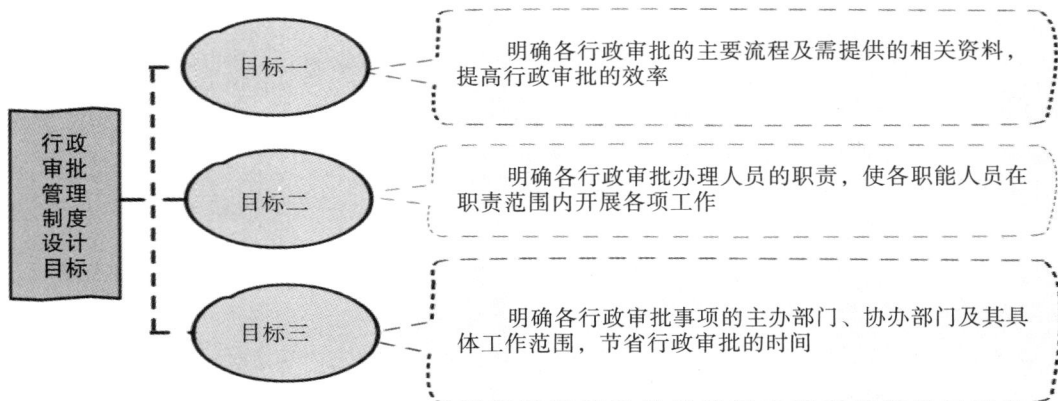

图 7-4 行政审批管理制度设计目标

7.3.3　房地产开发行政审批管理制度设计关注点

在房地产开发行政审批管理制度设计中，企业需加强对以下三大关注点的管控，确保行政审批的实现，具体如图 7-5 所示。

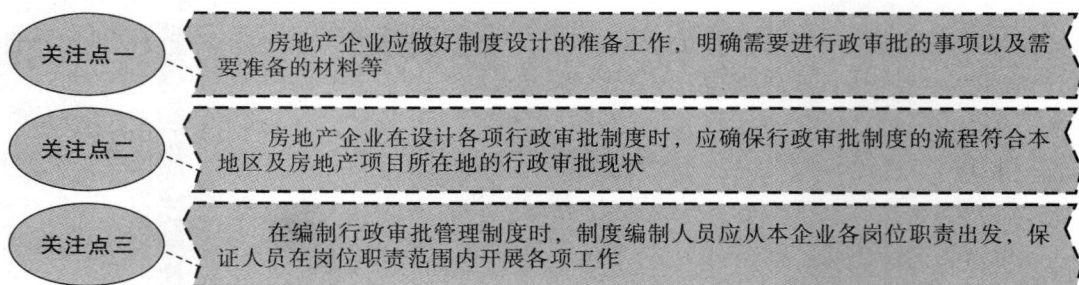

关注点一	房地产企业应做好制度设计的准备工作，明确需要进行政审批的事项以及需要准备的材料等
关注点二	房地产企业在设计各项行政审批制度时，应确保行政审批制度的流程符合本地区及房地产项目所在地的行政审批现状
关注点三	在编制行政审批管理制度时，制度编制人员应从本企业各岗位职责出发，保证人员在岗位职责范围内开展各项工作

图 7-5　房地产开发行政审批管理制度设计关注点

7.4　房地产开发行政审批管理制度设计

7.4.1　公用设施配套审批制度

制度名称	公用设施配套审批制度		编　号	
			受控状态	
执行部门		监督部门	编修部门	

第 1 条　目的

为了规范公用设施的配套管理事宜，满足房地产消费需要，依据本地区公用设施审批规定，结合公司的实际情况，特制定本制度。

第 2 条　适用范围

本制度适用于房地产项目公用设施配套管理的审批事宜。

第 3 条　管理职责

1. 规划设计部负责对公用设施的配套规划工作，包括确定公用设施的配套项目、比例及配置地点等，并与财务部等做好相应的预算工作。

2. 财务部协助规划设计部对配套公用设施进行预算，便于规划设计部确定配套比例等。

3. 工程部协助规划设计部确定公用设施的配套位置等。

4. 政府规划部门负责对公用设施配套方案及相关资料进行审批。

（续）

第4条 配套原则

在对房地产项目的公用设施进行配套时，规划设计部应坚持以下原则。

1. 统筹规划原则。

2. 可持续发展原则。

3. 节约用地原则。

4. 安全原则。

5. 可兼容性原则。

第5条 公用设施内容

本制度所指的公用设施包括公益性配套公用设施和经营性配套公用设施两类。其中，公益性配套公用设施包括教育、文化体育、社区服务、市政公用、集中绿地及健身娱乐场地设施；经营性配套公用设施包括医疗卫生、商业服务、金融邮电、行政管理及其他设施。

第6条 公用设施配套要求

1. 公益性配套公用设施配套要求如下。

（1）规划设计部应依据分区规划、专项规划等原则，按规划项目的规模和具体情况对公益性配套公用设施进行分级配置。

（2）公益性配套公用设施主要包括文化活动设施、社区用房设施、物业用房设施、集中绿地和健身娱乐设施等。

（3）如房地产项目的规模较大（6~15公顷），则需配备相应的托幼及公厕、小学用房设施。

（4）如房地产项目的规模非常大（大于15公顷），则需配备市场、中学等设施。

2. 经营性配套公用设施配套要求如下。

规划设计部不需要对经营性配套公用设施进行具体规定，但当房地产项目的入住率达到一定规模后，需对医疗场所、市场、行政办事机构、派出机构等进行具体设置。

第7条 确定房地产项目规模

进行公用设施配套规划时，规划设计部首先应确定房地产项目规模，具体说明如下表所示。

房地产项目规模说明表

房地产项目规模	小型	中型	大型
居住人口（数）	＿＿人以下	＿＿ ~ ＿＿人	＿＿人以上
建筑面积	＿＿平方米以下	＿＿ ~ ＿＿平方米	＿＿平方米以上
容积率	＿＿%以下	＿＿% ~ ＿＿%	＿＿%以上

第8条 确定配套设施比例

在确定配套设施比例时，规划设计部人员应根据房地产项目所在的周边区域状况进行合理计算，并指导财务部对配套公用设施进行预算，以便于根据公司的实际情况确定配置比例。

（续）

第 9 条　确定配套设施配置位置

在安排各公用配套设施时，规划设计部应根据房地产项目的功能划分区域图以合理设置各公用设施，其具体配置要求如下。

1. 健身服务及娱乐设施应置于区位适中、交通便捷、人流相对集中的地方。

2. 社区及物业用房应置于小区的中心位置。

3. 医用房根据小区的入住情况进行合理安排。

4. 托幼场所应尽量位于小区的非主干道上。

第 10 条　确定公用设施控制标准

在对公用设施项目进行配置规定时，规划设计部可参照下表确定配置的控制指标。

配套公用设施配置控制说明表

序号	公用设施及类别	设置依据	设置指标及设置规模	备注
1	托幼（公益性）	用地____公顷以上应设独立托幼，用地小于6公顷可结合会所等或根据项目情况提出设置要求	____ ~ ____人/座	
2	小学（公益性）	新区达到小区（居住区）规模，独立地段达到 2/3 小区（居住区）		
3	中学（公益性）	新区达到小区（居住区）规模，独立地段达到 2/3 小区（居住区）		
4	文化场所（公益性）	用地____公顷以上须设置，用地小于____公顷可结合社区用房设置老年、青少年活动室等场所	建筑规模不小于____平方米/处	
5	绿地（公益性）	用地____公顷以上的须设置____的绿地面积	绿地面积为建筑面积____%	
6	健身娱乐设施（公益性）	用地____公顷以上须设置儿童游戏、老年活动场地及简单运动设施	社区建筑面积按____ ~ ____平方米/公顷进行设置	
7	公厕（公益性）			
8	社区用房（公益性）	建筑用地每____ ~ ____公顷设置一处，用地____ ~ ____公顷可结合会所、社区用房等临街设置	社区建筑面积按____ ~ ____平方米/公顷进行设置	

（续）

（续表）

序号	公用设施 及类别	设置依据	设置指标及 设置规模	备注
9	物业（公益性）	含垃圾收集用房等	社区建筑面积按 ____ ～ ____平方米/ 公顷进行设置	
10	门诊（经营性）	按分区规划、控详规划设置。无以上规划，达到居住区规模须设置	社区建筑面积按 ____ ～ ____平方米/ 公顷进行设置	
11	市场（经营性）	按专项规划、分区规划、控详规划设置；无以上规划，用地达到____公顷须设置		
…	……			
备注				

第 11 条　编写配置方案

在编写公用设施配套方案时，规划设计部应组织公司各部门协同商定公用设施的配置方案。配置方案应与公司房地产项目的实际情况等相结合，并在公司总经理的指导下进行不断修订与完善。

第 12 条　提交公用设施配套方案

总经理对公用设施配置方案进行审批后，规划设计专员应将配置方案及相应的文件资料交予政府规划部门进行审批。规划设计部应提交的资料主要包括以下内容。

1. 公司相关法律文件。

2. 房地产项目资料。

3. 政府相关部门对房地产项目的审批意见及审批文件等。

第 13 条　公用设施配套审批

规划设计部提交相关文件及方案后，政府规划部门需对方案及相关文件进行审核确认。规划设计部根据政府规划部门的指导意见对相关文件进行修订与完善，直至审批通过。

第 14 条　开展下阶段工作

公用设施配套审批通过后，规划设计部应组织公司其他部门开展下一阶段工作。

第 15 条　本制度由规划设计部负责制定和修订。

第 16 条　本制度经公司总经理审批通过后执行。

编制日期		审核日期		批准日期	
修改标记		修改处数		修改日期	

7.4.2　选址定点行政审批制度

制度名称	选址定点行政审批制度		编　号	
			受控状态	
执行部门		监督部门	编修部门	

第1条　目的

为了进一步规范房地产项目的选址定点审批工作，明确各选址定点人员的工作责任及工作范围，提高选址定点行政审批的工作效率，特制定本制度。

第2条　适用范围

本制度适用于选址定点行政审批的各项事宜。

第3条　管理职责

1. 公司总经理负责对房地产项目的选址定点工作进行指导和监督。

2. 规划设计部负责进行房地产项目的选址定点工作，根据公司总经理的指导意见等准备各项审批材料，并在规定时间到政府规划部门进行选址定点审批。

3. 公司其他部门协助规划设计部准备相关审批材料。

第4条　咨询选址定点审批事宜

1. 房地产项目地点确定后，规划设计专员应到政府规划部门了解选址定点审批的相关事宜，确定需要提交的文件及证书等，并领取相关的材料。

2. 规划设计专员应在第一时间将规划所得的信息反馈给规划设计主管。

第5条　准备选址定点审批材料

规划设计主管根据规划设计专员的反馈意见，应在规定时间内准备好以下材料。

1. 申请办理建设项目选址立项的报建申请文件。

2. 含五线的数字化地形图（即航测图）。

3. 具有相应资质的设计单位设计的规划方案。

4. 土地权属证明（集体土地需与土地所有者签订协议）。

5. 现状环境照片（粘在 A4 白纸上）。

6. 工业项目、对环境有影响的项目需提交环保部门意见。

7. 对周边建筑有影响的项目需提交与相关单位的协议。

8. 报建所附的必备材料以 100 DPI 的分辨率扫描成 JPG 格式的图像文件。

9. 企业相关证照及函件等。

第6条　提交选址定点材料

1. 申请材料准备好后，规划设计主管应将申请材料提交到政府规划部门进行审批。政府规划部门认为所提交的材料不齐全时，规划设计主管应根据政府规划部门的意见对申请材料进行补充。

（续）

2. 如申请材料齐全，经政府规划部门审核确认该公司的房地产项目不符合国家有关法律法规的，规划设计部应将申请材料及政府规划部门不予受理的通知书带回公司，交由规划设计部经理进行处理。

第 7 条　选址定点审批跟踪

如本公司提交的房地产项目被政府规划部门受理，规划设计主管应随时关注项目选址定点的审批事宜，以及时提交以下文件。

1. 为政府规划部门提供企业委托设计单位的相关证照复印件。

2. 定期关注政府规划部门网上填写证照、函件等情况。

3. 政府各相关部门及人员对选址定点的复核、审定等。

第 8 条　项目选址定点出证

1. 各项审批通过后，政府规划部门核对所填证照及函件并整理相关材料及附图，将手工件及电子网络件一并转至出证责任部门核发证照。

2. 政府出证部门核证无误后为规划设计部打印证照，并做好出证登记。

3. 规划设计主管根据出证部门的通知及时领取证照，待公司上级领导审批后及时对证书进行封档保存，以保证证书的安全性。

第 9 条　开展下阶段工作

选址地点审评经政府规划部门审批后，规划部经理应组织开展下一阶段工作。

第 10 条　本制度经由公司规划设计部负责制定与修订。

第 11 条　本制度经公司总经理审批通过后执行。

编制日期		审核日期		批准日期	
修改标记		修改处数		修改日期	

7.4.3　项目施工图纸审查制度

制度名称	项目施工图纸审查制度		编　号	
			受控状态	
执行部门		监督部门	编修部门	

第 1 条　目的

为了加强对房地产项目施工图纸的管理，更好地了解项目的设计标准、设计规模、设计意图、工程特点，特制定本制度。

第 2 条　适用范围

本制度适用于对公司的项目施工图纸的审查管理工作。

（续）

第3条　管理职责

1. 公司规划设计部经理负责对项目施工图纸进行最后审核，并指导和监督项目分解和施工图纸的绘制工作。

2. 规划设计主管负责对房地产项目进行施工分解，并指导项目各类人员对施工图纸进行绘制，修订施工图纸，组织对施工图纸进行会审。

3. 项目规划设计人员及项目部人员负责参与对施工图纸进行会审，并根据所负责的具体工作事项提出专业性的修改意见或建议。

第4条　施工审核依据

在对项目施工图纸进行审核时，会审人员应参照以下依据。

1. 国家有关法律及法规。

2. 国家房地产建设管理的相关规章及规范性文件。

3. 工程建设强制性标准。

4. 初步设计文件及政府部门对初步设计的批复意见。

第5条　项目施工图纸审核重点

在对项目施工图纸进行审核时，审核人员应重点审核以下内容。

1. 对初步设计批复意见的执行情况。

2. 对工程建设强制性标准的执行情况。

3. 项目施工图纸的绘制深度和质量达到国家工程建设规范、标准及相关要求的情况。

4. 工程措施、工点技术措施、施工过渡措施、安全措施等相关施工管理措施。

5. 工程数量、设备和材料数量、用地及拆迁数量，并与初步设计数量进行对比，检查投资检算编制和工程投资控制效果。

6. 设计文件总体性和专业间的衔接。

第6条　施工图纸审核

1. 规划设计主管应根据项目规划总图编制项目施工图纸，所需编制的施工图纸包括建筑施工图、结构施工图、设备施工图等。

2. 施工图纸编制完成后，规划设计主管应编制施工组织设计方案以及其他相关的施工文件。

3. 施工图纸及相关施工文件编制完成后，规划设计主管组织安全管理人员、技术管理人员、测量管理人员等对施工图纸及相关施工文件进行会审，项目经理也应参加施工图纸会审。

4. 项目图纸会审人员首先对施工图纸的整体内容进行审核，然后再对单个项目工程的设计文件进行逐个逐段审核，必要时应到项目施工现场进行数据核对，确保线路平、纵断面图有关数据与施工现场数据相一致。

5. 单个工程图纸审核完成后，会审人员应对项目工程概预算的各项费用进行审核，确保施工质量符合建设安全的相关管理规定。

6. 工程概预算审核后，会审人员应对相邻工程的整体性、各专业的配套衔接关系、施工过渡方案等进行审核。

（续）

第 7 条　施工图纸审核结果处理

1. 审核工作结束后，规划设计主管应对项目施工图纸会审过程中发现的各类问题进行整理和汇总，并填写"项目施工图纸审核表"，分别交由项目资料员上报监理单位、设计单位。

2. 规划设计主管对会审过程中发现的图纸问题可提出不同的处理建议，经公司总经理审核后，按工程项目分别填入"项目施工图纸审核表"中。

3. 对于未经审核的施工图纸，规划设计主管应严禁各人员用于施工。如违反规定并给公司造成损失的，公司应追究相关人员的责任，必要时可追究其法律责任。

4. 如施工图纸没有问题，规划设计部可将施工图纸交予项目部进行施工。

第 8 条　审核注意事项

在对施工图纸进行会审时，会审人员应注意以下事项。

1. 事先了解施工图纸的设计标准、主要技术条件、房地产项目的结构类型及项目所在地的周边环境、水文地质等。

2. 除规划设计部人员外，参与对施工图纸进行会审的人员还应包括项目部的规划设计主管、相关技术人员及施工人员。

3. 规划设计部应设专人对施工图纸的会审情况进行详细记录，并对最后审核结果进行归纳整理，形成施工图纸会审记录，交由公司总经理进行审核。

4. 在对施工图纸的审核过程中，规划设计主管还应与项目施工现场进行沟通联系，对设计内容与施工现场情况进行逐一对比，以对施工图纸进行进一步把握和了解。

第 9 条　本制度由规划设计部负责制定与修订。

第 10 条　本制度经公司总经理审批通过后执行。

编制日期		审核日期		批准日期	
修改标记		修改处数		修改日期	

第8章　房地产开发规划设计管理流程与制度

8.1　房地产开发规划设计管理流程体系

8.1.1　房地产开发规划设计管理流程目录

房地产开发规划设计是对房地产开发项目进行较具体的规划或总体设计，它贯穿于房地产项目开发整个过程。房地产企业进行开发规划设计管理的流程目录包括但不限于以下七项，具体如图8-1所示。

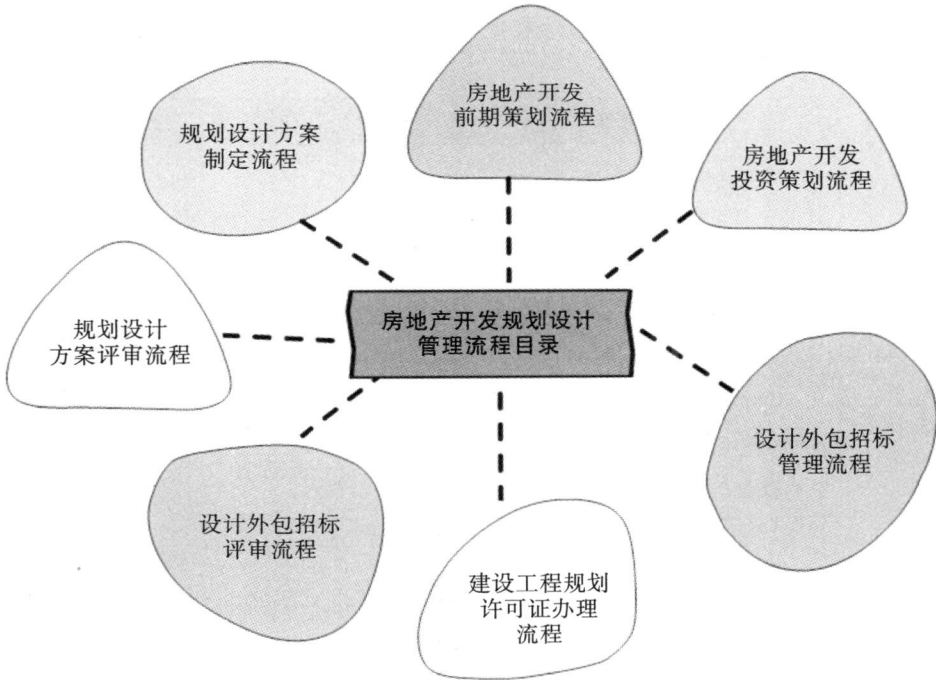

图8-1　房地产开发规划设计管理流程目录

8.1.2　房地产开发规划设计管理关键节点

房地产企业在进行开发规划设计管理过程中，需加强对以下六大关键节点的管理，以规范开发规划设计的管理工作，从而提高开发规划设计管理的工作效率，具体如图8-2所示。

图8-2 房地产开发规划设计管理关键节点

8.1.3 房地产开发规划设计管理流程说明

房地产开发规划设计管理流程的具体说明如表8-1所示。

表8-1 房地产开发规划设计管理流程说明表

文件名称	房地产开发规划设计管理流程		版本号		页数	
文件编号			编制人		审批人	
关键节点名称	操作说明		时长	适用人员		责任部门
申报房地产项目选址定点	在申报房地产开发项目地址时，规划设计部人员应提供书面申请报告、选址意见书。其中，书面申请报告应具体说明拟建设项目位置、建设规模、规划指标、资金来源以及项目概况等内容		——个工作日	规划设计部经理		规划设计部
收集开发规划设计所需资料	在开发规划设计前，相关人员所需收集的资料包括房地产开发规划项目的规划要点、项目所处的市政条件、水文资料等		——个工作日	规划设计专员		规划设计部
委托编制规划设计方案	方案中应包括开发规划设计项目概况、开发规划设计方法、开发规划设计中可能遇到的问题以及相应的解决办法等内容		——个工作日	规划设计部经理		规划设计部
方案评审	在对规划设计方案进行评审时，规划设计部人员应做好评审记录		——个工作日	规划设计部经理		规划设计部
方案修订与报批	规划设计部人员根据方案的评审意见对规划设计方案进行修订，并将修订后的方案交由公司总经理进行审批		——个工作日	总经理、各相关部门		规划设计部
委托初步设计	初步设计文件包括说明、资料和图纸等，由具有相应资质的设计单位提供		——个工作日	规划设计部经理		规划设计部

8.2 房地产开发规划设计管理主要流程

8.2.1 房地产开发前期策划流程

流程名称	房地产开发前期策划流程		编　号	
			受控状态	
执行主体	分管副总	规划设计部经理	规划设计主管	规划设计专员
流程动作				

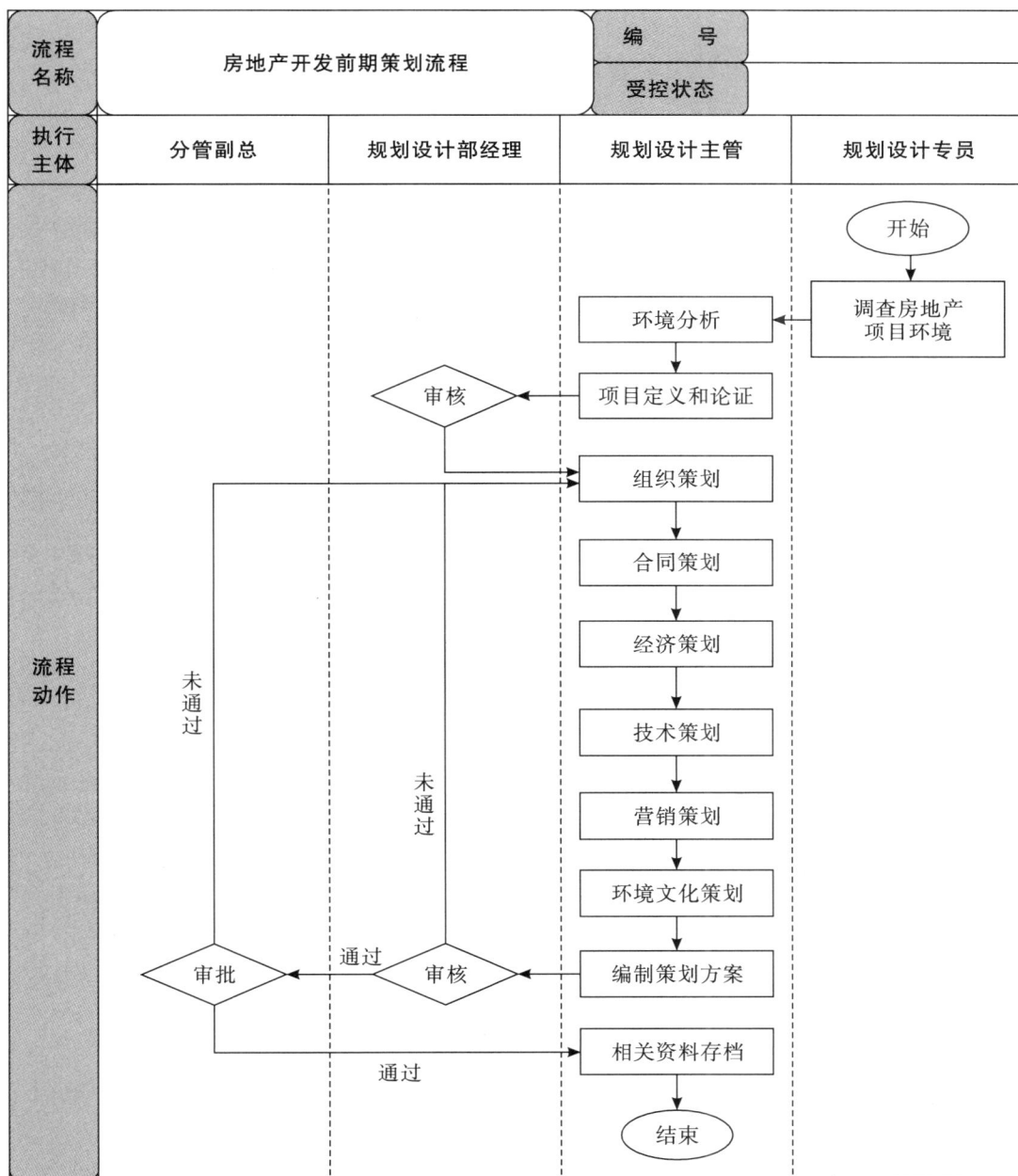

分管副总列：审批　未通过　通过

规划设计部经理列：审核　未通过　通过

规划设计主管列：环境分析　项目定义和论证　组织策划　合同策划　经济策划　技术策划　营销策划　环境文化策划　编制策划方案　相关资料存档

规划设计专员列：开始　调查房地产项目环境

审核　结束

8.2.2 房地产开发投资策划流程

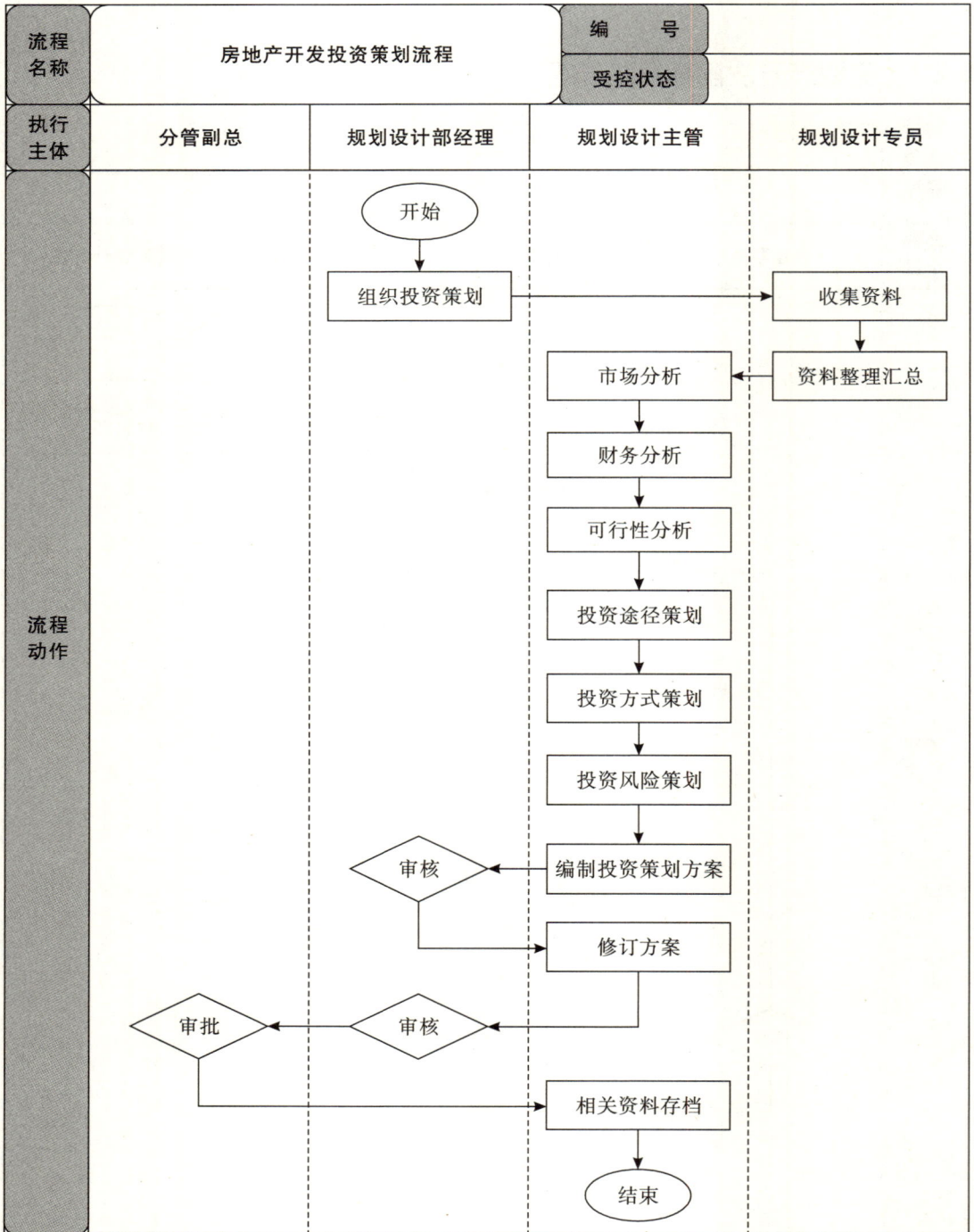

流程名称	房地产开发投资策划流程	编　号	
		受控状态	
执行主体	分管副总	规划设计部经理	规划设计主管	规划设计专员

流程动作				

开始

组织投资策划 → 收集资料

资料整理汇总

市场分析

财务分析

可行性分析

投资途径策划

投资方式策划

投资风险策划

审核 ← 编制投资策划方案

修订方案

审批 ← 审核

相关资料存档

结束

8.2.3 规划设计方案制定流程

流程名称	规划设计方案制定流程		编 号	
			受控状态	
执行主体	分管副总	规划设计部经理	规划设计主管	设计单位

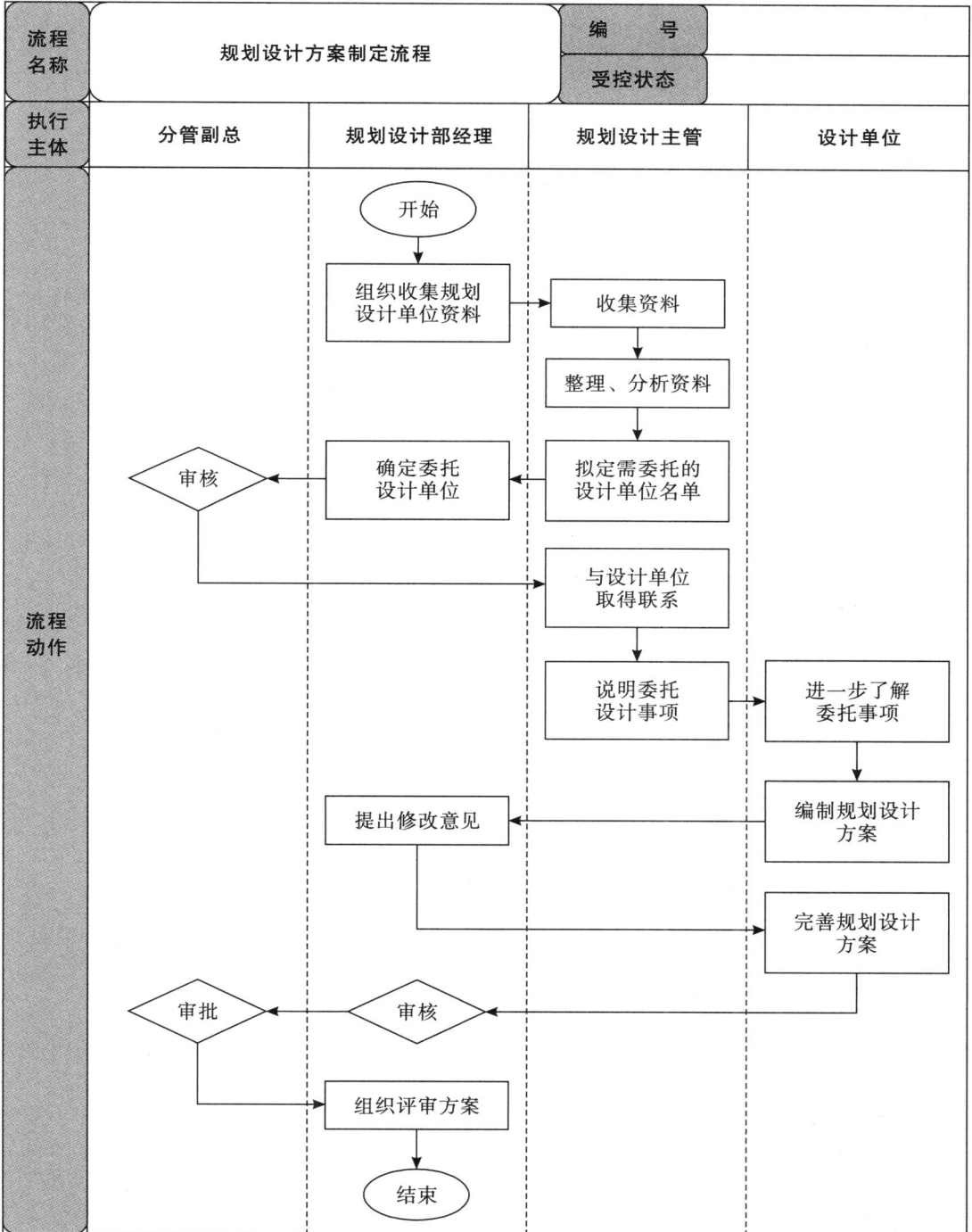

8.2.4 规划设计方案评审流程

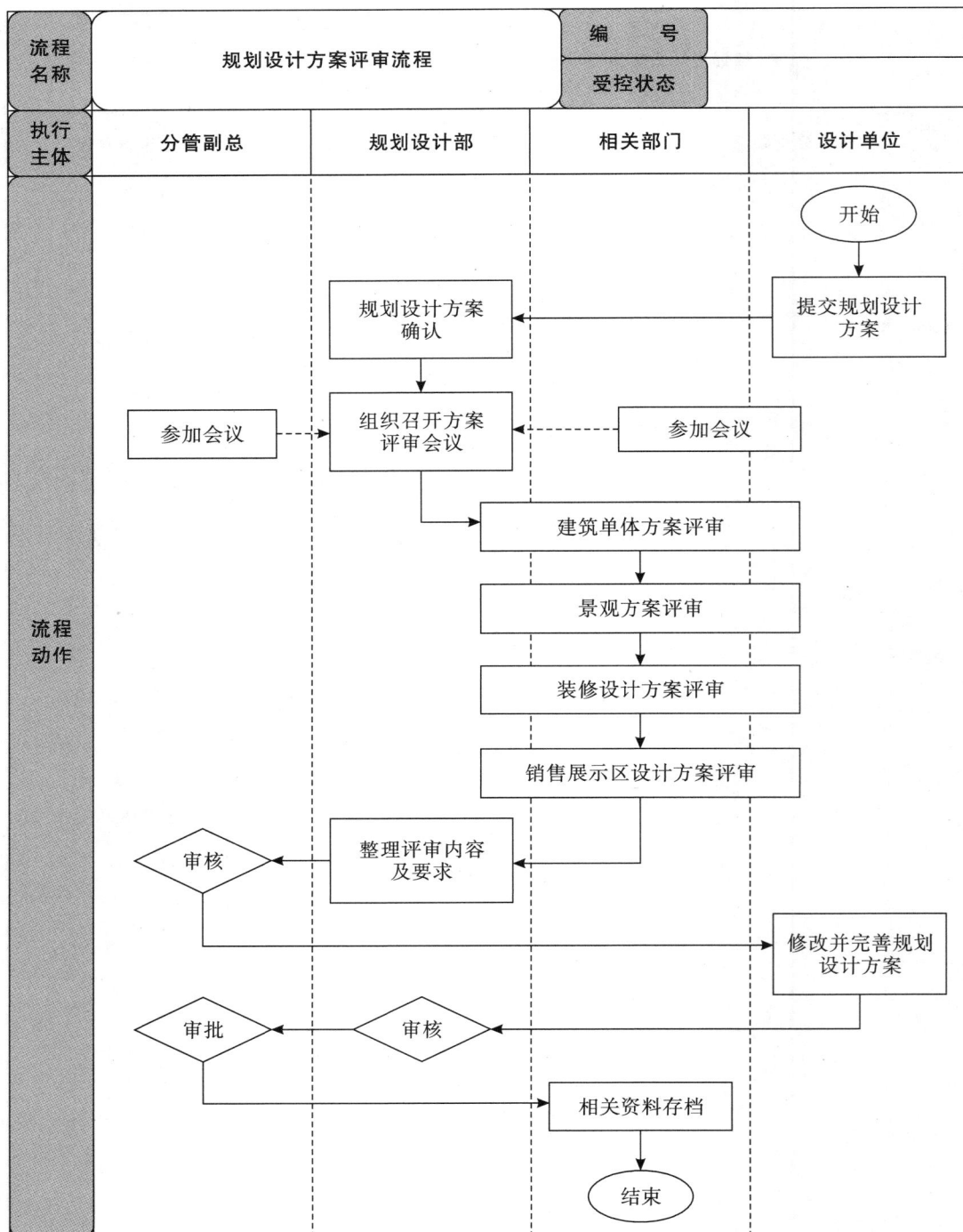

流程名称	规划设计方案评审流程		编　　号	
			受控状态	
执行主体	分管副总	规划设计部	相关部门	设计单位

流程动作				

- 开始
- 提交规划设计方案
- 规划设计方案确认
- 参加会议 → 组织召开方案评审会议 ← 参加会议
- 建筑单体方案评审
- 景观方案评审
- 装修设计方案评审
- 销售展示区设计方案评审
- 整理评审内容及要求 → 审核
- 修改并完善规划设计方案
- 审批 ← 审核 ←
- 相关资料存档
- 结束

8.2.5 设计外包招标管理流程

流程 名称	设计外包招标管理流程		编　　号	
			受控状态	
执行 主体	分管副总	规划设计部	招标小组	设计单位

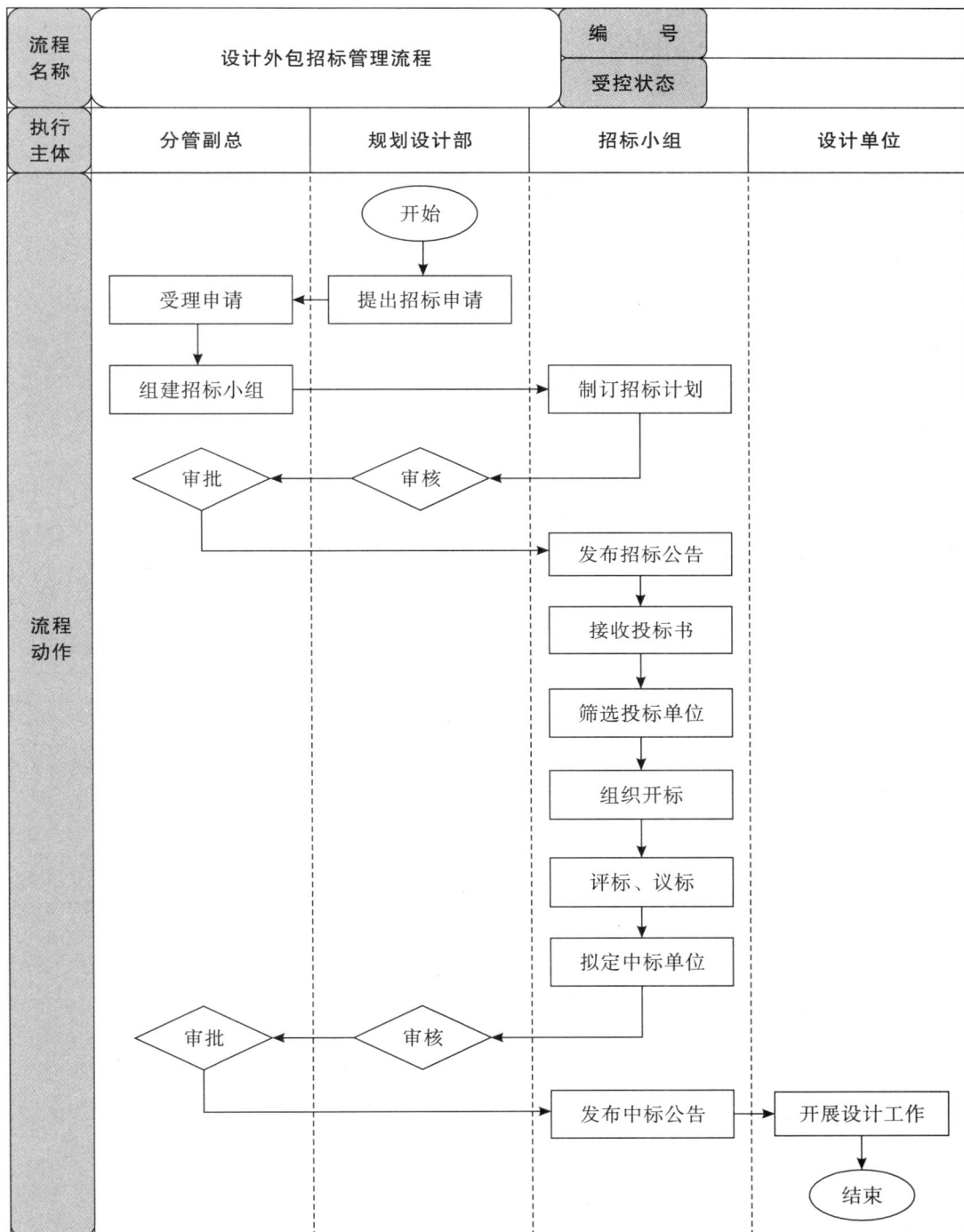

8.2.6 设计外包招标评审流程

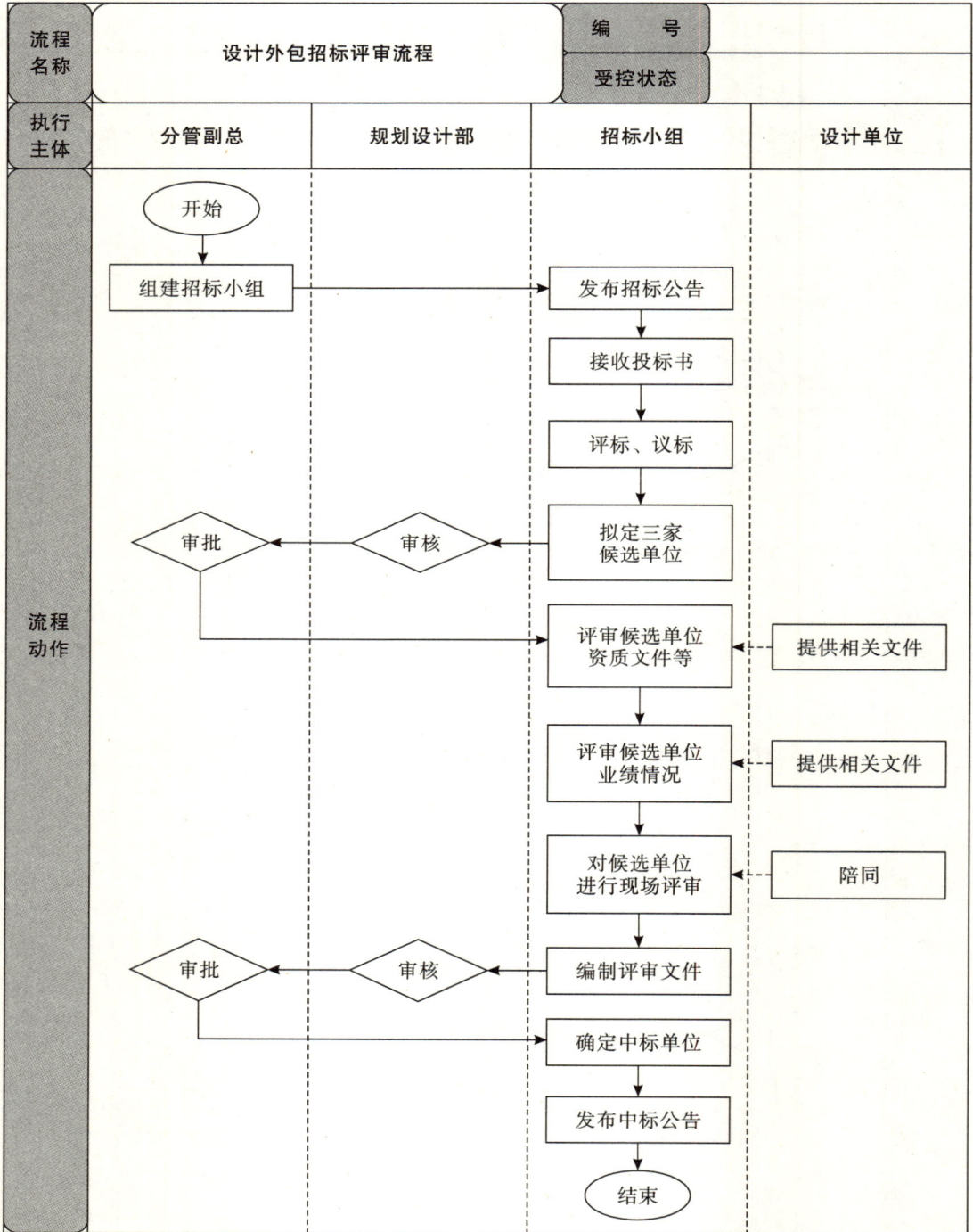

流程名称	设计外包招标评审流程		编　　号	
			受控状态	
执行主体	分管副总	规划设计部	招标小组	设计单位

流程动作

开始

组建招标小组 → 发布招标公告

接收投标书

评标、议标

拟定三家候选单位

审批 ← 审核 ← 拟定三家候选单位

评审候选单位资质文件等 ← 提供相关文件

评审候选单位业绩情况 ← 提供相关文件

对候选单位进行现场评审 ← 陪同

审批 ← 审核 ← 编制评审文件

确定中标单位

发布中标公告

结束

8.2.7 建设工程规划许可证办理流程

流程名称	建设工程规划许可证办理流程	编 号	
		受控状态	
执行主体	规划设计部经理	规划设计主管	规划设计专员	政府部门

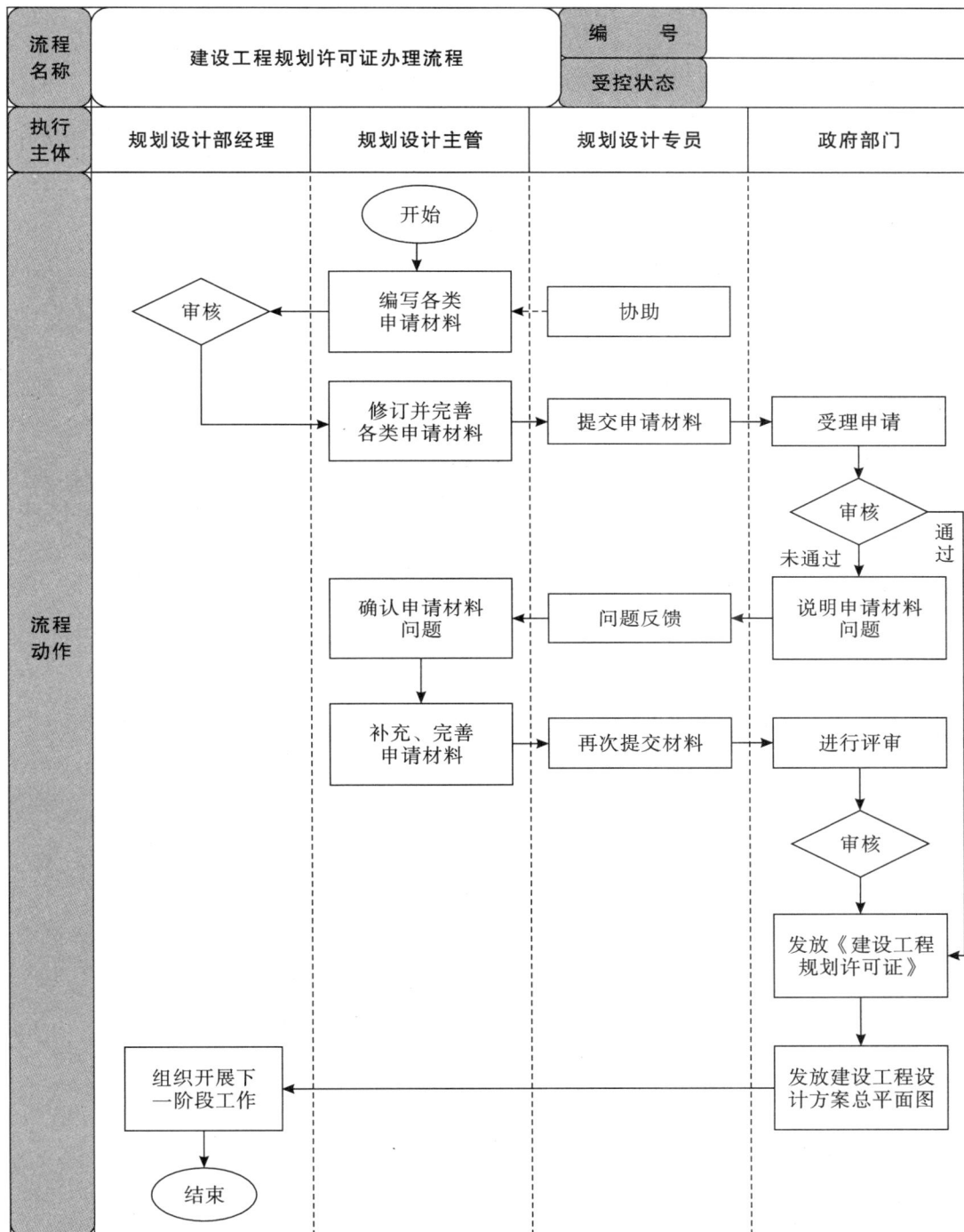

8.3 房地产开发规划设计管理制度体系

8.3.1 房地产开发规划设计管理制度体系指引图

房地产开发规划设计管理制度体系包括房地产开发前期策划、规划设计、设计招标、规划评审等内容，其体系指引图如图 8-3 所示。

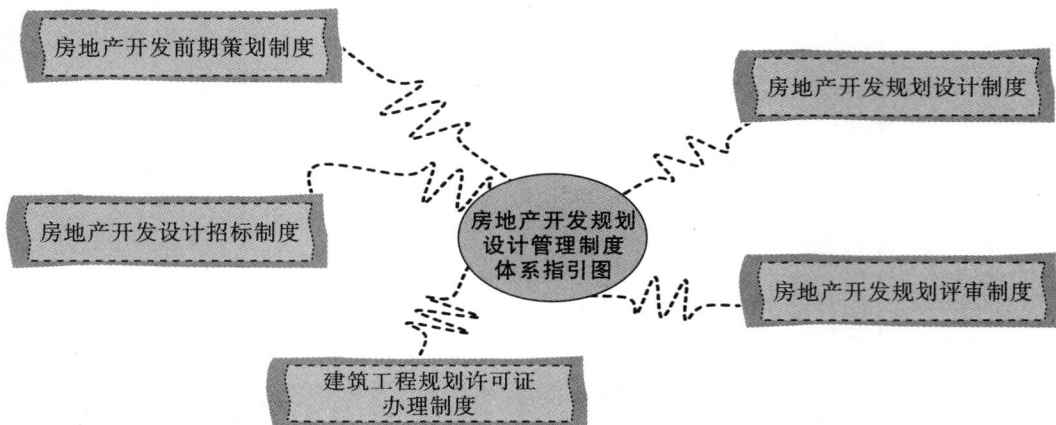

图 8-3 房地产开发规划设计管理制度体系指引图

8.3.2 房地产开发规划设计管理制度的设计目标

企业建立房地产开发规划设计管理制度体系，主要是为了完成以下五大目标，具体如图 8-4 所示。

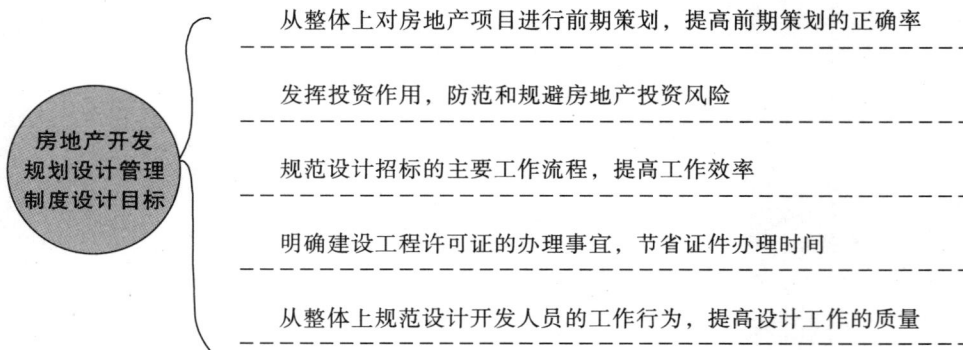

图 8-4 房地产开发规划设计管理制度设计目标

8.3.3　房地产开发规划设计管理制度设计关注点

在房地产开发规划设计管理制度设计中，企业需加强对以下三大关注点的管控，以确保规划设计工作的完成，具体如图 8-5 所示。

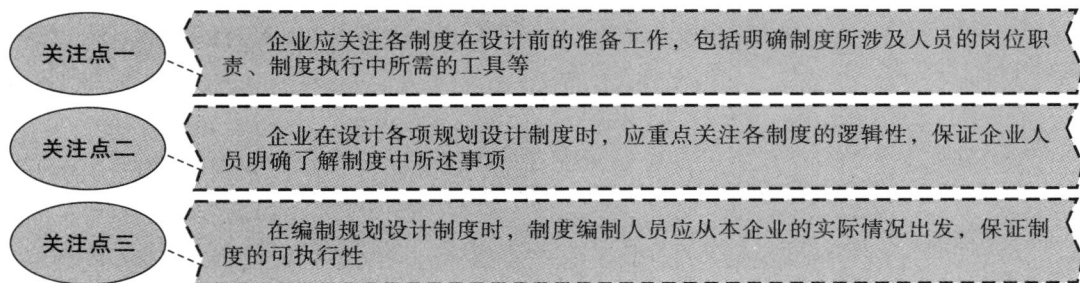

关注点一	企业应关注各制度在设计前的准备工作，包括明确制度所涉及人员的岗位职责、制度执行中所需的工具等
关注点二	企业在设计各项规划设计制度时，应重点关注各制度的逻辑性，保证企业人员明确了解制度中所述事项
关注点三	在编制规划设计制度时，制度编制人员应从本企业的实际情况出发，保证制度的可执行性

图 8-5　房地产开发规划设计管理制度设计关注点

8.4　房地产开发规划设计管理制度设计

8.4.1　房地产开发前期策划制度

制度名称	房地产开发前期策划制度		编　号	
			受控状态	
执行部门		监督部门	编修部门	

第 1 条　目的

为了规范房地产项目的开发管理，做好房地产项目的前期策划工作，结合本公司在房地产开发工作上的相关经验，特制定本制度。

第 2 条　适用范围

本制度适用于房地产开发前期策划的相关工作。

第 3 条　术语解释

本制度中"房地产开发前期"是指获取土地使用权、开发项目立项、规划设计与方案报批、建设工作招标以及签署有关协议等期间。

第 4 条　策划原则

对房地产开发项目进行前期规划时，规划设计人员应坚持以下原则。

1. 全程紧密跟踪原则。

2. 经济性与策划效果相结合原则。

3. 总体效果与细节打造相结合原则。

第5条 环境调查与分析

1. 规划设计人员应以房地产项目开发为目的对房地产项目进行市场环境调研，包括宏观环境调研、微观环境调研、竞争对手调研以及消费者调研等。

2. 调研工作结束后，规划设计人员应根据所获得的资料编写市场调研报告，经公司相关人员审批后对项目进行论证。

第6条 项目论证

1. 对房地产项目进行论证时，规划设计人员应从技术上、经济上及建设上开展项目论证工作。论证工作结束后，规划设计人员应编制项目可行性分析报告，详细说明房地产项目是否可行。

2. 在论证项目时，论证人员应注意下图所示事项。

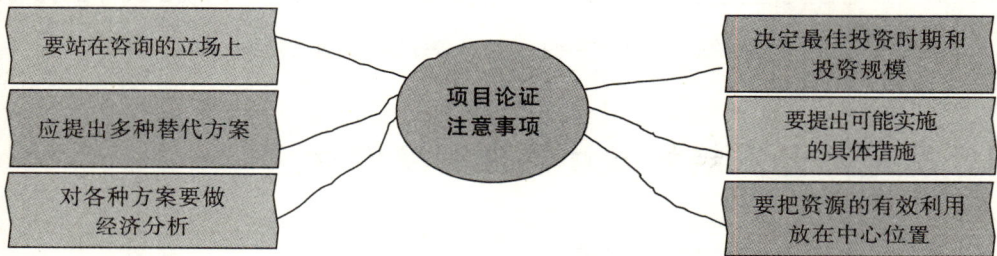

要站在咨询的立场上		决定最佳投资时期和投资规模
应提出多种替代方案	项目论证注意事项	要提出可能实施的具体措施
对各种方案要做经济分析		要把资源的有效利用放在中心位置

项目论证注意事项

第7条 组织策划

1. 确定项目可行后，规划设计部经理应组织做好房地产项目前期策划的职能分工，并确定各项策划工作的具体工作流程，经审批后组织执行。

2. 规划设计主管负责具体实施任务分配工作和工作流程制定工作，并将相应的工作文件交由规划设计部经理进行审核确认。

第8条 管理策划

在进行房地产项目的管理策划时，规划设计部人员要确定项目建设期和经营期的总体管理方案以及分项目管理方案，交由公司分管副总进行审核确认。

第9条 合同策划

1. 在对房地产项目进行合同策划时，规划设计部人员应从业主方面、承包商方面、工程方面、环境方面进行综合考虑，以确定房地产项目开发前期的各类合同结构和内容，以保证房地产项目各方面关系的协调，顺利实现房地产项目的各类目标。

2. 在进行合同策划时，规划设计部人员应重点考虑下图所示问题。

（续）

合同策划应注意问题：
1. 项目应分解成几个独立合同及每个合同的工程范围
2. 采用何种委托方式和承包方式
3. 合同的种类、形式和条件
4. 合同重要条款的确定
5. 合同签订和实施时重大问题的决策
6. 各个合同的内容、组织、技术、时间上的协调

合同策划应注意问题

第10条 成本效益策划

1. 在进行成本效益策划时，规划设计部人员应首先确定房地产项目中的机会成本，然后通过机会成本确定额外收益及项目可节省的费用，并制订房地产项目资金需求计划及融资方案，以保证资金充足。

2. 在进行成本效益分析时，规划设计部人员可采用净现值收益法、现值指数法、内含报酬率法开展相关分析工作。

第11条 技术策划

1. 规划设计部人员应根据房地产项目的工程要求编制相关的工作技术方案，并由规划设计部经理组织各部门的主要人员对技术方案进行论证。

2. 方案论证后，规划设计部经理组织制定工程技术标准以及工程技术标准的具体应用说明等。

第12条 营销策划

1. 技术策划工作结束后，规划设计部人员应进行房地产项目的营销策划，营销策划包括产品策划、促销策划以及系统营销策划三个阶段。

2. 在进行营销策划时，规划设计部人员应分析并确定营销策略、广告策略及销售价格策略等，确定各策略时应对公司现实情况、发展目标、经营战略及战术、预算及进度控制等进行综合分析。

第13条 环境文化策划

在进行环境文化策划时，规划设计部人员应重点关注项目规划中环境艺术、生态文化等方面的内容，以保证房地产项目对周边环境无重大影响，且项目发展的广告宣传等活动与周边文化相适应。

第14条 风险策划

在房地产前期策划中，规划设计部人员应重点做好项目风险的分析策划工作，其中包括政治风险分析策划、政策风险分析策划、经济风险分析策划、组织风险分析策划、管理风险分析策划以及营销风险分析策划等。

（续）

第15条　编制项目计划和方案

1. 做好各类基础性工作后，规划设计部人员应根据房地产项目的各个策划结果编制房地产项目的项目计划及项目方案，交由公司分管副总进行审核。

2. 公司分管副总根据项目计划及项目方案，指导规划设计部对项目计划及方案进行改进，然后交由公司总经理进行审批。

3. 总经理确认项目计划及项目方案无误后，责成各相关部门开展相关工作。

第16条　本制度由规划设计部负责制定与修订。

第17条　本制度经总经理审批通过后执行。

编制日期		审核日期		批准日期	
修改标记		修改处数		修改日期	

8.4.2　房地产开发规划设计制度

制度名称	房地产开发规划设计制度		编　号	
			受控状态	
执行部门		监督部门		编修部门

第1章　总则

第1条　目的

为了确保公司新开发的房地产项目符合市场需求及公司相应的投资计划，最大限度地提高项目收益，结合本公司的实际情况，特制定本制度。

第2条　适用范围

本制度适用于房地产开发规划设计等方面的工作。

第3条　管理职责

1. 公司总经理负责审批规划设计文件，并组织开展各项规划设计工作。

2. 公司规划设计部负责进行项目洽谈、前期项目策划、项目投资策划、招标设计单位、审核设计相关文件等，并向政府部门办理相关报批手续。

3. 公司其他各部门负责为规划设计部提供规划设计工作所需要的相关资料，参加设计开发的评审及验证工作。

第2章　规划设计前期策划

第4条　本项目的规划设计前期工作主要包括以下三项内容。

1. 项目筹备、可行性分析决策。

2. 编制"项目设计任务书"，确认采购图纸。

（续）

3. 向政府部门报批。

第 5 条 在取得房地产项目前，规划设计部主管组织对预开发项目进行广泛的市场调研活动，然后根据调研结果编制"项目建议书"或"项目初步可行性分析报告"，交由上级领导进行审核。

第 6 条 取得项目后，规划设计部主管应编制"项目可行性研究报告"及"项目运作方案"，对房地产项目进行策划，并按下图所示程序对项目投资决策进行控制。

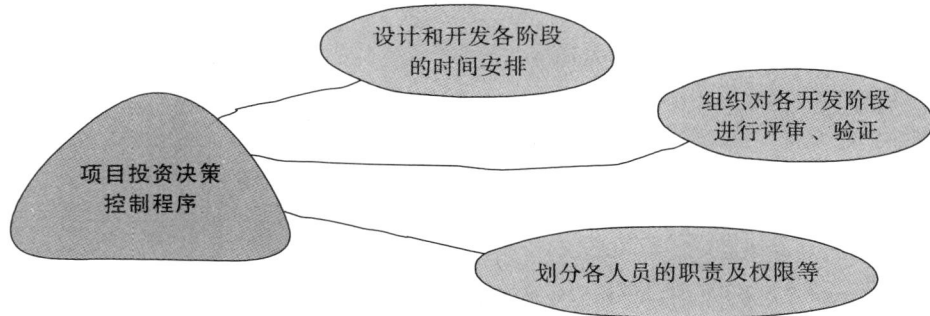

项目投资决策控制程序

第 7 条 在项目前期策划工作中，各规划设计人员应协调做好与相关部门及人员的联络与沟通工作，以确保各项工作的顺利开展。

第 8 条 各规划设计人员根据公司客观条件及实际情况的变化，对"项目运作方案"等进行适时修订与完善。

第3章 规划设计实施管理

第 9 条 "项目可行性研究报告"及"项目运作方案"修订完成后，规划设计部人员应向相关部门收集规划设计的相关原始资料，根据原始资料编写"规划设计意见"。

第 10 条 "规划设计意见"中应详细说明以下内容。

1. 拟建房地产项目的性质、规模及功能。

2. 房地产项目建设地点的地形形状、周边环境、市政设施及交通状况。

3. 房地产项目的规划指标，包括容积率、绿化率、建筑密度等。

4. 拟建房地产项目预算、分期建设规划以及各阶段的销售安排。

5. 类似房地产项目开发的成功经验及相关资料。

6. 拟建房地产项目在开发中应注意的相关问题。

第 11 条 规划设计部应组织开展评审会议，对"规划设计意见"进行评审，相关人员负责填写"规划设计评审记录表"，详细记录各评审信息。

第 12 条 各评审人员由各部门经理组成，重点评审以下内容。

1. "项目设计意见"的可行性。

2. 项目预算的合理性及正确性。

（续）

3. 项目设计的主要缺陷。

第 13 条　评审结束后，规划设计部根据各评审意见或建议对"项目设计意见"进行修订和完善，并交分管副总审核及公司总经理审批。

第 4 章　规划设计后续管理

第 14 条　"项目规划意见"通过评审后，分管副总应组织对其进行验证，检查确定规划设计内容是否满足"项目运作方案""项目设计任务书"等。

第 15 条　"项目规划意见"验证合格后，规划设计部人员将相关图纸、文件等报送政府部门进行审批，并申请核发《建设工程规划许可证》。

第 16 条　通过政府有关部门的审批后，在房地产项目施工前，规划设计部人员应组织工程部、项目部对图纸进行会审，开展项目施工。

第 17 条　当出现以下情况时，规划设计部人员应对规划设计文件进行修改。

1. 公司为适应房地产发展的新形势而提出的设计更改。

2. 根据国家相关政策的需要，对用地性质、容积率、绿化率及建筑密度等的设计更改。

3. 为便于施工而进行的设计更改。

4. 为适应工程建筑新规范和新标准而提出的图纸变更。

5. 为满足业主购房要求而提出的设计图纸变更。

第 5 章　附则

第 18 条　本制度由规划设计部负责制定与修订。

第 19 条　本制度经总经理审批通过后执行。

编制日期		审核日期		批准日期	
修改标记		修改处数		修改日期	

8.4.3　房地产开发设计招标制度

制度名称	房地产开发设计招标制度		编　号	
			受控状态	
执行部门		监督部门	编修部门	

第 1 章　总则

第 1 条　目的

为了达到以下目的，特制定本制度。

1. 规范公司的设计招标活动，加强对设计招标工作的管理。

2. 合理评估各投标单位，以保证开发设计的质量。

（续）

3. 降低设计成本，提高公司的投资效益。

第2条　适用范围

本制度适用于对房地产开发设计招标进行全面管理，包括发布招标公告、评审招标单位、发布中标通知等主要环节。

第3条　管理职责

1. 公司总经理负责监督各项招标工作的管理和实施，确认最终的设计单位。

2. 规划设计部全面负责开发设计工作的招标工作，包括发布招标公告、编制招标书、评审投标书、筛选投标单位、拟定评标单位等。

3. 公司财务部、工程部、项目部等部门协助规划设计部做好相关的招标工作。

第2章　招标准备

第4条　招标原则

规划设计部在开展招标工作时，应坚持以下原则。

1. 公平、公正、公开原则。

2. 全面招标原则。

3. 整体招标原则。

4. 事前预算原则。

5. 资质审查原则。

6. 合理低价中标原则。

7. 保密原则。

第5条　招标方式

公司规划设计部应以公开招标的方式开展招标活动，即通过报刊、电视、网络等宣传媒介邀请不特定的法人或其他组织参加本公司的招标活动。

第6条　编制招标文件

招标公告发布后，规划设计部人员应组织编制招标文件。招标文件应至少包括以下五个方面的内容。

1. 招标项目的综合说明。

2. 投标单位的资格条件。

3. 招标程序。

4. 招标各阶段的具体时间。

5. 现场踏勘及工程情况介绍。

第7条　招标文件审核

招标文件编制后，规划设计部、工程部、财务部等部门对招标文件进行评审，并根据评审结果对招标文件进行修改，交由公司总经理对招标文件进行审核。

第8条　招标备案

招标文件确认无误后，规划设计部应向政府主管部门做好招标备案工作。

（续）

第3章　招标实施

第9条　发布招标公告

招标备案工作结束后，规划设计部人员组织发布招标公告，公告的主要内容包括以下五个方面。

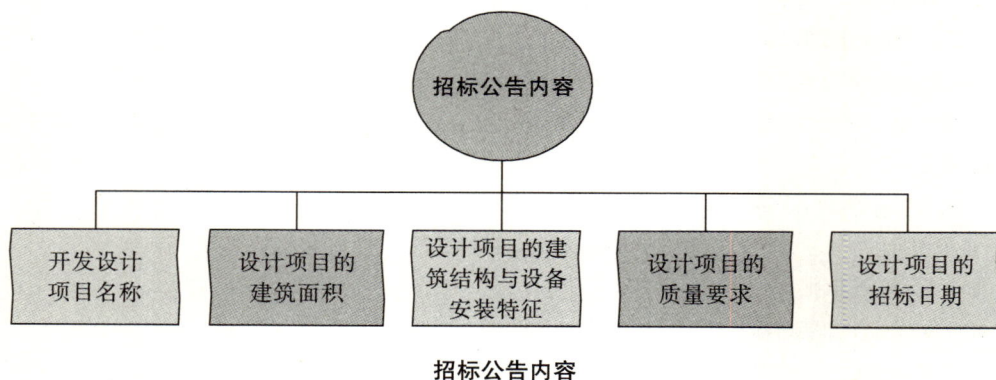

```
        ┌─────────────┐
        │  招标公告内容  │
        └──────┬──────┘
   ┌─────┬─────┼─────┬─────┐
```

| 开发设计项目名称 | 设计项目的建筑面积 | 设计项目的建筑结构与设备安装特征 | 设计项目的质量要求 | 设计项目的招标日期 |

招标公告内容

第10条　资格预审

招标公告发布后，规划设计部人员对投标单位进行资格预审，并将审查结果反馈给投标单位。投标单位资格预审主要包括以下四个方面。

1. 申请人须知。

2. 投标单位的资格要求。

3. 资格审查的标准和方法。

4. 资格预审申请书格式。

第11条　接收招标文件

1. 资格预审工作结束后，规划设计部人员向符合条件的投标单位发放招标文件及施工蓝图，并由财务部收取押金。

2. 投标单位根据招标文件及施工蓝图编制投标文件。规划设计部人员负责接收投标文件，并对投标文件进行筛选。

第12条　评标

1. 规划设计部组织进行评标活动。评标时，相关人员应按照既定的评估标准和评标方法进行评估，以保证招标活动的公平与公正。

2. 在评标时，政府主管部门可监督评标工作开展的全过程。

3. 评标工作结束后，规划设计部应拟定候选中标单位名单，交由公司总经理进行审核确认。

第13条　议标

公司总经理对候选中标单位审核确认后，规划设计部人员与各投标候选单位进行议标，以争取企业利益的最大化。

（续）

第 14 条　中标

1. 议标工作结束后，规划设计部确定最终的中标单位，经总经理审批后发出中标通知。

2. 中标通知发出后，中标单位应在规定时间内与规划设计部签订《设计委托合同》，以明确招标双方的权利及义务。如中标单位未在规定时间内与我公司签订委托合同，我公司有权与其他投标单位签订《设计委托合同》。

3. 《设计委托合同》签订后，规划设计部人员应对中标文件进行中标备案，以降低企业运行风险。

第 4 章　招标后续管理

第 15 条　文件管理

招标工作结束后，规划设计部人员应对招标过程中产生的各类文件进行整理汇总并建档保存，以保证设计资料的完整性。

第 16 条　其他事项说明

1. 在招标实施的过程中，任何人员不得向投标单位泄露与招标活动相关的信息或向评标人员施加影响，以保证招标的公平性及公正性。

2. 对在招标过程中因发生重大失误或泄露标底、擅自篡改招标文件，给公司造成重大损失的部门及个人，公司应对其进行处罚，必要时可追究其刑事责任。

第 17 条　奖励管理

公司应对招标工作中表现突出、节约招标成本的部门及个人予以一定的奖励，具体的奖励标准依据公司部门及员工的贡献程度进行确定。

第 5 章　附则

第 18 条　本制度由规划设计部负责制定与修订。

第 19 条　本制度经总经理审批通过后执行。

编制日期		审核日期		批准日期	
修改标记		修改处数		修改日期	

8.4.4　建设工程规划许可证办理制度

制度名称	建设工程规划许可证办理制度		编　　号	
			受控状态	
执行部门		监督部门	编修部门	

第 1 条　目的

为了规范建设工程规划许可证的办理工作，提高许可证的办理效率，根据本公司的实际状况，特制定本制度。

（续）

第2条　适用范围

本制度适用于《建设工程规划许可证》办理的全部工作。

第3条　管理职责

1. 规划设计部负责办理《建设工程规划许可证》，并明确《建设工程规划许可证》的重要作用。

2. 公司其他部门协助规划设计部办理《建设工程规划许可证》。

第4条　术语解释

《建设工程规划许可证》（building permit），是城市规划行政主管部门依法核发的、确认有关建设工程符合城市规划要求的法律凭证。

第5条　《建设工程规划许可证》的内容

《建设工程规划许可证》应包括以下内容。

1. 许可证编号。

2. 发证机关名称和发证日期。

3. 用地单位。

4. 用地项目名称、位置、宗地号以及子项目名称、建筑性质、栋数、层数、结构类型。

5. 计容积率面积及各分类面积。

6. 附件包括总平面图、各层建筑平面图、各向立面图和剖面图。

第6条　办理《建设工程规划许可证》的范围

1. 新建、改（扩）建的各类建设项目，小型、临时的建设项目按有关规定办理。

2. 新建、改（扩）建的各类综合管线等市政（架空、地面、地下、特殊）建设工程。

第7条　建设工程规划许可证申请

规划设计部人员填写"建设项目'两书两证'报建申请表"，提交报建条件规定的相关资料和文件。

1. 市规划主管部门核发的《建设用地规划许可证》及附件（征迁蓝线、设计红线同出的项目，需提交土地和拆迁主管部门的批准意见）。

2. 按规定需组织专家评审的建设项目，须提交市规划主管部门批准的《技术审查意见书》及规划、建筑设计方案图。

3. 符合规划要求供其审查的施工图一套。

4. 依照法律、法规规定应提供的消防、人防、环保、绿化等相关主管部门的批准意见。

第8条　申请审查

1. 政府主管部门对规划设计部进行申请审查时，应依据规划设计部提供的经批准的计划投资文件、上级主管部门批准建设的批件和建设用地规划许可证等文件，审查、分析拟建设房地产项目的性质、规模等是否符合本城市规划的布局和发展要求。

2. 对于拟建设工程中涉及相关主管部门的，政府主管部门应根据实际情况和需要征求有关行政主管部门的意见，进行综合协调。

（续）

3. 规划设计部的申请未通过审核，规划设计部应根据政府有关部门的指导意见补充并完善各申请材料及文件，并在规定时间内再次报审相关申请材料。

第9条　提出规划设计要求

1. 申请审查后，政府主管部门根据拟建设工程所在地段详细规划的要求提出规划设计要求，并向规划设计部核发《规划设计要点通知书》。

2. 规划设计部按《规划设计要点通知书》的要求，组织开展设计单位招标工作，委托中标设计单位对房地产开发项目进行全面设计，制定设计方案。

3. 规划设计部应根据规划设计要求，不断对设计方案进行补充和完善，以提高设计质量。

第10条　审查设计方案

1. 政府主管部门负责对规划设计部提交的设计方案进行技术审查，并向其他相关审查部门发放《建筑设计方案并联审批办理通知书》。

2. 其他政府部门收到《建筑设计方案并联审批办理通知书》后，应提出相应的审核意见，并将审核意见以书面行书反馈给政府主管部门。

3. 根据其他部门的审核意见书，政府主管部门在____个工作日内完成相应的审查工作。如设计方案需修改，政府主管部门应提出修改意见，并将修改意见以书面形式反馈给规划设计部。

4. 规划设计部根据政府主管部门的审核意见，委托设计单位对设计方案进行修订和完善，并将完善后的方案重新上报政府主管部门进行审批。

第11条　核发《建设工程规划许可证》

1. 政府主管部门对设计方案审批后，其他相关部门应在____个工作日内审批办结。

2. 政府主管部门根据其他相关部门的审批办结意见，核发《建设工程规划许可证》及建设工程设计方案总平面图。

第12条　本制度由规划设计部负责制定与修订。

第13条　本制度经总经理审批通过后执行。

编制日期		审核日期		批准日期	
修改标记		修改处数		修改日期	

第9章　房地产开发招标管理流程与制度

9.1　房地产开发招标管理流程体系

9.1.1　房地产开发招标管理流程目录

房地产开发招标管理是指企业根据开发地产内容、工期和质量等要求及现有的技术经济条件，通过公开或非公开的方式邀请施工单位参加承包开发项目的竞争，以便择优选择承包单位的经营活动。

企业进行开发招标管理的流程目录包括但不限于以下六项，具体如图9-1所示。

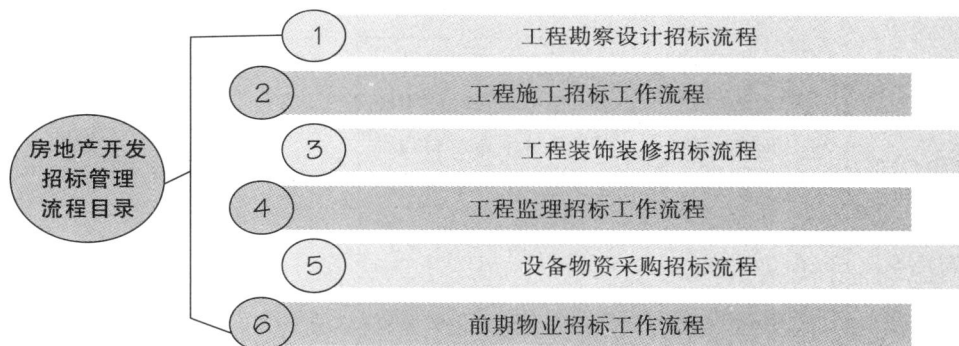

图9-1　房地产开发招标管理流程目录

9.1.2　房地产开发招标管理关键节点

企业在进行房地产开发招标管理过程中，需加强对以下七大关键节点的管理，以规范房地产开发招标的管理工作，从而提高开发招标管理的工作效率，具体如图9-2所示。

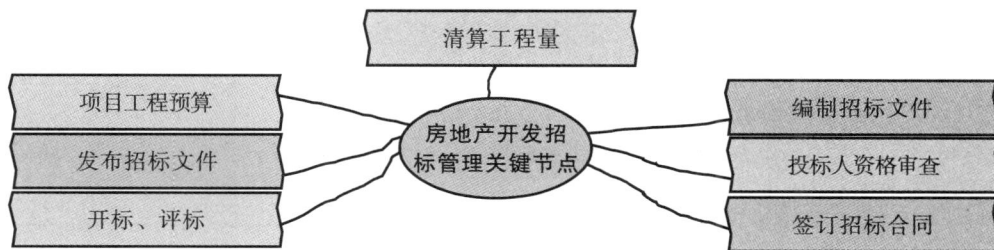

图9-2　房地产开发招标管理关键节点

9.1.3 房地产开发招标管理流程说明

房地产开发招标管理流程的具体说明如表9-1所示。

表9-1 房地产开发招标管理流程说明表

文件名称	房地产开发招标管理流程		版本号		页数	
文件编号			编制人		审批人	
关键节点名称	操作说明		时长	适用人员		责任部门
清算工程量	招标业务部门对招标工程量进行清算，清算结果作为招标文件参照数据		___个工作日	清算人员		项目部、工程技术部
项目工程预算	项目工程预算由预算编制说明、分项工程预算及工料分析组成，编制完成后注意保密工作		___个工作日	预算编制人员		项目部、预算部
编制招标文件	招标文件包括：工程综合说明、招标方式及对发包单位的要求；招标项目的技术要求；钢材、木材、水泥及其他主要材料与设备的供应方式；工程款支付方式及预付款的百分比；合同条件和合同文本、投标须知、招标文件附件等		___个工作日	招标主管		项目部
发布招标文件	编制招标文件时要明确对投标单位的要求及招标工程的工期、内容、质量等要求		___个工作日	招标专员		项目部
投标人资格审查	对投标人进行资格审查时应考虑以下几个方面：企业注册证明和技术等级、主要施工经历、技术力量简况、施工机械设备简况、在施工的承建项目及资金和财务状况等		___个工作日	招标主管		项目部
开标、评标	评标小组根据招标文件及相关项目要求，对投标单位进行评标，确定中标单位		___个工作日	评标小组		项目部
签订招标合同	中标通知书发出后，开发商和中标单位应在约定期限内就签订合同进行磋商，双方就合同条款达成协议		___个工作日	招标小组		项目部

9.2 房地产开发招标管理主要流程

9.2.1 工程勘察设计招标流程

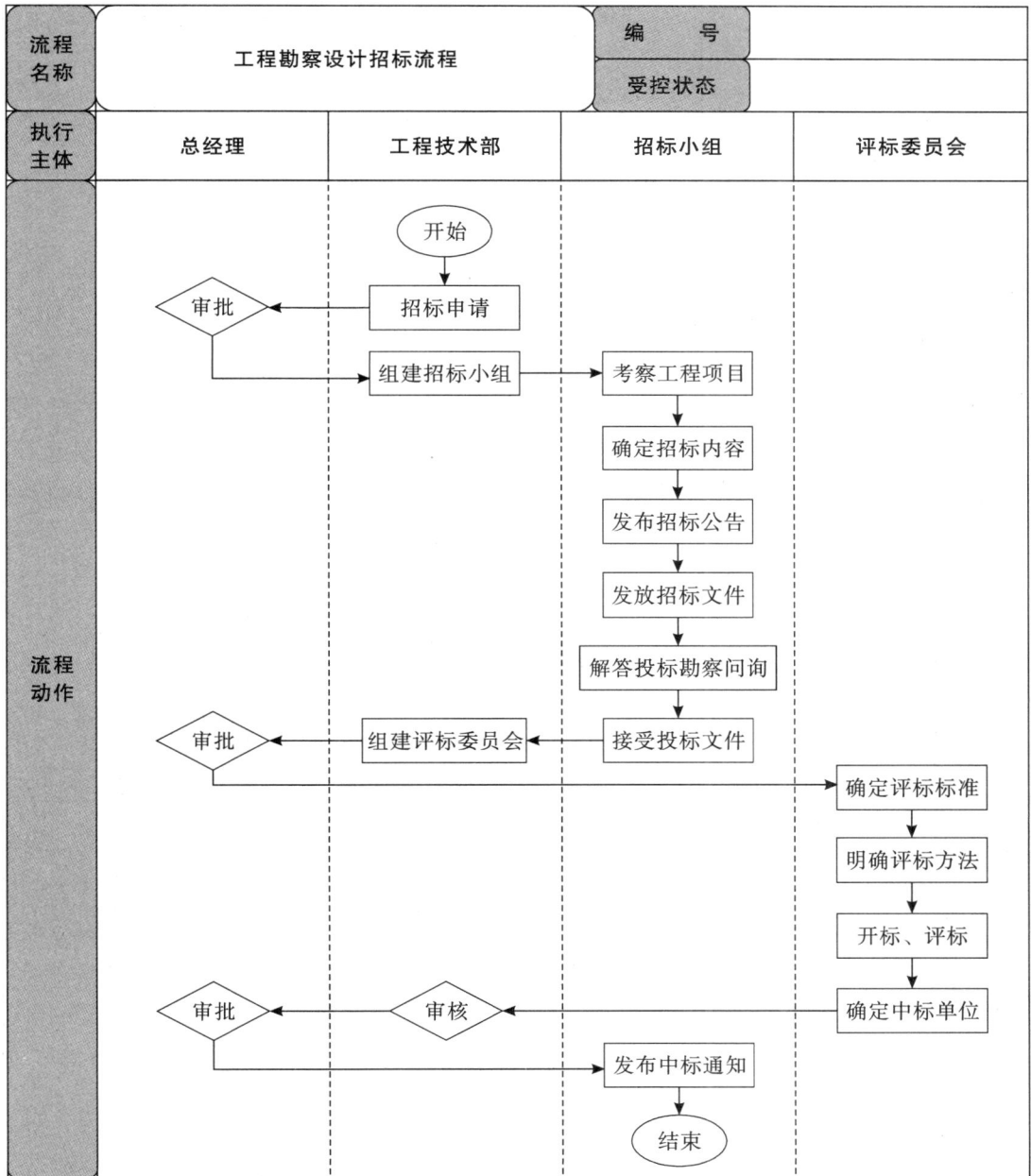

流程名称	工程勘察设计招标流程		编　　号	
			受控状态	
执行主体	总经理	工程技术部	招标小组	评标委员会

流程动作：

开始 → 招标申请 → 审批（总经理）→ 组建招标小组（工程技术部）→ 考察工程项目 → 确定招标内容 → 发布招标公告 → 发放招标文件 → 解答投标勘察问询 → 接受投标文件（招标小组）→ 组建评标委员会（工程技术部）→ 审批（总经理）→ 确定评标标准 → 明确评标方法 → 开标、评标 → 确定中标单位（评标委员会）→ 审核（工程技术部）→ 审批（总经理）→ 发布中标通知（招标小组）→ 结束

9.2.2 工程施工招标工作流程

流程名称	工程施工招标工作流程		编 号	
			受控状态	
执行主体	总经理	工程技术部	招标小组	评标委员会

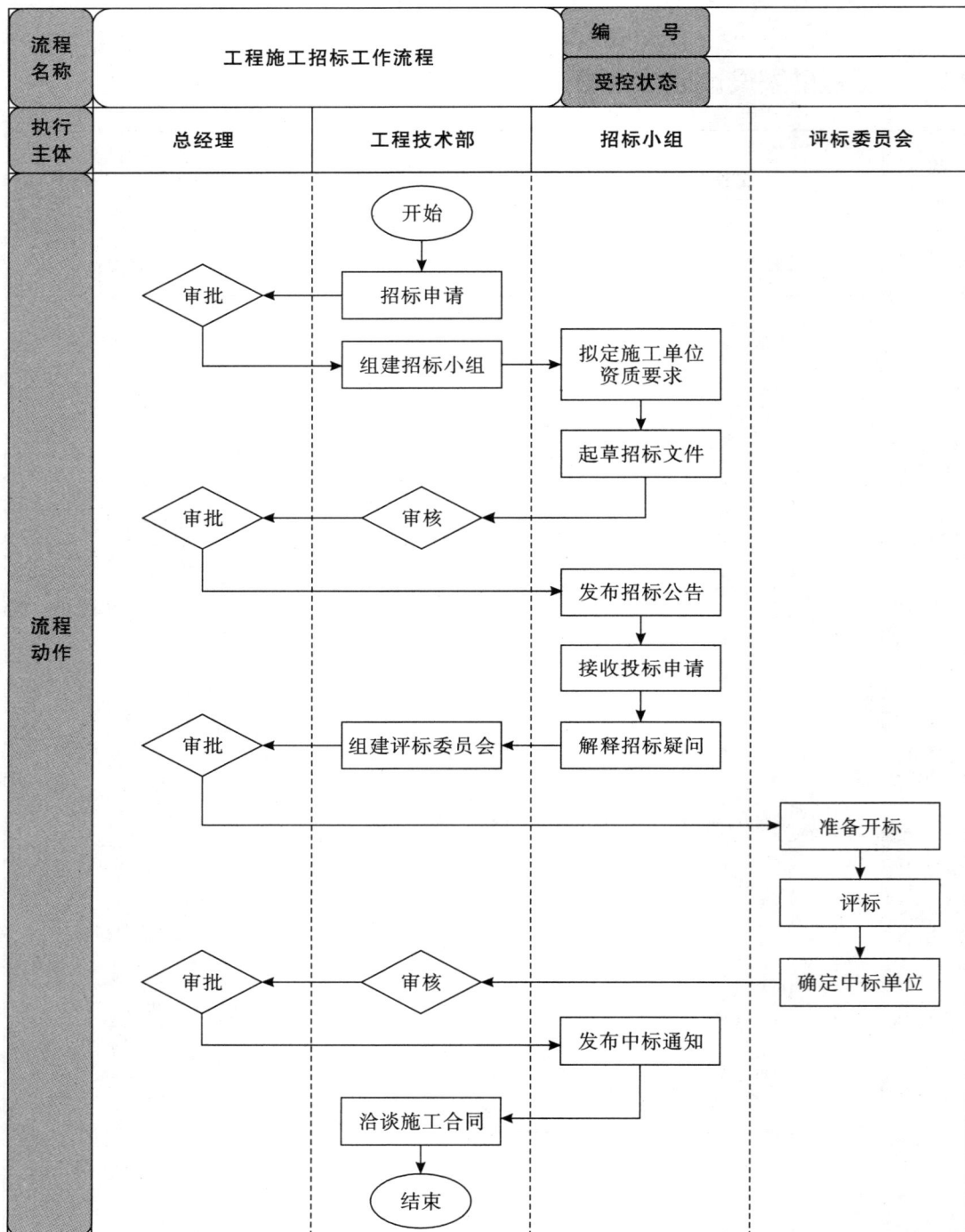

9.2.3 工程装饰装修招标流程

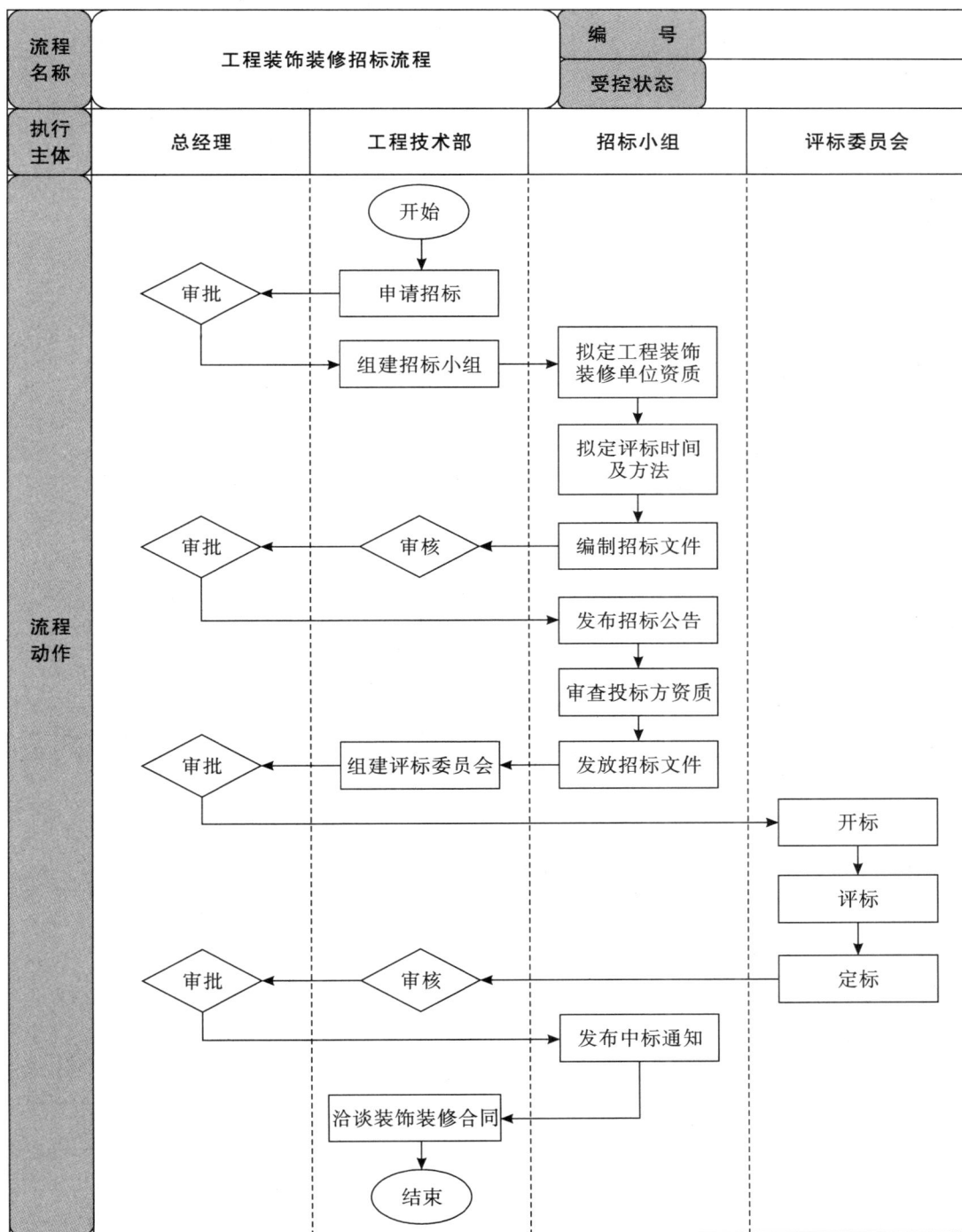

流程名称	工程装饰装修招标流程		编 号	
			受控状态	
执行主体	总经理	工程技术部	招标小组	评标委员会

流程动作

- 开始
- 申请招标 → 审批
- 组建招标小组 → 拟定工程装饰装修单位资质
- 拟定评标时间及方法
- 编制招标文件 → 审核 → 审批
- 发布招标公告
- 审查投标方资质
- 发放招标文件 → 组建评标委员会 → 审批
- 开标
- 评标
- 定标 → 审核 → 审批
- 发布中标通知
- 洽谈装饰装修合同
- 结束

9.2.4 工程监理招标工作流程

流程名称	工程监理招标工作流程			编　号	
				受控状态	
执行主体	总经理	工程技术部	招标小组	评标委员会	投标方

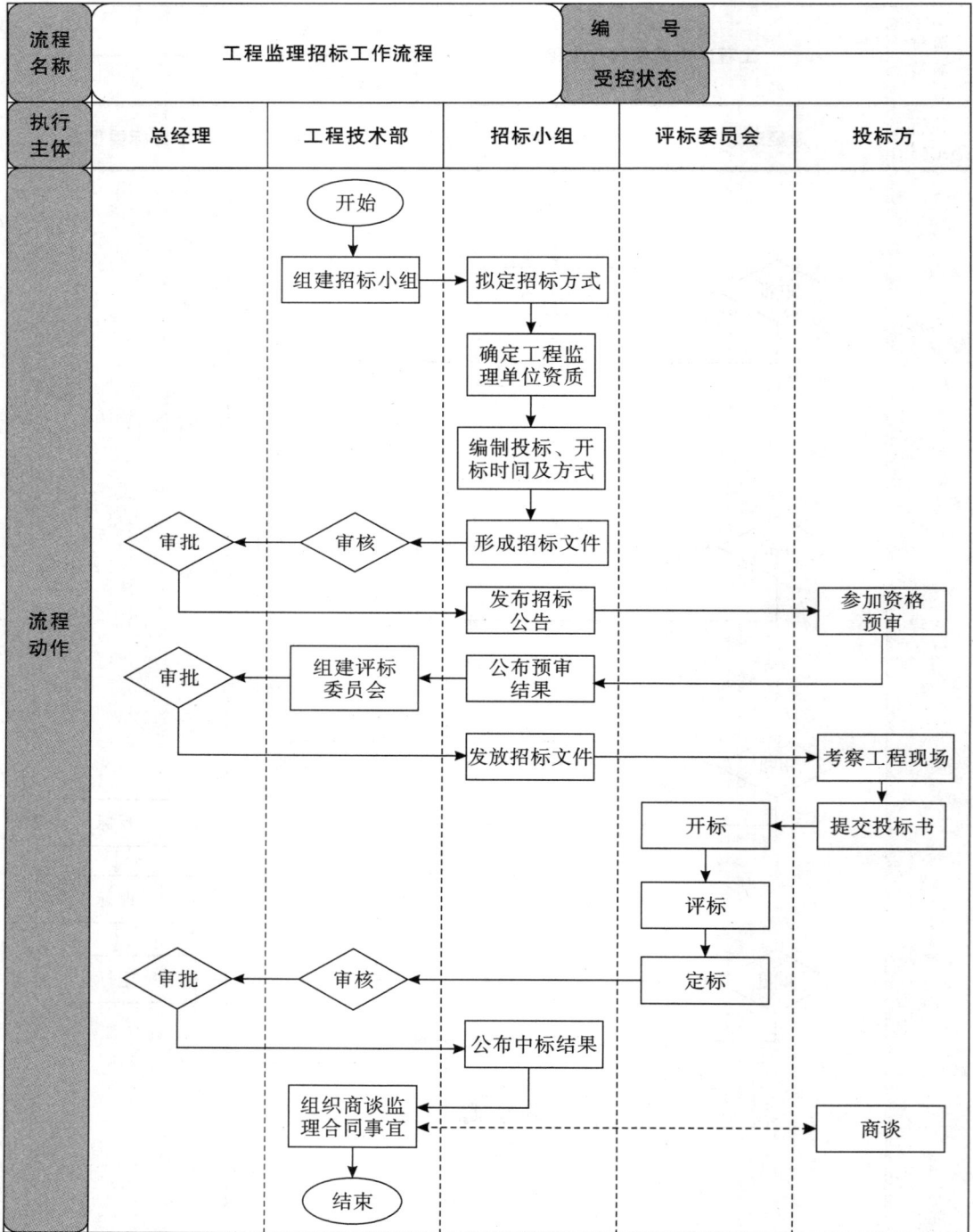

9.2.5 设备物资采购招标流程

流程 名称	设备物资采购招标流程		编 号	
			受控状态	
执行 主体	分管副总	采购部	招标委员会	竞标单位

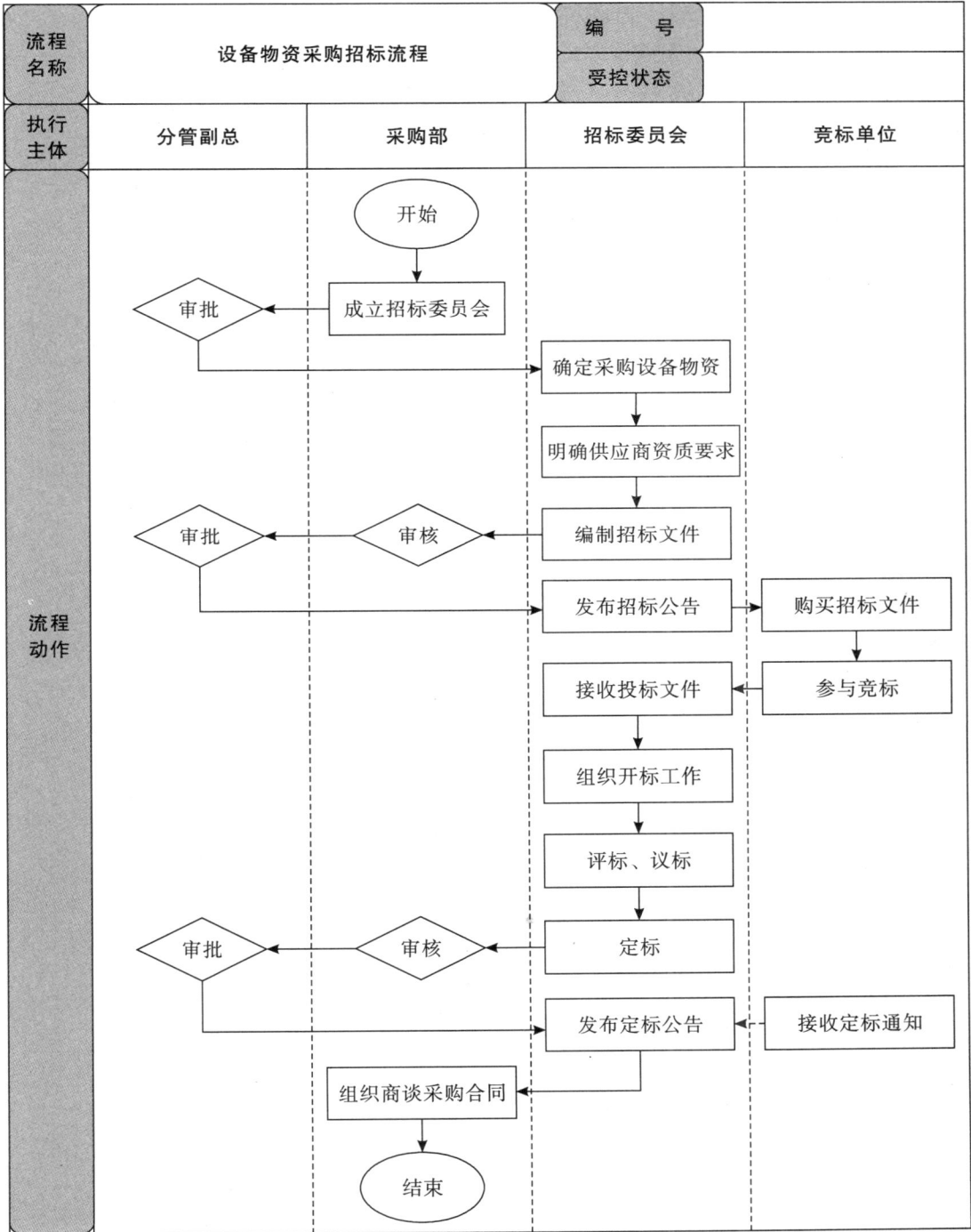

9.2.6　前期物业招标工作流程

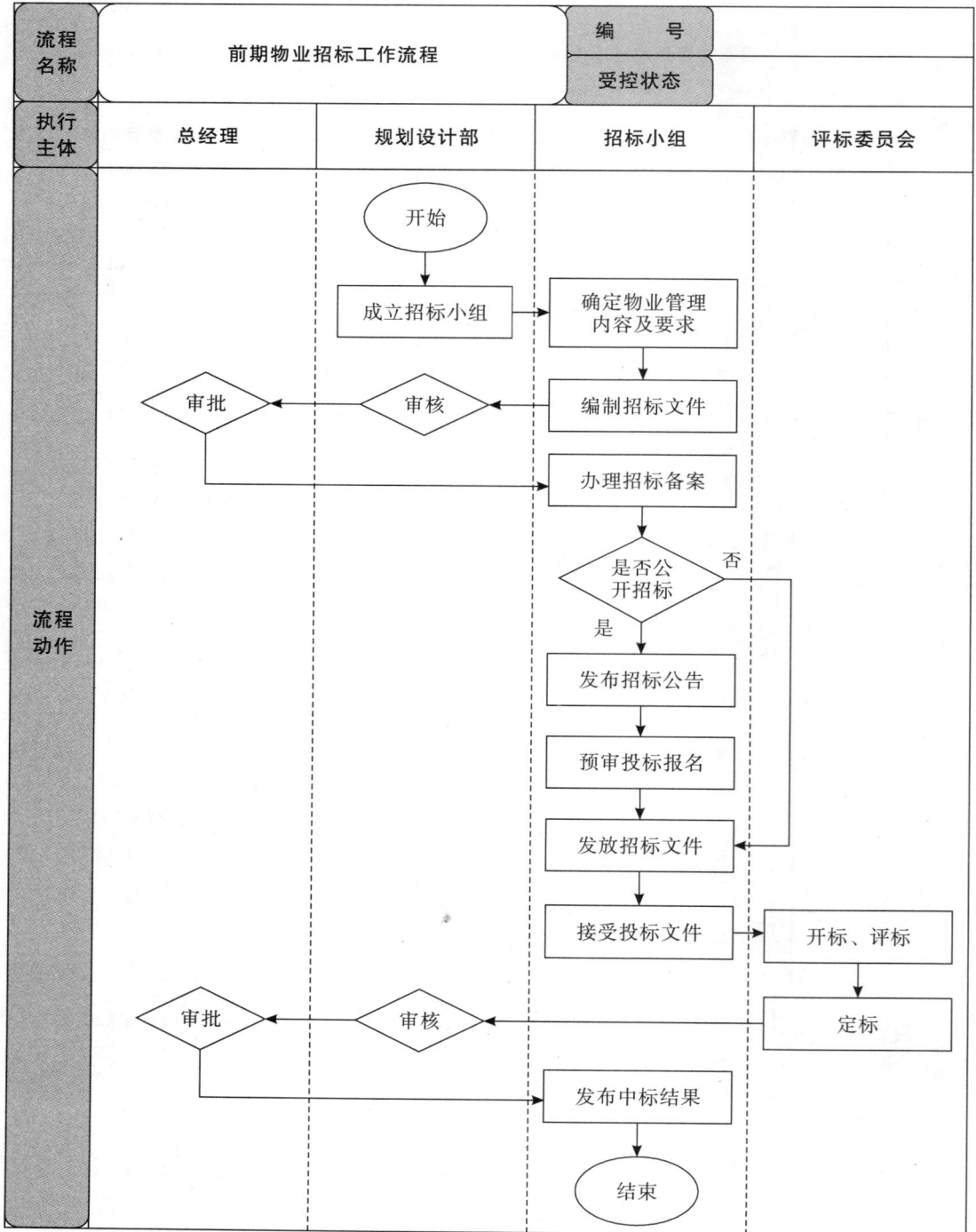

流程名称	前期物业招标工作流程		编　　号	
			受控状态	
执行主体	总经理	规划设计部	招标小组	评标委员会

流程动作：

```
                              开始
                               │
         成立招标小组 ←────────┘   确定物业管理内容及要求
                               │
   审批 ← 审核 ← 编制招标文件
                               │
                        办理招标备案
                               │
                        是否公开招标 ──否──┐
                          │是            │
                      发布招标公告        │
                          │              │
                      预审投标报名        │
                          │              │
                      发放招标文件 ←──────┘
                          │
                      接受投标文件 → 开标、评标
                                        │
   审批 ← 审核 ←──────────────────── 定标
                          │
                      发布中标结果
                          │
                        结束
```

9.3 房地产开发招标管理制度体系

9.3.1 房地产开发招标管理制度体系指引图

房地产开发招标管理制度体系包括开发项目招标申报、开发项目招标评审、开发项目招标公示及招标合同的管理等内容，具体包括但不限于以下五大制度，具体如图 9-3 所示。

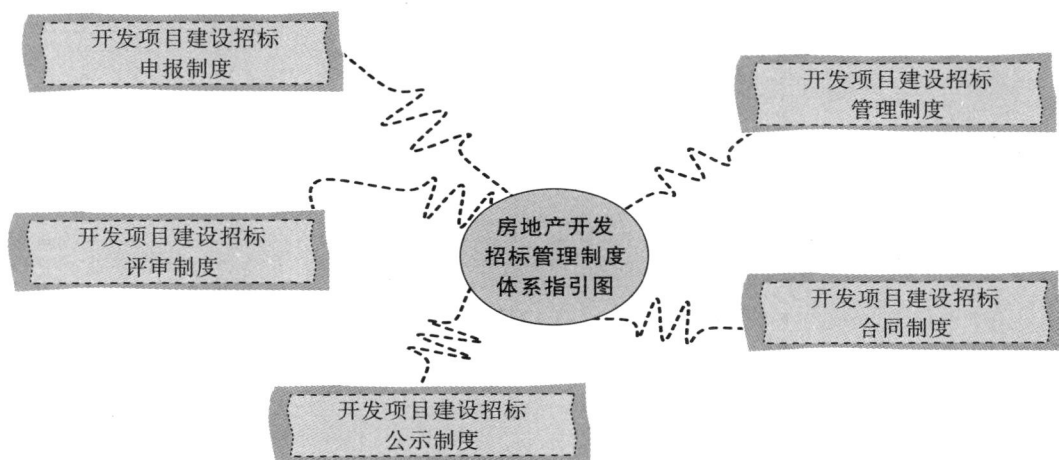

图9-3 房地产开发招标管理制度体系指引图

9.3.2 房地产开发招标管理制度的设计目标

房地产企业建立招标管理制度体系，主要是为了完成以下五大目标，具体如图9-4所示。

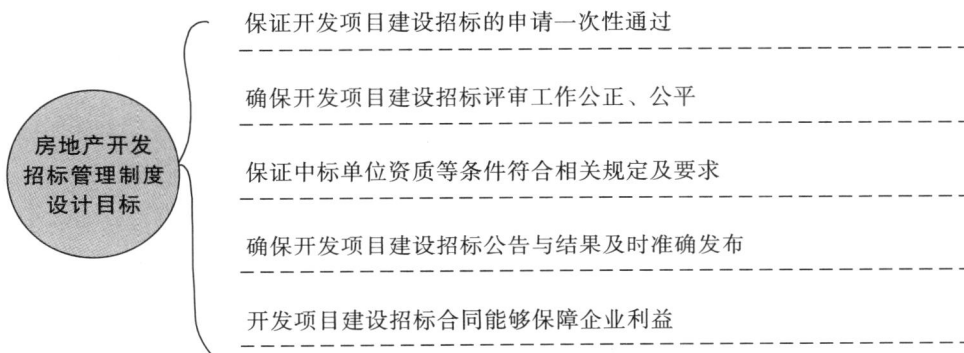

图9-4 房地产开发招标管理制度设计目标

9.3.3 房地产开发招标管理制度设计关注点

为了实现房地产开发招标管理制度设计的目标，企业在设计招标管理制度体系时需关注以下三项内容，具体如图 9-5 所示。

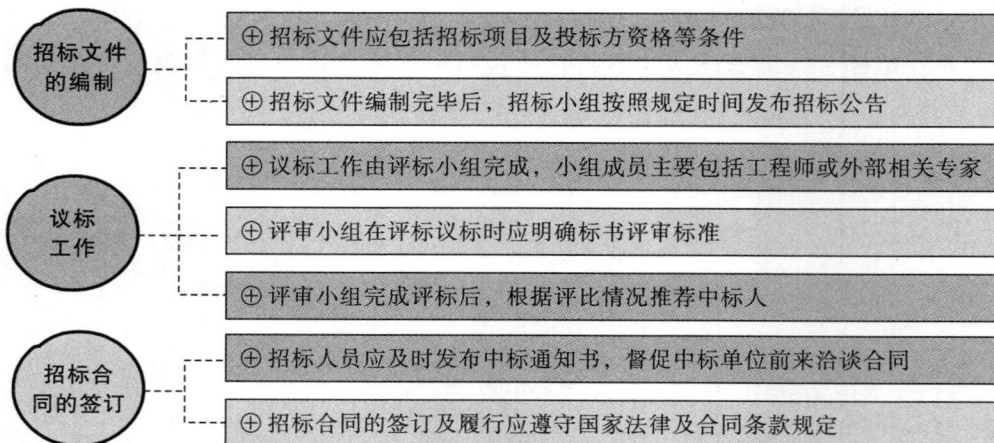

图 9-5 房地产开发招标管理制度设计关注点

9.4 房地产开发招标管理制度设计

9.4.1 开发项目建设招标申报制度

制度名称	开发项目建设招标申报制度		编　号	
			受控状态	
执行部门		监督部门	编修部门	

第 1 条　目的

为了加强对公司开发项目建设招标申报工作的管理，明确申报流程、准备申报材料，特制定本制度。

第 2 条　适用范围

本制度适用于公司开发项目建设招标的申报工作，相关招标申报的备案、准备材料的编制均参照本制度实施。

第 3 条　相关职责

1. 总经理对招标申请及相关招标文件进行审批，并提出完善意见或建议。

（续）

2. 招标申报单位提出招标申请，并对招标工作进行备案登记。

第4条　申报前提条件

1. 施工设计图纸已出齐，并通过图纸审查。

2. 施工现场达到开工条件。

3. 凡属强制招标项目，还必须具备以下条件。

（1）开发计划已下达，建设工程规划许可证已批。

（2）已获得施工许可证审批表。

第5条　标段划分

企业项目部接到工程技术部传来的设计图纸后，会同工程技术部划分标段，报总经理审定。

第6条　招标备案登记

1. 对于强制招标项目，项目部派专人带齐工程项目立项批文、建设用地规划许可证、建设工程规划许可证、工程预算书、工程类别核定表、工程监理报告、资金证明、建设工程招标申请表等相关文件，到市建设工程招投标管理机构办理招标备案登记工作。登记时，需填写招标资格登记表、招标备案登记表，办理招标公告申请。

2. 自行招标不需办理招标登记，但须经总经理同意自行招标的核准文件（原件）后，并交复印件进行备案。

第7条　编写招标文件

项目部在收到经工程技术部组织会审的设计图纸及说明文件后，编制招标文件。

第8条　招标文件内容

1. 工程名称、地点、建设规模、水文地质情况等。

2. 招标人情况。

3. 设计单位概况。

4. 监理单位概况。

5. 招标范围。明确要求投标报价应包含的工作内容，如要求是否为初装、管线施工界限及有无甲方分包工程等。

6. 明确强制招标的形式。

（1）无标底招标。无标底招标竞争充分，通常情况应采取无标底招标方式。

（2）有标底招标。有必要采取有标底招标时，应委托具有资质要求的咨询机构编制标底，并做好标底的保密工作。

（3）工程量清单招标。总建筑面积达5万平方米以上的工程应采取工程量清单形式进行招标。

7. 资金来源。

8. 投标资格要求：法人资格、营业执照、建筑安装施工资质、财务状况要求、人员设备配备情况、项目经理、技术负责人的简历及其他人员、设备配备情况等。

9. 工程质量、工期及投标费用要求。

（续）

10. 招标文件内容的澄清与修改规定。

11. 明确现场考察事宜应明确时间地点及有关注意事项。

12. 明确投标文件组成的要求。投标文件至少应包括投标书及其附录、授权书、投标报价文件、施工组织设计、投标书附表及其他证明材料等。

13. 明确投标文件的签署、密封及标识要求。

14. 明确投标书的语言、投标报价的币种及有效期。

15. 开标的时间地点及其他要求。

16. 评标办法及定标方式。应明确评标专家组会员组成、评标原则、程序、评分办法。

17. 中标通知书的样式及发送。

18. 合同主要条款及签订要求。

第 9 条　招标文件的审批

项目部编制招标文件完毕后交总经理进行审批，审批通过后实施备案登记，并作为招投标工作的实施标准依据。

第 10 条　本制度解释权归公司总经理办公会。

第 11 条　本制度自颁布之日起生效实施。

编制日期		审核日期		批准日期	
修改标记		修改处数		修改日期	

9.4.2　开发项目建设招标管理制度

制度名称	开发项目建设招标管理制度		编　号	
			受控状态	
执行部门		监督部门	编修部门	

第 1 章　总则

第 1 条　目的

为了使招标工作以国家、行业及公司的相关管理规定为依据，保证承包方具有满足本公司规定要求的能力，确保公司的开发项目符合业主和法规的要求，特制定本制度。

第 2 条　适用范围

本制度适用于开发项目建设的招标管理工作。

第 3 条　相关职责

1. 工程技术部组织开发项目建设的招标工作，并对招标结果进行确认。

2. 项目部根据项目需求组建评标委员会，并对招标结果进行确认。

（续）

3. 评标委员会负责对投标书进行评审，选择最佳投标单位。

第4条　项目招标工作的原则

1. 公正、公开原则。

2. 标价与成本相结合原则。

3. 工程性质与施工能力相结合的原则。

第2章　招标的要求与形式

第5条　项目建设招标工作要求

1. 项目建设的工程质量必须达到国家有关规范、标准及合同的质量要求，并且必须满足本公司的质量要求。

2. 投标方必须经过评定和认可，并建立合格的工程分承包方档案。

3. 选择投标方，需由项目部决定并报总经理审核。

4. 投标方应在"合格工程分承包方名册"中选择。

5. 所有工程分承包方施工的项目必须由质检员验收合格后方可交付。

第6条　项目建设招标形式

项目建设招标的形式有公开招标、不定向议标、定向议标三种。单项工程发包、重要单位工程发包原则上均采用公开招标的方式进行，有特殊要求的单位工程发包和分项工程发包可采用不定向议标或定向议标。

第3章　招标程序

第7条　提出招标及招标前准备

工程技术部根据开发项目的总体进度安排，提出项目建设招标时间及时机。项目部经理负责安排招标前的各项准备工作。

第8条　资格预审

项目建设招标前应对工程承包商进行资格预审。资格预审分虚审（程序性审核）及实审（实质审核），虚审就是审查工程承包商报送的资料；实审由开发部组织，工程技术部、造价管理部、财务部等相关部门配合。

1. 预审包括以下内容。

（1）应具备符合发包工程要求的施工资质、营业执照，异地施工的企业必须提供发包工程所在地的注册证明文件。

（2）近两年的合同（包括内容）履行情况，权威部门认定的施工质量情况。

（3）近两年的年终财务报表及流动资金状况。

（4）现有施工任务（含在建及未开工工程）。

（5）企业自有设备一览表，企业人力及物力资源情况。

2. 其他需要预审的内容。

（1）以上内容按照业务对口的原则由公司项目开发、工程、财务等职能部门分别评审。评审就是由公司总工程师组织工程、项目开发等部门对工程承包商近两年的在建及已完工程进行考察，并听取相关业主的反馈意见。

（2）采用公开招标方式的，资格预审后参与投标的工程承包商数执行国家或行业的相关规定；采用不定向议标方式的，资格预审后参与投标的工程承包商不得少于三家。

第9条　起草招标文件

实行公开招标的招标文件由开发部（或受委托的招标代理机构）起草，议标工程的招标文件由项目开发部起草。招标文件主要内容应包括以下四部分。

1. 工程名称及概况。

2. 投标人完成招标内容的要求。

3. 投标须知及有关日程安排。

4. 投标书的内容要求。

第10条　评审招标文件

招标文件编制好后，开发部、工程技术部、财务部等职能部门就其中主要条款及要求做出书面评审，报项目部经理及总工程师确认，确认后的评审记录作为招标文件修改及正式成文的依据。

第11条　编制标底

公开招标的标底原则上均委托社会中介机构编制。标底的委托方式及编制原则经领导确定后，由开发部编写委托说明。非委托的标底由开发部组织编制。标底由总工程师组织审批，需要报招标管理机构审定的报招标管理机构审定。编制完成后的标底在公布前应严格保密。

第12条　评审投标书

1. 公开招标的《投标书》由被委托的招标代理机构依据国家相关法律、法规及本公司要求组织专家按一定程序进行评审。

2. 企业内部议标的《投标书》由项目经理牵头，组织相关职能部门就《投标书》的主要承诺与招标文件主要要求的一致性及技术的可行性、投标价进行评标，并做出书面评审记录。

第13条　确定中标人及填写《中标通知书》

评标确定的综合评比最优的投标人为中标人，议标产生的《中标通知书》由开发部填写。

第14条　承包文件管理

承包文件包括工程承包计划和工程承包协议。

1. 承包计划。

项目部根据项目特点和进度需要确定承包工程，并在合格工程分承包方名册中选择工程分承包方，所有承包工程必须签订承包协议。

2. 承包协议的内容。

（1）承包工程的名称部位、工程量、开工日期、交付日期及付款方式等。

（2）质量条款、技术要求、验收标准。

（3）《中华人民共和国合同法》规定的有关条款。

（续）

3. 承包技术资料。

（1）承包工程的材料合格证，分项评定资料由承包方整理并经项目部有关人员签认后归档。

（2）承包工程完工后，承包方应将有关资料及时交项目部归档。

第15条 施工建设的检验、评定

1. 分承包方必须按照国家施工规范标准进行施工。

2. 项目部质量员独立行使对本项目分承包方工程质量的检验评定权。

3. 经项目部质量员评定达到合同规定的要求后，方可转序。如出现不合格品，项目部要按本公司《纠正和预防措施程序》实施，并按本程序重新评价分承包方，将评价不合格的从《合格工程分承包方名册》中除名。

第4章 附则

第16条 本制度由工程技术部、开发部协同制定，其解释权、修订权归工程技术部、开发部所有。

第17条 本制度自颁布之日起实施。

编制日期		审核日期		批准日期	
修改标记		修改处数		修改日期	

9.4.3 开发项目建设招标评审制度

制度名称	开发项目建设招标评审制度		编　号	
			受控状态	
执行部门		监督部门	编修部门	

第1章 总则

第1条 目的

为了规范开发项目建设招标工作的评审标准，确保评审标准符合相关法律及公司规定，保证评审结果的公正性，特制定本制度。

第2条 适用范围

本制度适用于开发项目建设招标工作的评审工作。

第3条 相关职责

1. 总经理确定招标评审小组人选，并对招标工作的评审结果进行审批。

2. 招标评审小组由开发项目建设相关职责部门工程师或专家组成，负责根据招标评审标准对投标文件进行评审。

（续）

第 2 章　资格审查

第 4 条　资格预审

评审小组对投标人提交的资格预审资料进行审核，资格预审包括以下六项内容。

1. 投标申请人企业资质等级满足招标项目的资质要求；组成联合体投标的，联合体各成员单位资质等级均满足要求，联合投标协议书责任规定明确。

2. 投标申请人具有独立签订和履行合同的能力。

3. 投标申请人企业法定代表人或授权委托代理人身份合法、证件齐全有效。

4. 投标申请人没有处于被责令停业、被取消投标资格、财产被接管或冻结、破产状态。

5. 投标申请人没有因骗取中标或严重违约或发生重大质量、安全事故而正处于被调查处理或停业整顿阶段。

6. 投标申请人提交的资格预审资料符合资格预审文件要求，并且齐全、真实、有效。

第 5 条　资格复审

将通过初审的投标单位预审资料交评审小组组长复审，强制工程招标确定不少于 7 家的投标单位，自行招标应不少于 4 家投标单位。

第 3 章　开标、评标管理

第 6 条　开标工作流程

1. 开标时，由评审小组检查投标文件的密封情况。

2. 评审小组组长宣布评标原则、办法和程序，启封投标文件，并当众宣读投标文件的主要内容。

3. 对投标文件内容有异义的，投标单位可当众进行解释说明。

4. 评审小组成员对开标的全过程进行记录，并存档备查。

第 7 条　发生下列情况之一的，投标文件无效。

1. 投标文件未密封。

2. 投标文件未按招标文件要求编制或文字不清、内容不全、弄虚作假。

3. 投标文件未加盖单位公章和法定代表人印章。

4. 投标文件逾期送交。

第 8 条　评标

评审小组以招标文件的要求和投标文件的内容为主要依据，对投标单位执行规范和规程、解决工程技术问题、设计工作的合理程度、设计进度以及投标单位的资历和社会信誉等方面进行综合评价。

第 9 条　编写评标报告

评审小组完成评标后，应当向评审小组领导提交书面报告，并由评审小组全体成员签字认可。评标报告应当如实记载以下内容。

1. 评审小组成员名单。

2. 开标记录。

3. 符合要求的全体投标单位。

（续）

4. 废标情况说明。

5. 评标原则、方法、标准或评标因素一览。

6. 各项因素比较表。

7. 投标单位综合评价排序。

8. 推荐的中标候选单位名单。

9. 签订合同前需澄清、说明、修改、补充的事项。

10. 其他需如实记载的内容。

第10条 确定中标单位

评审小组组长审定评标报告，根据评标专家组推荐的中标候选单位名单确定中标单位。

第4章 附则

第11条 本制度解释权归公司所有。

第12条 本制度自颁布之日起生效实施。

编制日期		审核日期		批准日期	
修改标记		修改处数		修改日期	

9.4.4 开发项目建设招标公示制度

制度名称	开发项目建设招标公示制度		编　号	
			受控状态	
执行部门		监督部门		编修部门	

第1章 总则

第1条 目的

为了进一步加强对开发项目建设招标公示过程的管理，增加招标公示工作的透明度，保证招标工作公平、公正、公开，根据《中华人民共和国政府采购法》《中华人民共和国招标投标法》以及相关法律法规和管理文件，特制定本制度。

第2条 适用范围

本制度适用于开发项目建设招标工作中的公示管理工作。

第3条 相关职责

1. 总经理办公会对开发项目建设招标公示发生的投诉现象进行处理。

2. 招标小组及时发布招投标信息，并解答相关质疑。

第4条 管理原则

开发项目建设招标公示管理，应遵循公开透明、真实准确、严谨规范、发布及时的原则。

（续）

第2章　公示的方式和内容

第5条　招标信息公示的方式包括招标公告、招标结果公告及其他信息公告。

第6条　招标公告应包括以下九项内容。

1. 招标采购人名称、招标采购项目名称。

2. 招标采购项目编号或招标公告编号。

3. 招标项目概况与招标范围。

4. 投标人资格及要求。

5. 获取招标文件的时间、地点、方式及招标文件售价。

6. 投标截止时间、开标时间及地点。

7. 如委托招标，则要说明招标代理机构的名称及联系方式。

8. 招标人的联系方式。

9. 公告时间。

第7条　招标结果公告应当包括以下十项内容。

1. 招标人名称、招标采购项目名称。

2. 招标公告编号。

3. 招标项目的主要内容。

4. 开标日期。

5. 中标人。

6. 中标价格及相关优惠。

7. 如委托招标，说明招标采购代理机构的名称及联系方式。

8. 公示期。

9. 质疑、投诉受理部门及联系方式。

10. 公告时间。

第8条　其他信息公告应当包括以下四项内容。

1. 有关政府采购的法律、法规、规章和其他规范性文件。

2. 招投标数额标准。

3. 法律、法规和规章规定应当公告的其他信息。

4. 因违反招投标工作纪律，被列入不良记录的投标人或受托代理机构。

第9条　招投标公示信息一般在报纸、杂质、网络等媒体上公示。

第3章　公示发布的程序和公示期

第10条　招标公告须经招标小组负责人审查同意后，安排在相关媒体发布。

第11条　招标结果公告须经招标小组负责人审查同意后，在相关媒体发布。

第12条　招标公告公示期不少于五个工作日；货物与服务类委托招标项目中标结果公告公示期不少于七个工作日；建筑类委托招标项目和自行招标项目中标结果公告公示期不少于三个工作日。公示期自发布之日算起。

第13条　对于因特殊情况不能公示招标信息的项目，须经主管招标工作的相关领导批准方能实施。

(续)

第4章 公示质疑管理

第14条 公示质疑

1. 投标人对公示的招标结果如有疑问，可以向招标小组或招标代理机构提出询问，招标小组或招标代理机构应当及时答复。

2. 投标人对公示的招标结果如有质疑，应采用书面形式，写清质疑内容、具体的事实和理由并附相关的证据材料，由法定代表人签字并加盖单位公章后在公示期内送达指定部门。

第15条 公示质疑答复

1. 招标办或招标代理机构应在收到投标人质疑后五个工作日内以书面形式答复，但答复的内容不得涉及商业秘密。

2. 投标人对答复不满意的，可以在答复期满后三个工作日内向公司总经理办公会提出书面投诉。

第16条 对受理的投诉查实纠正后导致中标人发生变更的，招标小组应对变更后的中标结果重新进行公示。

第17条 在公示期内如无投标人提出质疑、投诉，招标小组或采购代理机构可在公示期满后三个工作日内发出中标通知书。

第5章 公示的违规责任

第18条 招标人、招标代理机构有下列情形之一的，责令限期改正。对负有责任的人员按有关规定处理，对受托的招标代理机构取消委托，并在五年内不予委托招标代理。

1. 不按照规定的时间及时公告招标信息或招标结果的。

2. 公示内容不真实的。

3. 公示期不足规定时间的。

4. 对投标人的质疑逾期未作回复的。

5. 隐匿、销毁应当保存的公示文本、质疑材料或伪造、涂改公示文本、质疑材料的。

第19条 提出质疑、投诉的投标人有下列情形之一的，列入不良行为记录名单，五年内禁止参加本公司的招标活动。

1. 提供虚假情况的。

2. 多次提出无效质疑或投诉的。

3. 采取不正当手段诋毁、排挤中标候选人的。

4. 与其他投标人恶意串通的。

5. 其他故意扰乱招标采购活动、损害其他当事人合法权益的。

第6章 附则

第20条 本制度由总经理办公会负责解释。

第21条 本制度自颁布之日起施行。

编制日期		审核日期		批准日期	
修改标记		修改处数		修改日期	

9.4.5 开发项目建设招标合同制度

制度名称	开发项目建设招标合同制度		编　号	
			受控状态	
执行部门		监督部门	编修部门	

第1章　总则

第1条　目的

为了促进公司开发项目建设工作的开展，规范招标合同管理工作，防止因合同风险带来的不必要经济损失，根据国家有关法律归定，特制定本制度。

第2条　适用范围

凡本公司开发项目建设的招标合同管理工作，均参照本制度实施。

第3条　相关职责

1. 总经理负责合同审批与签订工作。

2. 公司法务部根据总经理的授权，全面负责合同管理工作，并指导、监督有关部门的合同订立、履行。

3. 招标工作主管部门，负责组织合同的商谈、签订及保管工作。

第4条　管理原则

招标合同管理工作，必须遵守平等互利、协商一致、等价有偿、安全保密的原则。

第5条　合同均应采用书面形式的标准文本，有关修改合同的文书、图表、传真件等均为合同的组成部分。

第2章　合同的订立

第6条　发布中标公告后，招标工作主管部门与中标单位达成经济往来意向，经协商一致后订立合同。

第7条　订立合同前，招标工作主管部门必须了解、掌握中标单位的经营资格、资信等情况，对于无经营资格或资信的单位，不得与之订立合同。

第8条　除公司法定代表人外，其他任何人必须取得法定代表人的书面授权委托方能对外订立书面合同。

第9条　授权委托事宜由公司法务部专门管理，需授权人员在办理登记手续，领取、填写授权委托书，经公司法定代表人签字并加盖公章后授权生效。

第10条　合同内容要求

1. 合同必须具备标的（指货物、劳务、工程项目等）、数量和质量、价款或酬金、履行的期限、地点和方式等。

2. 对于合同标的没有国家通行标准又难以用书面确切描述的，应当封存样本，由合同双方共同封存，加盖公章或合同章后分别保管。

（续）

3. 每份合同文本上必须注明合同对方的单位名称、地址、联系人、电话、银行账号。

4. 严禁在空白文本上盖章，严禁我方签字后以传真、信函的形式交对方签字盖章；如有例外需要，须总经理特批。

5. 单份合同文本达两页以上的须加盖骑缝章。

第11条 合同文本拟定完毕，凭合同流转单据按规定的流程经各业务部门负责人和公司总经理审核通过后加盖公章或合同专用章方能生效。

第12条 合同盖章生效后，应交由合同管理员按公司确定的规范对合同进行编号并登记。

第13条 原则上，我方应持单份合同文本，至少应持两份。合同文本及复印件由财务部、办公室、法律顾问、具体业务部门等分存，其中原件由财务部和办公室留存。

第3章 合同的履行

第14条 合同依法订立后即具有法律效力，应当实际、全面地履行。

第15条 财务部应根据合同编号各立合同台账，每份合同设一个台账，分别按业务进展情况和收付款情况一事一记。

第16条 有关部门如在合同履行中遇履约困难或违约等情况，应及时向公司总经理汇报并通知法务部。

第17条 财务部依据合同履行收付款工作，对具有下列情形的业务，应当拒绝付款。

1. 应当订立书面合同而未订立书面合同，且未采用非书面合同代用的；

2. 收款单位与合同对方当事人名称不一致的。

第18条 付款单位与合同对方当事人名称不一致的，财务部应当督促付款单位出具代付款证明。

第19条 在合同履行过程中，合同对方所开具的发票必须先由具体经办人员审核签字认可，经总经理签字同意后再转财务审核付款。

第20条 合同履行过程中，有关人员应妥善管理合同资料，对开发项目合同的有关技术、图表等重要原始资料应建立出借、领用制度，以保证合同的完整性。

第4章 合同的变更和解除

第21条 合同的变更或解除必须依照合同的订立流程，经招标主管（或业务）部门、财务部、法务部等相关职能部门负责人和公司总经理审核通过后，方可执行。

第22条 我方变更或解除合同的通知或双方的协议应当采用书面形式，并按规定经审核后加盖公章或合同专用章。

第23条 有关部门收到对方要求变更或解除合同的通知，必须在三天内向公司总经理汇报并通知法务部。

第24条 变更或解除合同的通知和回复应符合公文收发的要求，挂号寄发或由对方签收，挂号或签收凭证作为合同组成部分交由办公室保管。

第25条 变更或解除合同的文本作为原合同的组成部分或更新部分，与原合同有同样法律效力，纳入本制度规定的管理范围。

（续）

第26条　合同变更后，合同编号不予改变。

第5章　其他

第27条　招标合同作为公司招标活动的重要法律依据和凭证，有关人员应保守合同秘密。

第28条　招标主管（或业务）部门、财务部应当根据所立合同台账，按公司的要求定期或不定期汇总各自工作范围内的合同订立和履行情况。

第29条　处罚规定

1. 在招标合同签订及保管过程中有泄露我方标价或合同内容的，将追究经济责任；构成犯罪者，移送有关国家机关追究其法律责任。

2. 凡因未按规定处理合同事宜、未及时汇报情况和遗失合同有关资料而给公司造成损失的，追究其经济和行政责任。

第6章　附则

第30条　本制度解释权归公司所有。

第31条　本制度自颁布之日起生效实施。

编制日期		审核日期		批准日期	
修改标记		修改处数		修改日期	

第 10 章　房地产工程开工管理流程与制度

10.1　房地产工程开工管理流程体系

10.1.1　房地产工程开工管理流程目录

房地产工程开工管理流程指通过科学的分析和论证，对整个工程各阶段施工设计进行全面审核审批管理的过程。

房地产企业在工程开工管理过程中，涉及的管理流程如图 10-1 所示。

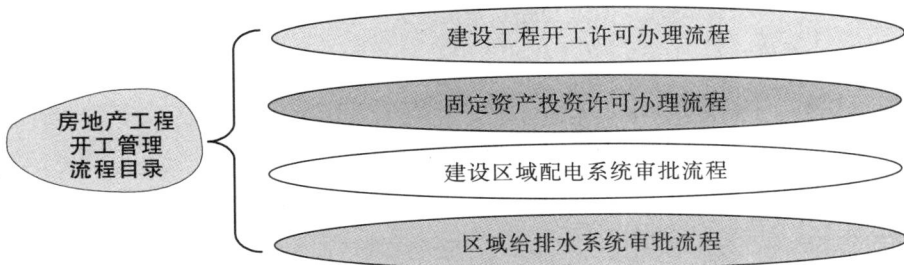

图 10-1　房地产工程开工管理流程目录

10.1.2　房地产工程开工管理关键节点

房地产企业要加强对工程开工的管理，确保工程建设安全，提高开发工作效率，就要对工程开工管理中各个流程的关键节点进行全面了解与控制，具体如图 10-2 所示。

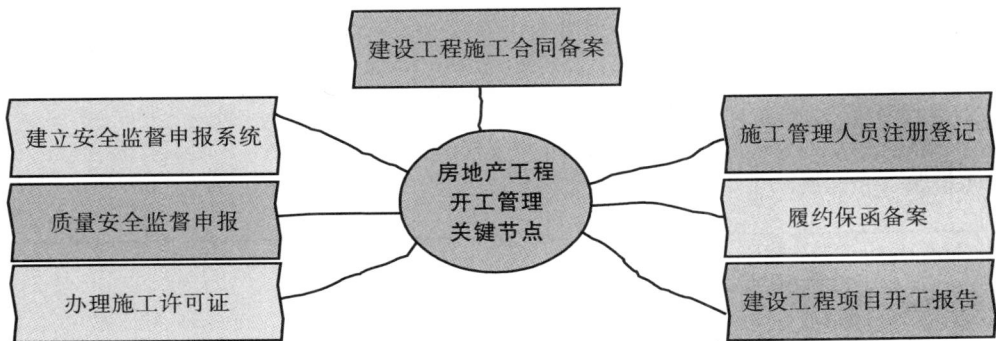

图 10-2　房地产工程开工管理关键节点

10.1.3 房地产工程开工管理流程说明

房地产工程开工管理流程的具体说明如表 10-1 所示。

表 10-1 房地产工程开工管理流程说明表

文件名称	房地产工程开工管理流程		版本号		页数	
文件编号			编制人		审批人	
关键节点名称	操作说明		时长	适用人员		责任部门
建设工程施工合同备案	招标人和投标人在签订施工合同后 7 天之内到市建设行政主管部门备案		___个工作日	招投标单位		项目部
建立安全监督申报系统	项目部协助施工单位建立安全监督申报系统		___个工作日	项目管理主管		项目部
施工管理人员注册登记	施工单位的管理人员应提交资格证，并申报注册登记		___个工作日	施工单位管理人员		项目部
质量安全监督申报	项目部需提交包括开工许可证及各项合同在内的相关资料		___个工作日	项目管理主管		项目部
履约保函备案	项目部负责对履约保函进行备案，所有准备的材料需要加盖企业公章		___个工作日	项目管理主管		项目部
办理施工许可证	项目部需向市建设行政管理部门办理施工许可证		___个工作日	项目管理主管		项目部
建设工程项目开工报告	项目部向施工单位提交建设工程项目开工报告		___个工作日	项目管理专员		项目部

10.2 房地产工程开工管理主要流程

10.2.1 建设工程开工许可办理流程

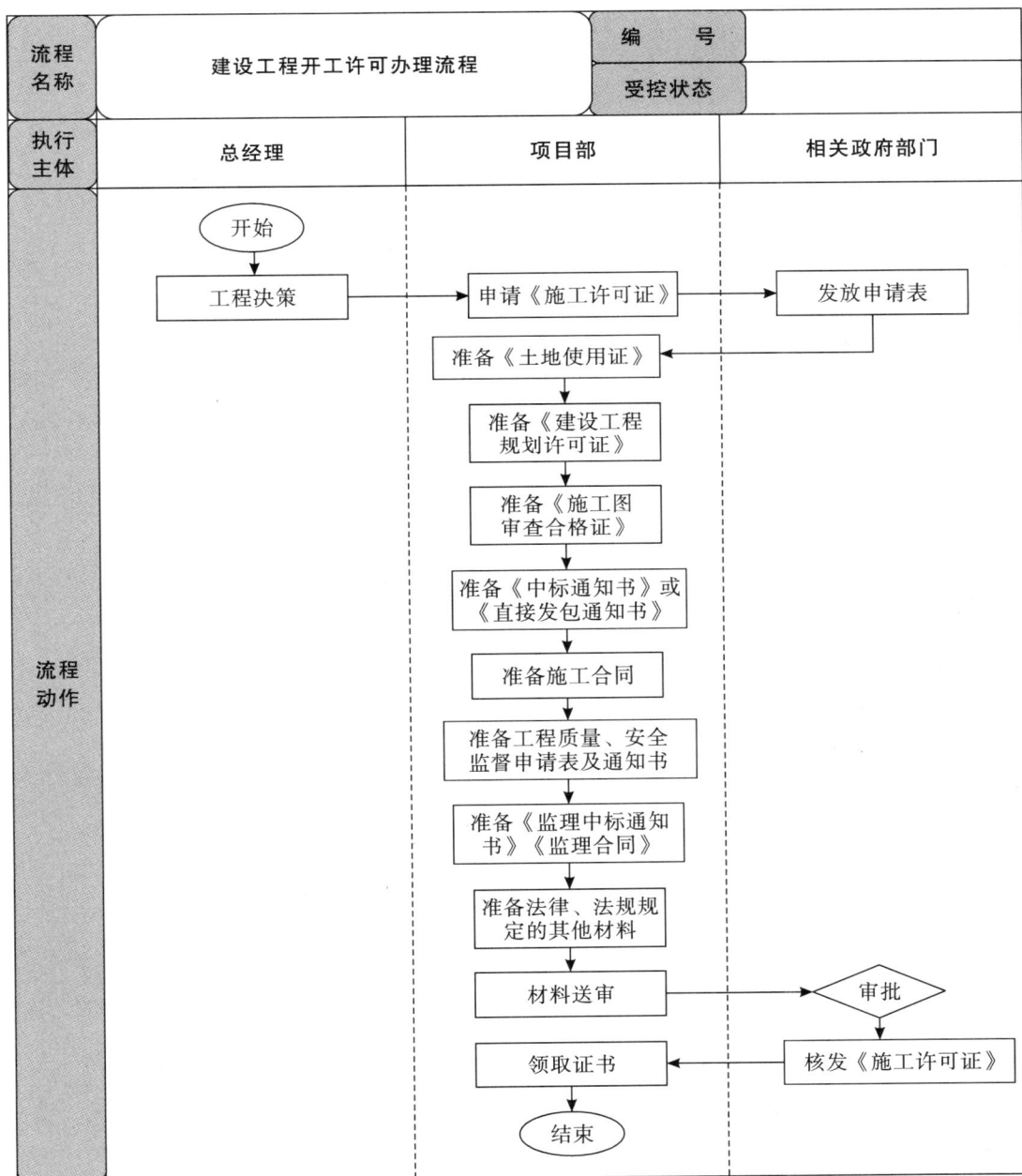

流程名称	建设工程开工许可办理流程		编　号	
			受控状态	
执行主体	总经理	项目部	相关政府部门	

流程动作

```
                开始
                 │
              工程决策 ────→ 申请《施工许可证》 ────→ 发放申请表
                                   │                      │
                          准备《土地使用证》 ←────────────┘
                                   │
                          准备《建设工程
                           规划许可证》
                                   │
                          准备《施工图
                           审查合格证》
                                   │
                          准备《中标通知书》或
                          《直接发包通知书》
                                   │
                          准备施工合同
                                   │
                          准备工程质量、安全
                          监督申请表及通知书
                                   │
                          准备《监理中标通知
                           书》《监理合同》
                                   │
                          准备法律、法规规
                          定的其他材料
                                   │
                          材料送审 ────→ 审批
                                           │
                          领取证书 ←── 核发《施工许可证》
                                   │
                                 结束
```

10.2.2 固定资产投资许可办理流程

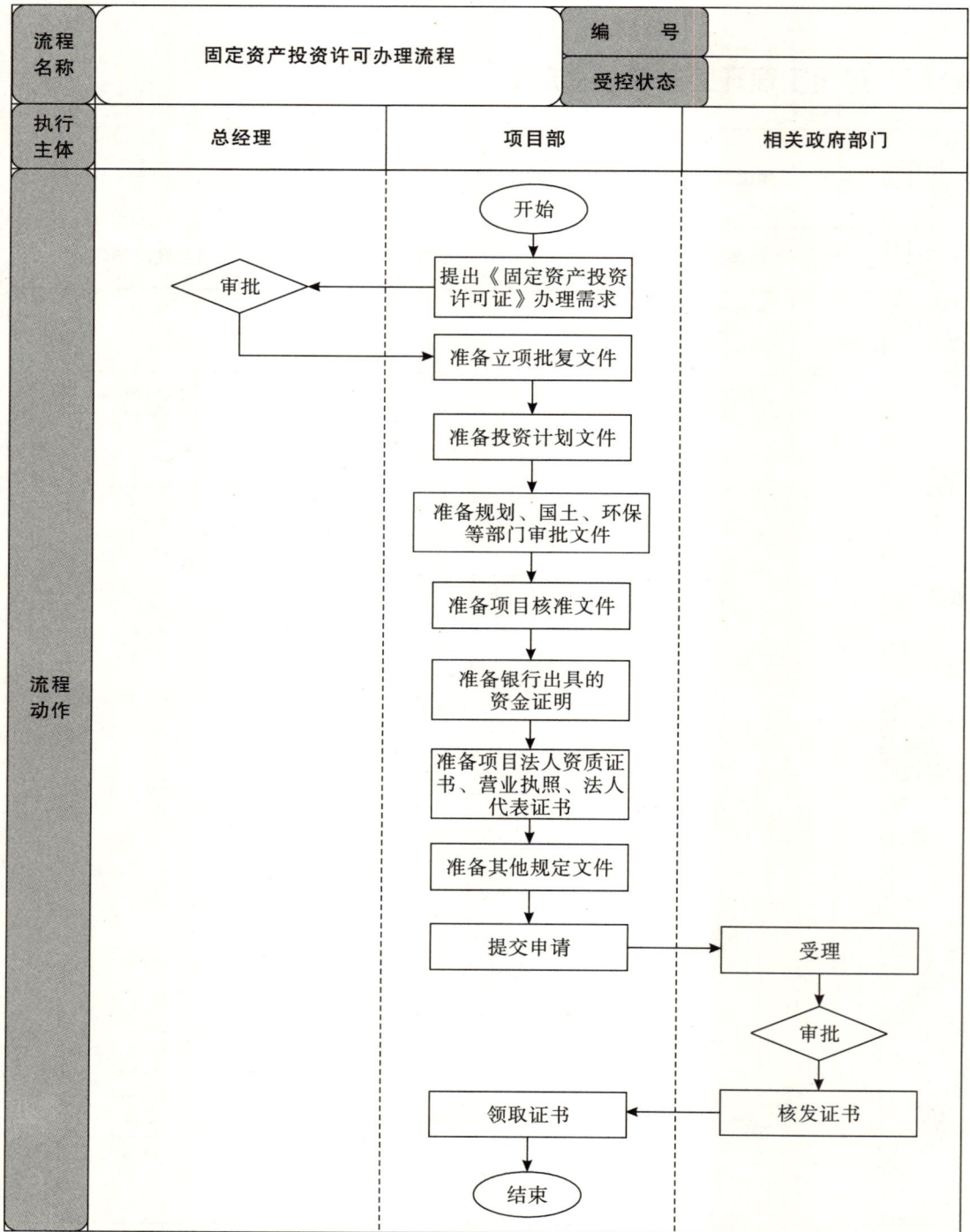

流程名称	固定资产投资许可办理流程	编　号	
		受控状态	
执行主体	总经理	项目部	相关政府部门

流程动作

```
                    开始
                     │
        审批 ◄─── 提出《固定资产投资
         │         许可证》办理需求
         └──────► 准备立项批复文件
                     │
                 准备投资计划文件
                     │
              准备规划、国土、环保
                等部门审批文件
                     │
                准备项目核准文件
                     │
                准备银行出具的
                  资金证明
                     │
              准备项目法人资质证
              书、营业执照、法人
                  代表证书
                     │
                准备其他规定文件
                     │
                 提交申请 ──────► 受理
                                    │
                                  审批
                                    │
                 领取证书 ◄────── 核发证书
                     │
                    结束
```

10.2.3 建设区域配电系统审批流程

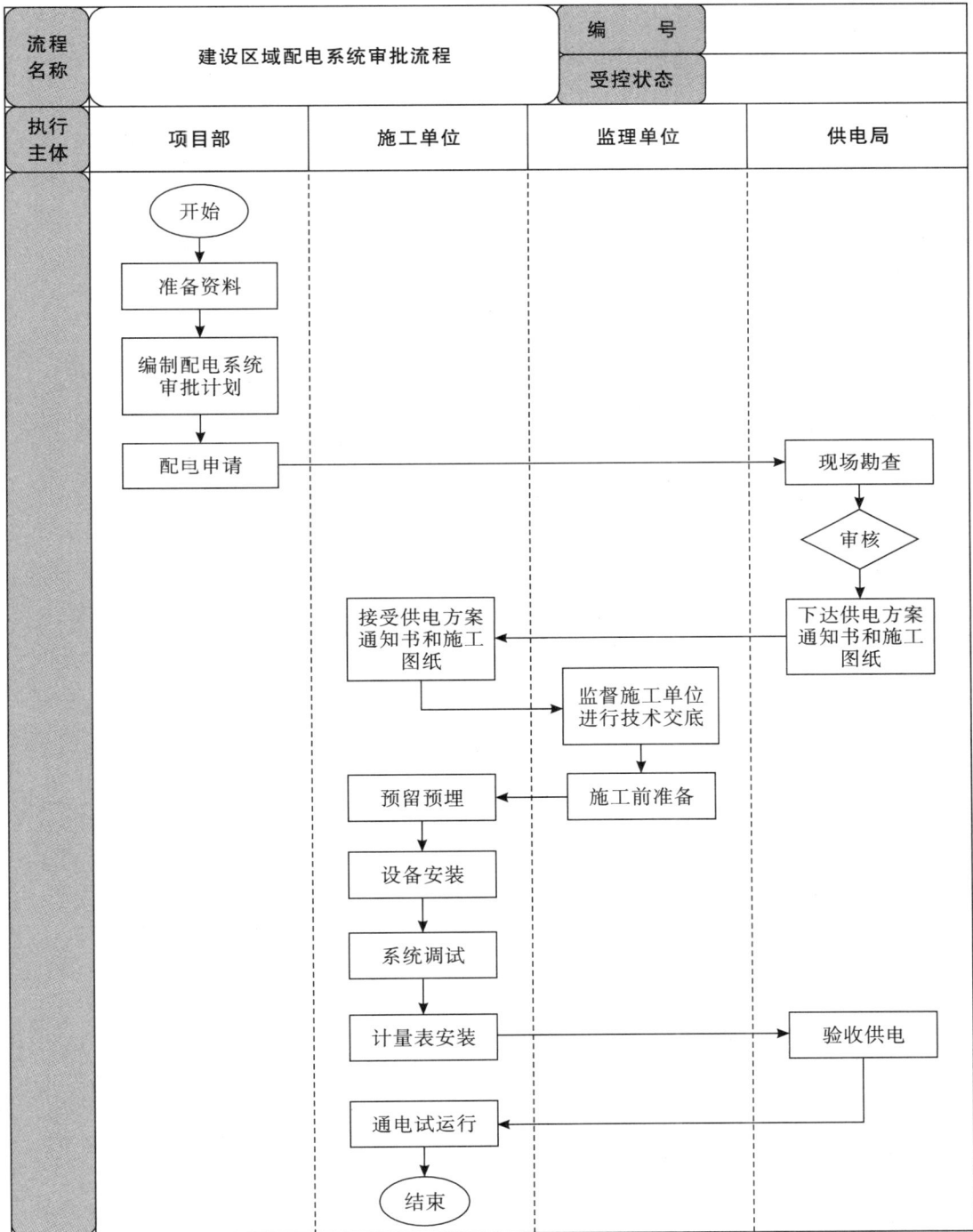

流程 名称	建设区域配电系统审批流程		编　　号	
			受控状态	
执行 主体	项目部	施工单位	监理单位	供电局

开始

准备资料

编制配电系统审批计划

配电申请 → 现场勘查

审核

接受供电方案通知书和施工图纸 ← 下达供电方案通知书和施工图纸

监督施工单位进行技术交底

预留预埋 ← 施工前准备

设备安装

系统调试

计量表安装 → 验收供电

通电试运行 ←

结束

10.2.4 区域给排水系统审批流程

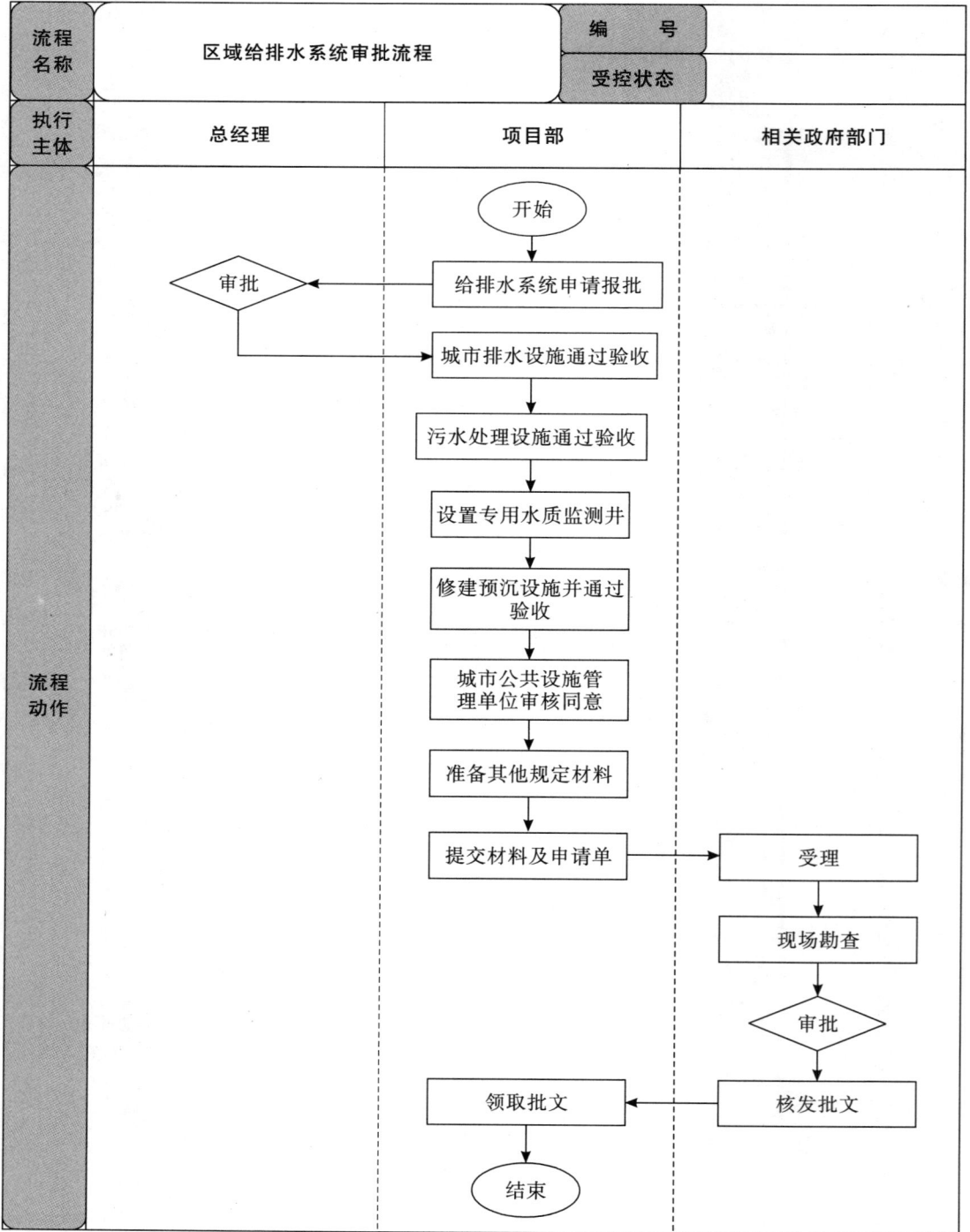

流程 名称	区域给排水系统审批流程		编　号	
			受控状态	
执行 主体	总经理	项目部		相关政府部门

流程动作

```
                                    ┌──────────┐
                                    │   开始    │
                                    └────┬─────┘
                                         ↓
        ┌──────┐          ┌──────────────────────┐
        │ 审批  │ ←───────│   给排水系统申请报批      │
        └──┬───┘          └──────────────────────┘
           │                         ↓
           │              ┌──────────────────────┐
           └────────────→ │   城市排水设施通过验收    │
                          └──────────────────────┘
                                     ↓
                          ┌──────────────────────┐
                          │   污水处理设施通过验收    │
                          └──────────────────────┘
                                     ↓
                          ┌──────────────────────┐
                          │   设置专用水质监测井      │
                          └──────────────────────┘
                                     ↓
                          ┌──────────────────────┐
                          │  修建预沉设施并通过验收   │
                          └──────────────────────┘
                                     ↓
                          ┌──────────────────────┐
                          │ 城市公共设施管理单位审核同意│
                          └──────────────────────┘
                                     ↓
                          ┌──────────────────────┐
                          │   准备其他规定材料       │
                          └──────────────────────┘
                                     ↓
                          ┌──────────────┐        ┌──────────┐
                          │  提交材料及申请单 │ ─────→ │   受理    │
                          └──────────────┘        └────┬─────┘
                                                        ↓
                                                  ┌──────────┐
                                                  │  现场勘查  │
                                                  └────┬─────┘
                                                        ↓
                                                  ┌──────┐
                                                  │ 审批  │
                                                  └──┬───┘
                                                     ↓
                          ┌──────────┐        ┌──────────┐
                          │  领取批文  │ ←──────│  核发批文  │
                          └────┬─────┘        └──────────┘
                               ↓
                          ┌──────────┐
                          │   结束    │
                          └──────────┘
```

10.3 房地产工程开工管理制度体系

10.3.1 房地产工程开工管理制度体系指引图

房地产工程开工管理制度体系包括建筑工程施工许可证管理、固定资产投资许可证管理、开发工程临时水电使用管理、供暖设施设计施工审批等内容，其体系指引图如图10-3所示。

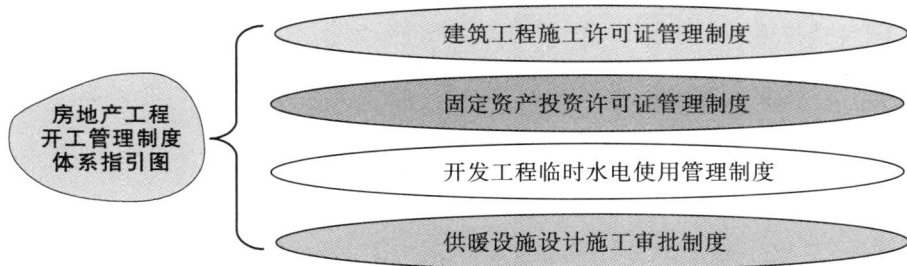

图10-3 房地产工程开工管理制度体系指引图

10.3.2 房地产工程开工管理制度的设计目标

房地产企业建立工程开工管理制度体系，主要是为了完成以下三大目标，具体如图10-4所示。

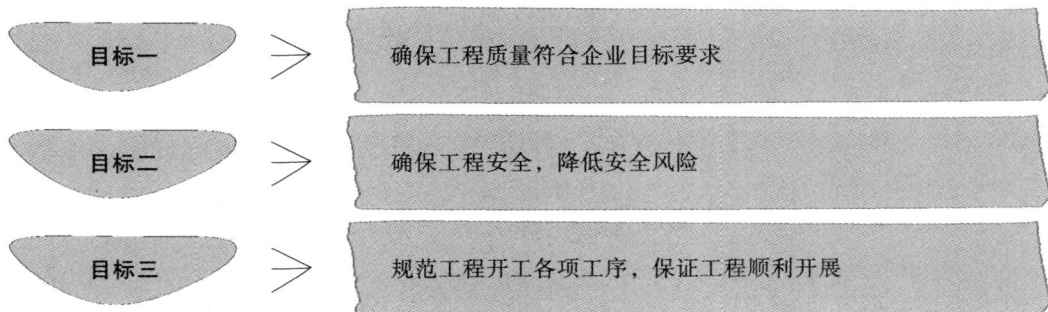

图10-4 房地产工程开工管理制度设计目标

10.3.3 房地产工程开工管理制度设计关注点

在房地产工程开工管理制度设计中，企业需加强对以下三大关注点的管控，以确保房地产工程开工正常有序地实现，具体如图 10-5 所示。

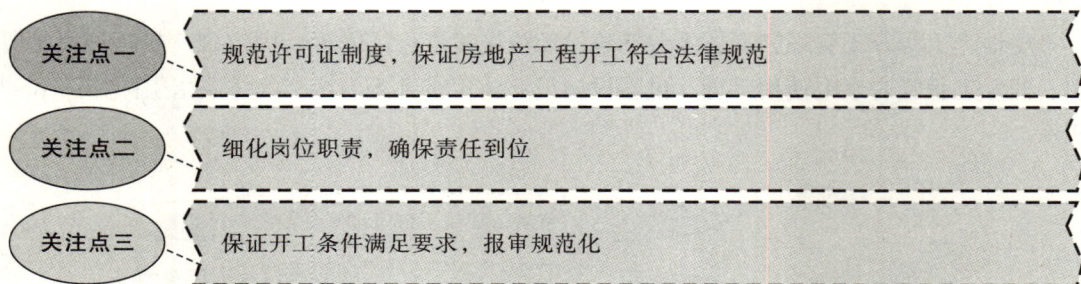

关注点一	规范许可证制度，保证房地产工程开工符合法律规范
关注点二	细化岗位职责，确保责任到位
关注点三	保证开工条件满足要求，报审规范化

图 10-5 房地产工程开工管理制度设计关注点

10.4 房地产工程开工管理制度设计

10.4.1 建筑工程施工许可证管理制度

制度名称	建筑工程施工许可证管理制度	编　号	
		受控状态	
执行部门		监督部门		编修部门	

第 1 章　总则

第 1 条　目的

为了合理有序地办理《建筑工程施工许可证》，提高工作效率，保证公司建设工程正常、合规、有效地进行，依据我国相关法律法规，根据公司的实际情况，特制定本制度。

第 2 条　适用范围

本制度适用于项目部办理《建筑工程施工许可证》相关环节的工作。

第 3 条　工作职责

1. 项目部负责制订建筑工程施工许可计划，办理《建筑工程施工许可证》。

2. 相关参与部门负责协助完成项目部安排的相关任务。

第 2 章　办理许可证前的准备

第 4 条　建设单位申请领取施工许可证，应当具备下列条件，并提交相应的证明文件。

1. 已经办理该建筑工程用地批准手续。

（续）

2. 在城市规划区的建筑工程已经取得《建设工程规划许可证》。

3. 施工场地已经基本具备施工条件，需要拆迁的，其拆迁进度符合施工要求。

4. 已经确定施工企业，如出现以下情况，则所确定的施工企业无效。（1）按照规定应该招标的工程没有招标；（2）应该公开招标的工程没有公开招标；（3）将工程发包给不具备相应资质条件的施工企业。

5. 有满足施工需要的施工图纸及技术资料，施工图设计文件已按规定进行了审查。

6. 有保证工程质量和安全的具体措施。

施工企业编制的施工组织设计中，有根据建筑工程特点制定的相应质量、安全技术措施，对专业性较强的工程项目编制了专项质量、安全施工组织设计，并按照规定办理工程质量、安全监督手续。

7. 按照规定应该委托监理的工程已委托监理。

8. 建设资金已经落实。

建设工期不足一年的，到位资金原则上不得少于工程合同价的50%；建设工期超过一年的，到位资金原则上不得少于工程合同价的30%。建设单位应当提供银行出具的到位资金证明，有条件的可以实行银行付款保函或其他第三方担保。

9. 法律、行政法规规定的其他条件。

第5条 项目部在审核公司符合上述条件后，需向市行政主管部门提交以下申报材料。

1. 《监理中标通知书》和《监理合同》。

2. 《建设工程规划许可证》。

3. 专项安全施工组织设计。

4. 施工中标通知书。

5. 《建设用地批准书》或土地使用证。

6. 散装水泥专项资金收据。

7. 承发包合同。

8. 施工图设计文件已审查的证明文件。

9. 安全措施费用计划。

10. 《建筑工程施工许可申请表》。

11. 建设单位开户银行的存款证明或对建设单位支付和履约的担保。

12. 劳动保险统筹金缴纳凭证。

13. 淤泥渣土排放证。

14. 监理单位总监的注册证书。

15. 施工进度计划。

16. 特种作业人员列表。

17. 《安全生产许可证》。

18. 施工单位项目安全管理框架图，注册安全主任、安全员证书。

（续）

19. 建设单位安全监督人员名册。

20. 印花税收据。

21. 监理单位项目人员名册。

22. 施工现场总平面布置图。

23. 质量安全监督登记表。

24. 施工现场安全防护设施搭设计划。

25. 临时设施搭建情况说明表。

26. 拟进入施工现场使用的施工起重机械设备列表。

第3章　施工许可证使用管理

第6条　申请办理施工许可证，应当按照下列程序进行。

1. 建设单位向发证机关领取《建筑工程施工许可申请表》。

2. 建设单位持加盖单位及法定代表人印鉴的《建筑工程施工许可申请表》，并附本制度第4条规定的证明文件，向发证机关提出申请。

3. 发证机关在收到建设单位报送的《建筑工程施工许可申请表》和所附证明文件后，对于符合条件的，应当自收到申请之日起15日内颁发施工许可证；对于证明文件不齐全或失效的，应当限期要求建设单位补正，审批时间可以自证明文件补正齐全后作相应顺延；对于不符合条件的，应当自收到申请之日起15日内书面通知建设单位，并说明理由。

第7条　建筑工程在施工过程中，如建设单位或施工单位发生变更，应当重新申请领取施工许可证。

第8条　施工单位的施工小组必须严格按照许可证规定的日期、班次施工，项目部应到现场监督指导，安保部必须派安全员进行现场监督护理，确保工程人员安全。

第9条　施工许可证分为正本和副本，正本和副本具有同等法律效力，复印的施工许可证无效。

第10条　施工许可证一式五份，施工单位一份，项目部、技术部、质检部各一份，安监部一份，随工程申报材料一并存档备查。

第11条　《建筑工程施工许可证》由国务院建设行政主管部门制定格式，由各省、自治区、直辖市人民政府建设行政主管部门统一印制。

第12条　对于伪造的施工许可证，该施工许可证无效，由发证机关责令停止施工，并对责任单位处以罚款；构成犯罪的，依法追究刑事责任。

第13条　对于涂改施工许可证的，由原发证机关责令改正，并对责任单位处以罚款；构成犯罪的，依法追究刑事责任。

第4章　附则

第14条　本制度由项目部负责制定，其最终解释权归项目部所有。

第15条　本制度自颁布之日起生效。

编制日期		审核日期		批准日期	
修改标记		修改处数		修改日期	

10.4.2 固定资产投资许可证管理制度

制度名称	固定资产投资许可证管理制度		编　号	
			受控状态	
执行部门		监督部门	编修部门	

第1章　总则

第1条　目的

为了加强公司对固定资产的控制，规范固定资产的投资管理工作，提高固定资产投资的安全性、完整性、高效性，根据我国相关法律法规并结合公司的实际情况，特制定本制度。

第2条　适用范围

本制度适用于公司本部、分公司及公司所属全资子公司和控股子公司的固定资产投资许可证管理工作。

第3条　工作职责

1. 项目部负责固定资产投资许可证办理工作，统筹安排各项环节职能。

2. 财务部的相关职责。

（1）负责所有固定资产核算工作。

（2）负责下达年度固定资产投资计划。

3. 计划部的相关职责。

（1）负责本单位固定资产计划的立项、编制、申报工作。

（2）负责本单位固定资产大修计划的申报工作。

第2章　通过土地公开交易市场取得土地开发权的投资项目的办理

第4条　办理土地成交有关手续

公司项目部应在土地公开交易市场通过公开交易的方式取得土地开发权，由市建设行政主管部门核发土地成交确认书。

第5条　项目部在办理土地成交相关手续后，可同时办理开发工程立项、用地、规划设计方案等相关手续。

1. 开发工程立项相关手续。

对于内部投资项目，项目部依次办理环境影响评价审查、建设项目核准或备案手续。

2. 用地相关手续。

项目部依次办理土地出让许可证、《建设用地规划许可证》、《国有土地使用证》，最长时限不得超过17个工作日。

3. 规划设计方案及初步设计相关手续。

项目部组织进行设计方案招标，由政府规划部门对设计方案招投标活动进行备案监管或提供服务咨询。

（续）

第6条　建设工程规划许可相关手续办理

项目部在取得《建设用地规划许可证》和项目经核准后，应办理年度投资计划，并且在经过建设相关部门审查后办理《建设工程规划许可证》。

第7条　建设工程施工许可相关手续办理

项目部取得《建设工程规划许可证》后，可根据需要同时办理掘路许可、占路许可、移伐树木许可等相关证件，同时应做好备案工作。

第3章　通过协议出让方式取得土地使用权的投资项目的办理

第8条　办理核准类项目

1. 项目核准有关手续办理。

（1）公司项目部需向发展改革部门递交申请，根据发展改革部门下发的审批意见和项目的实际情况，到卫生、环保、园林绿化、水电等部门办理许可。

（2）项目部可根据发展改革部门的告知和实际需要，同时办理建设用地预审、环境影响评价审查、地震安全性评价报告审定及抗震设防要求确定手续，最长时限不得超过 20 个工作日。

2. 项目部在取得规划意见书后，可同时办理项目用地、规划设计方案及初步设计相关手续。

（1）项目用地相关手续。

项目部需依次办理规划意见书、《建设用地规划许可证》、征地许可、土地出让许可，最长办理时限不得超过 20 个工作日。

（2）在办理完成项目用地相关手续后，项目部方可办理《国有土地使用证》、房屋拆迁许可证、年度投资计划，最长办理时限不得超过 10 个工作日。

（3）规划设计方案及初步设计有关手续。

项目部在取得规划意见书后，可进行设计方案招标，由市规划部门对公司设计方案招投标活动进行备案监管，同时组织专员将监管结果根据项目需要选择性地抄送至绿化、人气、市政管理、水务、供暖等部门。

3. 建设工程规划许可相关手续办理。

项目部在办理了年度投资计划后，根据需要通过市建设行政主管部门对项目建设方案审查后，可办理《建设工程规划许可证》，最长时限不得超过 20 个工作日。

4. 建设工程施工许可相关手续办理。

项目部取得《建设工程规划许可证》后，可根据需要同时办理掘路许可、占路许可、移伐树木许可等相关手续，最长时限不得超过 12 个工作日。

第9条　办理备案类项目

1. 办理项目备案相关手续。

（1）项目部组织专员到发展改革部门办理项目备案手续后，同时可根据需要办理地震安全性评价报告审定及抗震设防要求确定和规划意见书、环境影响评价审查、职业病危害预评价、不可移动文物的原址保护及对保护范围内建设项目审查手续。

（续）

（2）项目部可根据市规划部门的规划意见书到绿化、卫生、园林绿化、水电等部门办理或咨询相关意见。

2. 项目部办理规划意见书后，可同时办理项目用地、规划设计方案及初步设计有关手续。

（1）项目用地相关手续。

项目部依次办理建设用地预审、《建设用地规划许可证》、征地许可、土地出让许可，最长办理时限不得超过12工作日。

（2）规划设计方案及初步设计相关手续。

项目部组织进行设计方案招标，由市规划部门对设计方案招投标活动进行备案监管，同时将监管结果根据项目需要选择性抄送绿化、燃气、市政管理、、水务、供暖等部门。

3. 建设工程规划许可有关手续办理。

项目部办理了年度投资计划，同时交由市行政管理部门进行审核，办理《建设工程规划许可证》，最长办理时限不得超过20个工作日。

4. 建设工程施工许可有关手续办理。

项目部取得《建设工程规划许可证》后，可根据需要同时办理掘路许可、占路许可、移伐树木许可等相关手续，最长办理时限不得超过20个工作日。

第4章 附则

第10条 本制度由项目部负责制定，其最终解释权归项目部所有。

第11条 本制度自颁布之日起生效。

编制日期		审核日期		批准日期	
修改标记		修改处数		修改日期	

10.4.3 开发工程临时水电使用管理制度

制度名称	开发工程临时水电使用管理制度		编　号	
			受控状态	
执行部门		监督部门		编修部门	

第1条 为了加强施工现场临时用水电及安全技术管理，正确使用与计量施工用临时水电，保障施工现场用水、用电安全，保证工程施工正常进行，特制定本制度。

第2条 本制度适用于各项目企业工程管理中施工现场内对所有施工单位的临时用水、用电及水电设施的使用、管理与计量。

第3条 项目企业及开发部应办妥工地所在地的市政配套手续，将技术资料收集齐全。

第4条 工程技术人员根据工地所在地的市政配套现状资料并参考各施工单位报审的《施工组织

（续）

计划书》中所提出的临时水电需求总量，计算出本项目临时水电的总负荷（包括水表的型号、数量、排水管道的直径等；变压器的容量、电压等），形成书面资料报项目企业经理批准，并配合项目企业市政人员做好临时水电的接入工作。

第5条 如果情况允许，应该将施工用临时水电的接入与工程完工后的正式用水电同时考虑，以避免二次浪费。

第6条 临时水电接入后，工程技术人员应根据工地现场的实际情况，配合监理工程师绘制整个工地的临时水电分配图。

第7条 各施工单位之间出现水电需求矛盾时，应督促监理工程师进行协调，并优先考虑工程人员生活、安全的需要及重点工程的正常进行。

第8条 在施工单位进入、撤出工地现场时，相关工程技术人员应组织监理单位、施工单位相关人员对施工用水表的表号、数字、型号及电表的型号、表号、数字、互感器的倍数等参数进行记录并由三方签字认可，项目企业设立专门档案，在工地由专人负责。

第9条 工地临时水电负责人员应根据工程所在地的实际情况，定期检查各施工单位的临时水电使用情况，记录水表、电表的数字并经三方签字认可后转交给项目企业财务人员。

第10条 各施工单位在各自施工场地内的临时水电使用、管理在监理单位、开发单位的监督下进行，并对其安全性负全部责任。

第11条 各施工单位变更水表、电表及变更其使用位置时，应报监理单位、开发单位批准后方能进行。

第12条 临时水电的使用应遵守当地行业部门的内部规定。

第13条 本制度由项目部负责制定，其最终解释权归项目部所有。

第14条 本制度自颁布之日起生效。

编制日期		审核日期		批准日期	
修改标记		修改处数		修改日期	

10.4.4 供暖设施设计施工审批制度

制度名称	供暖设施设计施工审批制度		编　号	
			受控状态	
执行部门		监督部门	编修部门	

第1条 目的

为了提高房地产项目的使用质量，加强对房地产项目供暖设施的管理，规范供暖设施设计的审批事宜，特制定本制度。

（续）

第2条　适用范围

本制度适用于房地产项目供暖设施设计施工的审批管理事宜。

第3条　管理职责

1. 公司总经理负责对供暖设施设计的施工工作进行全面部署。

2. 规划设计部负责办理供暖设施设计施工申请事宜，包括准备相关材料、提交材料、接受审批通知等。

3. 行政执法的供热管理部门负责受理房地产项目的供暖设施设计施工审批事宜。

第4条　确定申请条件

规划设计部应在房地产项目规划选址阶段，将扩建、改建热源工程和供热入网工程的相关材料提交至政府规划部门，申请供热管理部门进行供热预审，接收供热管理部门的预审意见。

第5条　准备审批资料

1. 对于新建、扩建、改建供热工程的房地产项目，规划设计部应准备以下资料。

（1）新建、扩建、改建城市供热工程建设申请审批表。

（2）房地产项目供热工程的施工图纸。

（3）建设单位营业执照原件及复印件

（4）拟建项目所在区域平面位置图（比例尺为1：500～1：2 000）。

（5）建设单位验资报告。

（6）市、区发展和改革部门的核准备案手续。

（7）审图机构出具的图纸审查合格证和图纸审查报告。

2. 对于需接入集中供热管网的房地产项目，规划设计部应准备以下资料。

（1）用热申请审批表。

（2）拟建项目所在区域平面位置图（比例尺为1：500～1：2 000）。

（3）建筑物室内采暖系统图及热负荷计算书。

（4）供热管网拟建示意图。

（5）建设单位营业执照。

（6）建设单位验资报告。

（7）市、区、县发展和改革部门的核准备案手续。

（8）审图机构出具的图纸审查合格证和图纸审查报告。

第6条　准备好供热设施设计施工审批资料后，规划设计部应将相关资料提交至供热管理部门申请受理，根据供热管理部门的意见补齐申请材料。如申请材料齐全，可直接将材料交由供热主管部门进行核准、审批。

第7条　供热主管部门负责对申请材料进行核准后，组织相关人员对项目进行现场勘察。规划设计部人员负责做好现场勘察的接待准备工作。

第8条　供热管理部门领导根据现场勘察结果签署供热设施设计施工审查意见、审批意见，核发决定书，并将信息在供热管理网站上公开。

（续）

第 9 条　供热设施设计审批通过后，规划设计部组织开展相关施工工作，对工作状况进行监管，并接受监理单位的监管。

第 10 条　本制度由规划设计部负责制定与修订。

第 11 条　本制度经公司总经理审批通过后执行。

编制日期		审核日期		批准日期	
修改标记		修改处数		修改日期	

10.4.5　道路设施设计施工审批制度

制度名称	道路设施设计施工审批制度		编　号	
			受控状态	
执行部门		监督部门	编修部门	

第 1 条　目的

为了规范道路设施设计施工相关人员的管理权限，提升道路施工设计水平和建设质量，提高道路设施设计施工审批工作的效率，特制定本制度。

第 2 条　适用范围

本制度适用于道路设施设计施工审批管理事宜。

第 3 条　管理职责

1. 公司总经理负责对道路设施设计的施工工作进行全面部署。

2. 规划设计部负责办理道路设施设计施工申请事宜，包括准备相关材料、提交材料、接受审批通知等。

3. 行政执法的市政管理部门负责受理房地产项目的道路设施设计施工审批事宜。

第 4 条　编制道路设施设计施工文件

规划设计部应按照以下要求编制道路设施设计文件。

1. 以房地产项目的实际情况、项目建议书、项目可行性研究报告等为编制依据。

2. 以房地产周边环境、交通状况及小区的规划图为依据进行编制。

3. 根据各阶段设计评审会专家组意见和设计咨询意见进行编制。

第 5 条　设计资料准备与提交

1. 规划设计主管首先向下属规划设计人员分配道路设施设计施工审批资料的收集任务，并指导规划设计人员整理相关资料。

2. 规划设计主管对所收集的资料进行审核后，编制审批所需要的文件，并交公司总经理进行审核、审批。资料经审批后，规划设计主管组织开展施工申请工作。

（续）

在准备相关审批材料时，规划设计主管应随时与市政管理部门取得联系，确定所准备的资料是否齐全、符合标准等。如不符合审批标准，规划设计主管应及时对审批资料及文件进行完善。

3. 规划设计主管应提交以下道路设施设计施工文件及材料。

（1）房地产项目设计单位的资质文件。

（2）道路工程咨询单位提供的设计咨询报告文件。

（3）道路施工标准及规范。

（4）道路施工组织设计文件。

第6条 道路设施设计施工审批

市政管理部门对相关材料进行审批，规划设计部人员根据审批中遇到的问题及整改意见对发现的问题进行改进，并修改审批材料直至符合审核审批要求，方可重新申请审核。

第7条 领取审批文件

规划设计部应在规定时间内领取审批文件，听取市政管理部门的审批意见，并组织安排下阶段工作。

第8条 本制度由规划设计部负责制定与修订。

第9条 本制度经由公司总经理审批通过后执行。

编制日期		审核日期		批准日期	
修改标记		修改处数		修改日期	

第11章 房地产工程项目管理流程与制度

11.1 房地产工程项目管理流程体系

11.1.1 房地产工程项目管理流程目录

工程项目管理，是指房地产企业受业主委托，按照合同约定，代表业主对工程项目的组织实施进行全过程或若干阶段的管理和服务。良好的工程项目管理是指房地产企业运用现代化的管理理念，把工作项目所需的各种材料和信息进行有机结合，从而保证项目的顺利实施和项目目标的实现。

房地产企业进行工程项目管理的流程需包括但不限于以下五项，具体如图11-1所示。

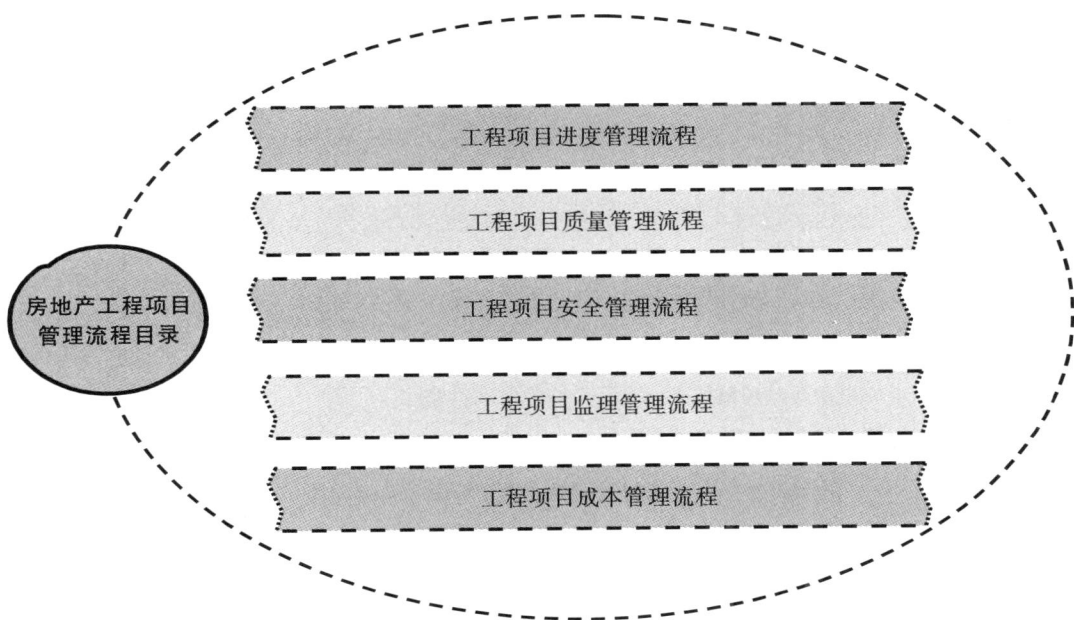

图11-1 房地产工程项目管理流程目录

11.1.2 房地产工程项目管理关键节点

为了顺利开展房地产工程项目管理工作，提高项目建设效率，保证施工过程的安全，房地产企业在进行工程项目管理时需要做好下列关键节点事项的规范和控制工作，具体如

图11-2 所示。

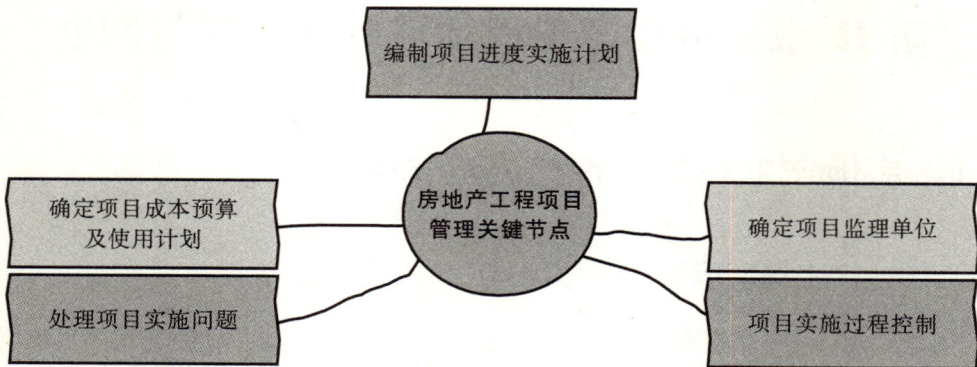

图11-2 房地产工程项目管理关键节点

11.1.3 房地产工程项目管理流程说明

房地产工程项目管理流程的具体说明如表11-1所示。

表11-1 房地产工程项目管理流程说明表

文件名称	房地产工程项目管理流程		版本号		页数	
文件编号			编制人		审批人	
关键节点名称	操作说明		时长	适用人员		责任部门
编制项目进度实施计划	项目部根据项目规划及工期要求，确定项目进度实施计划并对进度计划进行分解		___个工作日	项目主管		项目部
确定项目监理单位	在确定项目监理单位时，工程项目主管应组织对监理单位进行调研，以确保项目监理单位具备相关监理资质		___个工作日	项目主管、项目专员		项目部
确定项目成本预算及使用计划	项目部协同财务部制定项目成本预算及使用计划，预算应符合企业利益要求		___个工作日	项目专员、财务专员		项目部、财务部
项目实施过程控制	项目部协调监理单位对工程质量、项目进度及安全施工情况进行检查，保证项目实施过程符合相关规定		___个工作日	项目经理、项目专员、监理工程师		项目部、监理单位
处理项目实施问题	项目部要及时处理好项目质量、安全等问题，保证项目质量质量符合相关标准，降低项目事故率		___个工作日	项目经理、项目主管		项目部

11.2 房地产工程项目管理主要流程

11.2.1 工程项目进度管理流程

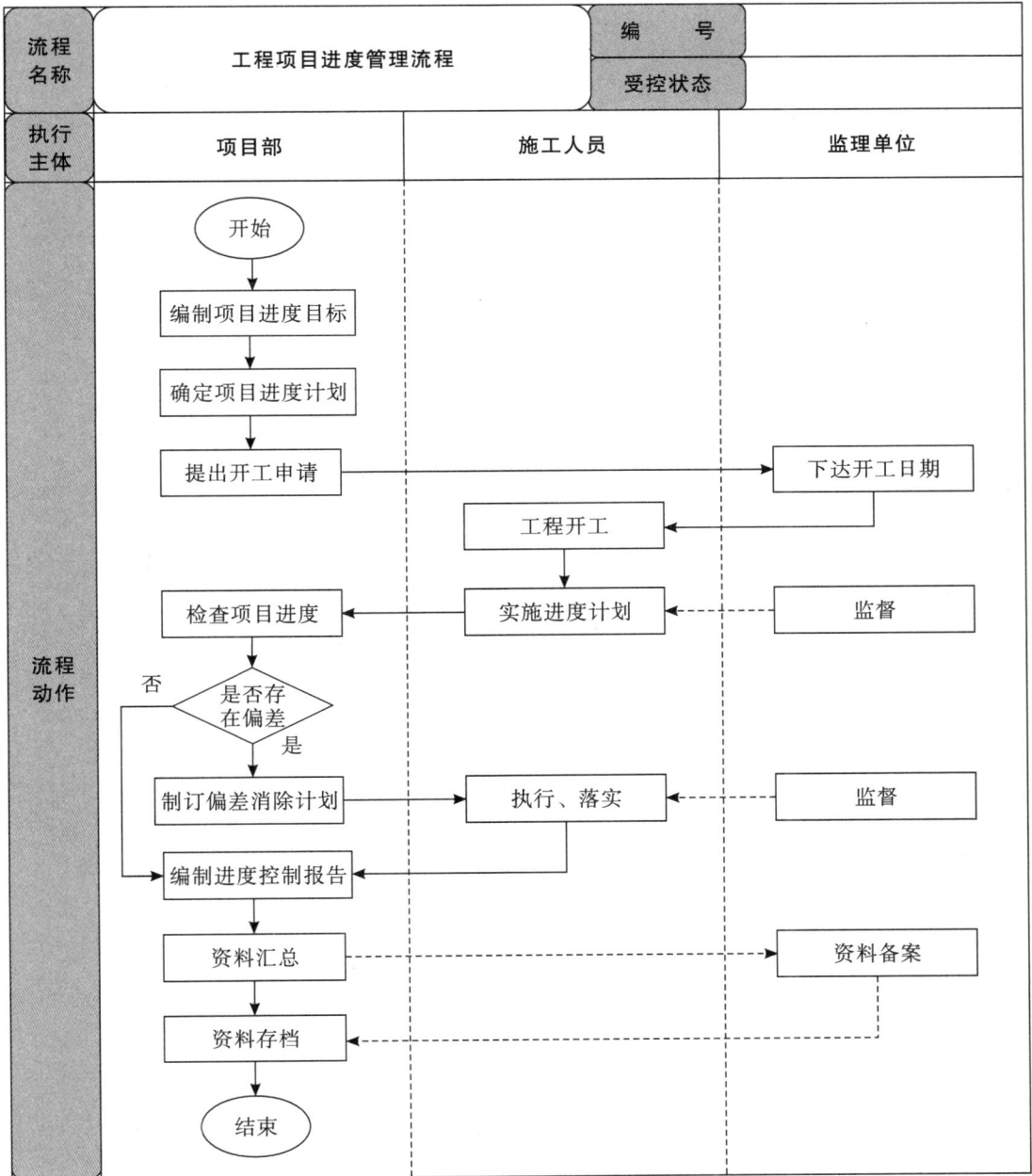

流程 名称	工程项目进度管理流程		编　号	
			受控状态	
执行 主体	项目部	施工人员	监理单位	

```
                    ┌──────────┐
                    │   开始    │
                    └──────────┘
                          │
                ┌──────────────────┐
                │  编制项目进度目标   │
                └──────────────────┘
                          │
                ┌──────────────────┐
                │  确定项目进度计划   │
                └──────────────────┘
                          │
                ┌──────────────┐          ┌──────────────┐
                │  提出开工申请   │─────────→│  下达开工日期   │
                └──────────────┘          └──────────────┘
                                                  │
                              ┌──────────┐          
                              │  工程开工  │←─────────┘
                              └──────────┘
                                    │
                ┌──────────────┐  ┌──────────────┐     ┌────────┐
                │  检查项目进度   │←─│  实施进度计划   │←----│  监督    │
                └──────────────┘  └──────────────┘     └────────┘
                        │
         否     ◇是否存在偏差◇
        ┌──────────────────┐
        │              是
        │         ┌──────────────┐  ┌──────────────┐   ┌────────┐
        │         │  制订偏差消除计划 │─→│  执行、落实   │←--│  监督    │
        │         └──────────────┘  └──────────────┘   └────────┘
        │              │
        │    ┌──────────────────┐
        └───→│  编制进度控制报告   │←─────────
             └──────────────────┘
                      │
             ┌──────────────┐          ┌──────────────┐
             │  资料汇总      │---------→│  资料备案      │
             └──────────────┘          └──────────────┘
                      │
             ┌──────────────┐
             │  资料存档      │←--------------
             └──────────────┘
                      │
              ┌──────────┐
              │   结束    │
              └──────────┘
```

流程动作

11.2.2 工程项目质量管理流程

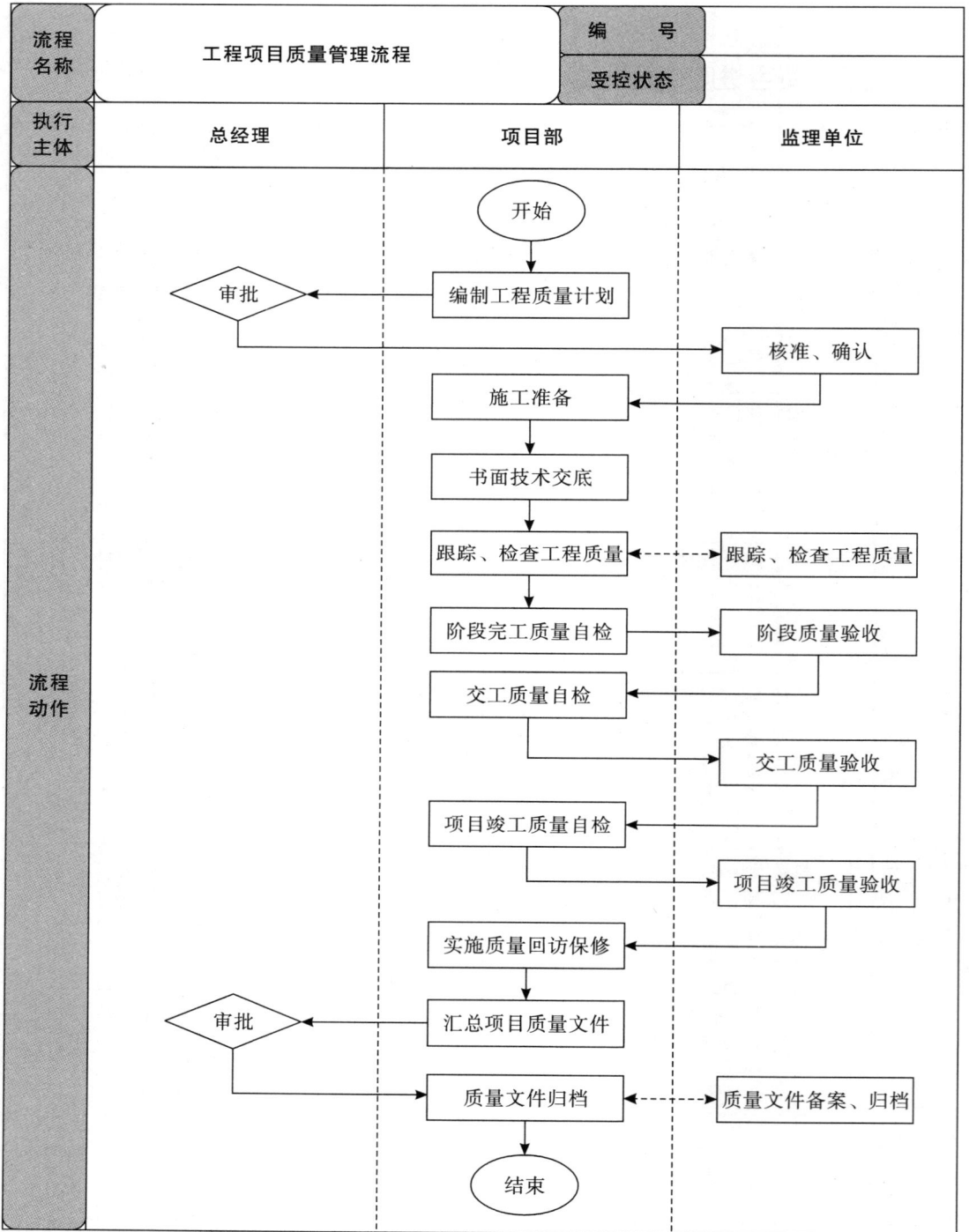

流程 名称	工程项目质量管理流程		编　　号	
			受控状态	
执行 主体	总经理	项目部		监理单位

流程 动作			

- 开始
- 编制工程质量计划 → 审批
- 核准、确认
- 施工准备
- 书面技术交底
- 跟踪、检查工程质量 ⇠⇢ 跟踪、检查工程质量
- 阶段完工质量自检 → 阶段质量验收
- 交工质量自检
- 交工质量验收
- 项目竣工质量自检
- 项目竣工质量验收
- 实施质量回访保修
- 汇总项目质量文件 → 审批
- 质量文件归档 ⇠⇢ 质量文件备案、归档
- 结束

11.2.3 工程项目安全管理流程

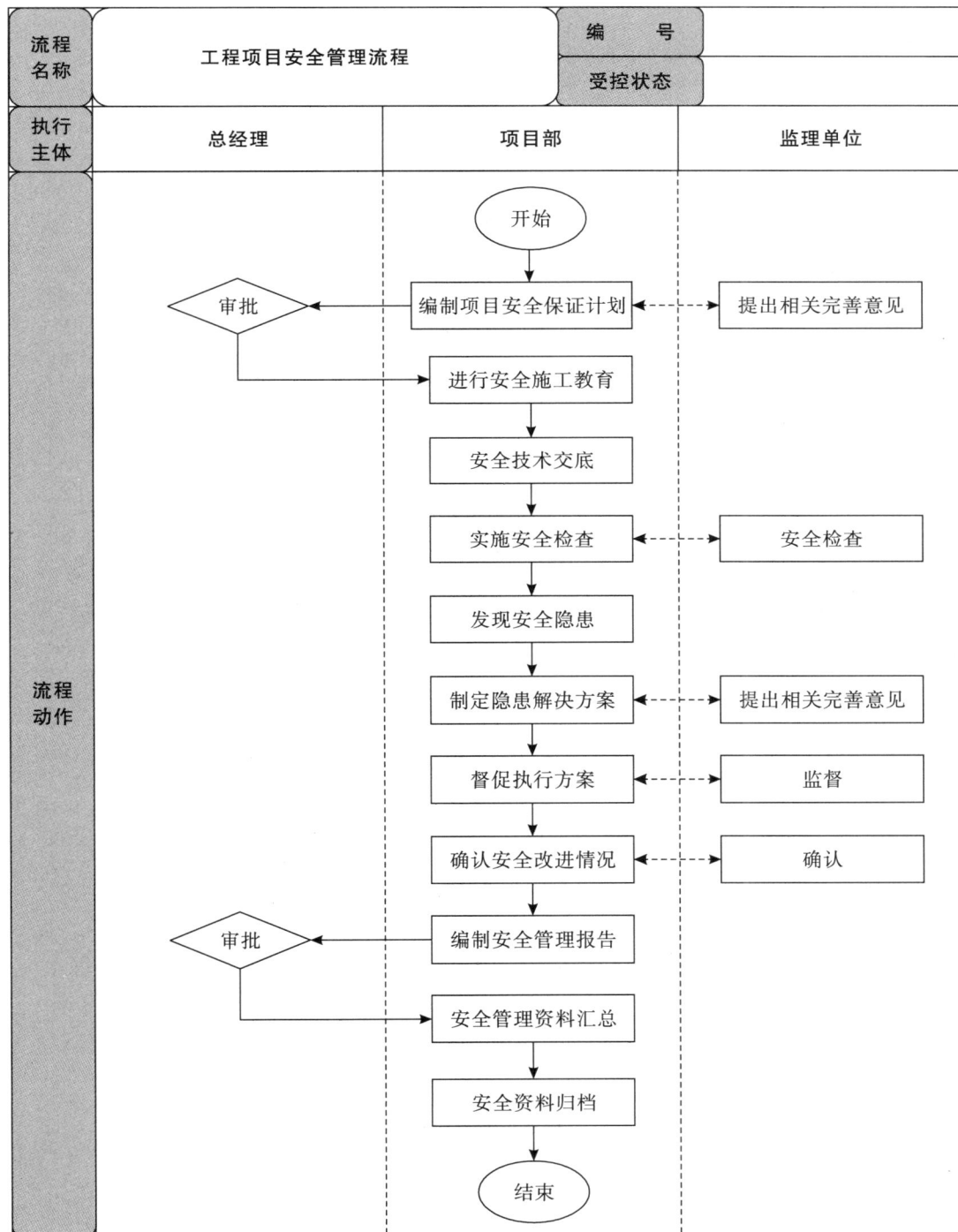

流程 名称	工程项目安全管理流程		编　号	
			受控状态	
执行 主体	总经理	项目部	监理单位	

流程 动作			

开始

编制项目安全保证计划 ← 审批

编制项目安全保证计划 ⇠⇢ 提出相关完善意见

进行安全施工教育

安全技术交底

实施安全检查 ⇠⇢ 安全检查

发现安全隐患

制定隐患解决方案 ⇠⇢ 提出相关完善意见

督促执行方案 ⇠⇢ 监督

确认安全改进情况 ⇠⇢ 确认

编制安全管理报告 → 审批

安全管理资料汇总

安全资料归档

结束

11.2.4 工程项目监理管理流程

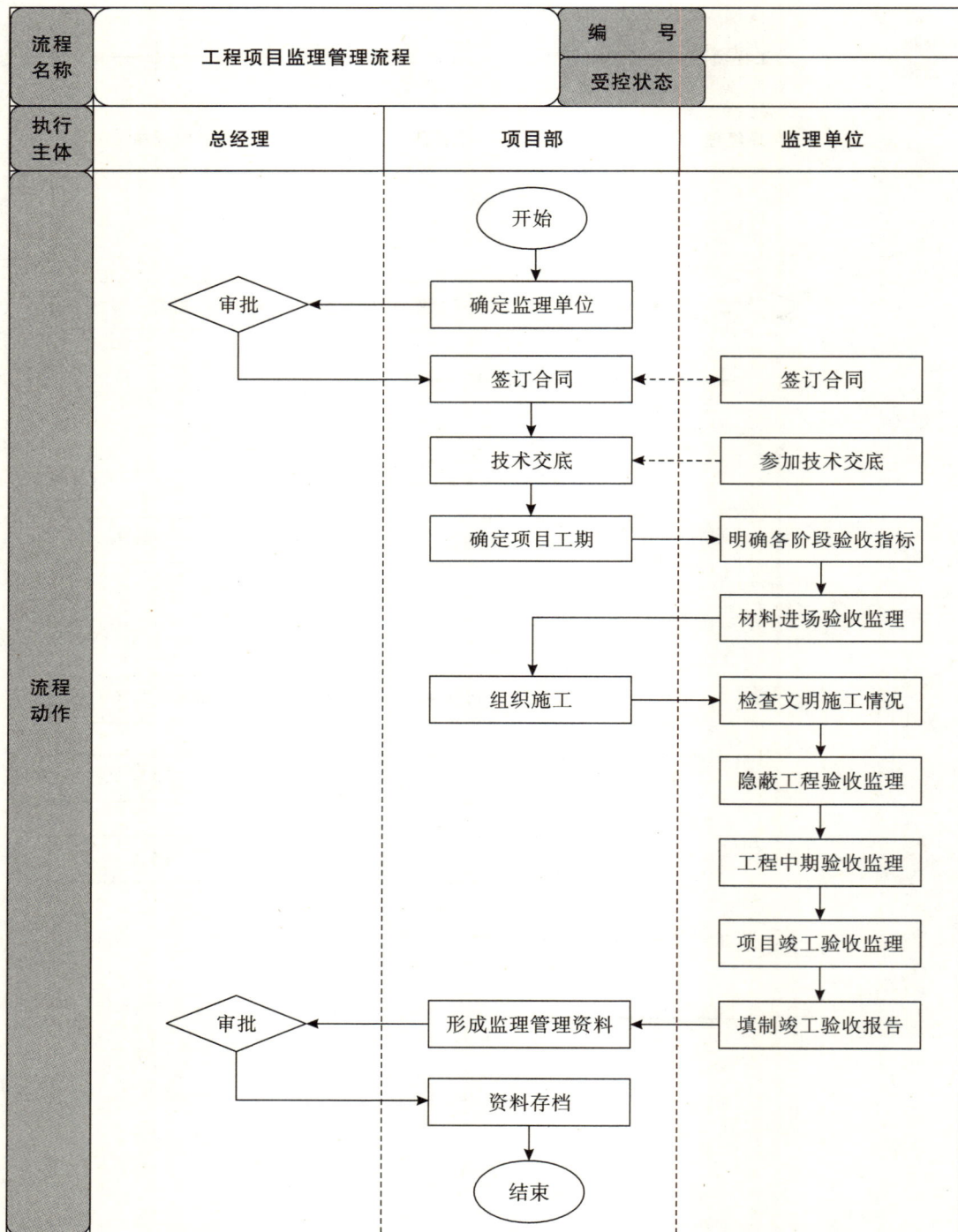

流程名称	工程项目监理管理流程		编　号	
			受控状态	
执行主体	总经理	项目部	监理单位	

流程动作

```
                          ┌──────────┐
                          │   开始    │
                          └────┬─────┘
                               ↓
        ◇审批◇ ←───── ┌────────────┐
          │             │ 确定监理单位 │
          │             └────────────┘
          │                    ↓
          └──────────→ ┌────────┐  ◁─ ─ ─  ┌────────┐
                       │ 签订合同 │          │ 签订合同 │
                       └────────┘          └────────┘
                            ↓                    
                       ┌────────┐  ◁─ ─ ─  ┌──────────┐
                       │ 技术交底 │          │ 参加技术交底 │
                       └────────┘          └──────────┘
                            ↓                    
                       ┌──────────┐ ──→ ┌────────────┐
                       │ 确定项目工期 │      │ 明确各阶段验收指标 │
                       └──────────┘      └────────────┘
                                              ↓
                                         ┌────────────┐
                            ┌──────────  │ 材料进场验收监理 │
                            ↓            └────────────┘
                       ┌────────┐ ──→ ┌────────────┐
                       │ 组织施工 │      │ 检查文明施工情况 │
                       └────────┘      └────────────┘
                                              ↓
                                         ┌────────────┐
                                         │ 隐蔽工程验收监理 │
                                         └────────────┘
                                              ↓
                                         ┌────────────┐
                                         │ 工程中期验收监理 │
                                         └────────────┘
                                              ↓
                                         ┌────────────┐
                                         │ 项目竣工验收监理 │
                                         └────────────┘
                                              ↓
      ◇审批◇ ←─── ┌────────────┐ ◁─── ┌────────────┐
        │           │ 形成监理管理资料 │       │ 填制竣工验收报告 │
        │           └────────────┘       └────────────┘
        │                
        └────────→ ┌────────┐
                   │ 资料存档 │
                   └────────┘
                        ↓
                   ┌────────┐
                   │   结束   │
                   └────────┘
```

11.2.5 工程项目成本管理流程

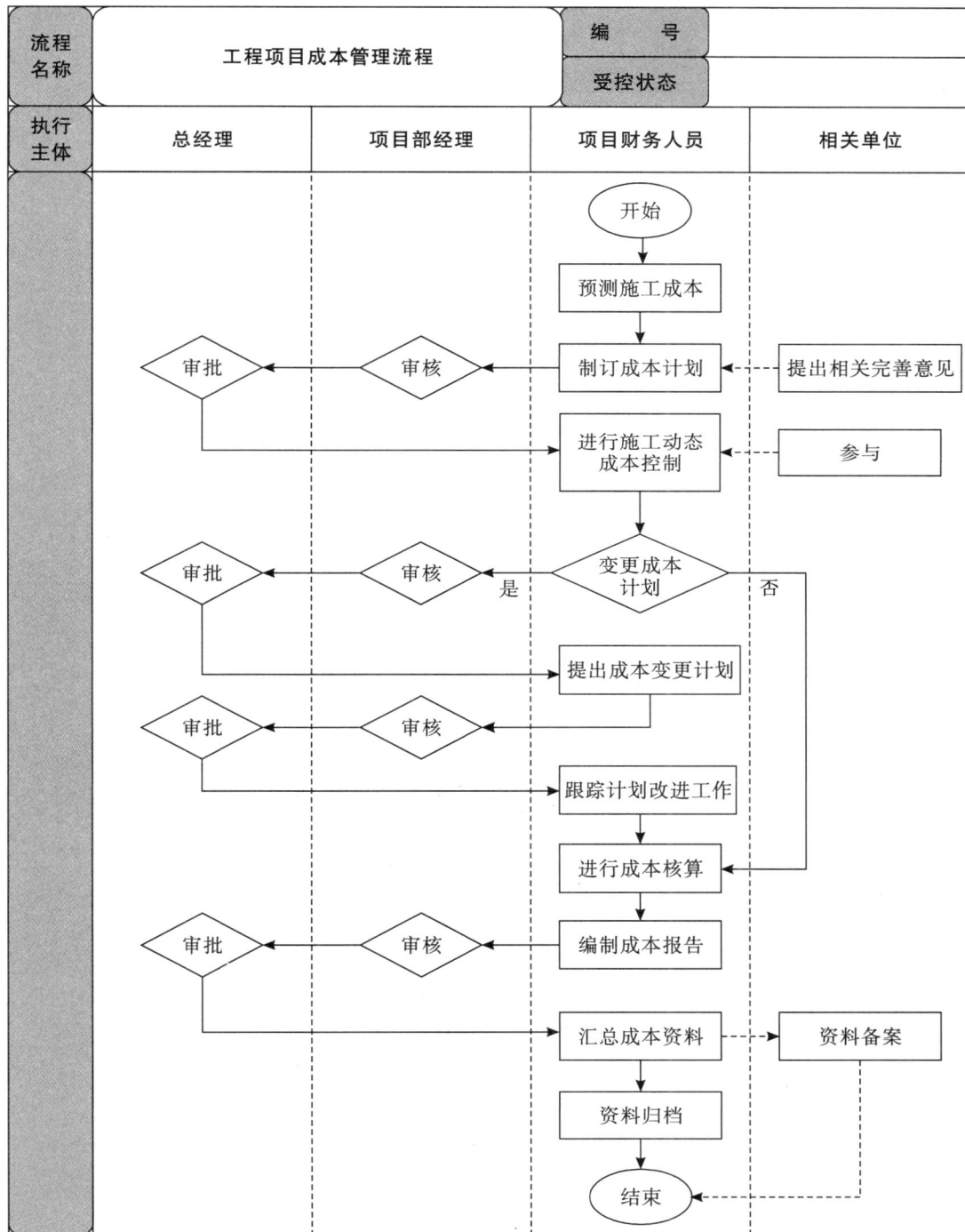

流程 名称	工程项目成本管理流程		编　　号	
			受控状态	
执行 主体	总经理	项目部经理	项目财务人员	相关单位

```
                                              ┌─────────┐
                                              │   开始   │
                                              └────┬────┘
                                                   ↓
                                              ┌─────────┐
                                              │预测施工成本│
                                              └────┬────┘
                                                   ↓
   ◇审批◇ ←──── ◇审核◇ ←──── ┌─────────┐ ←┄┄ ┌──────────┐
                              │制订成本计划│      │提出相关完善意见│
                              └────┬────┘      └──────────┘
                                   ↓
                              ┌─────────┐     ┌──────┐
                              │进行施工动态│←┄┄ │  参与  │
                              │成本控制  │     └──────┘
                              └────┬────┘
                                   ↓
   ◇审批◇ ←──── ◇审核◇ ←是── ◇变更成本计划◇ ──否──┐
                                   │是               │
                                   ↓                 │
                              ┌─────────┐            │
                              │提出成本变更计划│          │
                              └────┬────┘            │
   ◇审批◇ ←──── ◇审核◇ ←───────┘                 │
                                                     │
                              ┌─────────┐            │
                              │跟踪计划改进工作│          │
                              └────┬────┘            │
                                   ↓                 │
                              ┌─────────┐ ←──────────┘
                              │进行成本核算│
                              └────┬────┘
                                   ↓
   ◇审批◇ ←──── ◇审核◇ ←──── ┌─────────┐
                              │编制成本报告│
                              └────┬────┘
                                   ↓
                              ┌─────────┐ ┄┄→ ┌──────┐
                              │汇总成本资料│      │资料备案│
                              └────┬────┘      └──────┘
                                   ↓
                              ┌─────────┐
                              │资料归档  │
                              └────┬────┘
                                   ↓
                              ┌─────────┐
                              │   结束   │←┄┄┄┄┄┄┄┄
                              └─────────┘
```

11.3 房地产工程项目管理制度体系

11.3.1 房地产工程项目管理制度体系指引图

房地产工程项目管理制度体系包括项目的进度、质量、安全及成本管理等内容，包括但不限于以下四大制度，具体如图 11-3 所示。

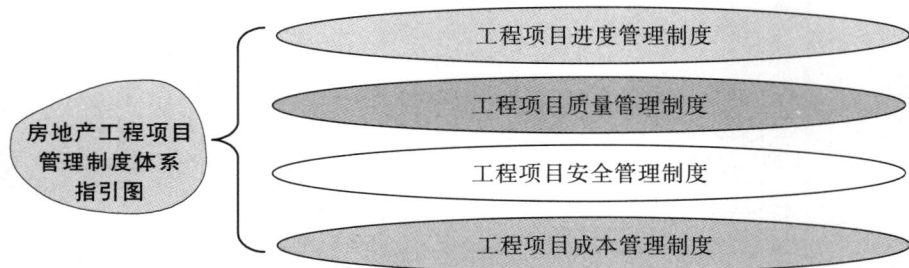

图 11-3 房地产工程项目管理制度体系指引图

11.3.2 房地产工程项目管理制度的设计目标

房地产企业建立工程项目管理制度体系，主要是为了完成以下四大目标，具体如图 11-4所示。

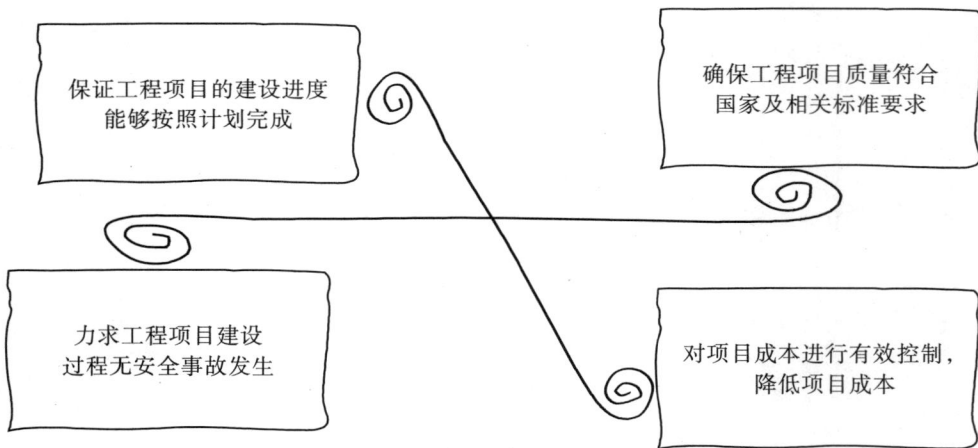

图 11-4 房地产工程项目管理制度设计目标

11.3.3 房地产工程项目管理制度设计关注点

为了实现工程项目管理的目标，房地产企业在设计工程项目管理制度体系时需关注以下四项内容，具体如图11-5所示。

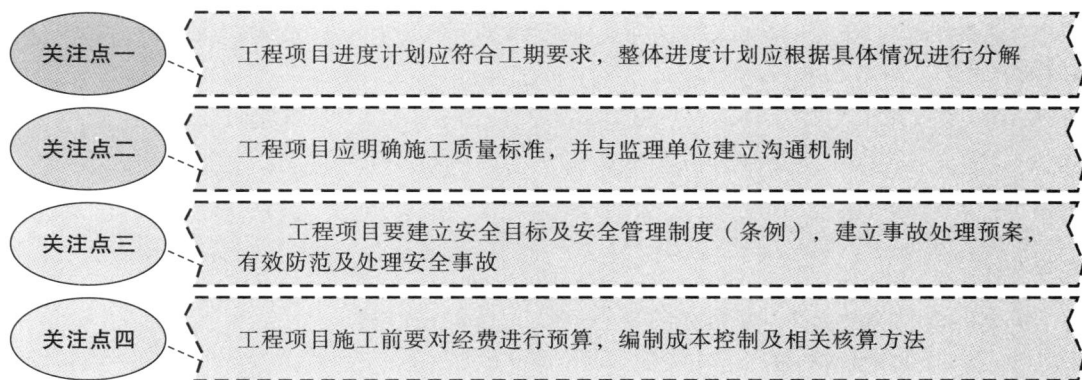

关注点一	工程项目进度计划应符合工期要求，整体进度计划应根据具体情况进行分解
关注点二	工程项目应明确施工质量标准，并与监理单位建立沟通机制
关注点三	工程项目要建立安全目标及安全管理制度（条例），建立事故处理预案，有效防范及处理安全事故
关注点四	工程项目施工前要对经费进行预算，编制成本控制及相关核算方法

图11-5 房地产工程项目管理制度设计关注点

11.4 房地产工程项目管理制度设计

11.4.1 工程项目进度管理制度

制度名称	工程项目进度管理制度		编 号	
			受控状态	
执行部门		监督部门	编修部门	

第1章 总则

第1条 目的

为了确保在建工程项目进度符合计划要求，并在规定工期内完工，保证各投资方能如期获得收益，特制定本制度。

第2条 适用范围

本制度适用于公司所有项目施工进度管理各项工作。

第3条 相关定义

工程项目进度管理是指对施工项目各阶段的工作顺序及持续时间进行过程规划、实施、检查、督促协调及信息反馈等一系列活动的总称。

（续）

第2章　职责分工

第4条　项目部职责

项目部的进度管理职责如下。

1. 项目部是工程进度控制的归口管理部门，负责编制工程月、季、年度进度计划。

2. 负责分析实际进度与计划进度的差异，以及里程碑节点工期与实际完成情况的差异，组织采取补救措施对施工进度计划进行调整。

3. 按工程进度计划合理安排资金计划并做好概预算工作，以便工程的顺利进行。

4. 负责项目合同履行情况的管理，督促合同的履行，以推动工程的进展。

5. 及时审核施工单位的各种报表，并按程序反馈到下一审核部门。

6. 负责编制工程月度进度报告，并上报公司总经理。

7. 负责施工用水用电管理，确保扩建工程按期开工。

8. 定期组织工程调度会，协调处理与施工单位、监理单位的关系。

第5条　工程技术部职责

工程技术部的进度管理职责如下。

1. 负责工程进度管理的监督、落实和考核。

2. 催交工程所需的图纸资料，组织施工图审查，确保工程施工图纸及时供给。

3. 参加工程质量验收工作，确保工程质量，尽可能避免因质量问题返工而延误工期。

第6条　材料设备部职责

材料设备部的进度管理职责如下。

1. 负责工程设备、物资的运输与催交，督促设备供应单位按工程进度要求编制实施设备供应进度计划，确保扩建工程的设备、物资按期到货，以免影响工程进度。

2. 负责组织设备的监造、检验，以减少因质量问题而影响工程进度。

3. 主持工程物资验收、现场保管及仓储管理、发放，以免因物资遗失或与工程要求不符而影响工程进度。

4. 负责物资的订购工作，保证物资供应的畅通。

5. 负责随机备品备件、专用工具的收货、清点、验收保管。

6. 负责及时办理设备和重要物资随货同行的技术资料的清理和交付。

7. 参加工程调度会，根据调度会的安排协调处理物资、设备方面问题。

第7条　财务部职责

财务部的进度管理职责如下。

1. 及时组织融资贷款，保证工程建设所需资金的正常供给，以免影响工程进度。

2. 负责根据已经主管领导批准审核的施工单位工程进度报表支付进度款。

3. 负责根据项目合同支付合同款，以免影响工程进度。

4. 参加工程调度会，根据调度会会议纪要对施工单位进行进度款的考核和付款。

（续）

第3章 编制项目进度计划

第8条 工程项目进度计划编制原则

根据工程进度管理的特点，项目部人员在计划编制实施过程中应充分考虑各种因素发生、组合的可能性，并根据实际情况的变化采取相应对策，辅以计算机技术调整和控制工程进度计划，以确保总进度目标如期实现。

第9条 进度计划分类

工程项目进度计划包括施工总进度计划和单位工程施工进度计划。

第10条 总进度计划编制依据

编制项目总进度计划时，项目部应依据项目合同、项目进度目标、工期定额、有关技术经济资料、施工部署与主要工程施工方案等进行编制。

第11条 施工总进度计划的内容

项目总进度计划的内容应包括编制说明、项目总进度计划表、分期分批施工工程的开工日期和完工日期、工期一览表、资源需求量及供应平衡表等。

第12条 编制项目总进度计划的步骤

项目总进度计划的编制步骤如下。

1. 收集编制依据。

2. 确定进度控制目标。

3. 计算工程量。

4. 确定各单位工程的施工期限和开、竣工日期。

5. 安排各单位工程的搭接关系。

6. 编写施工进度计划说明书。

第13条 单位工程施工进度计划编制依据

单位工程施工进度计划编制依据如下。

1. 项目管理目标责任书。

2. 施工总进度计划。

3. 施工方案。

4. 主要材料和设备的供应能力。

5. 施工人员的技术素质及劳动效率。

6. 施工现场条件、气候条件、环境条件。

7. 已建成的同类工程实际进度及经济指标。

第14条 单位工程施工进度计划内容

单位工程施工进度计划应包括以下三项内容。

1. 编制说明。

2. 进度计划图。

（续）

3. 单位工程施工进度计划的风险分析及控制措施。

第 15 条　施工审查

项目部应对各阶段、各级施工进度计划予以审查，应重点审查以下几个方面。

1. 项目划分合理与否，项目衔接是否周密。

2. 进度计划是否满足工期要求。

3. 施工组织、施工工艺、顺序安排是否科学、合理、可行。

4. 物资供应的均衡性是否满足要求。

5. 是否留有足够的调节时间。

6. 是否考虑了气候等不利条件的影响。

7. 人力、物力、财力供应计划是否能够确保总进度计划的实现。

第 4 章　项目进度计划的实施

第 16 条　项目施工进度计划分解

1. 项目的施工进度计划应通过编制年、季、月、旬、周施工进度计划来实现。

2. 年、季、月、旬、周施工进度计划应逐级落实，最终通过施工任务书由班组实施。

第 17 条　实施项目进度计划

项目部需严格执行已制订并审批的项目进度计划，具体说明如下。

1. 跟踪计划的实施并进行监督，当发现进度计划的执行受到干扰时，应采取调度措施。

2. 在计划图上进行实际进度记录，并跟踪记载每个施工过程的开始日期、完成日期，记录每日完成数量、施工现场发生的情况、干扰因素的排除情况。

3. 执行施工合同中对进度、开工及延期开工、暂停施工、工期延误、工程竣工的承诺。

4. 对工程量、总产值、耗用的人工、材料和机械台班等数量进行统计与分析，并编制统计报表。

5. 落实进度控制措施，具体到执行人、目标、任务、检查方法和考核办法。

6. 处理进度索赔。

第 18 条　实施分包工程计划

1. 分包单位应根据项目施工进度计划，编制分包工程施工进度计划并实施。

2. 项目部应将分包工程进度计划纳入项目进度控制范围，并协助分包单位解决项目进度控制中的相关问题。

第 5 章　项目进度计划的检查与调整

第 19 条　项目进度计划检查

项目进度计划检查应采取日检查或定期检查的方式进行，公司应检查以下内容。

1. 检查期内实际完成和累计完成工程量。

2. 实际参加施工的人力、机械数量及生产效率。

3. 窝工人数、窝工机械台班数及其原因分析。

4. 进度偏差情况。

（续）

5. 进度管理情况。

6. 影响进度的原因。

第20条 施工进度报告

实施检查后，相关人员需提供月度项目施工进度报告，报告中应包括以下内容。

1. 进度执行情况的综合描述。

2. 实际施工进度图。

3. 工程变更、价格调整、索赔及工程款收支情况。

4. 进度偏差的状况和导致偏差的原因分析。

5. 解决问题的措施。

6. 计划调整意见。

第21条 施工进度计划调整内容

施工进度计划在实施中的调整必须依据施工进度计划检查结果进行，施工进度计划调整应包括施工内容、工程量、起止时间、持续时间、工作关系、资源供应等。

第22条 项目进度控制总结

在项目进度计划完成后，项目部应及时依据以下文件资料进行项目施工进度控制总结。

1. 施工进度计划。

2. 施工进度计划执行的实际记录。

3. 施工进度计划检查结果。

4. 施工进度计划的调整资料。

第23条 施工进度控制总结的内容

1. 合同工期目标及计划工期目标完成情况。

2. 项目进度控制经验。

3. 项目进度控制中存在的问题及分析。

4. 科学的项目进度计划方法的应用情况。

5. 项目进度控制的改进意见。

第24条 问题处理

项目部经理负责组织对施工过程中出现的问题进行协调和裁决，严格贯彻公司对工程施工进度的要求。

第25条 考核

项目部经理依据合同，对由于其自身因素造成延误工期的施工单位进行考核和处罚，对如期达到工程重要控制点的施工单位给予奖励。

第6章 附则

第26条 本制度由总经理办公会制定，其解释权、修订权归本公司所有。

第27条 本制度自颁布之日起开始执行。

编制日期		审核日期		批准日期	
修改标记		修改处数		修改日期	

11.4.2 工程项目质量管理制度

制度名称	工程项目质量管理制度		编　号	
			受控状态	
执行部门		监督部门	编修部门	

第1章　总则

第1条　目的

为了加强工程项目的质量管理工作，减少质量事故，避免造成公司的损失，确保项目进度，特制定本制度。

第2条　适用范围

本制度适用于公司新建、扩建、改建等各工程项目施工过程中的质量控制工作。

第2章　建立"三检"制度

第3条　本项目实行专业检查和班组自查相结合的办法，坚持对施工班组实施自检、互检、工序交接检的"三检"制。

第4条　"三检"制实施流程。

"三检"制实施的具体流程如下。

1. 施工班组自检合格后报请各专业工长。

2. 专业工长会同下道工序专业工长、施工班组进行互检及工序交接检。

3. 交接检完成后，由专业工长提出书面申请，通知技术、质量负责人进行分项质量检查。

4. 技术、质量负责人进行内部分项质量检查并确认合格后，向公司及监理单位报验。

第5条　项目部应保证互检、工序交接检、分项质量检查等等有书面的记录，并签字齐全。

第3章　施工进程质量控制措施

第6条　所有工程项目相关人员必须坚决贯彻执行上级颁布的各种质量管理文件、规程、规范和标准，培养"质量第一"的思想。

第7条　各部门、单位必须保证设立工程质量管理机构和制度，由专人负责施工质量检测和核查记录，并认真做好施工记录和隐蔽工程验收签证记录，整理完善各项技术资料，确保施工质量符合要求。

第8条　项目部必须按施工规范要求落实施工现场工程质量管理措施，保证每道工序和施工质量均符合验收标准。

第9条　项目部应在施工中坚持按规范标准进行质量评定，并按工程的分部、分项及施工流水段进行记录填报。填报的数字必须真实、可靠，取样部位必须合理，由质量管理人员主管，并及时上报项目经理。对于出现的问题，项目部应及时通知施工方的负责人限期整改。

第10条　项目部应在施工中坚持技术复核，其主要复核内容有熟读图纸和所用标准图、放线大样、轴线、标高、尺寸、材料试化验、合格证等。

（续）

第 11 条　技术复核由本公司的技术负责人和工程技术、质量负责人共同进行。

第 12 条　项目部应在施工中坚持程序跟踪检查，其中包括上道工序的质量评定、施工配合比等。

第4章　材料入场质量控制措施

第 13 条　材料设备部严格把好材料质量关，不准不合格的材料入场使用。

第 14 条　材料设备部按所购材料规格、种类，向厂家索要材料合格证、出厂证、技术说明书等一式三份的文件，盖供方红章交工程质量负责人备用存档。

第 15 条　施工前，项目部应及时做好工程所需材料的化验、试验。对于没有检验证明的材料，不得进行隐蔽工程施工。

第5章　质量技术资料管理

第 16 条　公司需建立健全工程技术资料档案制度，各工地设资料员负责整理工程技术、质量资料，认真按照工程竣工验收资料要求，根据工程进度及时做好施工记录、自检记录和隐蔽工程验收签证记录。

第 17 条　各资料员将资料分类整理保管好，随时接受公司质量管理部及监理单位的检查。

第 18 条　所有资料应签字齐全、真实可靠，逐级盖章签字。竣工前七天，由项目部组织公司资料员进行收集整理，装订成册。

第6章　质量培训与奖惩

第 19 条　公司进行经常性的工程质量知识教育，提高工人的操作技术水平。在施工到关键性的部位时，项目部技术人员必须在现场进行指挥和技术指导。

第 20 条　对违反工程质量管理制度的，公司将按不同程度给予批评处理和罚款处罚，并追究其责任。

第 21 条　对发生事故的当事人和责任人，公司将按上级有关规定追究其责任并做出处理。

第7章　附则

第 22 条　本制度由公司质量管理部制定，其解释权、修订权归质量管理部所有。

第 23 条　本制度自颁布之日起开始执行。

编制日期		审核日期		批准日期	
修改标记		修改处数		修改日期	

11.4.3 工程项目安全管理制度

制度名称	工程项目安全管理制度	编　　号	
		受控状态	
执行部门		监督部门	编修部门

第 1 章　总则

第 1 条　目的

为了加强公司对工程项目的安全管理，杜绝在工程项目施工期间发生安全事故，消除安全事故隐患，保障公司与员工的利益，特制定本制度。

第 2 条　适用范围

工程项目作业过程中，凡涉及安全管理的相关事项均按本制度规定执行。

第 2 章　工程项目安全管理的机构及职责划分

第 3 条　公司的项目部在工程施工前，必须组织成立工程项目安全生产领导小组，由项目经理任组长，其成员由项目部有关部门负责人和专职安全员组成。

第 4 条　工程项目安全生产领导小组相关成员的职责具体如下表所示。

项目安全生产领导小组相关成员的职责说明表

职位名称	职责
项目经理 （兼任项目安全生产领导小组组长）	1. 履行合同要求，确定安全管理目标，确保项目工程的施工安全，对工程项目的安全工作全面负责 2. 参与编制施工组织设计，建立项目安全生产保证体系，组织编制安全保证措施方案及计划 3. 组织严格贯彻落实有关安全生产的法律、法规、标准、规范和制度，落实施工组织设计中安全技术措施的资源配置 4. 按工程施工安全管理的要求，支持和督促项目安全人员及施工管理人员对施工项目进行安全监督检查 5. 适时组织对工程项目部进行安全评价，包括安全预评价过程工序、验收评价、安全现状综合评价和专项安全评价等
项目副经理 （兼任项目安全生产领导小组副组长）	1. 协调安全保证体系运行中的重大问题，组织召开安全生产工作会议 2. 定期组织管理人员学习安全生产法律法规和安全管理标准，传达上级主管部门的文件、会议精神 3. 组织实施现场安全文明标准化管理，创造良好的施工环境，树立企业形象

（续表）

职位名称	职责
项目副经理（兼任项目安全生产领导小组副组长）	4. 组织安全设施验收，积极配合上级部门对工程项目的安全监督检查 5. 根据项目安全保证计划，组织有关管理人员制定针对性的安全技术措施，并经常组织安全检查，落实整改措施 6. 负责安全设施所需的材料、设备、设施采购计划的审核及批准 7. 及时、如实地上报安全生产事故，按"四不放过"的原则处理一般工伤事故，协助处理重大工伤、机械事故，采取有效整改措施，减少和预防事故的发生 8. 建立安全例会制度和安全联系制度，形成会议纪要，并发放给有关责任人员
工程项目总工程师（或技术总负责人）	1. 编制施工组织设计，负责对安全难度系数较大的施工方案进行优化 2. 组织编制相应的安全保证计划，组织内部评审，报监理单位和业主（总包方）审批并督促实施 3. 参与危险源点的辨识与确认，对风险较大和专业性强的工程项目应组织安全技术论证 4. 对特殊环境作业须补充安全技术操作规程 5. 制定施工各阶段针对性的安全技术交底，包括单位工程、单项工程的安全技术交底，并做好技术交底人员的签字记录 6. 对工程技术部负责的安全体系要素进行监控，落实改进措施
安全员（兼任安全、环保内审员）	1. 贯彻安全保证计划中的各项安全技术措施，组织参与现场安全设施、施工用电、施工机械的检查验收 2. 组织作业人员学习安全技术规程和安全管理规章制度，监督、检查操作业人员的遵章守纪情况 3. 掌握安全动态，发现事故苗头及时采取预防措施，制止违章作业和冒险作业，严肃安全纪律，对违章人员进行教育和处罚 4. 发生工伤事故时，应立即采取措施抢救伤者并保护现场，在规定时间内上报项目经理和工程部安全处 5. 配合设备、物资等部门对进入现场使用的各种安全用品及机械设备进行检查验收 6. 负责临边、洞口等安全防护的技术措施及特殊脚手架、大型机械拆装方案的落实，并加强对易燃易爆物品的重点保管 7. 对施工现场的用电设施按要求验收，加强临时用电和大临设施的安全管理 8. 组织、参与安全技术交底，对施工全过程的安全实施控制并做好记录 9. 协助上级部门的安全检查，如实汇报工程项目安全状况 10. 负责一般事故的调查、分析，提出处理意见，协助处理重大工伤事故

（续）

第3章　工程项目安全生产的保障措施

第5条　配备安全机构和专、兼职安全员

1. 项目部应建立安全管理机构，配有一名专职安全员（兼任安全、环保内审员）；作业队应配备一名专职或兼职的安全员。

2. 凡____万元以上新建项目，____人以上同时作业；____万元以上的检修技改工程，____人以上从事危险性较大的高空、临边、吊装、拆除、深基坑、孔桩作业及地质条件较差的土石方、土建施工，或危险源点、危险化学品、大型建筑物周边施工等，都应在专职安全员的监护下进行，并设警戒线，派人监护，同时准备应急救援器材、装备，编制应急救援预案。

3. 按"三标一体化"和相关法规要求，项目部安全、环保内审员负责项目实施过程中的安全、环保评价工作，辨识危险源点，监督安全措施、职业病防治措施的落实，监督安全生产投入到位，组织安全、环保内审工作。

第6条　根据《中华人民共和国安全生产法》和相关法律法规，公司新任命的项目部经理、副经理、总工程师、安全员必须经过安全培训考核，取得上岗资格证书。

第7条　项目部应按公司有关规定的要求，投入教育培训和安全措施费，并且为从事危险作业的人员，或按建筑时段和施工周期、面积办理人身意外伤害保险。

第8条　建立安全生产例会制度

1. 为贯彻工程项目安全生产的"五同时"（在组织施工生产过程中坚持与安全生产同时计划、同时布置并同时检查、同时总结、同时评比），项目部应每周组织一次安全生产例会，坚持施工与安全同步，对安全生产工作进行布置并提出要求。安全生产例会的主要内容包括以下四个方面。

（1）传达、学习安全生产法律法规及上级有关文件，学习业务知识，提高安全人员的业务素质。

（2）检查、分析、总结前一段安全生产工作，对后续工作提出要求。

（3）对安全生产方面存在的问题提出防范措施并做好记录。

（4）布置各项安全生产工作，开展安全竞赛活动。

2. 项目部应在单位工程、单项工程开工前召开安全技术交底会。

3. 项目班组应每天在工作前召开班前会，进行安全技术交底。

第9条　项目部应做好装备调度前的维护保养工作，保持良好的装备状况；调度后，应做到谁使用谁维修保养，谁受益谁投入，并严禁不良装备转入下一现场或项目。

第4章　施工现场的安全控制

第10条　项目部应到施工所在地安全监督有关部门报到，并接受政府相关部门的监督、检查。

第11条　项目部对施工现场的危险、有害因素实施重点监控、分级管理和动态跟踪，定期组织对现场危险源和有毒、有害环境进行辨识和评价，制定相应措施，对重大危险源应派专人进行监护，并填写监控记录。

第12条　施工现场的安全检查步骤

在项目施工现场进行安全检查时，项目部应按照以下步骤开展各项检查工作。

（续）

1. 制定检查制度、检查计划或方案，组织安全检查、复查整改。

2. 组织安全检查。

3. 对检查出的安全环保问题、隐患进行确认。

4. 复查整改结果、安全问题及隐患。

第13条 施工现场安全检查的重点内容主要包括以下八个方面。

1. 施工现场安全生产条件、安全设施，包括深基支护放坡、挖孔桩、安全电压使用、支模和脚手架方案验算、施工验收等。

2. 从业人员的特种作业人员持证上岗，并做好登记。

3. 劳动保护用品的穿戴及使用情况。

4. 临时用电方案、施工用电情况。电动工具应安装相匹配的漏电保护器，做到"一机一闸一箱一漏"，悬挂"三牌"（即操作人员牌、机械状态牌、操作规程牌）。

5. 施工机械设备的检查验收、挂牌和使用。

6. 外脚手架的搭设、防护、检查验收、挂牌、使用及拆除。

7. 高处作业、"四口"作业、临边作业等防护管理制度及安全防护措施执行情况。其中，"四口"是指楼梯口、电梯口、吊装口、预留口。

8. 业主（总包方）设备管理、易燃易爆物品管理及消防制度。

第14条 施工现场安全检查频率要求

1. 公司领导除了平时不定期抽查外，每年例行安全生产大检查不少于三次。

2. 公司定期安全检查每月不少于一次，项目部每月不少于两次，班组每周不少于一次自查自改。

第15条 安全隐患检查、整改要求

项目部应根据项目的特点制定安全、环保措施，对检查出的安全隐患应立即下达"施工安全隐患整改通知单"，做到"三定、四落实"（定人、定时、定措施，落实人员、落实经费、落实时间、落实措施），限期纠正并保存验证记录。

第16条 特殊设备安装、改造、维修和拆除的操作规范

1. 特殊设备的安装、改造、维修和拆除前，项目部必须向当地市级以上质量技术监督部门履行告知手续，按本公司"特种设备安全生产管理办法"执行，需提供的资料包括"安装（拆除）方案""开工报告"及"作业指导书"等。

2. 部分特殊设备的安装、改造、维修，必须由具备相应资质的队伍予以实施。

3. 安装完毕后，项目部要进行自检、专检，完善检测记录，办理注册登记和使用许可证，提交安装合格证，维护保养说明书后方可交付。

4. 使用前要明确操作人员、交接班制度，做好操作前的检查工作，在吊装作业时必须有专人指挥，信号规范、统一。吊装作业人员必须遵守"十不吊"的原则，建立保养维修制度，并做好保养维修记录。

第5章 对安全事故的处理

第17条 当施工现场发生安全事故时，安全员或其他管理人员应按以下办法进行处理。

（续）

1. 用最快的速度向有关部门报告安全事故。

2. 及时抢救伤员，排除险情，防止事故蔓延扩大，并保护好现场。

3. 成立专门部门进行事故调查，向有关部门提供调查报告。

第18条　对有下列情况之一的个人，罚款20～100元；情况严重的，罚款200～1 000元，或清退出场；触犯法律的，送交当地公安机关处理。

1. 进入施工现场不戴安全帽，不按规定使用劳动保护用品。

2. 攀登、跨越各种栏、网、架、墙，乘坐非载人提升设备上下，从上抛掷物料、垃圾。

3. 无证进行特种作业。

4. 擅自改变职业健康安全技术方案，拆改、移动或故意损坏职业健康安全设施和职业健康安全标志。

5. 乱拉乱接临时用电线路，擅自动用电器设备的。

6. 违章行为造成隐患、险情、未遂事故、事故或伤害他人，违反操作规程作业，不配合管理人员对事故、案件进行调查处理的。

7. 拆改、移动防护设施后，不按要求恢复，也不采取弥补措施的。

第19条　对有下列情况之一的班组（班组长）或施工队（队长），罚款20～500元；情节严重的，罚款1 000～5 000元；情节特别恶劣的，应清通出场；触犯法律的，应将责任人送交当地公安机关处理，造成损失的应按实赔偿。

1. 不按规定按时做班前安全教育、交底活动的，每月不按时组织安全讲评活动的（以资料为凭据）。

2. 每周三次不在现场领导本工种工作、碰到紧急情况不及时赶到现场及高危作业时未到场监督的。

3. 不对本班组从事高空、悬空、人工挖孔作业的人员或其他特殊工种人员进行身体检查的。

4. 未与项目部签订安全生产及治安管理责任合同，擅自进入施工现场并开工的。

5. 违章指挥造成事故的。

6. 不积极主动配合公司进行项目安全检查活动，对提出的隐患不积极整改的。

7. 不及时提交本班组兼安全员、治安消防员名单及其他资料的。

第20条　因违章指挥或其他违章行为造成事故的，根据事故造成损失的大小，对直接责任班组成员罚款1 000～30 000元，班组（队）长罚款5 000～50 000元，并由班组承担所有经济损失。

第21条　有下列情况之一的个人，可给予100～1 000元的奖励。

1. 发生紧急情况及时排除、制止或报告的。

2. 发生工伤事故及时抢救人员与保护现场的。

第22条　有下列情况之一的班组，可给予200～500元的奖励。

1. 季度或整个施工过程中（不满季度的），不发生轻伤、重伤、死亡事故，劳务手续健全，每月评分平均分达____分以上（含____分）的。

（续）

2. 整个施工过程中，未违反职业健康安全生产及治安管理合同的。

3. 项目认定的其他情况。

第23条 奖罚兑现

项目专职安全员按奖罚数额如实填写"奖励通知单"或"违章罚款单"，每月与劳务决算书一起报送和兑现。

第6章 分段承包商的安全管理

第24条 项目部应建立完善的分承包商准入制度，做好分承包商选择与招标工作，防止安全生产条件不合格的队伍进入项目施工现场。

第25条 项目部要将分承包商安全管理工作纳入统一管理。编制施工方案，应有明确的、有针对性的、切实可行的安全技术措施，做好对分承包商的安全技术交底工作，对其安全生产工作进行统一协调和管理并做好记录。

1. 签订安全协议，收缴安全保证金，制定安全奖罚规章制度，明确规定对施工过程中违反规定的分承包商负责人进行警告和罚款，将情节严重的清退出场。

2. 项目部应对分承包商现场施工活动进行全程监控，保证监督其配备必要的劳动防护用品，检查施工机具是否符合安全生产条件。

3. 项目部应建立分承包商的安全台账。

第26条 项目部与分承包商签订安全协议书，明确双方的安全权利、义务及发生安全事故时的责任划分，其具体条款应包括但不限于以下内容。

1. 规定项目部的安全人员对分承包商提出的有关安全知识咨询有解答的义务和对安全施工管理实施有监督的权利。

2. 明确项目部和分承包商各自的权利和义务。协议中要求分承包商必须对自己实施承包施工的安全事项承担全部责任；自行引发伤亡事故或伤害他人事故的，应承担一切责任和费用。

3. 明确该协议的生效时间和协议解除时间。

第27条 协谐完善分承包商劳动安全保险工作。

第7章 工人职业病的防治

第28条 项目部要组织制定职业病预防工作实施细则，成立职业病预防工作领导小组，对从事有职业危害作业的人员要做到"三检制"（即岗前体检、在岗期间定期进行职业病检查和离岗体检），发现患有职业病的，应立即调离危害岗位，另行安排工作。

第29条 加强对职工的教育，对存在职业危害因素的作业场所，应悬挂相应的警示标志牌。

第30条 产生粉尘的物料和有毒有害物质的施工生产操作，应严格按照国家相关法律、法规和本公司《职业病防治管理办法》执行。

第31条 职业病防治必须贯彻"以防为主，防治结合"的方针，并做好安全措施项目申报工作，其中应详细说明以下五项内容。

1. 岗位不安全隐患及工作环境污染等现状。

（续）

2. 措施项目及内容。	

2. 措施项目及内容。

3. 治理方案及预期效果。

4. 外部协作条件的可行性、主要设备、材料资源情况。

5. 工程进度安排及工程预算和必要的方案图纸。

第8章　附则

第 32 条　本制度由项目部负责制定，其修订权和解释权归项目部所有。

第 33 条　本制度经公司总经理审批通过后，自颁布之日起执行。

编制日期		审核日期		批准日期	
修改标记		修改处数		修改日期	

11.4.4　工程项目成本管理制度

制度名称	工程项目成本管理制度		编　号	
			受控状态	
执行部门		监督部门	编修部门	

第1章　总则

第 1 条　目的

为了加强公司的工程项目成本管理工作，确保工程项目成本符合公司经营目标，根据公司财务管理制度，特制定本制度。

第 2 条　适用范围

本制度适用于企业工程项目建设的成本核算、分析等管理工作。

第 3 条　相关职责

1. 项目部经理负责组织制订成本控制计划，明确成本责任，对工程施工过程中发生的、可控制的各种消耗和费用进行控制。

2. 财务部协同项目部制订工程项目成本控制计划，并对成本实际支出及核算进行审核。

3. 项目预算员对工程项目进行预算，协助项目部经理分解成本目标、管控工程项目成本。

第 4 条　相关说明

工程成本控制管理包括成本的预测、计划、实施、核算、分析、考核、编制成本报表等工作。

第2章　工程成本控制管理程序

第 5 条　项目部成本管理工作一般按以下程序进行，具体如下图所示。

（续）

公司下达经营指标

↓

确定成本责任目标

↓

成本目标分解

↓

编制施工预算，确定降低成措施及费用标准

↓

施工期间成本控制

↓

检查成本计划完成情况，监测成本费用变化

↓

施工阶段成本考核

↓

竣工工程成本考核、总结

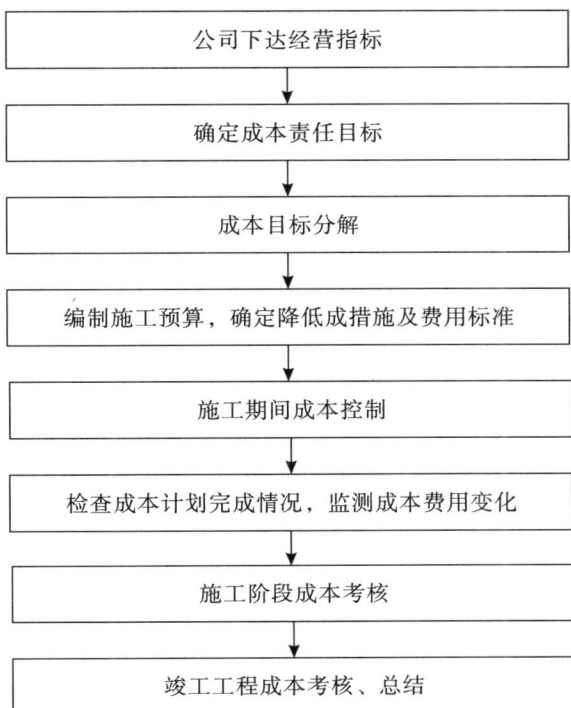

工程成本控制管理程序示意图

第6条　目标成本的测算规定

1. 根据公司下达的经营目标，项目预算员需要测算目标成本降低率。

目标成本降低率＝（目标成本降低额÷预算成本）×100%

（1）目标成本降低额＝预算成本－目标成本。

（2）预算成本＝工程结算收入－税金。

（3）目标成本＝人工费、材料费、其他直接费用的计划成本＋计划管理费用－材料供应利润。

2. 目标成本测算依据主要包括以下五个方面。

（1）公司下达的目标利润及成本降低率。

（2）该项目的预算成本。

（3）项目施工组织设计及成本降低措施。

（4）同行业、同类项目的成本水平。

（5）公司内部的施工定额。

第3章　成本构成与控制

第7条　工程项目成本控制主要以合同项目、单位工程或分部分项工程成本为控制对象。

（续）

第8条　工程项目成本控制的内容包括但不限于下表所列的费用项目。

工程项目成本项目表

工程项目	工程项目成本明细
直接成本	1. 人工费，即直接从事施工的生产工人开支的各项费用，包括工资、奖金、工资性津贴、工资附加费及社会保险费等
	2. 材料费，即施工过程中耗用的构成工程实体的各种材料费用，包括原材料、辅助材料、构配件、零件、半成品费用、周转材料摊销及租赁等费用
	3. 机械使用费，即工程实施过程中使用机械所发生的费用，包括使用自有机械的台班费、外租机械的租赁费、施工机械的安装及拆卸进出场费等
	4. 其他直接费用，即除人工费、材料费、机械使用费以外的其他直接用于施工过程的费用，包括材料二次搬运费、临时设施摊销费、生产工具与用具使用费、检验试验费、工程定位复测费、工程交点费、场地清理费、冬雨季施工增加费、夜间施工增加费及仪器仪表使用费等
直接成本	1. 现场项目管理人员的工资、工资性津贴、劳动保护费等
	2. 现场管理办公费，工具用具使用费，财产、车辆、特殊工种保险费，现场管理及试验部门使用属固定资产的设备、仪器等折旧、修理、配件、租赁等使用费
	3. 职工差旅交通费、职工福利费（按项目部工资总额的14%提取）、工会经费（按项目部工资总额的2%提取）、工程保修费、工程排污费及其他费用等
	4. 业务招待费、劳动保险费等
	5. 相关税费，包括应负担的房产税、车辆使用税、土地使用费、印花税等
	6. 进入间接费用的存货跌价准备
	7. 项目管理中发生的其他费用

第9条　工程项目成本控制一般着重从以下五个方面进行。

1. 人工费控制

（1）提高劳动生产效率，包括提高机械化施工水平、改进劳动组织、实行专业化作业、全面实行劳动定额、增强职工的危机感和责任感、精干管理层、压缩非生产用工等措施。

（2）严格控制作业队人工费的开支。

2. 材料费控制

（1）加强材料预算编审工作，努力降低采购成本；坚持现场材料验收制度，加强预制品定价和现场配套供应。

（续）

（2）执行限额领料制度，提高周转材料使用"三率"（周转率、完好率、回收率）。

3. 机械使用费控制

合理配置施工设备，坚持定人、定机、定岗位，提高施工机械"三率"（完好率、利用率、作业效率）。

4. 其他直接费用控制

（1）现场材料堆放要合理布局，减少多次倒运。

（2）现场临时设施的搭建做到综合利用。

（3）杜绝现场跑、冒、滴、漏等浪费现象。

5. 间接费用控制

间接费用控制关键是精干管理层，提倡管理人员兼职，实行可控费用包干，节约费用开支，减少浪费。

第4章 成本核算细则

第10条 成本核算是指以工程项目为对象，运用会计核算方法，对施工生产过程中发生的各种生产费用进行审核、记录、归集和汇总，并正确计算出工程项目的实际成本。

第11条 成本核算的基本任务是严格执行国家、公司规定的成本开支范围和开支标准，真实反映建筑工程施工过程中的各种耗费，正确计算工程项目的实际成本，完整、无误地编制成本报告，促进项目管理，降低工程总成本。

第12条 成本核算必须按照国家的《企业会计制度》及本公司相关核算制度的规定进行。

第13条 成本核算设置使用的会计科目，必须按照财政部的《施工企业会计核算办法》及相关规定进行设置和使用。

第14条 工程实际成本的核算应遵循权责发生制和成本与收入配比的原则，不得以预算成本、计划成本、估计成本、定额成本代替实际成本。

第15条 成本核算必须按月进行。

第16条 实际成本中耗用材料的数量，必须以计算期内的实际耗用量为准，不得以领代耗、以购代耗。

第17条 项目部成本核算资料必须正确完整，如实地反映施工生产过程中的各种消耗。有关成本核算的原始记录、凭证、账册、费用汇总和分配表、统计资料等，内容必须齐全、真实，报表编制必须及时。

第18条 为规范工程项目的成本核算行为，满足公司管理需要，便于成本分析，项目部的成本报表必须采用公司统一报表格式进行编报。

第19条 为准确、合理地核算项目成本，项目部如有一个以上主体合同，应按合同内容分别单列成本进行核算。

第20条 核算人员要正确、及时地核算工程施工过程中作业队发生的各项费用，计算工程的实际成本。

（续）

1. 内部专业公司作业队是项目成本核算的主体，以单位工程（或分部分项工程）为对象，按月进行成本核算，并设立单位工程成本台账，真实、完整地核算项目成本。

2. 按成本管理条例确定成本开支范围，正确划分已完工程和未完工程成本费用的界限，正确区分成本和费用的界限，正确划分成本计算对象的界限，正确区分成本、费用核算期间，不准随意待摊和预提。

第 21 条　作业队每月应准确填报"月成本支出明细表"，并及时上报项目部。

第 22 条　项目部财务人员每月对各作业队填报的成本进行汇总，填写"月度项目成本汇总表"报项目经理，并针对各作业队当月的实际成本与计划成本进行比较，及时与作业队沟通。

第 5 章　工程项目成本分析

第 23 条　工程项目成本分析，必须坚持"实事求是""数据说话""注重时效""为施工服务"的原则，必须认真贯彻落实成本管理责任制，建立成本分析制度。

第 24 条　项目部必须每月按时填制"作业队成本汇总表"，进行文字分析并做好分析记录，同时应将成本分析的结果形成文件，为纠正与预防成本偏差、改进成本控制方法、制定降低成本措施、改进成本控制体系等提供依据。

第 25 条　财务人员在进行成本分析时，对发现的乱挤乱摊成等违规问题要查明原因，及时提出纠正和处理意见，保证成本的真实、准确、完整，逐渐加强、完善对成本的管理。

第 26 条　财务人员进行成本分析时，应以真实可靠的数据作为分析的依据，做到既要有数据分析对比，又要有文字分析材料，以保证成本分析结果的可依赖性。

第 6 章　附则

第 27 条　本制度由公司财务部负责制定、修订和解释并执行。

第 28 条　本制度经公司总经理审批后，自颁布之日起生效。

编制日期		审核日期		批准日期	
修改标记		修改处数		修改日期	

第 12 章　房地产工程建设管理流程与制度

12.1　房地产工程建设管理流程体系

12.1.1　房地产工程建设管理流程目录

房地产工程建设管理流程是各类房屋建筑工程和列入房屋建筑工程的供水、供暖、供电、燃气等设备及其安装流程，以及列入建筑工程的各种管道、电力和电缆导线敷设管理流程。

房地产企业在工程建设管理过程中，涉及的管理流程如图 12-1 所示。

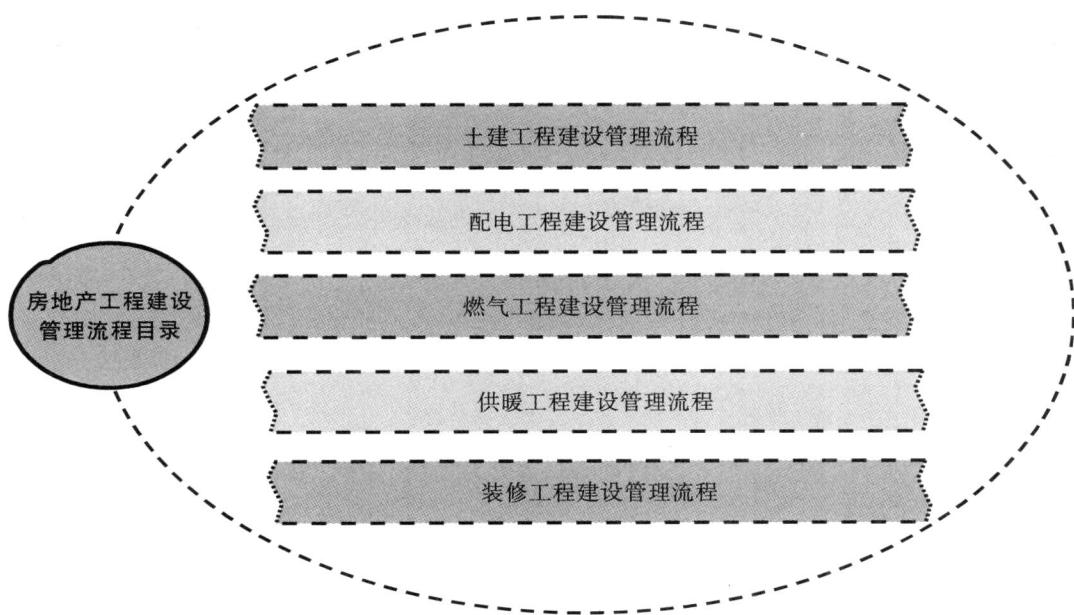

图 12-1　房地产工程建设管理流程目录

12.1.2　房地产工程建设管理关键节点

为了顺利开展房地产工程建设工作，提高工程建设效率，保证工程质量及施工人员安全，房地产企业在进行工程建设管理时需要做好下列关键节点事项的规范和控制工作，具体如图 12-2 所示。

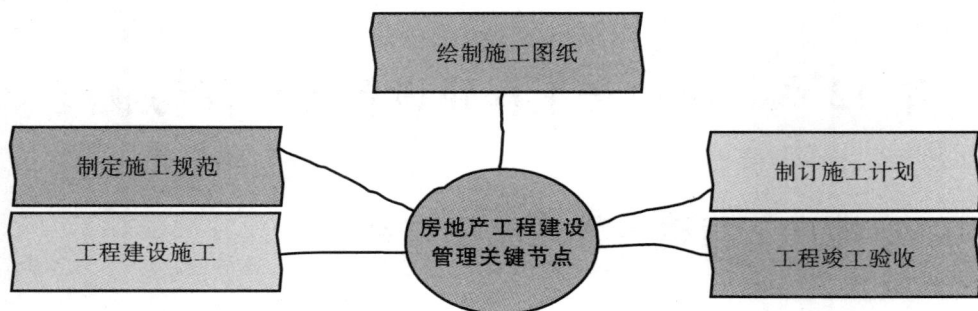

图 12-2　房地产工程建设管理关键节点

12.1.3　房地产工程建设管理流程说明

房地产工程建设管理流程的具体说明如表 12-1 所示。

表 12-1　房地产工程建设管理流程说明表

文件名称	房地产工程建设管理流程		版本号		页数	
文件编号			编制人		审批人	
关键节点名称	操作说明		时长	适用人员		责任部门
绘制施工图纸	工程部根据项目规划选择相关设计单位，对项目现场进行勘察，绘制施工图纸		＿＿个工作日	设计师、工程部经理		设计院、工程部
制定施工规范	施工规范应包括施工技术要求、安全要求及相关质量要求等项目		＿＿个工作日	工程部经理、工长		工程部、施工单位
制订施工计划	工程部、施工单位、监理单位根据工程建设周期制订施工计划，确保及时完工		＿＿个工作日	工程部经理、工长、监理工程师		工程部、施工单位、监理单位
工程建设施工	施工单位根据工程项目设计文件及施工计划施工，监理单位对施工过程的工程质量、进度进行管控		＿＿个工作日	工程部经理、工长、监理工程师		工程部、施工单位、监理单位
工程竣工验收	工程部、监理单位对完工项目进行验收，验收标准须符合相关要求		＿＿个工作日	工程部经理、监理工程师		工程部、监理单位

12.2 房地产工程建设管理主要流程

12.2.1 土建工程建设管理流程

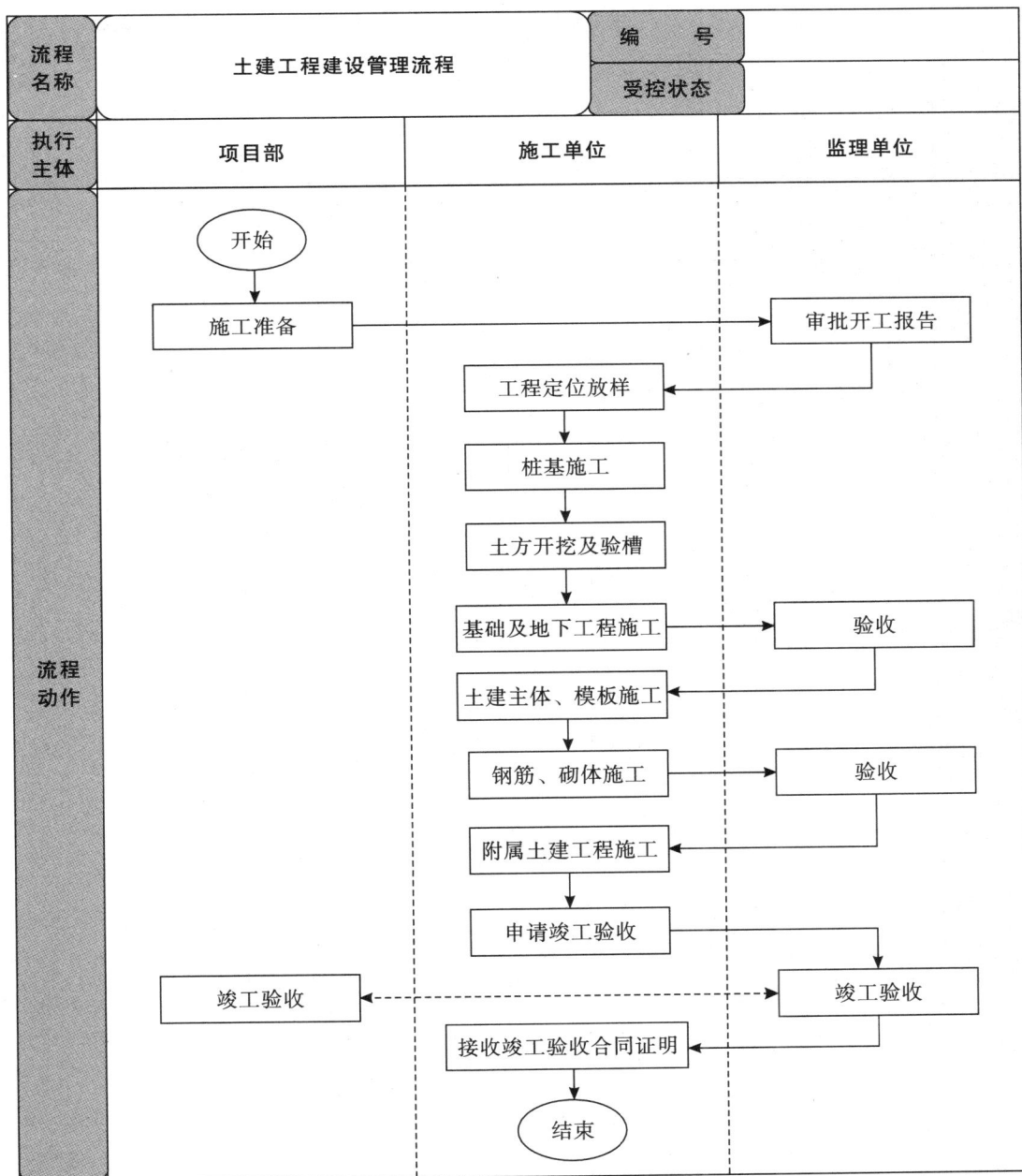

流程名称	土建工程建设管理流程		编　　号	
			受控状态	
执行主体	项目部	施工单位	监理单位	

```
流程动作

             项目部              施工单位                监理单位

             ┌──────┐
             │ 开始 │
             └──┬───┘
                ↓
           ┌────────┐
           │ 施工准备 │──────────────────────→┌──────────┐
           └────────┘                         │ 审批开工报告 │
                                              └─────┬────┘
                         ┌──────────┐               │
                         │ 工程定位放样 │←────────────┘
                         └─────┬────┘
                               ↓
                         ┌────────┐
                         │ 桩基施工 │
                         └────┬───┘
                              ↓
                       ┌──────────┐
                       │ 土方开挖及验槽 │
                       └─────┬────┘
                             ↓
                    ┌────────────┐
                    │ 基础及地下工程施工 │────→┌──────┐
                    └──────┬─────┘            │ 验收 │
                           ↓                  └───┬──┘
                 ┌──────────────┐                 │
                 │ 土建主体、模板施工 │←──────────────┘
                 └──────┬───────┘
                        ↓
                ┌────────────┐
                │ 钢筋、砌体施工 │──────────→┌──────┐
                └──────┬─────┘             │ 验收 │
                       ↓                   └───┬──┘
              ┌────────────┐                   │
              │ 附属土建工程施工 │←───────────────┘
              └──────┬─────┘
                     ↓
              ┌────────────┐
              │ 申请竣工验收 │
              └──────┬─────┘
                     ↓
   ┌────────┐                          ┌────────┐
   │ 竣工验收 │←- - - - - - - - - - - - -│ 竣工验收 │
   └────────┘                          └───┬────┘
              ┌──────────────┐              │
              │ 接收竣工验收合同证明 │←───────────┘
              └──────┬───────┘
                     ↓
                 ┌──────┐
                 │ 结束 │
                 └──────┘
```

12.2.2 配电工程建设管理流程

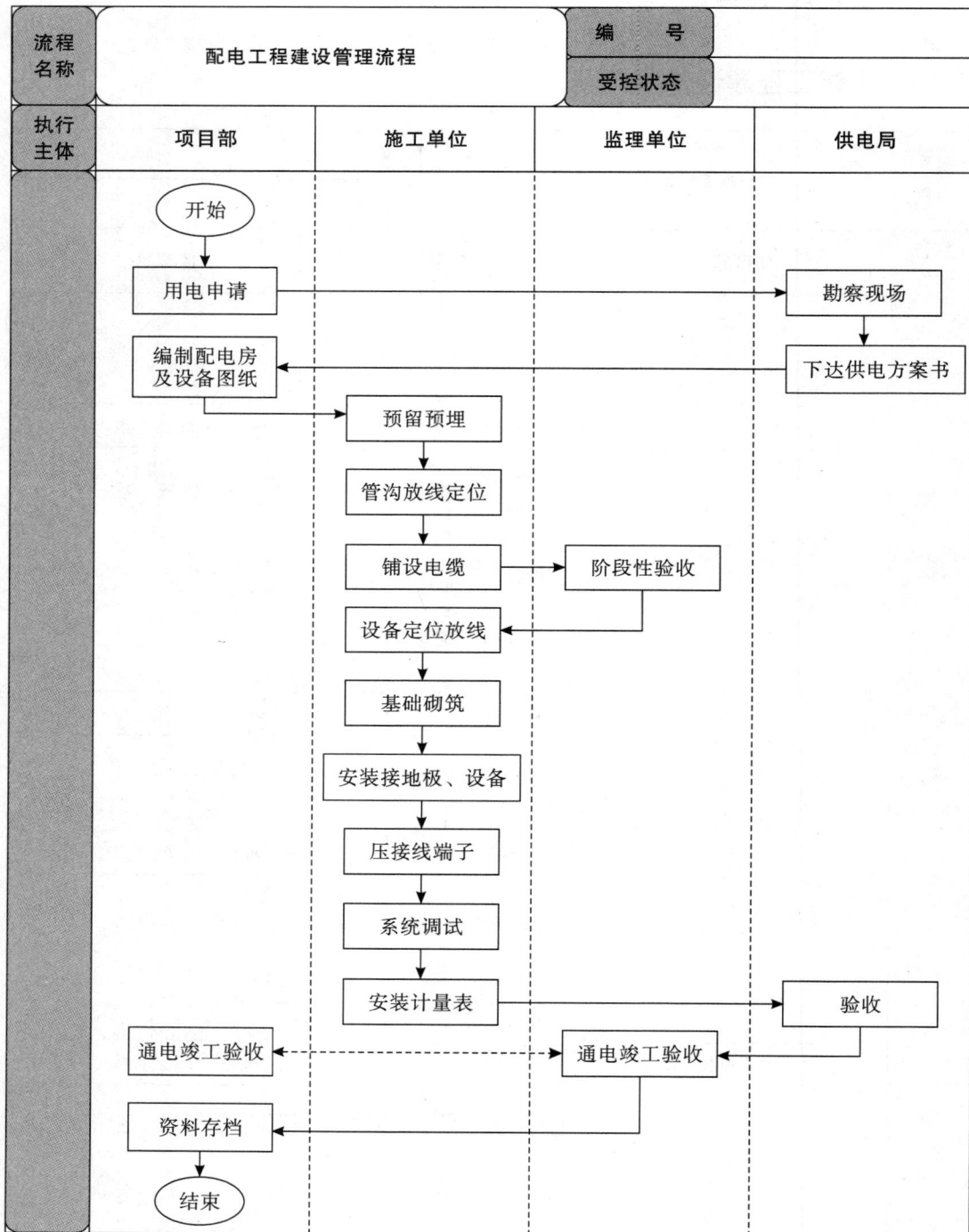

流程名称	配电工程建设管理流程		编　　号	
			受控状态	
执行主体	项目部	施工单位	监理单位	供电局

```
                    ┌─────────┐
                    │   开始   │
                    └────┬────┘
                         ▼
                   ┌──────────┐                                    ┌──────────┐
                   │ 用电申请  │───────────────────────────────────▶│ 勘察现场  │
                   └────┬─────┘                                    └────┬─────┘
                        ▼                                                ▼
                 ┌──────────────┐                               ┌────────────────┐
                 │ 编制配电房    │◀──────────────────────────────│ 下达供电方案书  │
                 │ 及设备图纸    │                               └────────────────┘
                 └──────┬───────┘
                        ▼
                   ┌──────────┐
                   │ 预留预埋  │
                   └────┬─────┘
                        ▼
                 ┌────────────┐
                 │ 管沟放线定位 │
                 └─────┬──────┘
                       ▼
                 ┌──────────┐          ┌──────────┐
                 │ 铺设电缆  │─────────▶│ 阶段性验收 │
                 └──────────┘          └────┬─────┘
                 ┌────────────┐             │
                 │ 设备定位放线 │◀───────────┘
                 └─────┬──────┘
                       ▼
                 ┌──────────┐
                 │ 基础砌筑  │
                 └────┬─────┘
                      ▼
             ┌──────────────┐
             │ 安装接地极、设备 │
             └──────┬───────┘
                    ▼
               ┌──────────┐
               │ 压接线端子 │
               └────┬─────┘
                    ▼
               ┌──────────┐
               │ 系统调试  │
               └────┬─────┘
                    ▼
               ┌──────────┐                              ┌────────┐
               │ 安装计量表 │──────────────────────────────▶│  验收  │
               └──────────┘                              └───┬────┘
     ┌──────────────┐              ┌──────────────┐          │
     │ 通电竣工验收  │◀┄┄┄┄┄┄┄┄┄┄┄▶│ 通电竣工验收  │◀────────┘
     └──────┬───────┘              └──────────────┘
            ▼
     ┌──────────┐
     │ 资料存档  │◀──────────────────────────────────────
     └────┬─────┘
          ▼
     ┌─────────┐
     │  结束    │
     └─────────┘
```

12.2.3 燃气工程建设管理流程

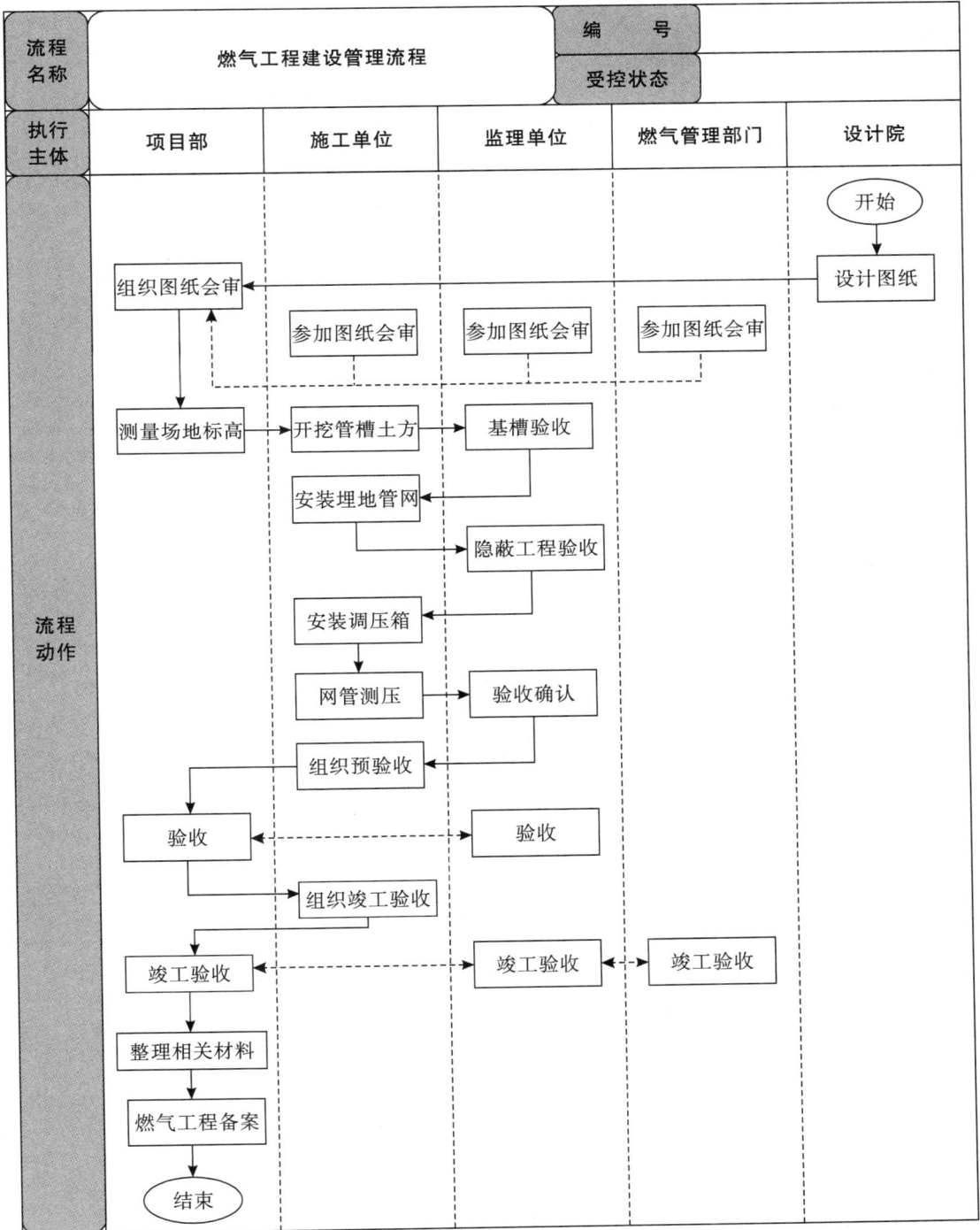

流程名称	燃气工程建设管理流程		编　号		
			受控状态		
执行主体	项目部	施工单位	监理单位	燃气管理部门	设计院
流程动作					

```
                                                              开始
                                                               │
                                                               ▼
组织图纸会审 ◄──────────────────────────────────────────  设计图纸
     ▲
     │        参加图纸会审    参加图纸会审    参加图纸会审
     │            │              │              │
     └ ─ ─ ─ ─ ─ ┘              │              │
     │
     ▼
测量场地标高 ──► 开挖管槽土方 ──► 基槽验收
                      │
                 安装埋地管网 ◄──┘
                      │
                      └───────► 隐蔽工程验收
                                     │
                 安装调压箱 ◄─────────┘
                      │
                 网管测压 ──────► 验收确认
                                     │
                 组织预验收 ◄────────┘
          ┌──────────┘
          ▼
        验收 ◄ ─ ─ ─ ─ ─ ─ ─ ─ ─ ─ ─ ►  验收
          │
          │      组织竣工验收
          │           │
          ▼           │
      竣工验收 ◄ ─ ─ ─ ─ ─ ─ ─ ─ ─ ►  竣工验收 ◄ ─ ►  竣工验收
          │
          ▼
     整理相关材料
          │
          ▼
     燃气工程备案
          │
          ▼
        结束
```

12.2.4 供暖工程建设管理流程

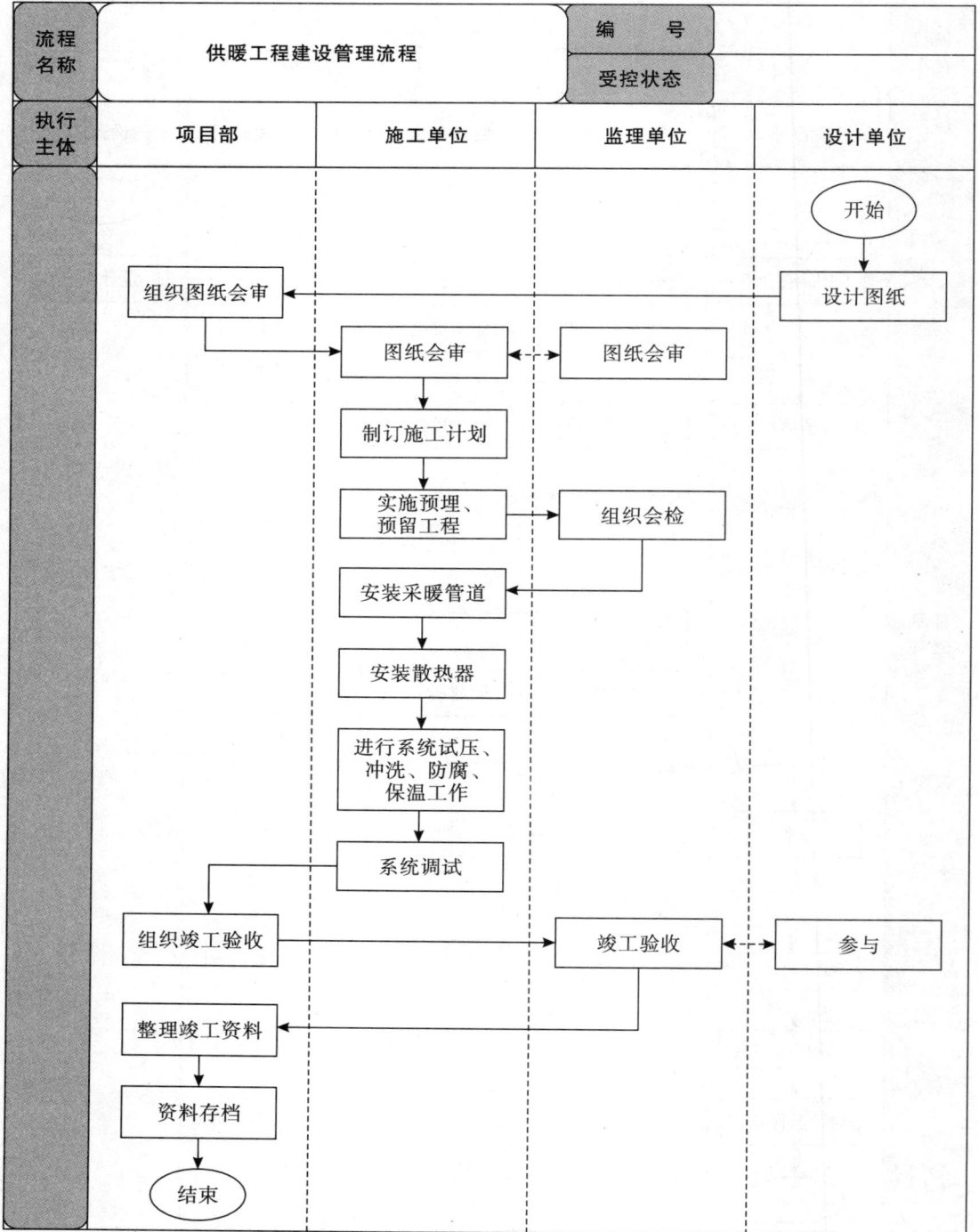

流程名称	供暖工程建设管理流程		编　　号	
			受控状态	
执行主体	项目部	施工单位	监理单位	设计单位

```
设计单位：
    开始
      ↓
   设计图纸

项目部：
  组织图纸会审  ←──────────────────  设计图纸
      ↓
                图纸会审  ←┄┄→  图纸会审  （施工单位 / 监理单位）
                    ↓
                制订施工计划
                    ↓
                实施预埋、
                预留工程   ──→  组织会检（监理单位）
                    ↓
                安装采暖管道  ←──  组织会检
                    ↓
                安装散热器
                    ↓
                进行系统试压、
                冲洗、防腐、
                保温工作
                    ↓
                系统调试
  组织竣工验收  ←─────────────────→  竣工验收  ←┄┄→  参与
      ↓
  整理竣工资料  ←──────────────────  竣工验收
      ↓
  资料存档
      ↓
    结束
```

12.2.5 装修工程建设管理流程

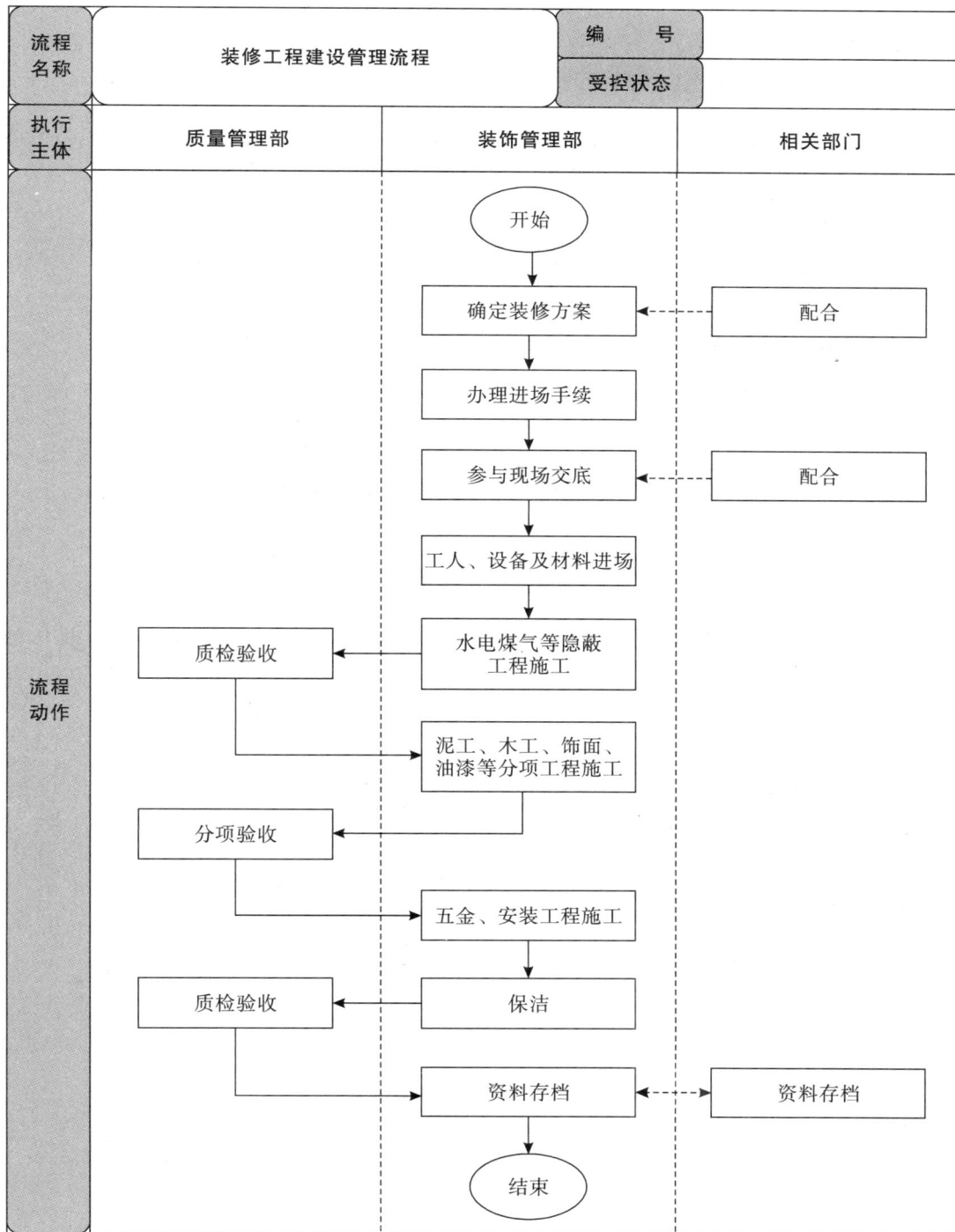

流程名称	装修工程建设管理流程	编　号	
		受控状态	
执行主体	质量管理部	装饰管理部	相关部门

流程动作

开始

确定装修方案 ← 配合

办理进场手续

参与现场交底 ← 配合

工人、设备及材料进场

质检验收 ← 水电煤气等隐蔽工程施工

泥工、木工、饰面、油漆等分项工程施工

分项验收

五金、安装工程施工

质检验收 ← 保洁

资料存档 ← 资料存档

结束

12.3 房地产工程建设管理制度体系

12.3.1 房地产工程建设管理制度体系指引图

房地产工程建设管理制度体系包括燃气、供暖及装修工程等管理内容，具体包括但不限于以下三大制度，具体如图 12-3 所示。

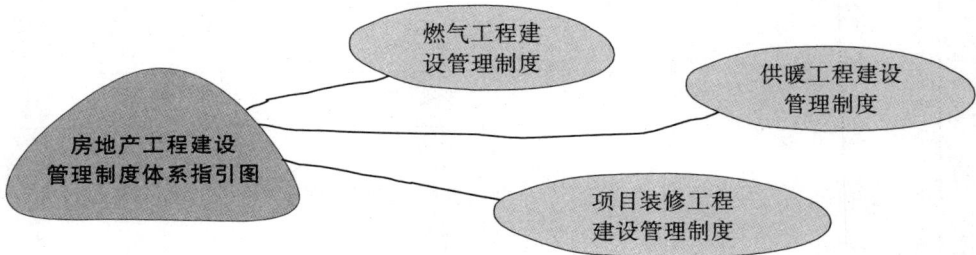

图 12-3 房地产工程建设管理制度体系指引图

12.3.2 房地产工程建设管理制度的设计目标

房地产企业建立工程建设管理制度体系，主要是为了完成以下三大目标，具体如图 12-4所示。

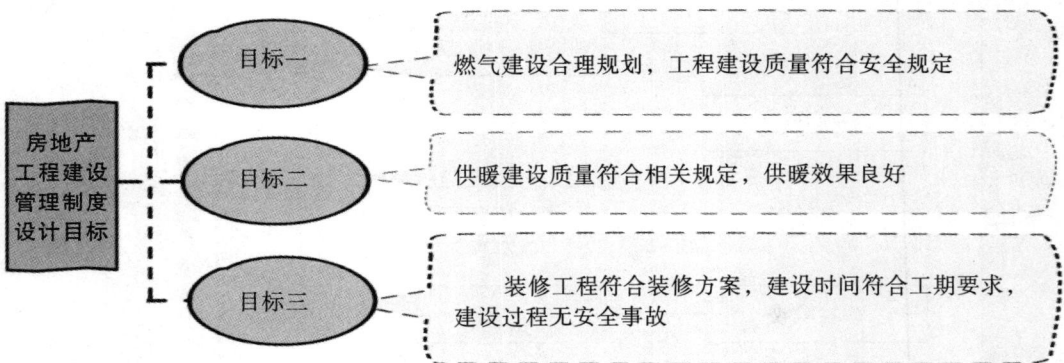

图 12-4 房地产工程建设管理制度设计目标

12.3.3 房地产工程建设管理制度设计关注点

为了实现工程建设的目标，房地产企业在设计工程建设管理制度体系时需关注以下三项内容，具体如图 12-5 所示。

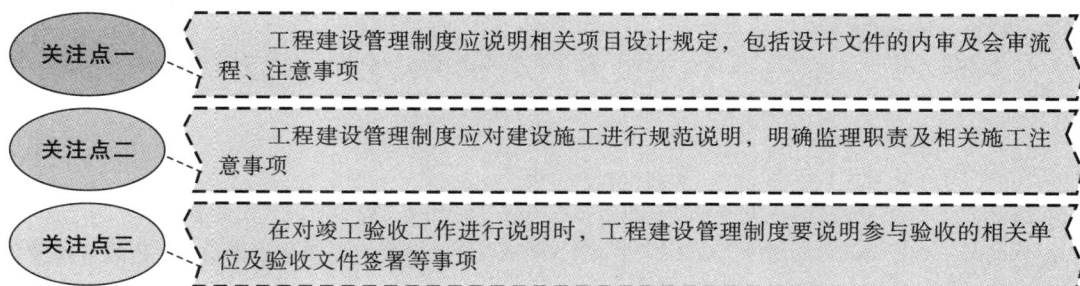

关注点一 —— 工程建设管理制度应说明相关项目设计规定，包括设计文件的内审及会审流程、注意事项

关注点二 —— 工程建设管理制度应对建设施工进行规范说明，明确监理职责及相关施工注意事项

关注点三 —— 在对竣工验收工作进行说明时，工程建设管理制度要说明参与验收的相关单位及验收文件签署等事项

图 12-5 房地产工程建设管理制度设计关注点

12.4 房地产工程建设管理制度设计

12.4.1 燃气工程建设管理制度

制度名称	燃气工程建设管理制度		编　号	
			受控状态	
执行部门		监督部门	编修部门	

第 1 章　总则

第 1 条　目　的

为了加强燃气工程建设管理，保证燃气工程质量，根据国家有关法律、法规的规定，结合本公司实际情况，特制定本制度。

第 2 条　适用范围

本制度适用于与公司房地产工程建设相关的燃气工程建设管理工作。

第 3 条　相关职责

1. 设计单位，根据工程建设实际情况对燃气工程建设进行设计。

2. 施工单位，依法对燃气工程质量负责。

3. 监理单位，实施工程监理及验收工作，对工程质量负责。

4. 建设行政主管部门负责区燃气工程建设项目的监督管理，质监机构具体实施对该类工程的质量监督。

（续）

5. 燃气公司对燃气工程设计进行审核，并协同相关单位进行工程验收，提供燃气。

第 2 章　工程勘察、设计管理

第 4 条　资质要求

1. 在本公司承接燃气工程勘察设计、施工、监理业务的单位，必须按规定经建设行政主管部门资质审查合格，取得相应的从业资格证书。

2. 凡本公司燃气建设相关的勘察、设计、施工、监理工作的专业技术人员及技术工人，必须取得建设行政主管部门认可或法律规定的上岗证后，方可从事相关工作。

第 5 条　燃气工程设计文件管理规定

1. 燃气工程设计文件应规定该工程的合理使用年限。

2. 燃气工程设计文件必须有市建设行政主管部门认可的燃气工程专业设计人员签字。

3. 燃气工程设计文件经建设行政主管部门组织审查后方可实施，具体的审查范围、内容、程序、机构，按照我市建设工程设计文件审查管理办法执行。

第 3 章　施工过程管理

第 6 条　燃气工程设计前，工程部应向燃气公司提出提供气源接入点要求，作为工程设计的原始资料。

第 7 条　燃气工程建设选用的设备、材料，应当符合国家标准、行业标准和本市抢险、维修要求。

第 8 条　施工单位必须建立健全施工质量责任制度，严格工序管理；工程部及监理部门要作好隐蔽工程的质量检验和记录，未经监理工程师签字，隐蔽工程不得隐蔽，工程不得进入下一道工序的施工。

第 9 条　燃气工程项目实行强制监理制度，监理单位必须具有燃气工程专业监理资质。

第 4 章　专项验收

第 10 条　燃气工程竣工后，施工单位应当自行组织验收。验收结果经监理单位认可后，由工程部申请报建设行政主管部门或质监机构组织燃气工程专项验收。

第 11 条　燃气工程专项验收由质监机构组织监理、设计、施工、供气等单位进行，验收合格后颁发专项工程验收证书。

第 12 条　燃气公司对燃气工程存在的问题向专项验收组织单位提出意见。

第 5 章　工程移交

第 13 条　燃气工程专项验收合格后，公司应及时按照规定将工程移交燃气公司。工程移交内容包括实物及完整的工程竣工资料。在完成移交前，工程部承担工程实物的维护、管理责任，发生损坏时自行负责修复。

第 14 条　房产业主用气前到燃气公司办理有关供气手续，燃气公司应当在燃气工程竣工移交及办理供气手续后立即组织供气。

第 15 条　管道燃气工程投入运行前，工程部应确认燃气公司已经对燃气工程进行气密性试验复检和置换，保证供气安全。

第 6 章　附则

第 16 条　本制度由工程部负责解释及修订。

第 17 条　本制度自颁布之日起执行。

编制日期		审核日期		批准日期	
修改标记		修改处数		修改日期	

12.4.2 供暖工程建设管理制度

制度名称	供暖工程建设管理制度		编　　号	
			受控状态	
执行部门		监督部门	编修部门	

第1章 总则

第1条 目的

为了确保供暖工程施工全过程处于受控状态，建设质量符合相关规定，特制定本制度。

第2条 适用范围

本制度适用于供暖工程施工过程各阶段的管理控制。

第3条 相关职责

1. 公司分管领导督促和指导工程部实施施工全过程的管理。

2. 项目部经理负责供暖工程建设过程的监督和检查工作。

3. 公司工程部暖通工程师负责制度的实施。

第4条 管理流程

供暖工程建设管理流程如下图所示。

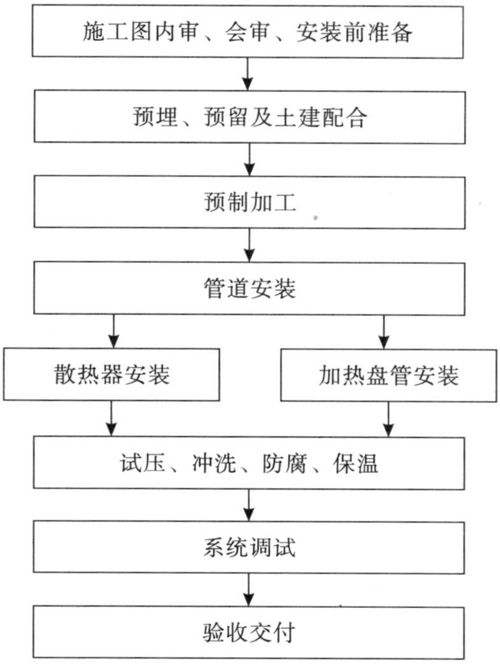

供暖工程建设管理流程图

（续）

第2章　项目开工前控制管理

第5条　图纸内审及会审

图纸内审及会审工作由工程部经理主导，具体工作内容有以下五个方面。

1. 工程部经理督促专业工程师认真熟悉施工图的内容、要点、特点和难点，弄清设计意图，掌握工程现场情况。

2. 找出与建筑、结构及楼板地面等工程现场不符合的设计内容。

3. 组织施工图内审并形成纪要，反馈设计院，督促设计院就内审提出的设计问题对施工图进行修改完善。

4. 集中供暖的应提前与主管行业部门沟通优化设计，确保及时出图。

5. 工程部要督促施工单位、监理单位进行图纸审图，形成书面问题汇总，组织施工、监理和设计进行图纸会审并形成图纸会审纪要。

第6条　工程部对关键施工部位的施工方案技术要求应明确，对组织设计中错误和不合理之处，必须要求施工单位及时组织修改完善并重新报审。

第7条　监理单位的审查

1. 工程部应审查监理单位的建筑采暖相关监理细则，查看细则内容应结合本工程的特点，关键的施工部位和施工阶段的监理细则应详细，且能对工程质量进行有效监控。

2. 工程部须了解施工单位人员的素质和施工经验。工程中使用新材料、新工艺时，工程部应督促施工单位对操作人员进行必要的培训，合格后才能上岗操作。

3. 工程部须审查监理人员上岗资质，检查监理人员到岗情况应符合合同要求，不符合要求的督促监理单位调整到位。

第8条　进场材料的审查

工程部会同专业监理工程师核查进场材料应符合设计、合同要求及相关技术标准，发现不符合要求的材料应及时要求施工单位限期退场。

第9条　工程部应统计采暖设备数量，提前三个月上报采购计划。

第3章　项目施工控制管理

第10条　预埋、预留及土建配合

1. 施工单位要确保预埋件位置、数量、规格正确，预埋牢固可靠。

2. 与采暖系统有关的土建工程完毕后，工程部应与监理、设计、施工单位共同会检，尤其在砼浇捣前的终验，验收合格后方可进行砼浇捣。

第11条　采暖管道安装

1. 采暖管道的采购

管材及管件应严格按图纸要求选购，保证管材、管件本身的质量应符合相应的产品标准要求。

2. 连接方式

不同品种的管材，其连接方式有其独特的操作工艺和要求，必须严格按工艺操作规程施工，保证

（续）

管道接口的牢固性、严密性。

3. 阀门安装

在管道最高处设置排气阀，在管道最低处设置泄水阀，阀门安装前须按规范的规定做好强度及严密性试验。

4. 补偿装置的安装

补偿装置必须保证质量合格，必须按设计要求安装。

5. 管道安装

管道的安装须按设计要求进行放坡，供热干管与分支管连接应采用羊角弯，水平干管变径应采用上平齐偏口变径，干管与立管连接、支管与散热器连接宜采用乙字弯，高温水管应采用法兰连接，不得采用活接头。

6. 支、吊架安装

支、吊架规格构造形式应符合设计或规范及标准图的要求，干管阀门及拐弯处不得漏装，并做好防锈漆的涂刷。

7. 管卡安装

管卡应牢固，必须达到规定的埋深尺寸。

8. 埋地管道及管道支墩安装

埋地管道及管道支墩严禁铺设在冻土或松土上，垫层及回填土应符合设计要求，埋地管道坐标、标高应符合设计要求，埋地管道要求采用沥青防腐材料，严禁采用防锈漆。

9. 金属管道防锈

防锈漆需要做到不漏刷，漆膜完整均匀，不流淌及污染，色泽一致，须按设计要求涂刷每一层，不得少刷漏刷。

10. 管道保温

管道保温工作应遵循以下规定。

（1）管道配件处必须保温施工到位。

（2）保温材料的选定参数必须符合设计要求。

（3）保温层的安装连接必须紧密。

（4）法兰及阀门保温不得遗漏。

（5）保护壳应按设计要求表面平整、光滑。

（6）石棉水泥壳须设置伸缩缝，在潮湿区域使用应加设防潮层。

第12条　散热器安装

散热器安装应遵循以下规定。

1. 散热器采购必须为正规厂家的产品。

2. 散热器组对垫片应采用耐热橡胶垫，组对后铸铁散热器须每组试压，散热器安装平稳牢固，严禁踩踏。

（续）

3. 散热器组装前要认真清理污物、除锈，认真做好安装后的散热器保护。

4. 散热器支托架的安装位置正确、牢固，各类散热器支托架的数量应符合设计或产品说明书的要求。

5. 散热器的安装应在散热器背面墙面装饰施工完成，供回水干管、支管安装完成后方可进行。

6. 手动跑风位置正确，同一房间散热器高度应一致。

第 13 条　低温热水地板辐射系统安装

1. 地热盘管安装必须在所有作业可能对楼面进行凿打的作业都完成后方可进行，同时确保楼面平整、无杂物。

2. 对于潮湿的卫生间，在填充层的上部必须设置隔离层。

3. 在与内外墙、柱及过门等垂直部件交接处应敷设不间断的伸缩缝。

4. 低温热水地面辐射供暖工程施工，不宜与其他工种进行交叉施工作业；施工过程中，严禁进入踩踏加热管，所有地面留洞应在填充层施工前完成。

5. 分、集水器的材料宜为铜质，每一分水器支路不超过 8 个，加热管每一环路长度不超过 120m，且隐蔽段中间不许有接头。

6. 绝热层的铺设应平整，绝热层相互间的接缝应严密；直接与土壤接触的或有潮气侵入的地面，在铺放绝热层之前应先铺一层防潮层。

7. 安装加热管时应禁止管道拧劲；弯曲管道时，圆弧的顶部应加以限制，并用管卡进行固定，防止出现"死折"；加热管的弯曲半径不宜小于 6 倍管外径。

8. 埋设于填充层内的加热管应设固定装置，且不应有接头，加热管回路应水力平衡。

9. 在与内外墙、柱及过门等交接处应敷设不间断的伸缩缝，伸缩缝宽度适宜。

10. 地面层施工时，不得剔、凿、割、钻和钉填充层，不得向填充层内楔入任何物件，必须在填充层达到要求强度后才能进行。

11. 卫生间施工时过门处应设置止水墙，在止水墙内侧应配合土建专业做防水，以防止卫生间积水渗入绝热层，并沿绝热层渗入其他区域；加热管穿止水墙处应设防水套管，防水套管两端应加密封。

第 14 条　采暖管道试压、冲洗、防腐、保温

1. 加热盘管安装后，浇捣混凝土填充层之前和填充层养护期满后须做水压试验；入冬或冬季施工，在没有供热前必须用空压机将盘管中的水排空，以防冻裂管道。

2. 地热系统安装完成后，严禁敲打、撞击地面，严禁在地面上下钻孔打洞、射钉等作业，严禁擅自对地热采暖系统进行改装、拆卸、加工等作业，严禁在地热地面上垫火升炉。

3. 热水供暖系统入口装置应按设计要求安装，其压力表、温度计、泄水管、循环管、阀门、平衡阀、过滤器安装位置正确。

4. 采暖供热系统安装完成后，应对系统试压、冲洗、调试。

第 4 章　竣工验收控制管理

第 15 条　管道、设备安装完工后，工程部及时督促相关单位做好成品保护工作。

（续）

第16条	施工结束后，项目部协同监理单位及时做好验收交付工作。

第5章 附则

第17条 本制度由工程部负责解释及修订。

第18条 本制度自颁布之日起执行。

编制日期		审核日期		批准日期	
修改标记		修改处数		修改日期	

12.4.3 项目装修工程建设管理制度

制度名称	项目装修工程建设管理制度		编　号	
			受控状态	
执行部门		监督部门	编修部门	

第1章 总则

第1条 目的

为了规范项目装修工程建设管理，进一步提高工程品质，特制定本制度。

第2条 适用范围

公司新开工和正在施工的装修项目参照本管理制度执行。

第3条 相关职责

1. 装修工程由工程管理部组织实施，对特殊工程可以设立装修项目部。装修项目部的设立，由工程管理部提议，经公司领导批准后组建。

2. 工程监理，装修工程监理部由工程管理部提议监理公司组建，并根据工程管理需要配置专职监理工程师。

3. 装修公司须根据工程管理部要求设立独立的装修项目部。

第2章 装修工程施工准备

第4条 工程进度及质量目标

装修工程开工前，工程部主管工程师须根据合同制订工程进度控制性计划和工程质量目标，经工程部经理批准后下达给工程监理、施工单位各方。

第5条 监理细则

装修工程开工前，监理部须组织编制"装修工程管理监理细则"，报工程部留存归档。其中，"装修工程监理细则"为装修工程监理工作的指导性文件。

第6条 图纸会审与技术交底

装修工程开工前，由工程部组织，工程监理、施工、设计等相关单位共同参加图纸会审与技术交

（续）

底。交底完成后，工程监理将会审与技术交底记录会签后申报至工程部，工程部主管工程师负责协调解决会审和技术交底问题。

第7条　施工组织设计、施工方案

装修工程开工前，施工单位须提前二周申报施工组织设计、施工方案；工程监理须在3个工作日内审核完成，签署意见后申报至工程部；工程部主管工程师审核完成会签后，发至相关单位和部门。

第8条　施工用水、施工用电管理

开工前，施工单位须申报施工用电、施工用水方案；经工程监理、工程部批准，由工程监理和工程管理部协调后方可接入施工用水、施工用电。

第9条　开工报告管理

工程部施工前一周签发工程开工通知，施工单位须在工程开工前2天申报开工报告，工程监理1天内签署意见申报至工程管理部，工程管理部1天内签署意见并发至相关单位和部门。

第3章　装修工程组织施工

第10条　工程质量管理

1. 工序质量验收要求工程监理须100%检查验收；隐蔽工序、关键工序要求工程监理须作为主控工序验收；工程管理部主管工程师对工序质量进行不定期的复查。

2. 工程监理验收完成并签署验收意见后1个工作日内，须将验收资料返还施工单位并报送工程管理部。

第11条　工程质量考核

施工合同对工程质量等级有奖、罚约定的，施工单位须在工程竣工后3个工作日内申报工程质量考核报告，工程监理应在1个工作日内核实签署意见后报送工程管理部；工程管理部须在1个工作日内给予核准，经资料员返还施工方并报送相关部门归档。

第12条　工程进度管理

1. 施工总进度计划。

开工前，施工单位须编排、申报施工总进度计划；总进度计划须满足合同工期要求；施工总进度计划调整须经监理、工程管理部批准同意后方可调整。

2. 施工月进度计划。

施工期间，施工单位每月25日前须编排、申报下月施工计划。月进度计划须满足施工总进度计划要求；月进度计划须经监理、工程管理部批准同意后做为周施工进度控制依据。月进度计划调整须经监理、工程管理部批准同意后方可调整。

3. 施工周进度计划。

施工期间，施工单位每周五（工程例会）须编排、申报下周施工计划。周进度计划须满足施工月进度计划要求；下周施工计划须对照上周施工计划说明上周施工计划完成情况；如有未完成部分，须说明未完成原因。

4. 工期延误与工期签证

因设计变更、非施工方原因暂停施工等引起工期延误须申请工期顺延的，施工单位须在影响工期

（续）

事件结束后 3 个工作日内申报工期顺延签证，工程监理应在 1 个工作日内核实签署意见后报送工程管理部，工程管理部须在 1 个工作日内给予核准，并指派资料员将工期顺延签证交予施工方。

5. 合同工期考核。

施工单位须在工程竣工后 3 个工作日内申报工期考核报告，工期考核报告须附工期签证资料；工程监理应在 1 个工作日内核实签署意见后报送工程管理部；工程管理部须在 1 个工作日内给予核准，并指派资料员将考核报告交予施工方。

第 13 条　工程施工安全、文明管理

1. 施工单位须制定安全文明施工管理制度。

2. 工程监理须制定安全文明施工管理标准与奖罚制度，并定期、不定期组织安全文明施工检查与评比。

3. 工程管理部主管工程师须参加安全文明检查与评比，并对工程监理安全文明检查评比结果给予核准。

第 14 条　技术管理

施工中须设计变更的，工程部主管工程师应通知工程监理和施工单位对变更部位暂停施工，但必须在 1 个工作日内补充暂停施工书面通知，否则施工单位视同该部位不作变更。

第 15 条　工程材料管理

1. 材料明细表。

工程施工前，施工单位须制定施工材料明细表，列明材料品种、规格、数量、使用计划等报送工程监理；监理工程师、工程部主管工程师须对材料表进行审核。

2. 材料验收与检测。

施工单位须在材料进场后 1 天内将申报材料进场报验单交给工程监理并通知工程部主管工程师；对验收不合格的材料，工程部主管工程师按照公司相关规定协调相关部门、单位办理退货、换货。

第 16 条　成品保护

施工单位施工前须制定成品保护措施和方案并报送工程监理审核；工程监理须在 1 个工作日内审核完成并签署意见后报送工程管理部；工程管理部在 1 个工作日内审核完成，由资料员归档并发至相关单位、部门归档。对已施工和正在施工的成品、半成品项目均须有成品保护措施。

第 17 条　工程资料管理

工程资料除有明确规定处理时间要求的，工程监理须在收到文件的当天下午 4：30 之前处理完成并申报到工程管理部；工程管理部主管工程师须在 1 个工作日内处理完成。

第 18 条　工程资料归档

施工单位、监理、工程管理部须配置专职资料员收发资料，并建立资料收、发记录；工程管理部收发资料须在处理完成后 2 个工作日内归档。

（续）

第4章 竣工验收

第19条 竣工初验

施工单位在工程结束并完成自检合格后，提前3天书面申请竣工初验。竣工初验由工程监理组织，监理、工程部参加。

第20条 竣工验收

竣工初验完成后一周内，工程部应组织相关单位进行工程竣工验收。

第21条 资料移交、备案

1. 工程竣工初验前，施工单位须将整套资料提前一周报送工程监理核查。资料核查合格后，工程监理方可组织竣工初验。

2. 资料核查合格后，由工程监理协调装修公司与总包单位办理竣工资料移交书面手续，总包单位负责竣工资料归档和装订以及工程资料备案。

第22条 竣工结算

施工单位应在工程竣工验收后1个月内将竣工结算资料报送至工程监理（另有约定除外），监理须及时核查完成后报送至工程部，工程部须及时将竣工结算资料报送至预算部。

第5章 附则

第23条 本制度由工程部负责解释及修订。

第24条 本制度自颁布之日起执行。

编制日期		审核日期		批准日期	
修改标记		修改处数		修改日期	

第13章 房地产工程风险控制管理流程与制度

13.1 房地产工程风险控制管理流程体系

13.1.1 房地产工程风险控制管理流程目录

房地产工程风险控制是指房地产企业在运行过程中通过各种方法消除或减少工程风险发生的可能性，或减少房地产工程风险事件发生造成的损失。房地产企业在工程风险控制管理过程中，涉及的管理流程如图 13-1 所示。

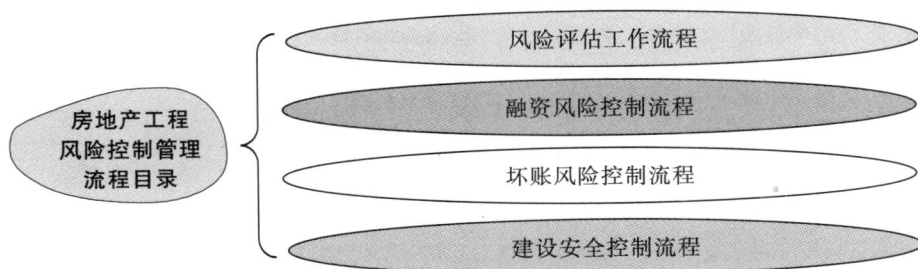

图 13-1　房地产工程风险控制管理流程目录

13.1.2 房地产工程风险控制管理关键节点

房地产企业在进行工程风险控制管理过程中，需加强对以下八大关键节点的管理，以规范工程风险控制的管理工作，从而提高风险控制管理的工作效率，具体如图 13-2 所示。

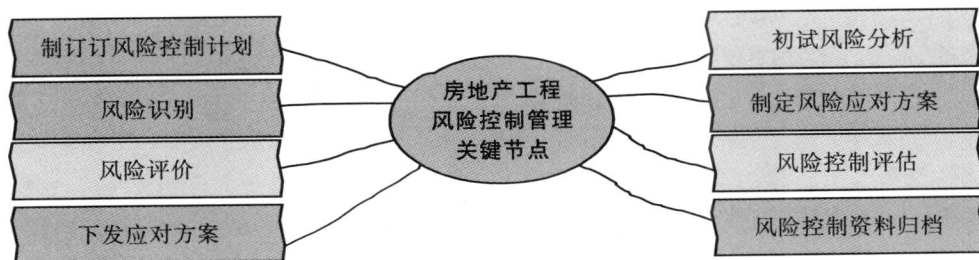

图 13-2　房地产工程风险控制管理关键节点

13.1.3 房地产工程风险控制管理流程说明

房地产工程风险控制管理流程的具体说明如表 13-1 所示。

表 13-1 房地产工程风险控制管理流程说明表

文件名称	房地产工程风险控制管理流程		版本号		页数	
文件编号			编制人		审批人	
关键节点名称	操作说明		时长	适用人员		责任部门
制订风险控制计划	在房地产工程开发阶段，风险管理部组织人员制订房地产工程的"风险控制计划"		____个工作日	风险管理主管		风险管理部
风险识别	对尚未发生的、潜在的和客观存在的各种风险，系统地、连续地进行识别和归类，并分析产生风险事故的原因		____个工作日	风险管理专员		风险管理部
初始风险分析	风险管理部在工程开发准备阶段对工程项目可能存在的风险进行初始风险分析		____个工作日	风险管理专员		风险管理部
风险评价	风险管理部对工程各项进行风险评估，确定风险等级和发生风险对企业的损害程度		____个工作日	风险管理主管		风险管理部
制定风险应对方案	根据风险评价的结果制定风险应对方案		____个工作日	风险管理主管		风险管理部
下发应对方案	风险管理部下发风险应对方案，并对应对方案执行结果进行监督		____个工作日	风险管理主管		风险管理部
风险控制评估	风险管理主管组织对所实施的风险控制措施的有效性予以验证，并将验证过程和记录形成《风险控制措施验证报告》		____个工作日	风险管理主管		风险管理部
风险控制资料归档	风险管理部将风险控制规程中的各项资料整理交档案室进行保存管理		____个工作日	风险管理专员		风险管理部

13.2　房地产工程风险控制管理主要流程

13.2.1　风险评估工作流程

流程名称	风险评估工作流程		编　　号	
			受控状态	
执行主体	项目总监	项目经理	风险管理主管	风险管理专员

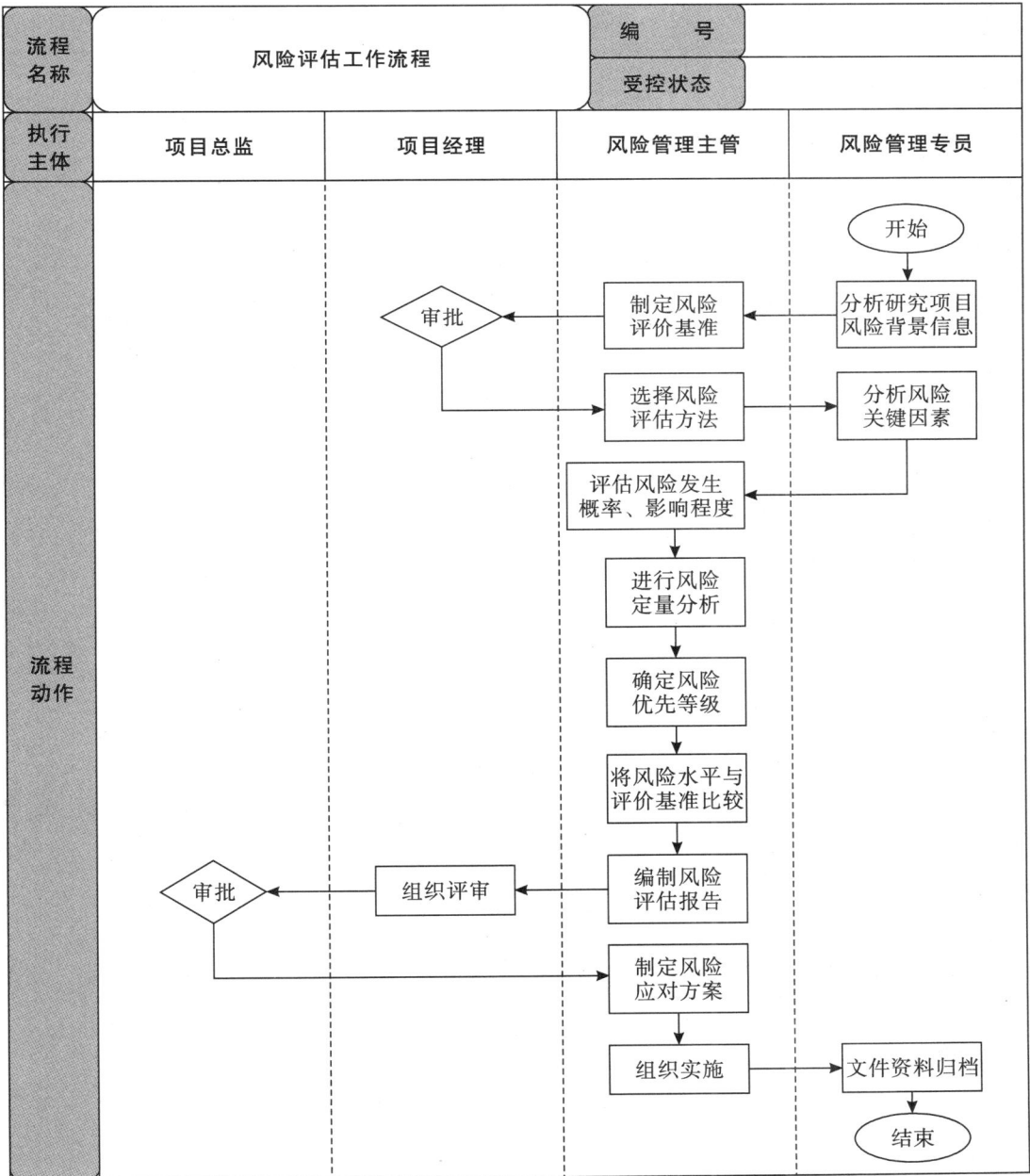

13.2.2 融资风险控制流程

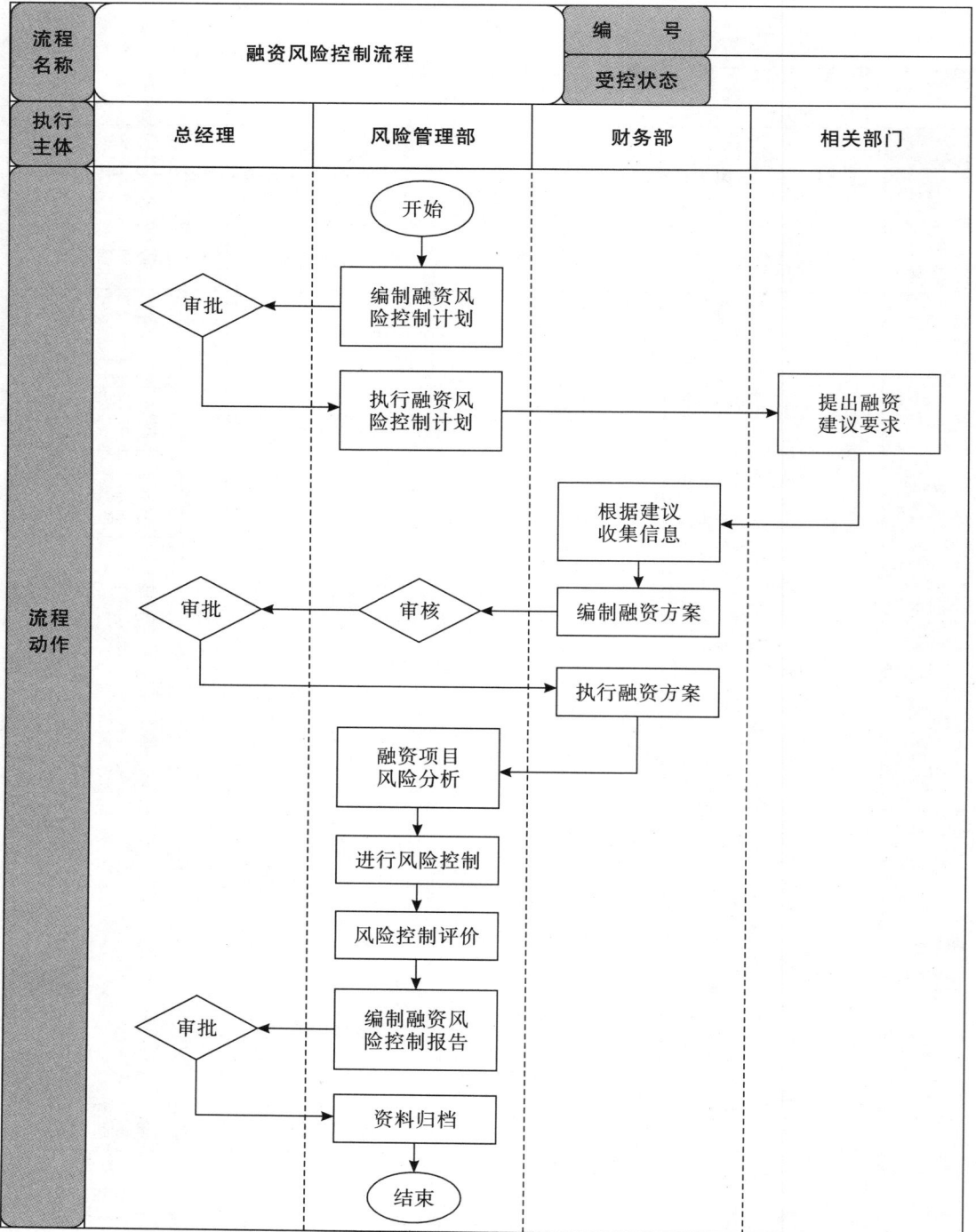

流程 名称	融资风险控制流程		编　　号	
			受控状态	
执行 主体	总经理	风险管理部	财务部	相关部门

流程 动作				

```
                          ┌─────────┐
                          │   开始   │
                          └────┬────┘
                               ↓
      ◇审批◇  ←──────  ┌─────────────┐
                        │编制融资风险 │
                        │ 险控制计划  │
                        └─────────────┘

              ┌─────────────┐              ┌─────────┐
      └──────→│执行融资风险 │─────────────→│提出融资 │
              │ 险控制计划  │              │建议要求 │
              └─────────────┘              └─────────┘

                        ┌─────────────┐
                        │  根据建议   │
                        │  收集信息   │←───────────
                        └─────────────┘

      ◇审批◇ ←── ◇审核◇ ←── ┌─────────────┐
                              │ 编制融资方案 │
                              └─────────────┘

              ┌─────────────┐
      └──────→│ 执行融资方案 │
              └─────────────┘

      ┌─────────────┐
      │  融资项目   │←──────
      │  风险分析   │
      └─────────────┘
             ↓
      ┌─────────────┐
      │ 进行风险控制 │
      └─────────────┘
             ↓
      ┌─────────────┐
      │ 风险控制评价 │
      └─────────────┘
             ↓
      ◇审批◇ ←── ┌─────────────┐
                  │编制融资风   │
                  │险控制报告   │
                  └─────────────┘

              ┌─────────────┐
      └──────→│  资料归档   │
              └─────────────┘
                     ↓
                ┌─────────┐
                │  结束   │
                └─────────┘
```

13.2.3 坏账风险控制流程

流程 名称	坏账风险控制流程		编　　号	
			受控状态	
执行 主体	总经理	风险管理部	财务部	

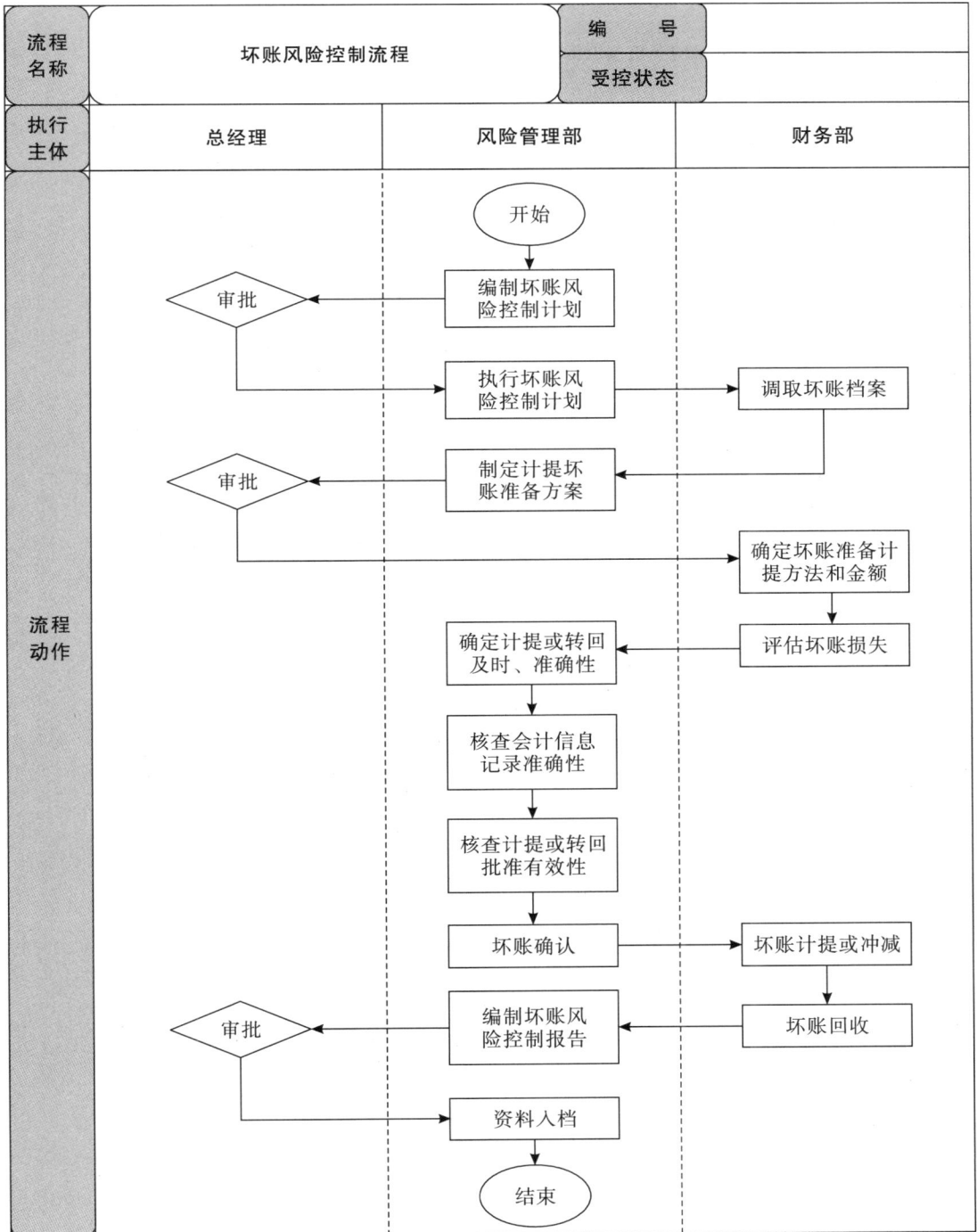

流程动作

- 开始
- 编制坏账风险控制计划 → 审批
- 执行坏账风险控制计划 → 调取坏账档案
- 制定计提坏账准备方案 → 审批
- 确定坏账准备计提方法和金额
- 评估坏账损失
- 确定计提或转回及时、准确性
- 核查会计信息记录准确性
- 核查计提或转回批准有效性
- 坏账确认 → 坏账计提或冲减
- 坏账回收
- 编制坏账风险控制报告 → 审批
- 资料入档
- 结束

13.2.4 建设安全控制流程

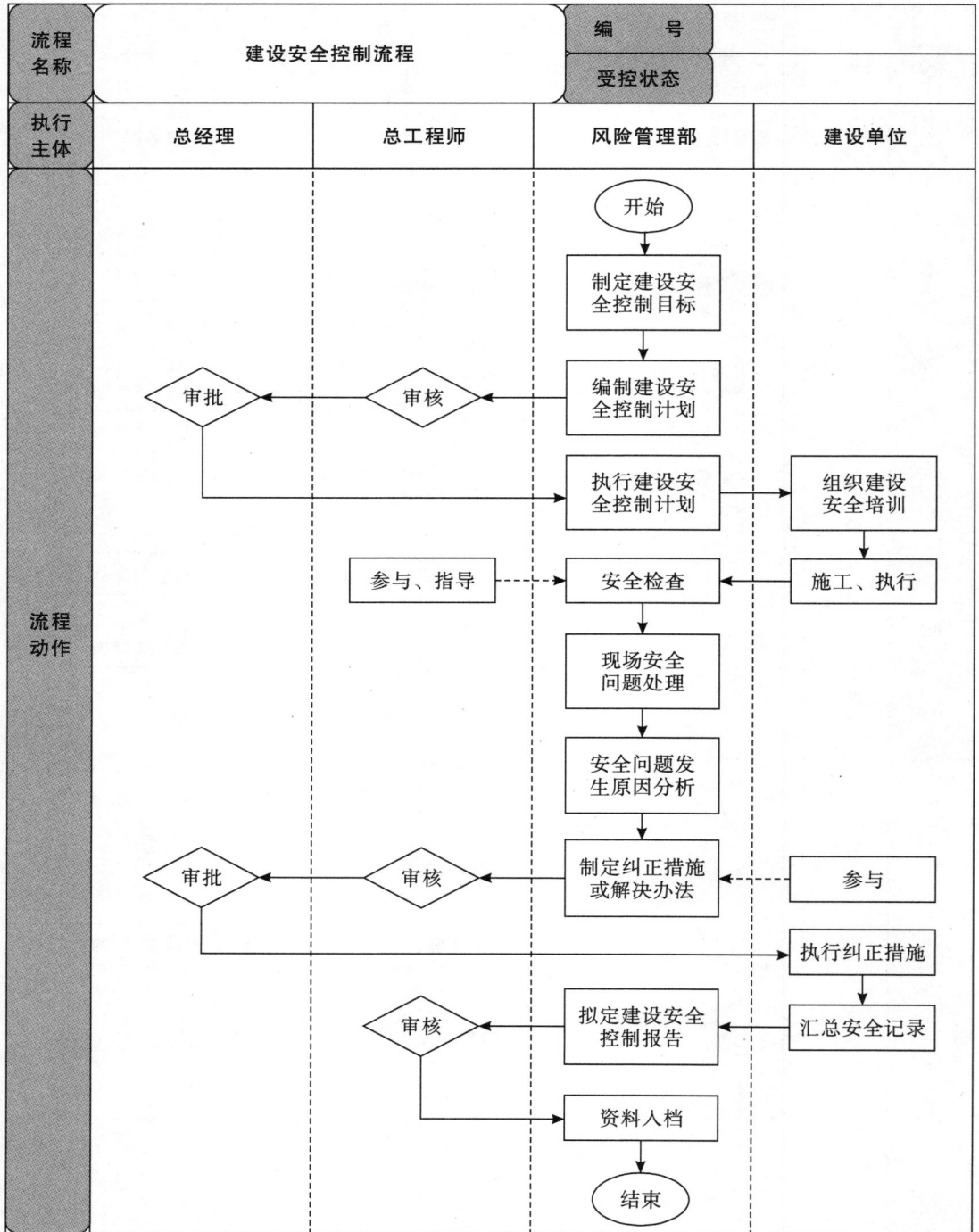

流程名称	建设安全控制流程		编 号	
			受控状态	
执行主体	总经理	总工程师	风险管理部	建设单位

流程动作

```
                                                    开始
                                                     │
                                            制定建设安全控制目标
                                                     │
   审批  ◄──────  审核  ◄──────  编制建设安全控制计划
    │                                                │
    └──────────────────────►  执行建设安全控制计划 ──► 组织建设安全培训
                                                                      │
        参与、指导 ┈┈►  安全检查  ◄────────  施工、执行
                                     │
                              现场安全问题处理
                                     │
                             安全问题发生原因分析
                                     │
   审批 ◄──────  审核  ◄──────  制定纠正措施或解决办法  ◄┈┈ 参与
    │
    └──────────────────────────────────────────────► 执行纠正措施
                                                            │
                审核 ◄──────  拟定建设安全控制报告 ◄────── 汇总安全记录
                 │                      │
                 └──────────► 资料入档
                                     │
                                   结束
```

13.3 房地产工程风险控制管理制度体系

13.3.1 房地产工程风险控制管理制度体系指引图

房地产工程风险控制管理制度体系包括工程成本费用控制、工程财务风险控制、工程质量风险控制、工程安全风险控制等内容，包括但不限于以下四大制度，具体如图13-3所示。

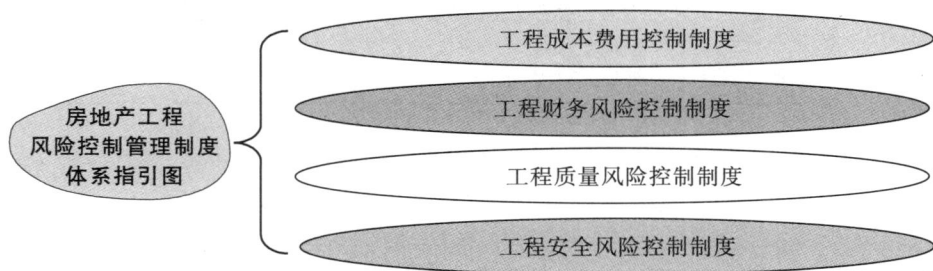

图 13-3　房地产工程风险控制管理制度体系指引图

13.3.2 房地产工程风险控制管理制度的设计目标

房地产企业建立风险控制管理制度体系，主要是为了完成以下三大目标，具体如图13-4所示。

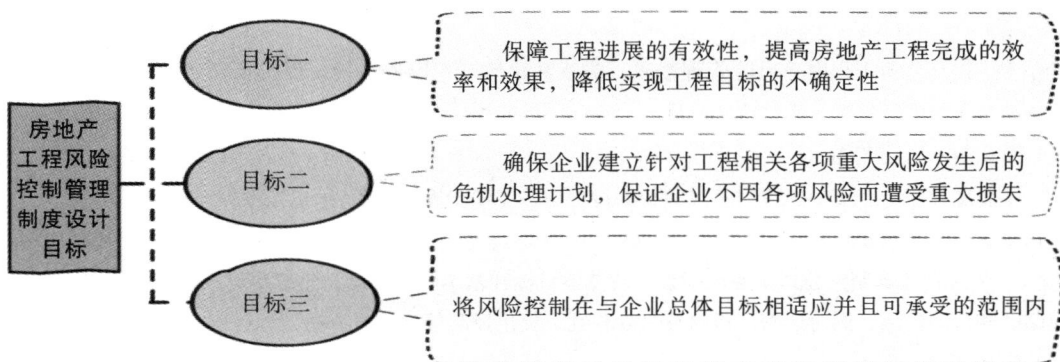

图 13-4　房地产工程风险控制管理制度设计目标

13.3.3　房地产工程风险控制管理制度设计关注点

为了实现房地产工程风险控制的目标，企业在设计风险控制管理制度体系时需关注以下三项内容，具体如图 13-5 所示。

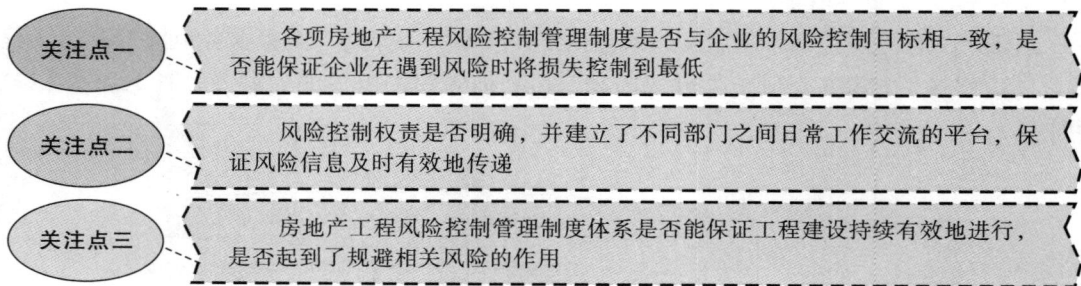

关注点一　各项房地产工程风险控制管理制度是否与企业的风险控制目标相一致，是否能保证企业在遇到风险时将损失控制到最低

关注点二　风险控制权责是否明确，并建立了不同部门之间日常工作交流的平台，保证风险信息及时有效地传递

关注点三　房地产工程风险控制管理制度体系是否能保证工程建设持续有效地进行，是否起到了规避相关风险的作用

图 13-5　房地产工程风险控制管理制度设计关注点

13.4　房地产工程风险控制管理制度设计

13.4.1　工程财务风险控制制度

制度名称	工程财务风险控制制度		编　号	
			受控状态	
执行部门		监督部门	编修部门	

第 1 章　总则

第 1 条　目的

为了提高公司工程财务风险管理水平，防范和化解工程财务风险，促进公司工程财务管理规范化，结合公司实际情况，特制定本制度。

第 2 条　适用范围

本制度适用于企业对工程财务风险控制过程中的各项步骤和章程。

第 3 条　工作职责

1. 风险管理部制定公司全面风险管理的总体目标和基本管理制度，组织拟订公司工程财务风险管理制度和控制标准，同时监管工程财务风险程度，提出风险管理改进办法。

2. 财务部

（1）根据公司工程建设需要，确定工程建设各项目的资金授权额度。

（2）具体执行风险管理部制订的财务风险控制计划和方案。

（续）

（3）详细记录工程建设所需的各种款项，做成报表并上交风险管理部进行风险评估。

第2章 风险管理部会议规则

第4条 风险管理部审议的事项

1. 审议公司的各项财务管理制度、政策和办法。

2. 审议项目资金的使用是否符合规定，去向是否执行财务风险控制计划。

3. 各项收入的取得是否合理。

4. 费用开支是否符合工程各项开支标准。

5. 提取各项基金是否符合财务风险控制计划。

6. 其他重大风险事项。

第5条 会议规范

1. 风险管理部定期或临时视需要就工程重大财务风险事项讨论时召开全体部门成员会议，于每年12月举行一次年度例行会议，制订下一年度的财务风险控制计划和方案。

2. 风险管理部会议由部门经理主持。部门经理因故不能出席，可以委托部门主管或其他人员主持。根据审核事项的需要，可以由主持人通知其他相关人员列席会议。列席会议的人员不行使表决权。

3. 风险管理部会议审核工程各项财务风险时，出席会议的成员不得少于风险管理部总人数的三分之二。

4. 风险事项审核决议须由出席会议的风险管理部成员以记名投票表决方式做出，决议须经全体部门总人数的三分之二以上投票通过方为有效。

第3章 工程财务风险控制的方法和程序

第6条 对工程财务风险进行分类控制

对于可度量的风险，如市场风险和流动性风险，利用指标体系进行控制，并根据实际过程情况进行控制调整。而对于不可度量的风险指标，如操作风险和政策风险等，通过标准化业务流程进行控制。

第7条 财务部借助先进的信息技术和管理手段以及财务风险计量工具，建立财务风险实时监控系统和财务风险预警系统。

第8条 风险管理部组织建立畅通、高效的沟通平台，加强风险管理部和工程项目之间的工作联系，对项目中存在的风险进行及时沟通和处理。

第9条 风险管理部通过制定财务风险确认、评估的标准和方法及风险控制的操作流程，对工程各项目进行财务风险测量和控制，同时报告财务风险状况并提出风险控制对策。

第10条 财务部定期撰写财务风险控制综合报告，如月报、季报等，同时不定期撰写财务风险控制专项报告。

第11条 风险管理部对风险控制报告中揭示的重大风险事项及风险控制意见进行跟踪，检查工程部财务风险控制计划的整改落实情况。

（续）

第 4 章　工程财务风险责任管理

第 12 条　为了严格规范有关工程项目的审批，明确责任，控制工程各项业务的财务风险，公司实行财务风险管理控制责任制度。

第 13 条　资金拆借业务的责任划分

1. 由于负责资金拆借业务的人员提供的财务情况不实而造成的资金损失，由业务人员负主要责任，风险管理部负责执行责任认定。

2. 由于财务部审查失误造成的资金损失，由财务部负主要责任。

第 14 条　投资业务的责任划分

1. 因投资业务部工作人员工作失误所造成的资金损失，由投资业务部负责人负主要责任。

2. 因投资业务部经理审查失误所造成的资金损失，由投资业务部经理负主要责任。

第 15 条　由于工程部的项目主管工作失误，或没有听取风险管理部或财务部的正确意见而造成财务风险损失的，由工程项目主管负主要责任。

第 16 条　风险管理部审定同意的项目出现风险造成损失的，风险管理部经理应负主要责任，风险管理部负集体责任，有关部门和人员相应地负连带责任。

第 5 章　附则

第 17 条　本制度由公司风险管理部负责解释。

第 18 条　本制度自颁布之日起执行。

编制日期		审核日期		批准日期	
修改标记		修改处数		修改日期	

13.4.2　工程质量风险控制制度

制度名称	工程质量风险控制制度		编　号	
			受控状态	
执行部门		监督部门	编修部门	

第 1 章　总则

第 1 条　目的

为了加强项目施工全过程的质量和安全控制工作，指导质量和安全控制管理各项工作的开展，防范质量和安全事故的出现，特制定本制度。

第 2 条　适用范围

公司在工程管理中凡涉及质量管理的相关方面，均按本制度中的条款执行。

（续）

第3条　工作职责

1. 风险管理部负责建立质量风险控制方案并执行监督，确保工程中的质量风险在可控范围之内。

2. 质量管理部负责建立质量管理标准体系，维护和监督工程日常质量，协助风险管理部控制工程质量风险。

3. 技术部负责对质量检查提供技术支持，以便随时发现存在或将要发生的质量风险。

第2章　质量标准体系建立

第4条　质量管理部会同项目部及其他相关部门按工程承建合同规定，建立完整的质量保证体系，其质量目标是保证承建工程质量满足合同条款、技术规范以及设计的各项技术要求，确保对工程质量风险的控制。

第5条　质量标准体系与风险控制

1. 公司在工程项目开工前，必须按工程施工合同规定组建质量管理组织和质量检测机构，编制质量保证体系文件，对施工质量检查员和施工质量检测作业人员进行岗位培训和业务考核。

2. 质量管理和质量检测机构人员应按合同规定的程序、方法、检测内容与检查频率，将全部时间用于工程施工质量控制、检测和质量记录的管理，并接受第三方监理机构的检查与监督。

3. 质量管理部在工程开始前做好对工程质量风险的分析，并制成报告交风险管理部，由风险管理部制成统一的质量风险控制计划。

第6条　公司质量保证体系、管理组织、质量检验机构、施工测量机构、施工质量检查员和施工质量检测机构操作人员的资质，必须符合国家相关的行业技术标准和任职资格标准，风险管理部负责对此进行审核。

第3章　开工前质量风险控制

第7条　工程开工前，质量管理部应对需上报的施工组织设计、控制性施工进度计划、进场施工设备表、施工组织机构及人员配置等进行审查，并会同风险管理部对发现的问题进行修改。

第8条　分部（分项）工程开工前，风险管理部应对项目部编制的施工措施计划、施工措施报审表等进行审核检查，确保其符合施工合同要求。

第9条　单元工程（工序）的开工质量风险控制程序如下。

1. 单元工程开工前，项目部依照工程承建合同文件规定和"监理细则"要求向第三方监理申报单元工程开工签证，并以此作为工程计量及支付申报的依据。

2. 下序单元工程开工前，风险管理部凭上序工程的"施工质量终检合格证"和"单元工程质量评定表"向监理申办开工签证。联检单元工程开工时，还需附"施工质量联合检验合格证"。

第10条　风险管理部对开工申报后因抽查或联检不合格导致开工延误所造成的损失承担部分审核不力的责任，项目部承担主要责任。

第11条　风险管理部对施工图纸与施工技术要求的正确性与合理性进行审查，发现问题及时通知项目部并提出修改意见，项目部负责对其进行修改。

第12条　风险管理部派人参加开工前的设计技术交底会议，掌握设计意图、技术标准和要求，以

（续）

便对施工过程进行有效控制。

第 13 条　对每项工程施工措施计划，风险管理部应着重审查施工方案、程序和工艺对工程质量的影响，并在通过审查和批准后督促落实。

第 14 条　在每项工程开工前，风险管理部应参与检查项目部的施工准备工作。施工准备检查的主要内容应包括以下几项。

1. 必需的生产性试验已经完成，用于施工的各种参数已报经批准。

2. 设计或安装图纸、施工技术与作业规程规范、技术检验标准、施工措施计划等技术交底已进行。

3. 主要施工机械和设备配置、劳动组织与技工配备已经完成。

4. 开工所必需的材料、构件、工程设备已到位，经检验合格并能满足计划施工时段连续施工的需要。

5. 施工辅助生产设备和施工养护、防护措施就绪。

6. 场地平整，交通道路、测量布网及其他临时设施满足开工要求。

7. 施工管理、施工安全、施工环境保护和质量保证措施已落实。

第 4 章　施工过程质量风险控制

第 15 条　风险管理部督促项目部按章作业，严格遵守合同文件技术条款、施工技术规程和规范、工程质量标准、设计文件，按报经批准的施工措施计划中确定的施工工艺、措施和施工程序开展作业，文明施工。

第 16 条　风险管理部对项目部检验、测量和承担技术工种作业人员的技术资质以及施工过程中的施工设备、材料等进行检查，以保证施工过程中的人力、物力等施工资源满足工程质量风险控制要求。

第 17 条　施工过程中，风险管理部应定期或不定期地对施工现场的施工规范、工艺、材料等进行监督，确保施工质量符合要求。

第 18 条　每一项单元工程完成后，风险管理部应对单元工程的质量进行检查验收，并评定（或暂评）质量等级；对风险有缺陷或质量不合格的单元工程，要及时提出质量改进意见并督促落实，合格后再提交第三方监理机构进行检查和质量等级评审。

第 19 条　风险管理部应对隐蔽工程和关键部位进行重点检查，跟踪隐蔽工程和关键部位的施工过程，提出质量改进意见并做好质量检查记录。

第 20 条　因施工过程或工程养护、维护和照管等原因导致工程质量出现缺陷时，风险管理部应提出缺陷修复和处理意见。

第 5 章　附则

第 21 条　本制度由风险管理部会同项目部制定，经总经理审批通过后生效。

第 22 条　本制度自颁布之日起执行。

编制日期		审核日期		批准日期	
修改标记		修改处数		修改日期	

第14章 房地产工程验收管理流程与制度

14.1 房地产工程验收管理流程体系

14.1.1 房地产工程验收管理流程目录

房地产工程验收指房地产项目竣工后，开发建设单位会同设计、施工、设备供应单位及工程质量监督部门，对该项目的建筑施工和设备安装质量是否符合规划设计要求进行全面检验，以取得验收合格资料、数据和凭证。企业在房地产工程验收管理过程中，涉及的管理流程如图14-1所示。

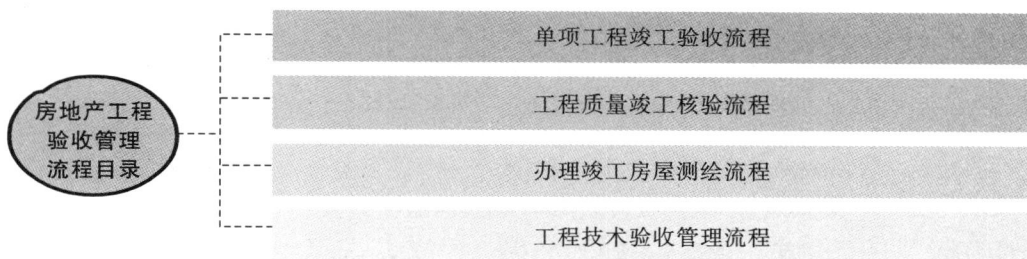

图14-1 房地产工程验收管理流程目录

14.1.2 房地产工程验收管理关键节点

企业在进行房地产工程验收管理过程中，需加强对以下七大关键节点的管理，以规范工程验收的管理工作，从而提高工程验收管理的工作效率，具体如图14-2所示。

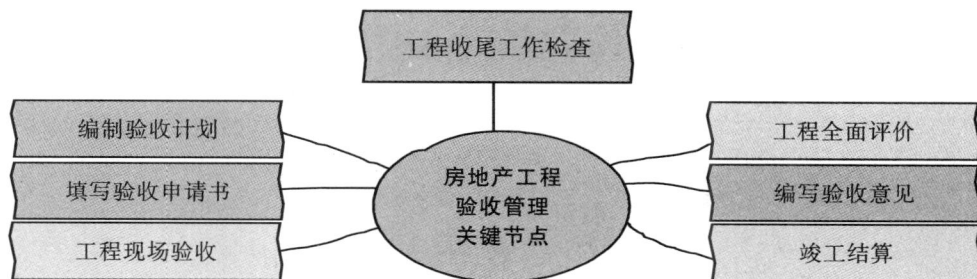

图14-2 房地产工程验收管理关键节点

14.1.3　房地产工程验收管理流程说明

房地产工程验收管理流程的具体说明如表14-1所示。

表14-1　房地产工程验收管理流程说明表

文件名称	房地产工程验收管理流程	版本号		页数	
文件编号		编制人		审批人	
关键节点名称	操作说明	时长	适用人员		责任部门
工程收尾工作检查	工程技术部对工程收尾工作进行全面检查，做好竣工验收前的各项准备工作	＿＿＿个工作日	工程技术主管		工程技术部
编制验收计划	工程技术部编制具体的房地产工程验收计划，制定详细的验收步骤规范，以增加效率	＿＿＿个工作日	工程技术主管		工程技术部
填写验收申请书	竣工验收计划编制完成后，工程技术部编写《竣工验收申请书》，上报项目经理审定，审定合格后到总经理处报批	＿＿＿个工作日	工程技术主管		工程技术部
工程现场验收	工程技术主管组织质检部等相关部门对已完成工程进行现场检查验收，验收项目包括建设项目竣工人防验收、竣工四方验收及电梯验收、竣工规划验收、竣工环境保护验收、竣工教育验收、卫生验收及竣工园林验收	＿＿＿个工作日	工程技术主管		工程技术部
工程全面评价	验收期间，工程竣工验收人员检验各项工程是否符合合同和相关工程施工标准要求，实地查验工程质量，对勘察、设计、施工、设备安装和其他管理环节作出全面评价	＿＿＿个工作日	工程竣工验收人员		工程技术部
编写验收意见	工程技术部将评价汇总，编写《工程竣工验收意见》，并将意见呈报项目经理审定，审定合格后呈交总经理审阅	＿＿＿个工作日	工程竣工验收人员		工程技术部
竣工结算	工程技术部和预算部一起会同施工单位依据《工程施工合同》、中标投标书的报价、《工程施工图纸》、施工技术资料、《工程竣工验收报告》等相关资料，进行工程结算工作	＿＿＿个工作日	工程技术主管、预算主管		施工单位

14.2 房地产工程验收管理主要流程

14.2.1 单项工程竣工验收流程

流程 名称	单项工程竣工验收流程		编 号	
			受控状态	
执行 主体	总工程师	项目部	验收小组	施工单位
流程 动作				

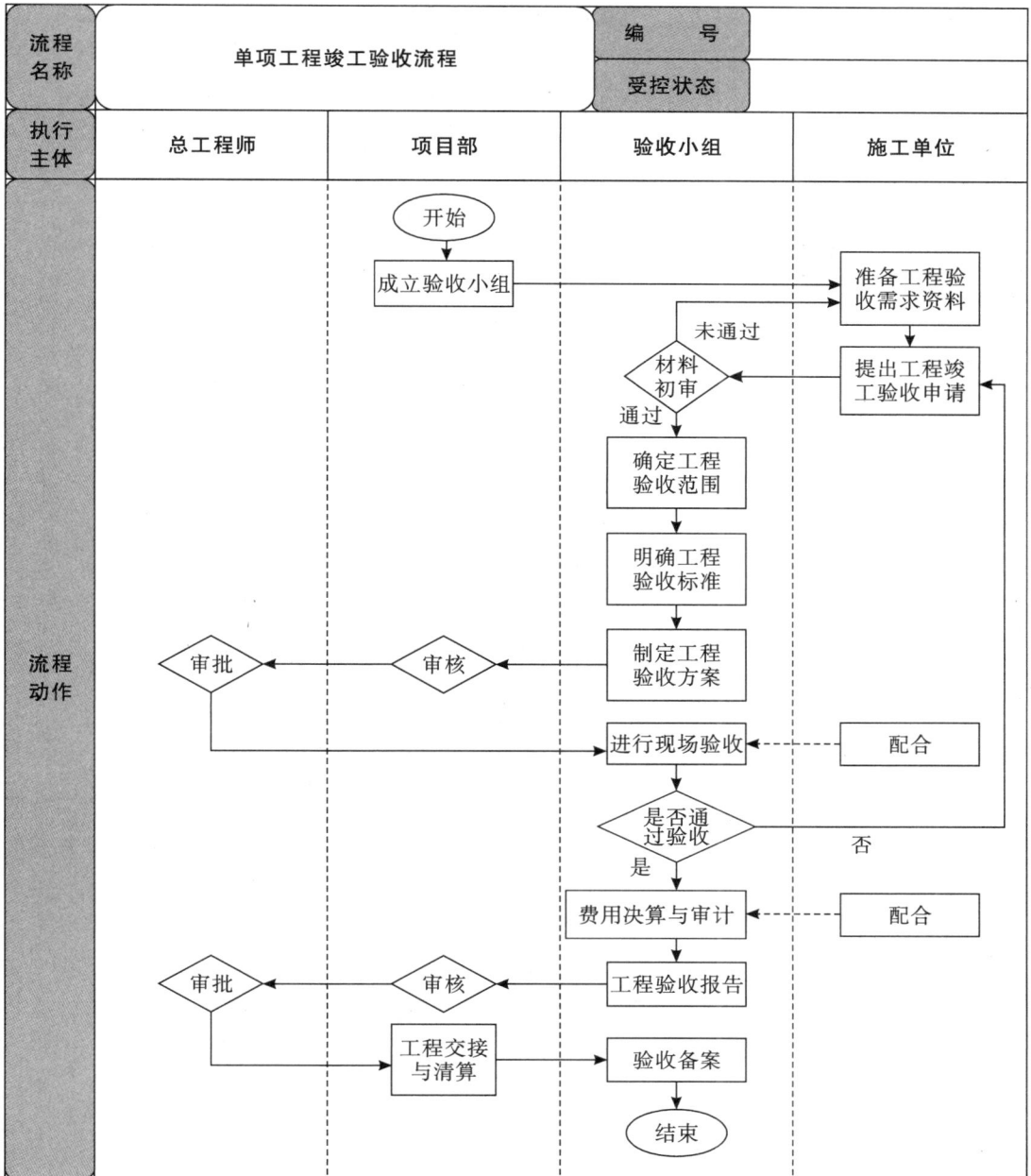

14.2.2 工程质量竣工核验流程

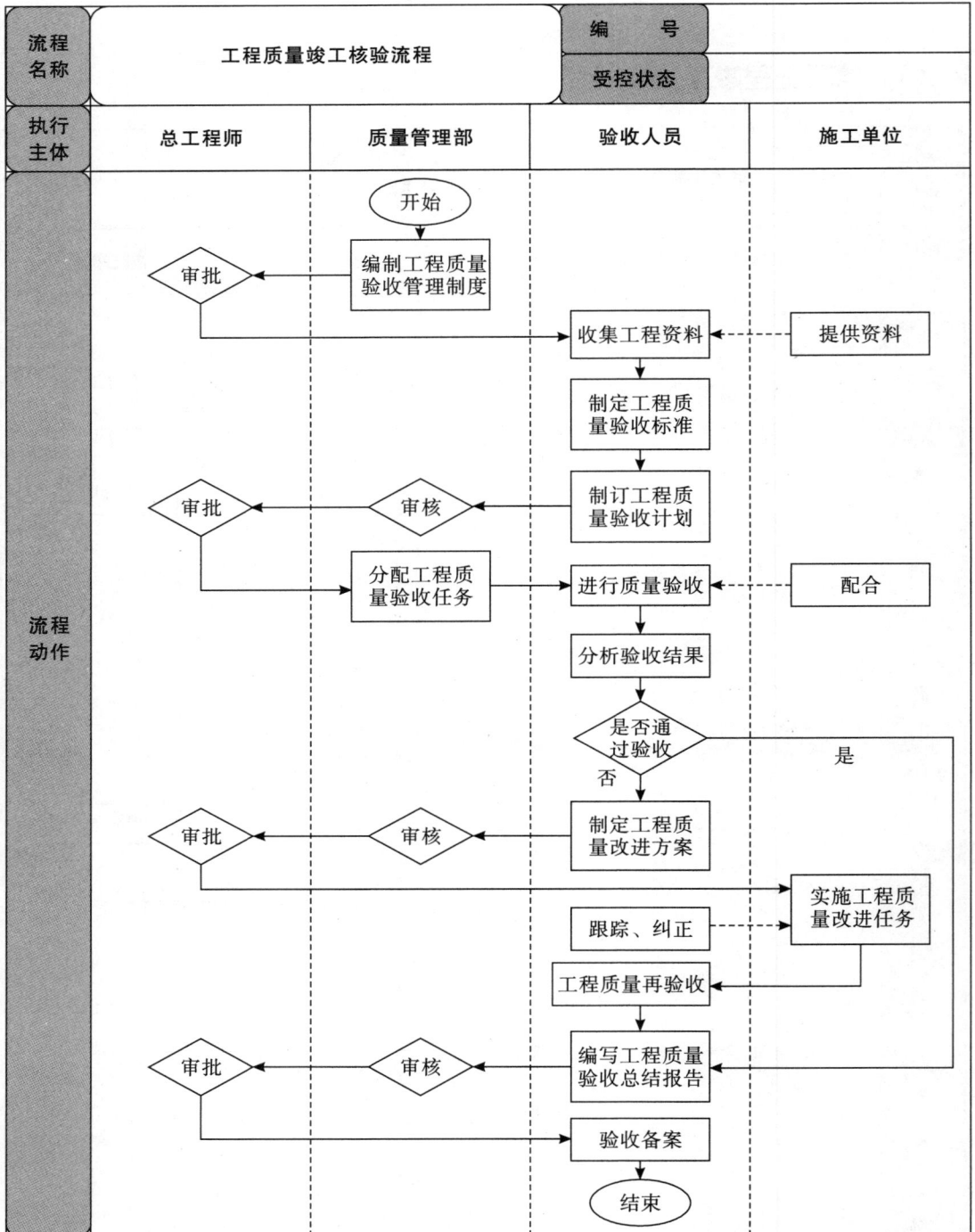

流程 名称	工程质量竣工核验流程		编　　号	
			受控状态	
执行 主体	总工程师	质量管理部	验收人员	施工单位

流程 动作				

```
                                开始

   审批 ◄─── 编制工程质量
            验收管理制度

                      收集工程资料 ◄┈┈ 提供资料

                      制定工程质
                      量验收标准

   审批 ◄─── 审核 ◄─── 制订工程质
                      量验收计划

         分配工程质 ──► 进行质量验收 ◄┈┈ 配合
         量验收任务

                      分析验收结果

                      是否通
                      过验收          是
                       否

   审批 ◄─── 审核 ◄─── 制定工程质
                      量改进方案

                                    实施工程质
                                    量改进任务

         跟踪、纠正 ┈► 

         工程质量再验收 ◄

   审批 ◄─── 审核 ◄─── 编写工程质量
                      验收总结报告

                      验收备案

                        结束
```

14.2.3 工程技术验收管理流程

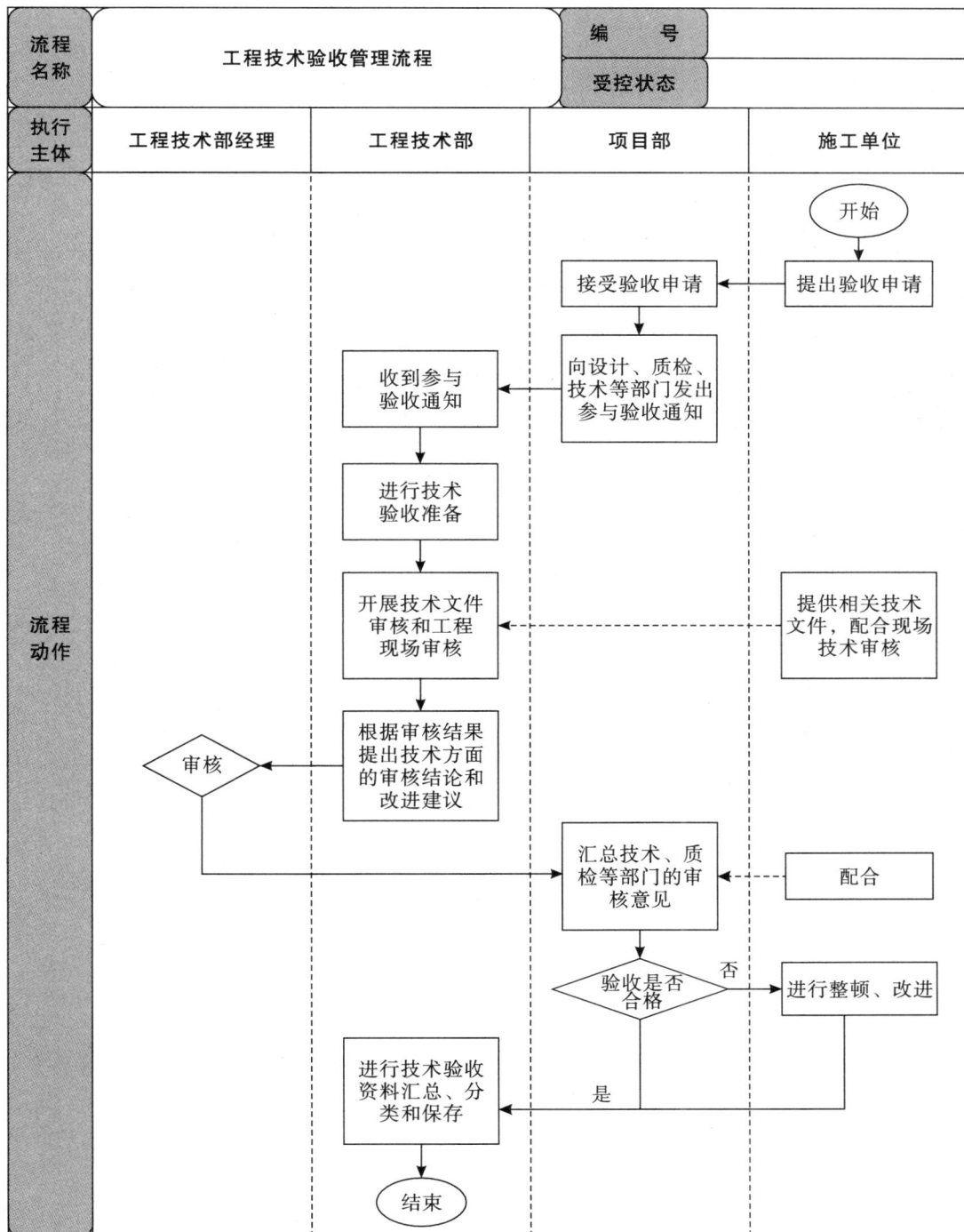

流程 名称	工程技术验收管理流程		编　　号	
			受控状态	
执行 主体	工程技术部经理	工程技术部	项目部	施工单位

| 流程
动作 | | | | |

开始

接受验收申请 ← 提出验收申请

收到参与
验收通知 ← 向设计、质检、技术等部门发出参与验收通知

进行技术
验收准备

开展技术文件审核和工程现场审核 ← 提供相关技术文件，配合现场技术审核

根据审核结果提出技术方面的审核结论和改进建议 → 审核

汇总技术、质检等部门的审核意见 ← 配合

验收是否合格 — 否 → 进行整顿、改进

是

进行技术验收资料汇总、分类和保存

结束

14.3　房地产工程验收管理制度体系

14.3.1　房地产工程验收管理制度体系指引图

房地产工程验收管理制度体系包括单项工程竣工验收、工程质量竣工核验、商品住宅性能认定、竣工统计登记审核、办理竣工房屋测绘等内容，包括但不限于以下四大制度，具体如图 14-3 所示。

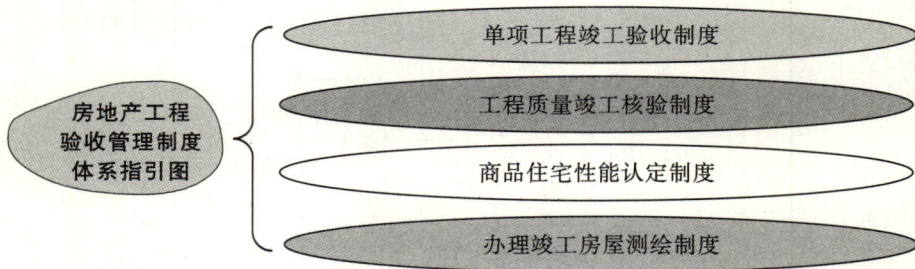

图 14-3　房地产工程验收管理制度体系指引图

14.3.2　房地产工程验收管理制度的设计目标

企业建立房地产工程验收管理制度体系，主要是为了完成以下五大目标，具体如图 14-4 所示。

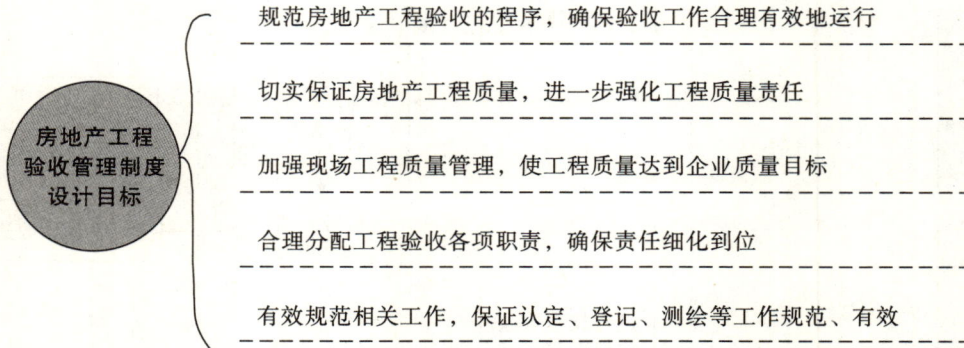

图 14-4　房地产工程验收管理制度设计目标

14.3.3 房地产工程验收管理制度设计关注点

为了实现房地产工程验收的目标，企业在设计房地产工程验收管理制度体系时需关注以下三项内容，具体如图 14-5 所示。

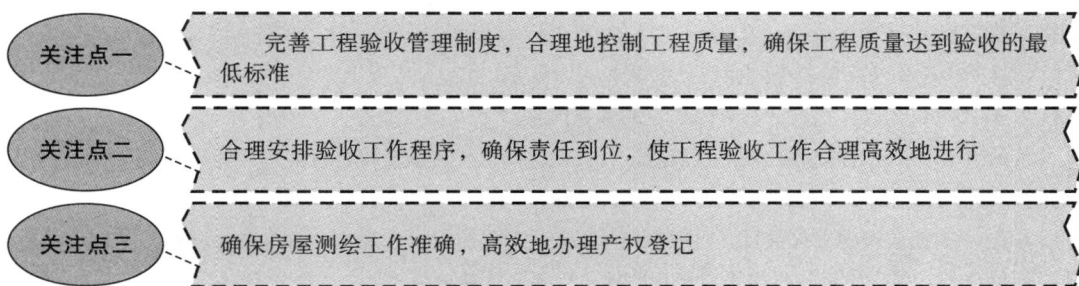

图 14-5 房地产工程验收管理制度设计关注点

14.4 房地产工程验收管理制度设计

14.4.1 单项工程竣工验收制度

制度名称	单项工程竣工验收制度		编　　号	
			受控状态	
执行部门		监督部门	编修部门	

第1章　总则

第1条　目的

为了加强工程项目质量管理，搞好单项工程竣工验收工作，确保工程质量满足设计要求，根据国家的相关法律法规，结合本公司实际情况，特制定本制度。

第2条　适用范围

本公司所有工程项目均按本制度进行质量控制和考核，按设计文件规定完成并符合验收条件的工程必须按本制度组织验收，验收完毕后办理竣工验收移交手续。

第3条　工作职责

1. 公司工程质量管理、验收领导小组负责工程项目考核和竣工验收的组织、工程质量的确认和对不合格质量的处罚。

2. 工程技术部负责日常工程质量的控制，及编制竣工验收计划和工程整改计划。

3. 物业管理部参与景观、绿化工程的竣工验收。

（续）

4. 施工单位负责施工全过程质量控制，及竣工验收文件的管理、立卷和对不合格工程的整改。

5. 监理单位负责施工全过程监理，及竣工验收文件的审查和竣工工程的预验。

第 2 章　项目竣工验收条件

第 4 条　单项竣工验收工作负责人应明确竣工验收条件，在文件不齐全或未达标的情况下，不得组织验收工作。

第 5 条　单项竣工验收条件应包括以下九项内容。

1. 施工单位完成工程设计和合同约定的各项内容。

2. 施工单位在工程完工后对工程质量进行检查，确认工程质量符合有关工程建设强制性标准，符合设计文件及合同要求，并做出单项工程竣工报告。

3. 对于委托监理的工程项目，监理单位对工程进行质量评价，具有完整的监督资料，并提出工程质量评价报告。工程质量评价报告应经总监理工程师和监理单位有关负责人审核签字。

4. 勘察、设计单位对勘察、设计文件及施工过程中由设计单位签署的设计变更通知书进行确认。

5. 有完整的技术档案和施工管理资料。

6. 有工程使用的主要建筑材料、建筑构配件和设备合格证及必要的进场试验报告。

7. 有施工单位签署的工程质量保修书。

8. 有公安消防、环保等部门出具的认可文件或准许使用文件。

9. 建设行政主管部门及其委托的工程质量监督机构等有关部门责令整改的问题全部整改完毕。

第 3 章　单项工程竣工验收程序

第 6 条　工程竣工验收的依据主要包括下列四个方面的文件。

1. 上级主管部门对该项目批准的相关文件，包括可行性报告、规划定点、初步设计、施工许可等与项目建设有关的各种文件。

2. 工程设计文件，包括施工图纸及说明、设备技术说明书等。

3. 国家最新颁布的、现行有效的《建筑工程施工质量验收规范》《建筑工程质量检验评定标准》等。

4. 合同文件，包括施工承包的工作内容和应达到的标准，以及施工过程中的设计变更通知书等。

第 7 条　工程完工后，施工单位向公司提交工程竣工报告，申请工程竣工验收。对于实行监理的工程，工程竣工报告必须经总监理工程师签署意见。

第 8 条　公司收到工程竣工报告后，监理单位总监理工程师组织专业监理工程师对施工单位报送的竣工资料的完整性、准确性进行审查，并对工程进行预验；对存在的问题，要求施工单位及时整改；整改合格后由总监理工程师签署工程竣工报验单，明确意见后报工程技术部。

第 9 条　公司应当在工程竣工验收前七个工作日将验收的时间、地点及验收组名单通知负责监督该工程的工程质量监督机构。

第 10 条　公司工程技术部接到报告后，应全面审查竣工图等竣工验收资料和施工单位签署的工程保修书。

（续）

第 11 条　工程技术部经理对竣工验收资料全部审查合格后，组织施工（含分包单位）、监理、设计等单位的主管人员进行工程实体竣工初验，发现不合格的情况及时处理。

第 12 条　竣工初验合格后，工程技术部提请城建档案管理机构对工程档案进行预验收。

第 13 条　取得城建档案管理机构出具的工程档案验收认可文件后，报请质量监督机构进行竣工验收，或由公司工程质量管理、验收领导小组组织设计、勘察、施工、监理单位及公司相关部门负责人进行竣工验收。

1. 对工程进行核查后作出验收结论，并形成工程竣工验收报告，由参与验收的各方负责人在验收报告上签字并加盖公章。

2. 对不合格项，工程质量管理、验收领导小组责令监理单位监督施工单位进行整改，整改合格后再次组织验收，直至合格。

3. 当参加验收各方对工程质量验收的意见不一致时，可请当地建设行政主管部门或工程质量监督施工机构协调处理。

第 14 条　项目竣工验收合格后，验收组组长应及时编写工程竣工验收报告，一式四份。

第 15 条　项目竣工验收报告的主要内容包括以下六个方面。

1. 工程概况。

2. 公司相关部门执行项目建设程序情况。

3. 各单位对工程勘察、设计、施工、监理等方面的评价。

4. 工程竣工验收时间、程序、内容和组织形式。

5. 工程竣工验收意见等内容。

6. 工程竣工验收报告还应附有以下文件。

（1）施工许可证。

（2）施工图设计文件审查意见。

（3）四大报告（施工、监理、勘察和设计）、规划、消防、环保文件。

（4）验收组人员签署的工程竣工验收意见。

（5）市政基础设施工程应附有质量检测和功能性试验资料。

（6）施工单位签署的工程质量保修书。

（7）法规、规章等其他有关文件。

第 16 条　工程竣工验收合格后 3 个月内，工程技术部或公司档案室向市城建档案馆移交一套符合规定的工程档案。

第 17 条　工程项目竣工验收全部通过后，由工程技术部负责整理全部技术文件、竣工资料送交公司办公室存档。

第 18 条　已竣工验收的工程，由工程技术部按《工程交接管理办法》向物业管理部办理移交。

第 4 章　附则

第 19 条　本制度由项目部负责起草和修订。

第 20 条　本制度经公司总经理审批通过后实施。

编制日期		审核日期		批准日期	
修改标记		修改处数		修改日期	

14.4.2 工程质量竣工核验制度

制度名称	工程质量竣工核验制度		编　号	
			受控状态	
执行部门		监督部门	编修部门	

第1章　总则

第1条　目的

为了加强对房地产开发工程质量的控制力度，明确、规范工程质量核验的内容及注意事项，确保工程的质量，特制定本制度。

第2条　适用范围

本制度适用于房地产工程质量核验的各项事宜。

第3条　工作职责

1. 项目部负责制定质量核验的具体标准、要求及公司质量方面的相关规定，确定工程质量的标准并编制质量检查计划。

2. 质量管理部负责协助项目部完成对工程质量的检查，并提供质量检查技术支持。

第2章　工程施工前质量检查

第4条　项目部协同质量管理部对施工单位的资质进行重新审查，包括对各个承包商的资质审查，如果发现施工单位与投标时的情况不符，必须采取有效措施予以纠正。

第5条　项目部对所有的合同和技术文件、报告进行详细审阅，如审查图纸是否完备、有无错漏空缺、各个设计文件之间有无矛盾之处、技术标准是否齐全等。

第6条　应该重点审查的技术文件除合同以外，还包括以下10项内容。

1. 审核有关单位的技术资质证明文件。

2. 审核开工报告并经现场核实。

3. 审核施工方案、施工组织设计和技术措施。

4. 审核有关材料、半成品的质量检验报告。

5. 审核设计变更、图纸修改和技术核定书。

6. 审核有关工序交接检查及分项、分部工程质量检查报告。

7. 审核反映工序质量的统计资料。

8. 审核并签署现场有关技术签证、文件等。

9. 审核有关质量问题的处理报告。

10. 审核有关应用新工艺、新材料、新技术、新结构的技术鉴定书。

第7条　项目部需审查合同中关于检验方法、标准、次数和取样的规定。

第8条　项目部需审阅进度计划和施工方案。

（续）

第9条　对于施工中将要采取的新技术、新材料、新工艺，项目部需核查鉴定书和实验报告。

第10条　项目部检查采购材料和工程设备的质量是否符合规定的要求。

第11条　项目部对工地各方面负责人和主要的施工机械进行进一步审核。

第3章　施工现场质量检查

第12条　施工现场审查的内容如下。

1. 审查施工单位是否按照施工组织设计实施，是否进行施工技术交底并做了书面记录。

2. 审查监理单位是否按照监理规划实施。

3. 审查施工班组工人来源是否符合政府劳动部门规定，具体审查其技术等级、安全技术教育情况以及规定需持证上岗的工人是否具有有效的上岗证。

4. 审查施工单位专职质量检查员是否到岗并持有上岗证，审查监理单位专业监理工程师是否已到岗并持有上岗证。

5. 施工单位班组质量自检制度是否建立，班组有无兼职的质量检查员。

第13条　质量管理人员在质量检查过程中就检查事项及检查结果需要进行详细记录，并由检查人员以及被检查项目的负责人员共同签字确认，上报项目部。

第14条　工程质量检查中如发现存在质量问题时，质量检查人员需要及时记录并提出整改措施，下达整改通知书，限期整改。

第15条　质量管理人员必须监测质量整改的工程进度，到期后需要评估其整改结果，并将其上报相关领导。

第16条　工程质量检查期间，质量管理人员还需查验施工单位的相关质量检验记录、自检情况说明及监理单位的监理日记。

第17条　工程实体抽查要求

1. 实体抽查应由项目部、质量管理部、监理工程师、施工单位质检员等共同进行。

2. 工程实体抽查应按工程质量检验评定标准的要求，事先确定抽查数量、部位，以体现抽查的科学性。

3. 工程实体抽查中除目测法的看、摸、敲外，规定进行工具测量检查的，应坚持工具实测实量方法（即靠、吊、量、套），真实填写记录。

4. 对抽查中发现质量疑点的部位应单独进行检查，以确定有无问题及存在质量问题的原因。

5. 工程实体抽查需要按标准填写检查记录，并经我公司、施工单位和监理单位三方签认存查。

第18条　质量管理部在进行工程质量检查时，特别需要注意对以下项目的检查。

1. 分项工程开工前检查，重点检查分项工程开工准备的技术、机械、材料、劳动力条件是否具备。

2. 工序交接检查，重点检查交接制度是否落实。

3. 隐蔽工程检查，重点是履行质量把关职能。

4. 分项工程停工后复工前检查，重点是复工条件检查。

（续）

第4章　附则

第19条　本制度由公司项目部制定，其修订权、解释权归公司项目部所有。

第20条　本制度经公司总经理办公会审议通过后执行。

编制日期		审核日期		批准日期	
修改标记		修改处数		修改日期	

14.4.3　商品住宅性能认定制度

制度名称	商品住宅性能认定制度		编　　号	
			受控状态	
执行部门		监督部门	编修部门	

第1章　总则

第1条　目的

为了提高住宅性能，明确划分商品住宅等级，更好地向消费者传达住房观念，特制定本制度。

第2条　适用范围

本制度适用于新建商品住宅的性能申请认定工作管理。

第3条　工作职责

1. 项目部负责制订住宅性能认定计划，统筹安排认定和评审工作。

2. 认定委员会主要职责如下。

（1）组织具体实施企业内部商品住宅性能认定工作。

（2）组织起草企业内部商品住宅性能认定工作的规章制度、商品住宅性能评定方法和标准。

（3）对公司范围内商品住宅性能认定管理工作实行监督、检查。

第2章　管理组织构成

第4条　商品住宅性能认定工作由项目部组织认定委员会和评审委员会分别组织实施。

第5条　认定委员会的构成和机制

1. 商品住宅性能认定委员会应由项目部选择各部门具有专业知识或高级职称的专家组成。

2. 认定委员采用聘任制，由项目部组织聘任，每届为期1年，可连续聘任。

第6条　评审委员会的构成和机制

1. 商品住宅性能评审委员会应由项目部选择各部门具有专业知识和高级职称的专家组成。

2. 认定委员会可委托评审委员会负责商品住宅性能的评审工作。

第3章　商品住宅性能认定的内容

第7条　商品住宅性能认定应遵循科学、公平、公正和公开的原则。

第8条　商品住宅性能认定应按照商品住宅性能评定方法和标准执行，其主要内容包括住宅的适用性能、安全性能、耐久性能、环境性能和经济性能。

（续）

第 9 条　商品住宅的适用性能主要包括的内容如下表所示。

商品住宅的适用性能认定表

认定内容	评定等级（在等级处打√）			
	3A	2A	1A	不合格
平面与空间布置				
设备、设施的配置与性能				
住宅的可改造性				
保温隔热与建筑节能				
隔音与防震				
采光与照明				
通风换气				

第 10 条　商品住宅的安全性能主要包括的内容如下表所示。

商品住宅的安全性能认定表

认定内容	评定等级（在等级处打√）			
	3A	2A	1A	不合格
建筑结构安全				
建筑防火安全				
燃气、电气设施安全				
日常安全与防范措施				
室内空气和供水有毒有害物质危害性				

第 11 条　商品住宅的耐久性能主要包括的内容如下表所示。

商品住宅的耐久性能认定表

认定内容	评定等级（在等级处打√）			
	3A	2A	1A	不合格
结构耐久性				
防水性能				
设备、设施防腐性能				
设备耐久性				

（续）

第 12 条　商品住宅的环境性能主要包括的内容如下表所示。

商品住宅的环境性能认定表

认定内容	评定等级（在等级处打√）			
	3A	2A	1A	不合格
用地的合理性				
室外环境				
水资源的合理利用				
生活垃圾的收集和运送				

第 13 条　商品住宅的经济性能主要包括的内容如下表所示。

商品住宅的经济性能认定表

认定内容	评定等级（在等级处打√）			
	3A	2A	1A	不合格
住宅的性能成本比				
住宅日常运行耗能指数				

第 4 章　认定程序

第 14 条　商品住宅性能认定之前，要按照商品住宅性能评定方法和标准规定的商品住宅性能检测项目，委托具有资格的商品住宅性能检测单位进行现场测试或检验。

第 15 条　申请商品住宅性能认定应提供下列资料。

1. 商品住宅性能认定申请表。

2. 住宅竣工图及全套技术文件。

3. 隐蔽工程验收记录和分部分项工程质量检查记录。

4. 竣工报告和工程验收单。

5. 商品住宅性能检测项目检测结果单。

6. 认定委员会认为需要提交的其他资料。

第 16 条　商品住宅性能认定工作应分为申请、评审、审批和公布四个阶段，并应符合下列程序。

1. 房地产开发企业应在商品住宅竣工验收后，向相应的商品住宅性能认定委员会提出书面申请。

2. 商品住宅性能认定委员会接到书面申请后，对商品住宅认定的条件进行审核，将符合条件的交评审委员会审批。

3. 评审委员会遵照全国统一规定的商品住宅性能评定方法和标准进行评审，在一个月内提出评审结果，并推荐该商品住宅的性能等级，报认定委员会。

（续）

4. 认定委员会对评审结果和商品住宅性能等级进行审批，并报相应的建设行政主管部门公布。

第5章 附则

第17条 本制度由项目部负责制定和修订。

第18条 本制度自颁布之日起生效。

编制日期		审核日期		批准日期	
修改标记		修改处数		修改日期	

14.4.4 办理竣工房屋测绘制度

制度名称	办理竣工房屋测绘制度		编　号	
			受控状态	
执行部门		监督部门	编修部门	

第1章 总则

第1条 目的

为了更好地办理房屋竣工测绘手续，完善房屋测绘程序，特制定本制度。

第2条 适用范围

本制度适用于企业办理竣工房屋测绘的各项事宜。

第3条 工作职责

1. 项目部负责制订办理竣工房屋测绘计划，并监督执行。

2. 测绘单位负责房屋的具体测绘工作。

3. 施工单位负责提供房屋建设图纸。

第2章 测绘项目要点

第4条 开发工程竣工测绘的时间

竣工测绘必须在开发工程的建筑主体、各种附属设施以及小区绿化全部完工后方可进行。

第5条 开发工程竣工测绘的范围

竣工测绘包括竣工项目用地范围和相邻地块两部分，房屋测绘时要求真实反映以上两部分的地物地貌。

第6条 房地产开发工程竣工测绘平面和工程控制的布设按"城市测量规范"要求执行。

1. 竣工图的测图比例尺一般为1:500。

2. 图上地物点相对于邻近图根点的点位中误差不大于图上0.5mm，邻近地物点间距中误差不大于图上±0.4mm。

第7条 建筑物的阳台部分应与建筑物主体划分清楚，标注阳台的宽度，注明其起止层数。

（续）

第8条　与竣工项目相关的各种地下管线应实测，内部管线与市政道路管线的连接处实测并连线，内部道路必须测至与外部的衔接处。

第9条　实测地面停车位的范围，并标注"地面停车场"字样。

第10条　竣工建筑的角点坐标及形状应合理标注，其层数和分层应标注准确。室外地坪标高、室内标高及房顶附属物的制高点标高，都应准确测量。

第11条　单位用地的分界点及分界点名称都应准确展绘在竣工图上，各种规划控制线按规定的线型及颜色分层标注，竣工建筑之间的间距、竣工建筑至用地边线的垂距及竣工建筑至周边建筑间距的标注位置与坐标放线的总平面图保持一致，并增加标注它们之间的最小间距。

第12条　竣工测绘时只计算各绿地的实际面积，并标明其性质，不折算。

<h3 align="center">第3章　测绘质量管理</h3>

第13条　外业测绘管理

1. 外业测绘人员必须熟练操作各种测绘仪器，熟悉并理解测绘工作依据的测量规范。

2. 如对测绘计划有不同意见，应报部门复议，不得擅自改变；测绘过程中应严格按照测绘计划和规范执行。

3. 测绘使用的仪器应良好运行，并按测绘计划和规范的要求对仪器进行定期检查和维修。

4. 测绘仪器必须经专业人员操控，未经任何培训的人员不得擅自操作；操作人员应按照正确的操作手段使用仪器，严格按照仪器说明书操作。

5. 测绘工作结束后，测绘人员需进行自我工作检查，并提交规范的测绘成果资料。

第14条　内业测绘管理

1. 专业人员负责检查外业测量数据是否符合规范的要求，如测量结果不合格，则需退回补测或重测。

2. 内部作业人员应认真严肃，严格按照测绘要求整理数据。

3. 内业工作中使用的软件应经过验证，操作人员熟练掌握软件的使用方法，避免丢失关键数据。

4. 内业工作结束后，内业测绘人员应会同外业组编制本次竣工房屋测绘结果报告，上交项目部。

<h3 align="center">第4章　测绘技术管理</h3>

第15条　测绘单位在接受测绘任务后，应组织专业技术人员进行现场勘查，收集相关资料。

第16条　根据开发工程的实际情况，以测量规范为依据，会同企业项目部编写测绘计划书，再由测绘管理技术人员组织进行评审。

第17条　定期组织测绘技术人员进行培训，不断吸收先进知识和方法，提高测绘人员的工作水平。

第18条　测绘工作完成后，应将完整的测绘资料归档。

第19条　测绘资料和结果未经申请单位批准不得擅自公开。

<h3 align="center">第5章　附则</h3>

第20条　本制度由项目部负责制定，其最终解释权归项目部所有。

第21条　本制度自颁布之日起生效。

编制日期		审核日期		批准日期	
修改标记		修改处数		修改日期	

第 15 章　房地产销售营销管理流程与制度

15.1　房地产销售营销管理流程体系

15.1.1　房地产销售营销管理流程目录

房地产销售营销是指房地产企业通过销售手段把商品房期房、现房提供给需要的客户，其管理流程包括但不限于以下五项，具体如图 15-1 所示。

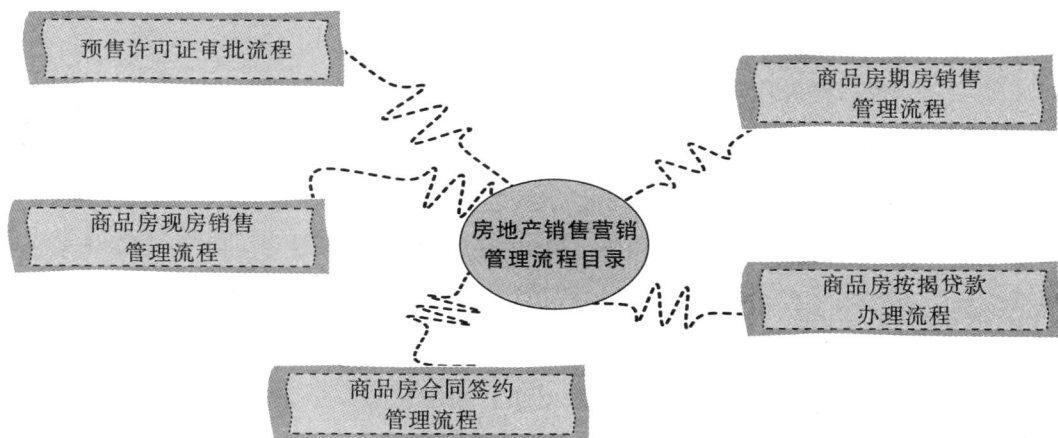

图 15-1　房地产销售营销管理流程目录

15.1.2　房地产销售营销管理关键节点

房地产企业在进行销售营销管理过程中，需加强对以下七大关键节点的管理，以规范销售营销的管理工作，从而提高销售营销管理的工作效率，具体如图 15-2 所示。

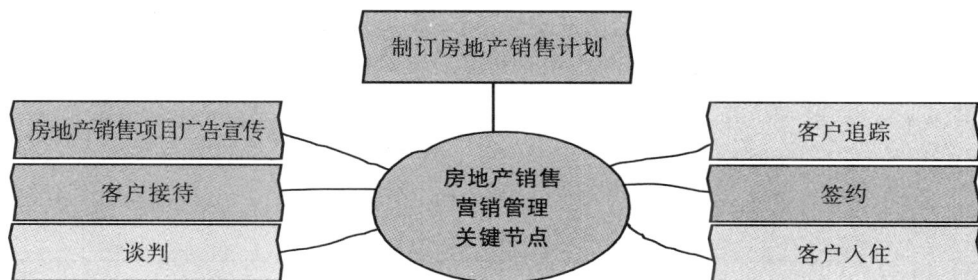

图 15-2　房地产销售营销管理关键节点

15.1.3 房地产销售营销管理流程说明

房地产销售营销管理流程的具体说明如表 15-1 所示。

表 15-1 房地产销售营销管理流程说明表

文件名称	房地产销售营销管理流程		版本号		页数	
文件编号			编制人		审批人	
关键节点名称	操作说明		时长	适用人员	责任部门	
制订房地产销售计划	由销售部统筹安排，制订房地产销售计划，由销售部经理或销售主管监督计划的执行，各销售员具体履行销售计划		——个工作日	销售主管	销售部	
房地产销售项目广告宣传	销售部协同宣传部制定广告宣传策略，利用媒体进行广泛宣传		——个工作日	销售主管、广告主管	销售部	
客户接待	销售专员负责对客户进行接待，了解客户的相关信息，介绍销售项目，并及时了解客户的购房意向，将客户带至项目现场参观样板房或模拟沙盘		——个工作日	销售专员	销售部	
谈判	参观完成后，销售主管需和购房客户对购房事宜进行洽谈，以完成销售任务		——个工作日	销售主管	销售部	
客户追踪	销售专员需与客户保持经常性的联系，取得购房客户的信任		——个工作日	销售专员	销售部	
签约	销售专员与已确定购房人员达成一致意见，在收取定金后签订"商品房买卖合同"		——个工作日	销售专员	销售部	
客户入住	销售专员陪同购房人办理各项入住手续		——个工作日	销售专员	销售部	

15.2 房地产销售营销管理主要流程

15.2.1 商品房预售许可证办理流程

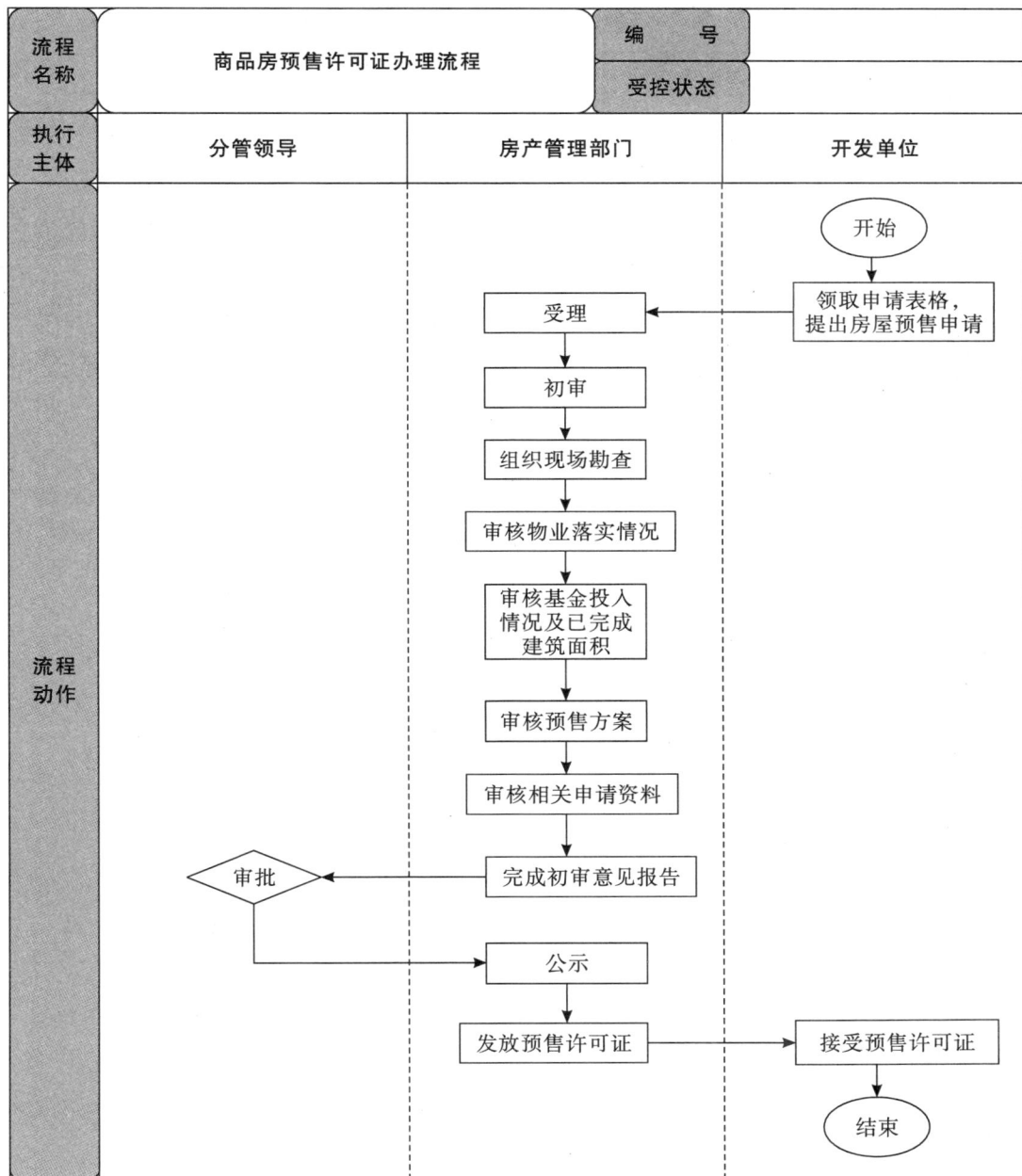

流程名称	商品房预售许可证办理流程		编　号	
			受控状态	
执行主体	分管领导	房产管理部门	开发单位	

流程动作

- 开始
- 领取申请表格，提出房屋预售申请
- 受理
- 初审
- 组织现场勘查
- 审核物业落实情况
- 审核基金投入情况及已完成建筑面积
- 审核预售方案
- 审核相关申请资料
- 完成初审意见报告
- 审批
- 公示
- 发放预售许可证 → 接受预售许可证
- 结束

15.2.2 商品房期房销售管理流程

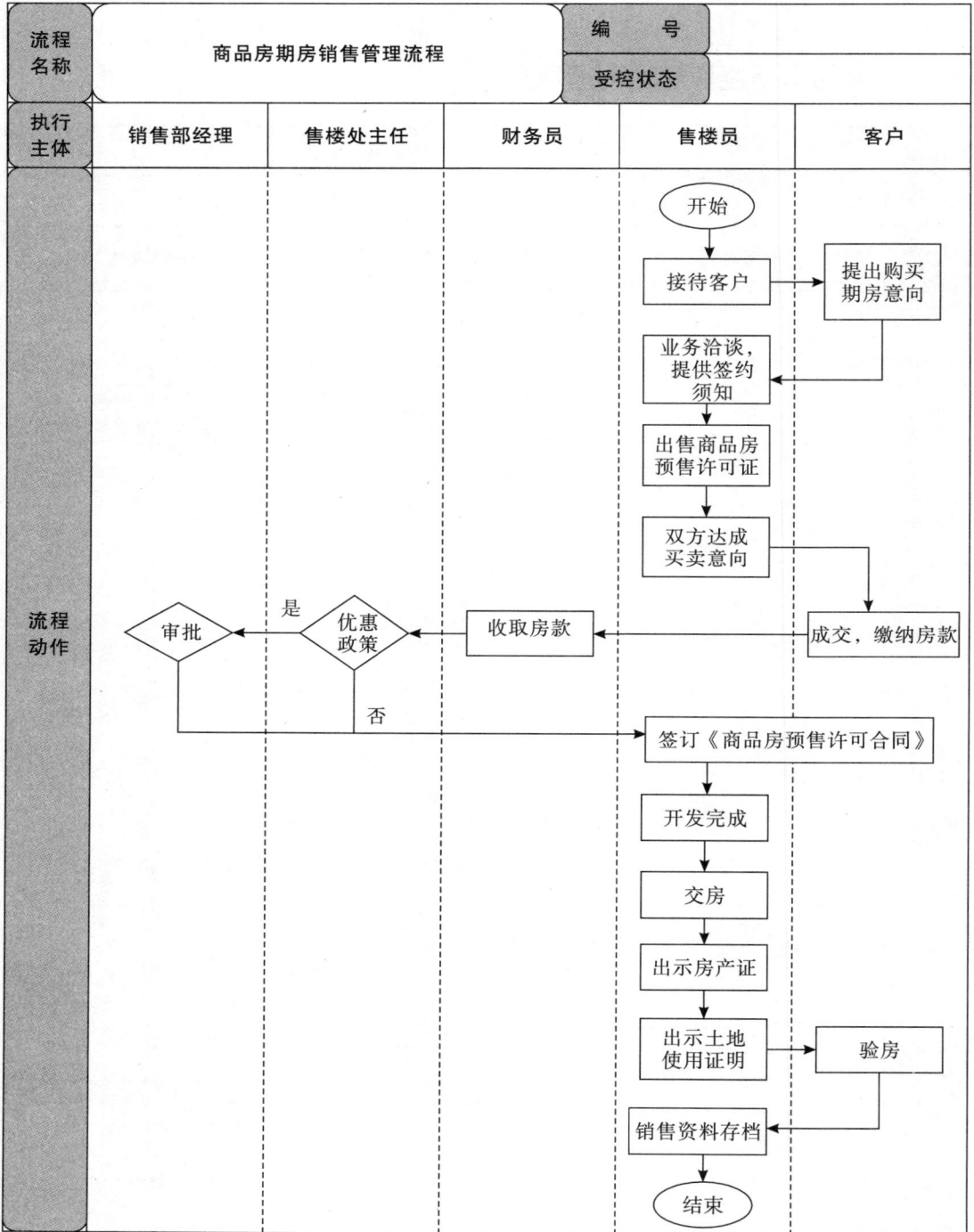

流程名称	商品房期房销售管理流程		编　号	
			受控状态	
执行主体	销售部经理	售楼处主任	财务员	售楼员	客户

流程动作				

开始

接待客户 → 提出购买期房意向

业务洽谈，提供签约须知

出售商品房预售许可证

双方达成买卖意向

审批 ← 是 ← 优惠政策 ← 收取房款 ← 成交，缴纳房款

否 → 签订《商品房预售许可合同》

开发完成

交房

出示房产证

出示土地使用证明 → 验房

销售资料存档 ←

结束

15.2.3 商品房现房销售管理流程

流程名称	商品房现房销售管理流程		编 号		
			受控状态		
执行主体	销售部经理	售楼处主任	财务员	售楼员	客户

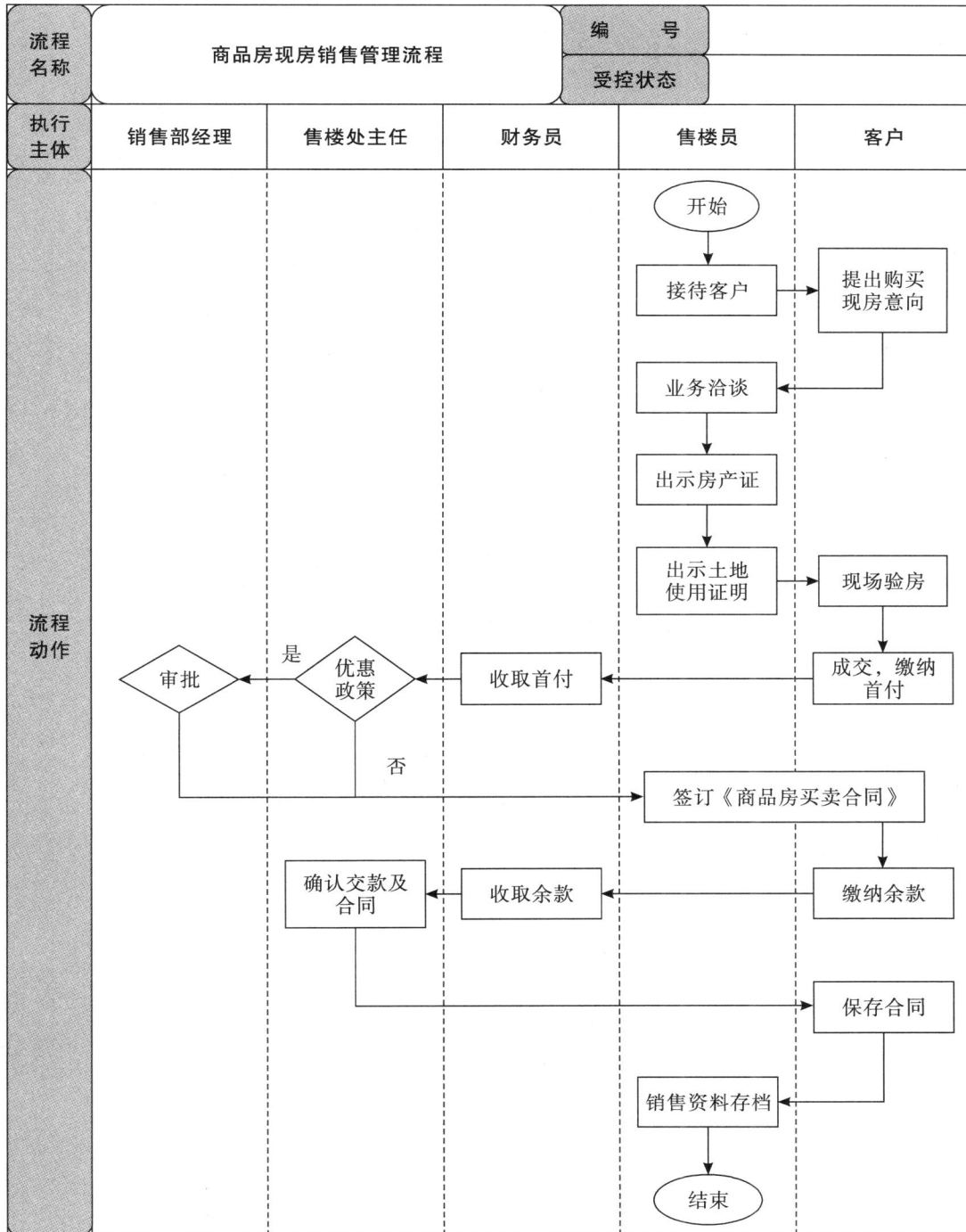

15.2.4 商品房按揭贷款办理流程

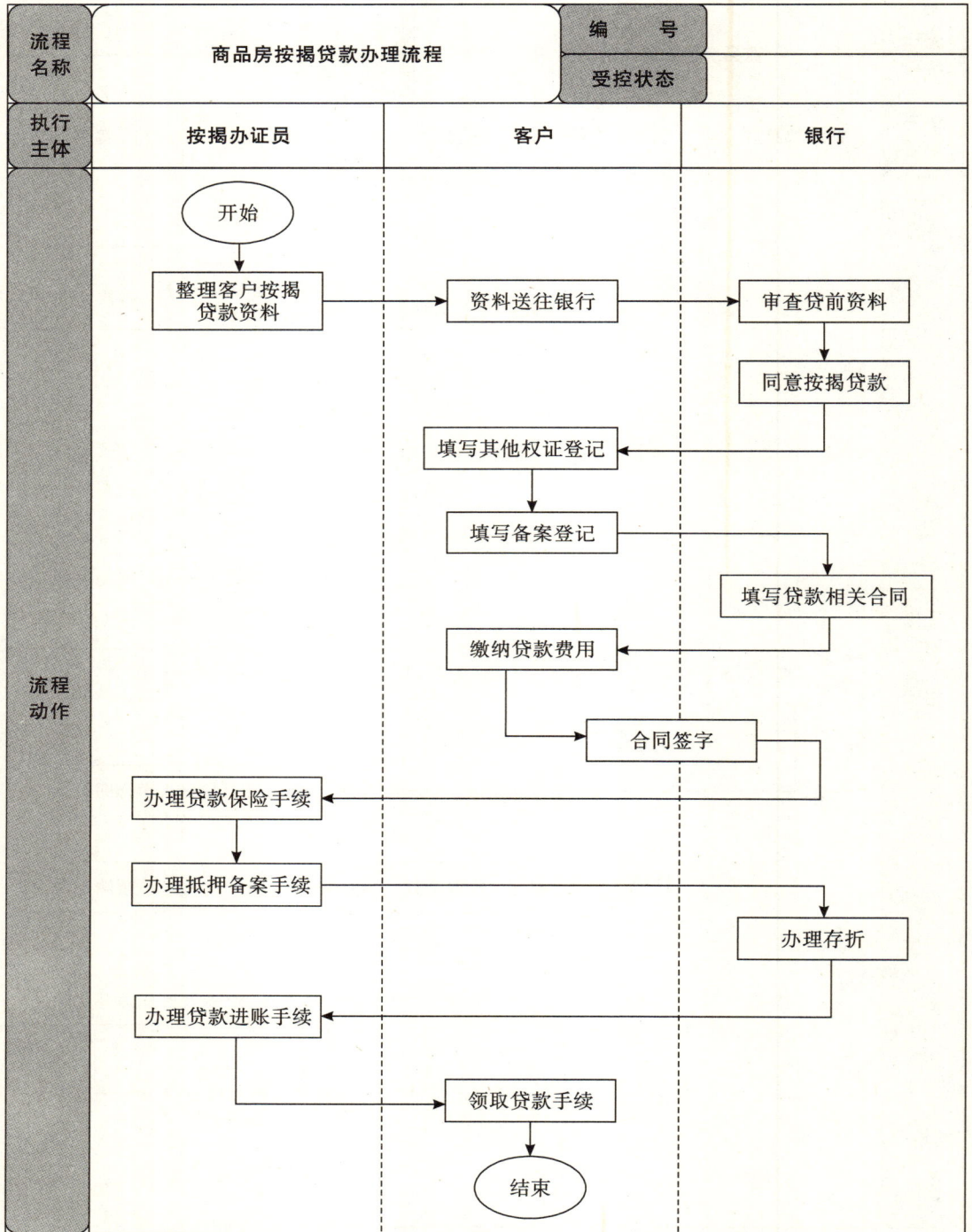

流程 名称	商品房按揭贷款办理流程		编　　号	
			受控状态	
执行 主体	按揭办证员	客户	银行	

流程动作

```
开始
  ↓
整理客户按揭    →    资料送往银行    →    审查贷前资料
贷款资料                                      ↓
                                         同意按揭贷款
                                              ↓
                   填写其他权证登记  ←─────────┘
                        ↓
                   填写备案登记  ──────────────┐
                                              ↓
                                         填写贷款相关合同
                   缴纳贷款费用  ←──────────────┘
                        ↓
                      合同签字
办理贷款保险手续  ←───────┘
     ↓
办理抵押备案手续  ─────────────────────────┐
                                         ↓
                                      办理存折
办理贷款进账手续  ←────────────────────────┘
     ↓
                   领取贷款手续
                        ↓
                      结束
```

15.2.5 商品房合同签约管理流程

流程名称	商品房合同签约管理流程		编　　号	
			受控状态	
执行主体	售楼处主任	合同管理员	售楼员	客户

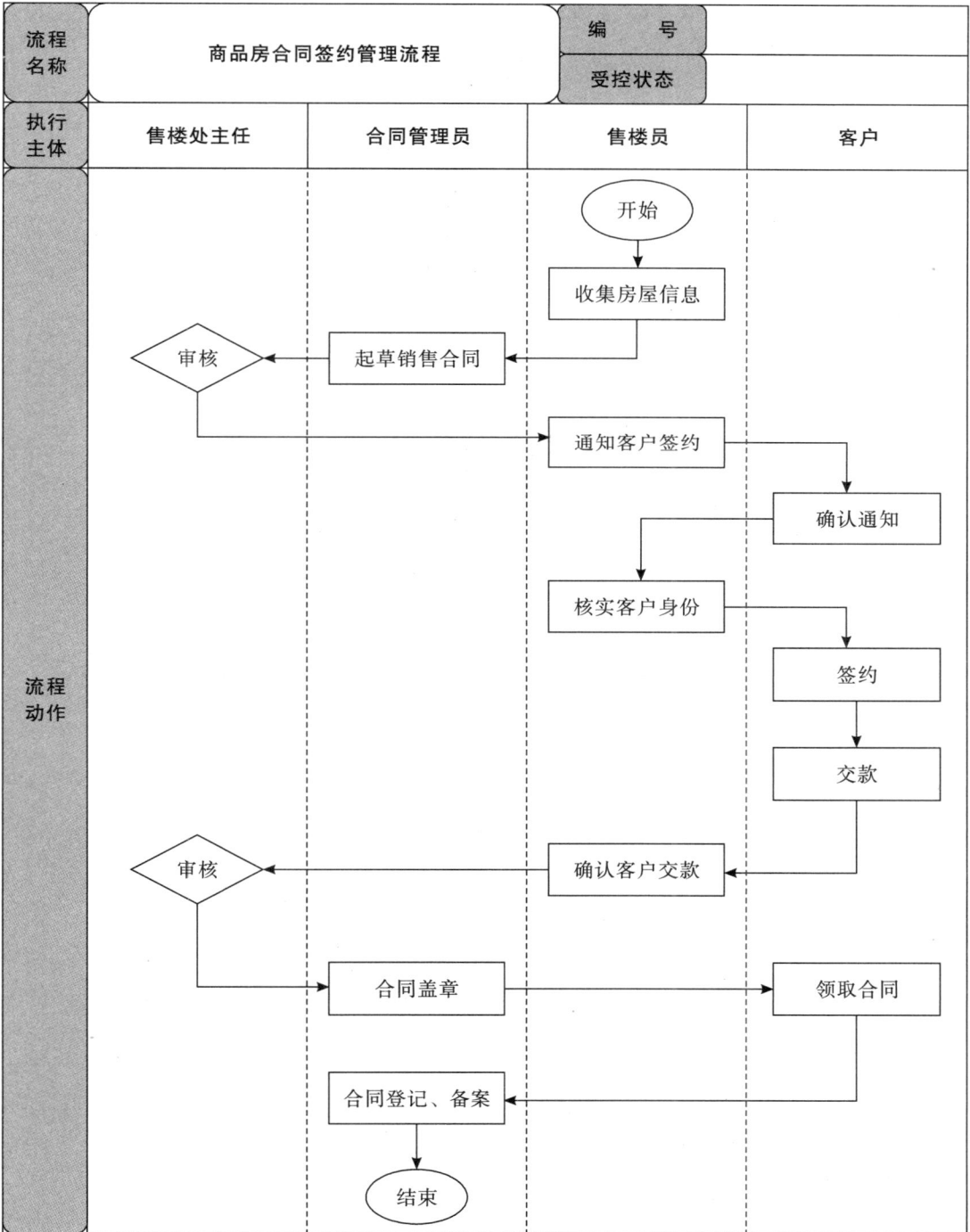

15.3 房地产销售营销管理制度体系

15.3.1 房地产销售营销管理制度体系指引图

房地产销售营销管理制度体系包括售楼处日常管理、商品房预售许可证管理、商品房现房销售管理、商品房合同签约管理、销售经营的会议管理等内容，包括但不限于以下五大制度，具体如图15-3所示。

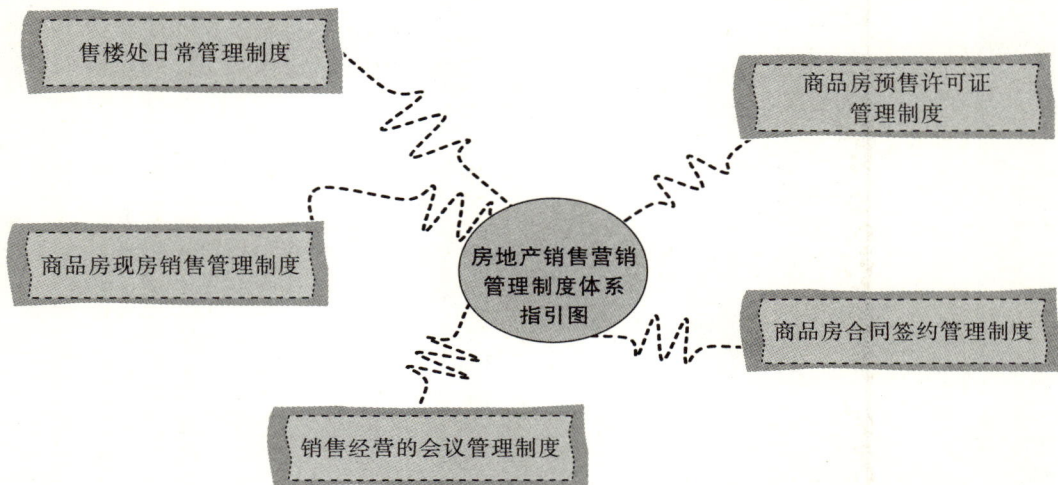

图15-3　房地产销售营销管理制度体系指引图

15.3.2 房地产销售营销管理制度的设计目标

房地产企业建立销售营销管理制度体系，主要是为了完成以下两大目标，具体如图15-4所示。

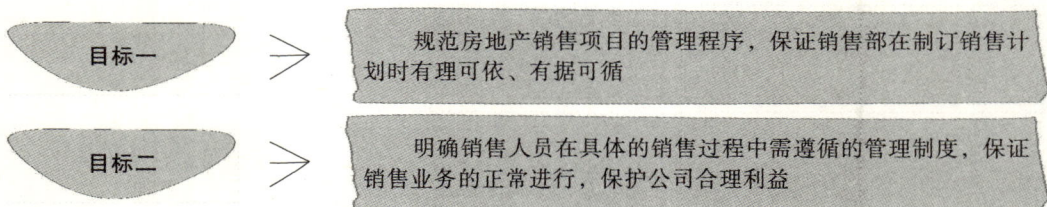

图15-4　房地产销售营销管理制度设计目标

15.3.3　房地产销售营销管理制度设计关注点

为了实现销售营销的目标，房地产企业在设计销售营销管理制度体系时需关注以下三项内容，具体图 15-5 所示。

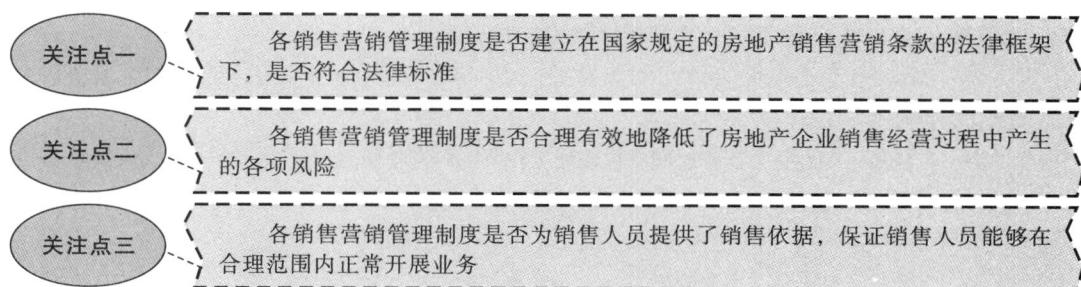

关注点一　各销售营销管理制度是否建立在国家规定的房地产销售营销条款的法律框架下，是否符合法律标准

关注点二　各销售营销管理制度是否合理有效地降低了房地产企业销售经营过程中产生的各项风险

关注点三　各销售营销管理制度是否为销售人员提供了销售依据，保证销售人员能够在合理范围内正常开展业务

图 15-5　房地产销售营销管理制度设计关注点

15.4　房地产销售营销管理制度设计

15.4.1　售楼处日常管理制度

制度名称	售楼处日常管理制度		编　号	
			受控状态	
执行部门		监督部门	编修部门	

第 1 章　总则

第 1 条　目的

为了规范本公司各售楼处售楼员的行为，塑造售楼处的良好形象，为客户提供优质到位的服务，特制定本制度。

第 2 条　适用范围

本制度适用于售楼处工作人员的日常管理工作，内容涉及日常纪律、着装规定、客户接待规范、样板间接待规范等。

第 2 章　售楼处日常纪律管理

第 3 条　各售楼处的售楼员必须严格遵守现场考勤及值班时间，每天上班后在考勤记录薄上签到，不得迟到早退，不得擅自离开工作岗位。

第 4 条　售楼处主管负责填写考勤记录表，并主动将考勤记录表上报公司。公司有权对各售楼处

（续）

的售楼员进行考勤抽查，如发现售楼处主管的考勤记录有与实际不相符的情况，则根据具体事实对售楼处主管和当事人作出严肃处理。

第5条　售楼处主管负责安排售楼员轮休，售楼员请假或补休时必须提前两天向售楼处主管申请并填写"请假单"，售楼处主管必须提前一天告知销售经理并安排好售楼现场工作。否则，公司人力资源部有权计当事人旷工并对售楼处主管进行相应处理。

第6条　售楼处主管请假或补休时，必须提前一天向销售经理申请并填写"请假单"，报公司人力资源部，否则视为旷工。

第7条　售楼员不得在正常工作时间在售楼处工作范围内进食任何零食或饮料（中、晚饭除外），不得阅读任何与售楼无关的书本、刊物，不得占用过多时间接打私人电话，不得做其他与售楼无关的事情。

第8条　各售楼处的全体成员必须团结一致、互帮互敬，严禁拉帮结派、背后拆台，不得在售楼处任何地方向客人推介其他公司的楼盘。

第9条　售楼员必须遵守工地的安全管理规定，不得使用未经有关部门检查合格和未正式交付使用的电梯。带客户看房时，售楼员和客户必须头戴安全帽，并提醒客户注意脚下的建筑杂物。

第10条　各售楼处必须张贴考勤轮值表、销售统计控制表，必须将上、下班时间贴在醒目的位置。

第11条　在售楼处，售楼员一律不得与客户、发展商、同事发生争吵，出现此类事件，立刻对当事人予以开除处理。

第12条　售楼员在售楼处不得用销售电话拨打声讯台，如有发生，公司除责令当事人交足声讯台费外，还将对当事人处以10倍的罚款，并对售楼处主管处以2倍的罚款。

第13条　售楼员必须按公司规定开展售楼活动，不得违规向客户承诺和违规收受客户的定房号费、订金、房款及其他款项。

第14条　售楼员应熟练掌握销售过程中的各项操作技能，如签订各项售楼文件、计算按揭月供等。

第15条　广告发布期间（广告当天和广告第二天），售楼处售楼员应全部到岗。

第16条　各售楼处允许售楼员休息日时自愿加班。

第17条　严禁争抢公司同事的客户，一经发现，视情节严重性予以扣罚工资和奖金及开除处理。

第18条　与客户办理签订合同、交款和入住等业务时，必须严格维护客户的隐私。

第3章　着装规定

第19条　8：50～8：55为售楼处工作人员的着装准备时间。

第20条　售楼处工作人员必须按照公司要求着标准制服上岗。

第21条　售楼处女性员工必须化淡妆，长发须束起，不能佩戴太过夸张的耳环及项链，手上最多只能佩戴一枚戒指，不能涂抹太过鲜艳的指甲油。

第22条　员工工装必须保持干净整洁，衬衣必须经常更换及洗熨。

（续）

第 23 条　所有员工必须穿深色皮鞋，每天擦鞋油，保持鞋面整洁。

第 24 条　售楼处所有员工上岗时必须佩戴由公司统一制作的胸卡或工号胸牌。

第4章　客户接待规范

第 25 条　前台接待规范

1. 前台接待员工在客户进门时必须全体起立，并同时说："您好！"

2. 面带微笑地与来访客户沟通，同时将其引荐至各售楼员或客户指定的售楼员。

3. 客户离开时，前台人员必须同时起立，并说："请慢走！"

4. 接听电话时，必须在铃响三声内接起电话，并做好接听记录。

5. 前台接待员工必须每日做好客户登记工作，并保证各类统计数据的准确性。

第 26 条　售楼员接待规范

1. 在售楼现场，售楼员按事先规定的顺序接待客户，如轮到的售楼员不在或正接待客户，则跳过或补接。

2. 售楼处主管负责监督调整现场客户接待的秩序，尽量做到公平合理，并保证每个来访客户能及时得到售楼员的主动接待。

3. 售楼员接待客户时，必须做好充分的准备工作。

4. 售楼员不得挑客户，不得冷落客户。不论客户的外表、来访动机如何，售楼员都要全力接待。

5. 售楼员不得以任何理由中断正在接待的客户而转接其他客户。

6. 售楼员不得在客户面前争抢客户。

7. 售楼员不得在其他售楼员接待客户的时候主动插话或帮助介绍，除非得到邀请。

8. 每位售楼员都有义务帮助团队其他成员促成交易。其他售楼员的客户来访时，在场售楼员必须立刻与原售楼员联络，得到其同意并了解该客户情况后才能继续接待。

9. 除非得到原售楼员的同意，售楼员不得递名片给他人的客户。

10. 售楼员不得私自为客户放盘、转名，否则公司将对其进行严肃处理。

11. 售楼员接待客户完毕，必须送客户出售楼处，不得在客户背后谈论、辱骂或取笑该客户。

12. 每位售楼员都有义务接听客户的来电咨询，并鼓励客户来访。

13. 售楼员不得以任何理由阻止客户落定，不得做出损害公司利益的行为。否则，一旦发现将予以严肃处理。

14. 当需与客户坐下洽谈时，售楼员应先为客户拉开座椅，等客户落座后自己方可坐下。坐下时应挺胸收腹，手放于桌上，面带微笑，平视客户。当接待完客户离座时，应先将客户座椅放回原位，并将客户送至售楼处门口。

15. 工作中因事离岗时，须事先报请上级批准，不得无故离开工作岗位。否则，一经发现将视情节轻重程度予以 50 元罚款或旷工处理。

16. 售楼员有义务提出合理化建议，完善项目的销售工作。

（续）

第5章　样板间接待规范
第27条　样板间由专人带看，前台接待员须事先与客户说明。 第28条　样板间内的工作人员必须热情接待客户，不得争抢或冷落客户。 第29条　售楼处必须有专人负责每日早晚两次核对样板间内的物品，并与现场保安做好交接工作。 第30条　当客户进入样板间时，工作人员应主动递上鞋套或其他保护性工具。 第31条　每日带看样板间的工作人员对样板间内的物品负有保管责任，发现任何物品损坏，须立即告知当日样板间负责人或售楼处主管。 **第6章　附则** 第32条　本制度由销售部负责制定，其最终解释权归销售部所有。 第33条　本制度自颁布之日起生效。

编制日期		审核日期		批准日期	
修改标记		修改处数		修改日期	

15.4.2　商品房预售许可证管理制度

制度名称	商品房预售许可证管理制度		编　号	
			受控状态	
执行部门		监督部门	编修部门	

第1条　目的

为了加强商品房预售许可证的管理，维护正常的期房交易秩序，根据我国商品房交易相关法律法规，结合公司的自身情况，特制定本制度。

第2条　适用范围

本制度适用于公司开发项目在本市所建商品房屋的预售许可管理。

第3条　解释说明

《商品房预售许可证》是市、县人民政府房产管理部门允许房地产开发企业销售商品房的批准文件，其主管机关是市国土房管局，证书由市国土房管局统一印制、办理登记审批和核发证书。

第4条　根据国家相关规定，公司在进行商品房预售前，应当向房产管理部门申请预售许可，取得《商品房预售许可证》。未取得《商品房预售许可证》的，不得进行商品房预售。

第5条　公司办理《商品房预售许可证》时，拟申请商品房应当符合下列条件。

1. 已交付全部土地使用权出让金，取得土地使用权证书。

2. 持有《建设工程规划许可证》。

（续）

3. 按提供预售的商品房计算，投入开发建设的资金达到工程建设总投资的25%以上，并已经确定施工进度和竣工交付日期。

4. 向县级以上人民政府房产管理部门办理预售登记，取得商品房预售许可证明。

第6条　公司在申请商品房预售许可手续时，须提交以下证件。

1. 商品房预售许可申请表（主管部门制式表）。

2. 营业执照、房地产开发企业资质证书、工程规划许可证、土地使用权证书及施工许可证的原件。

3. 建设工程投资达到25%以上，已完成基础工程的证明并需要工程形象进度符合规定的现场照片（各地要求不一致）。

4. 商品房预售方案（需要一房一价备案）。

5. 预售款监管协议及专用账户开户证明。

6. 土地上无房屋或有房屋未办理房产证的具结书，原房屋办理权属登记的需提供注销证明。

7. 施工合同及进度说明。

8. 土地使用权、在建工程设置抵押的，抵押权人同意办理预售的书面意见及初始登记前解除抵押的书面保证。

9. 预测绘报告。

10. 业主临时公约。

11. 前期物业服务合同。

12. 物业管理用房配置情况说明书。

第7条　公司在申请《商品房预售许可证》时，应遵循以下行政许可程序。

1. 公司应向房地产交易管理所提出申请，并提交有关材料。

2. 房地产交易管理所对申请材料进行初审，提出初审意见，并将初审意见和全部材料上报县房产管理部门。

3. 县房产管理部门进行审核和现场查勘，并作出行政许可决定，准予许可的，于法定时间内向申请人颁发送达许可证书。

第8条　公司应当按照国家有关规定将预售合同报县级以上人民政府房产管理部门和土地管理部门登记备案。

第9条　销售部在办理商品房预售广告时，必须在广告中载明《商品房预售许可证》编号；各销售人员在向客户介绍商品房时，必须主动出示《商品房预售许可证》。

第10条　在预售期所得的销售款项，由财务部负责调控，必须用于相关的工程建设，不得挪用和拆借。

第11条　凡是预售的期房需要转让的，应办理公证，由销售人员和客户凭原售房合同和转让合同，到市建设行政管理部门办理交易手续，并按规定交纳交易手续费，由财务部报销。

第12条　本制度由销售部负责制定，其最终解释权归销售部所有。

第13条　本制度自颁布之日起生效。

编制日期		审核日期		批准日期	
修改标记		修改处数		修改日期	

15.4.3　商品房现房销售管理制度

制度名称	商品房现房销售管理制度		编　号	
			受控状态	
执行部门		监督部门	编修部门	

第1章　总则

第1条　目的

为了规范商品房现房销售行为，保障商品房交易双方当事人的合法权益，根据国家有关法律、法规和《商品房销售管理办法》，结合公司的具体情况，特制定本制度。

第2条　适用范围

本制度适用于各项目售楼处的销售管理工作。

第2章　销售策略、计划的制订

第3条　拟开发项目之初，销售部应派员工参与项目立项过程，掌握项目定位、产品规划、成本等内容，做好营销策划工作准备。

第4条　根据项目开发进程，销售部应及时进行全程营销策划，包括项目调研、制定销售策略和宣传推广策略等。

第5条　销售部应根据项目施工进度实施营销推广计划，做好开盘前的准备工作，包括各种形式的宣传、销售现场包装、销售人员培训等。

第6条　销售部经理应根据项目情况及时做好项目销售规划，组建售楼处，以配合公司开展各项工作。

第3章　楼盘销控管理

第7条　销控工作由销售部经理统一负责，销售部经理不在时，由售楼处主管具体执行，并在第一时间知会销售部经理。

第8条　售楼员需要销控单位时，须同销售部经理联系，确认该单位尚未售出，然后才能进行销控。

第9条　销售部经理销控单位前，售楼员必须先上交客户的认购定金或身份证原件。

第10条　售楼员应于销控单位得到确认后，再与客户办理认购手续。

第11条　售楼员不得在销售部经理不知情或销控单位未果的情况下自行销控，否则自行承担由此而产生的一切后果，公司也将严肃处理当事人。

第12条　销控后，如客户即时下订单，销售部经理需将最新资料登记于销控登记表；如客户没有下订单，销售部经理需及时取消该单位的销控登记。

第13条　如客户已确认落定，售楼员必须第一时间向售楼处主管（销售部经理）汇报。

第4章　认购管理

第14条　定金与尾数的规定如下。

1. 售楼员必须按公司规定的金额，要求客户提交定金。

（续）

2. 如客户的现金少于公司规定的最低定金，必须征得销售部经理的同意后方可受理，否则不予以销控及认购。

3. 如客户未交齐全部定金，售楼员必须按公司所规定的期限要求客户补齐尾数；如客户要求延长期限，售楼员须知会销售部经理并取得其同意后方可受理。

第15条 收款、收据与"临时认购书"的规定如下。

1. 售楼员向客户收取定金或尾数时，必须通知售楼处主管，并由会计与客户当面点清金额。售楼处主管核对无误后，会计才能开具收据，并即时收妥定金及相应单据。

2. 如客户交出的定金不足需补尾数的，只能签订《临时认购书》。

3. 客户交尾数时，原已开出的收据不需收回，只需增开尾数收据，经售楼处主管核对无误后与客户签订认购书，并收回《临时认购书》。

4. 客户交出的定金或尾数为支票的，开具支票收条，在收条上登记认购情况并进行销控，在支票到账后方可办理认购手续。

第16条 认购书填写要求如下。

1. 认购书中的楼价栏，须填写打完折扣之后的最终成交价。如该房屋有额外折扣，须按审批权限交由售楼处主管、销售部经理签名确认。

2. 认购书中的收款栏，须由售楼处主管核对定金无误后如实填写，并在下方注明所开收据编号。

3. 售楼员填写完《临时认购书》后，必须交由售楼处主管核对检查，检查无误后可将客户联作为认购凭据交给客户，并收妥余联。

第17条 楼盘签约程序规定如下。

1. 售楼员应按照公司的统一答词向客户解释标准合同条款。

2. 售楼员带领客户到现场销售主管处确认客户身份和查看该房间的销售状态，填写"签约确认单"。

3. "签约确认单"须经销售部经理签字后方可签订正式合同。

4. 售楼员执"签约确认单"及正式合同带领客户到财务部交纳首期房款及办理销售登记所需相关税费。

5. 财务人员复核并收款后，收回客户定金收据，开具首付款发票，并在"签约确认单"上盖收讫章及签字确认。

6. 售楼员执"签约确认单"、客户首付款发票、购房合同至合同主管处签字盖章。

7. 售楼员将签约流程中涉及的相关材料及时上交客户服务主管审核统计。

8. 客户服务主管填写签约客户档案交接单，经销售部经理签字后将合同转交相关部门。

第5章 客户确认管理

第18条 抢单及其处罚规定如下。

1. 抢单是指售楼员明知客户已与其他售楼员联系过，但仍为了个人利益而不择手段地将此客户成交业绩及佣金据为己有的行为。

（续）

2. 如果发生抢单行为，售楼员将受到公司最严厉的辞退处罚，且业绩佣金归已与客户联系过的售楼员。

第19条　撞单是指多名售楼员在不知情的情况下与同一买房客户联系的行为。

第20条　公司实行售楼员首接业绩制，原则上以"销售日报表"登记第一时间为准（第一时间保留时限为两个月），客户成交业绩归第一时间登记的售楼员。

第21条　接待上门客户或接听热线电话时，如发现该客户是某位售楼员在其他项目时的客户或熟人，但该售楼员从未向该客户介绍过本项目并且该客户并未提及该售楼员的名字，则该客户与该售楼员无关，按正常的来访或来电接待。

第22条　客户为售楼员介绍其他客户时，售楼员应提前在"销售日报表"中登记被介绍客户的姓名及电话。此客户来访或来电时，无论是否提及该售楼员姓名，其他售楼员均有义务将此客户还给该售楼员。如售楼员未登记，被介绍客户也未提及该售楼员，则该客户与此售楼员无关。

第23条　售楼员在得知与他人撞单的情况下，为了获取业绩和佣金，私下联络客户换名或采用其他办法购房，一旦查出，将没收其佣金并予以辞退处理。

第24条　售楼员不允许走私单，如被发现将予以开除。

第25条　在售楼处工作的非售楼员，不得将自己接待的客户未经销售部指定随意介绍给某个售楼员。

第26条　如果客户到销售部投诉或反映原售楼员不称职，经销售部核查属实后，销售部有权安排其他售楼员继续与该客户谈判至签约，其业绩、佣金平均分配，此类客户今后带来的新客户有权自愿选择售楼员洽谈。

第27条　未成交客户介绍的新客户，如客户指定原售楼员接待，则由原售楼员接待；如未指定，则算作新客户并按顺序接待。

第6章　客户跟踪规范

第28条　接待客户的来电来访后，接待人员应认真填写"来电客户登记表""来访客户登记表"，并做好来电、来访客户记录，交售楼处主管安排客户跟踪日程。

第29条　售楼员必须于每日上班开始半小时内，根据售楼处主管的安排及时作跟踪笔记，并在当日下班时整理当日工作，完善工作日记。

第30条　售楼员必须于每周五向售楼处主管报告本周客户跟踪情况。

第31条　售楼处主管每周定期检查售楼员的工作笔记，对笔记不合格者进行处理（如停接电话、停接客户等），并记入劳动考核。

第32条　从客户与售楼员第一次联系之日起，如一个月内售楼员未跟踪该客户，视作放弃该客户。

第7章　销售例会管理

第33条　各售楼处主管每周五选定时间召开周销售工作会议，总结本周销售情况，做好下周工作计划安排。

（续）

第34条 销售部经理每周或不定期地组织各项目售楼处主管召开会议，了解各项目的销售情况，对下一阶段工作进行部署。

第35条 营销总监应组织、主持月度销售例会。

第36条 遇有紧急情况，应根据情况召开临时会议，及时处理销售中出现的问题。

第8章 附则

第37条 本制度由销售部负责制定、修订与解释，其中与房地产销售有关的未尽事宜，可参考公司的《员工手册》《售楼员实战手册》等文件。

第38条 本制度报营销总监审核和总经理审批后颁布执行。

编制日期		审核日期		批准日期	
修改标记		修改处数		修改日期	

15.4.4 商品房合同签约管理制度

制度名称	商品房合同签约管理制度		编　号	
			受控状态	
执行部门		监督部门	编修部门	

第1章 总则

第1条 目的

为了加强合同管理、规范合同审核及签约管理，降低经营风险，根据相关法律、法规及结合公司实际，特制定本制度。

第2条 适用范围

本制度适用于销售部全体人员。

第3条 工作职责

1. 销售部负责具体的合同签约，同时负责对签约合同的审核。

2. 财务部、法务部协同销售部对合同签约进行审核，以保证公司的合理利益。

3. 合同管理员负责制定合同，并对合同进行备案保存。

第2章 合同审核管理

第4条 合同审核基本规定

1. 负责合同审核的主要部门为销售部、财务部、法务部。

2. 合同审核实行各责任部门及相关领导审核会签的责任制原则。

第5条 销售部审核内容

1. 对签约购房人进行背景调查，核实购房人的资格、资质和资金信用情况，以及与正常履行合同

（续）

相关的事项。

2. 签约购房人是否具有独立民事行为能力，是否具有贷款偿还能力。

第6条　财务部负责对合同的下列内容进行审核。

1. 签约购房人履行合同资金安排的可行性、合理性。

2. 合同签约中相关税费安排的合理性、合规性。

3. 其他财务内容。

第7条　法务部审核内容

1. 合同签约的形式。

2. 合同签约的实质性条款。

3. 合同的效力。

4. 其他法律条款。

第8条　合同审核后的处理

1. 各部门在审核合同时如发现重大错误或遗漏，应将合同退还销售部进行修改和补充。

2. 对于材料不齐全的项目，由销售部在规定期限内一次性补齐。

3. 销售部负责汇总、整理各部门审核意见，对审核意见冲突项目进行协调，遇有重大条款问题报请分管副总负责决策。

第3章　合同签约管理

第9条　合同签约基本规定

1. 商品房合同签约实行洽谈、审查、批准相对独立的原则，销售人员、审核部门、分管副总分工负责。

2. 商品房合同签约过程中，对于损害公司相关利益的行为，将根据情节严重程度追究相关人员的法律责任，具体说明如下。

（1）收受他人贿赂，与合同签订对方恶意串通，损害公司利益的行为。

（2）由于职员严重玩忽职守，导致公司遭受巨大经济利益损失的相关行为。

（3）故意违反本制度各项规定的相关行为。

第10条　合同签约要求

1. 商品房合同的签署应严格按照公司签订合同的约定执行，并加盖公司印章（骑缝章）。

2. 商品房合同签字、盖章的具体要求如下。

（1）如与销售员签约方是公司，应加盖公章或合同专用章。

（2）如与销售员签约方是个人，应由购房申请人亲自签署（应使用黑色水笔或中性笔，杜绝使用圆珠笔、铅笔或红笔），并在签名处加摁指印确认以及在合同文本上加摁骑缝指印。

（3）如因特殊情况需要对已经签署的合同进行修改，应采用补充协议形式。

（4）如确需在原签署合同中进行修改的，应在修改处由签署双方盖章或签字并按指印确认。

第11条　签订合同文本

1. 销售人员在与客户签订合同时，除即时交割（银货两讫）的简单小额经济事务外，禁止口头协

（续）

议和非正规的书面形式。

2. 商品房合同签约所使用的合同文本，必须根据公司合同管理规定编制合同序列号，以便于需要时查询。

3. 商品房合同与公司其他类合同一样采用公司标准文本，对于合同无法使用公司标准文本的情况，销售部应在合同中注明详细原因。

4. 合同最终签署文本应保证是清晰版本，无任何修改、添加或减少痕迹。

5. 签约合同的销售人员需确保签约合同文本与各部门审核后的文本相一致，负责签订合同的销售人员应承担由此产生的全部责任和经济损失。

第 12 条　监督检查

1. 各部门应指定专人对已签署合同进行审核，如发现签署的商品房合同不符合公司要求，应及时要求相关人员予以修正，以保证合同签署的规范。

2. 公司将不定期对合同审核及签署情况进行抽查。

3. 经查实违反本规定的相关人员及直接主管，将按下述相关规定予以处罚。

（1）已签署的合同未及时移交导致遗失的，每发生一例罚款人民币 1000 元并给予警告处分。

（2）擅自签署合同给公司造成损失的，需承担由此产生的全部损失与责任并给予开除处分。如涉嫌刑事犯罪的，将移交司法机关进行处理。

第 4 章　附则

第 13 条　本制度由销售部负责制定，其最终解释权归销售部所有。

第 14 条　本制度自颁布之日起生效。

编制日期		审核日期		批准日期	
修改标记		修改处数		修改日期	

15.4.5　销售经营的会议管理制度

制度名称	销售经营的会议管理制度		编　号	
			受控状态	
执行部门		监督部门	编修部门	

第 1 章　总则

第 1 条　为了规范公司的销售工作，及时掌握各项目的销售情况，保证销售任务的顺利完成，特制定本制度。

第 2 条　本制度适用于所有销售人员，包括销售管理层。销售会议必须按本制度中的条款执行，违者将按公司相关规定进行惩处。

（续）

第 2 章　基本要求

第 3 条　公司销售会议必须遵循"高效、高质量"的原则。

第 4 条　开会时，参会人员必须纪律严明，参会时必须携带笔记本和笔。除有特殊情况，所有参会人员必须准时参会，不得无故缺席、中途退席或迟到。

第 5 条　一般性例会时间，必须控制在半个小时以内。

第 6 条　所有会议如无特殊情况必须要有会议纪要，会议纪要最长在两个工作日内出稿，除存档外，必须向销售部经理报阅。

第 3 章　销售例会

第 7 条　销售例会在每周四下午 5：00 召开，由销售部经理主持，销售内勤文员、售楼处现场经理参加。

第 8 条　销售例会的内容包括但不限于以下五项主题。

1. 各售楼处汇报工作完成情况。

2. 上周销售过程中出现问题的分析、解决。

3. 各售楼处工作的协调。

4. 下周销售工作安排。

5. 公司有关工作安排。

第 9 条　销售例会后 24 小时内，销售内勤文员完成会议纪要的整理上报工作，并以工作档案的形式存档保留。

第 10 条　参加销售例会的人员在会前及时完成"销售任务管理统计表"，于会后交送销售总监办公室。

第 11 条　参加例会的人员必须准时出席，如遇特殊情况，需提前向销售部经理或销售总监请假。

第 12 条　无法参加会议的人员也应及时将"销售任务管理统计表"送至销售总监办公室或内勤处。

第 4 章　销售人员会议

第 13 条　销售人员会议由各售楼处现场经理主持，会议时间由各售楼处现场经理确定，但应每周召开一次，参与人员为各销售人员。

第 14 条　销售人员会议的内容包括但不限于以下五个主题。

1. 汇总、分析销售工作中遇到的问题。

2. 对疑难客户进行分析，找对策。

3. 对意向客户的落实情况。

4. 销售人员的签约、回款情况。

5. 由销售主管组织进行组内培训。

第 15 条　各售楼处现场经理在会后 24 小时内完成销售人员会议情况反馈的整理，上报销售部经理并作为工作档案及时存档。

（续）

第 16 条　销售总监或销售部经理有权视工作中出现的紧急情况，临时召开销售人员会议。

第 5 章　销售月度例会

第 17 条　销售月度例会在每月最后一周的周五进行，由销售总监主持，销售部经理、销售内勤文员及各售楼处现场经理参加。

第 18 条　销售月度例会的内容包括但不限于以下五项主题。

1. 各售楼处工作总结。

2. 本月销售过程中出现问题的分析、解决。

3. 各售楼处工作的协调。

4. 下月销售工作安排。

5. 公司有关工作安排。

第 19 条　销售月度例会后 24 小时内，销售内勤文员完成会议纪要的整理上报工作，并以工作档案形式存档保留。

第 20 条　参加例会人员要求准时出席，如遇特殊情况需提前向销售总监或销售部经理请假；如需在会上发言，须提前将发言内容交给内勤。

第 21 条　无法参加会议的人员也应及时补阅会议纪要，不因缺席而耽误工作。

第 6 章　附则

第 22 条　本制度由销售部制定，其修订权、解释权归销售部所有。

第 23 条　本制度经总经理办公会议审议通过后，自颁布之日起执行。

编制日期		审核日期		批准日期	
修改标记		修改处数		修改日期	

《房地产企业必备的47个制度和68个流程》
编读互动信息卡

亲爱的读者：

感谢您购买本书。只要您以下三种方式之一成为普华公司的**会员**，即可免费获得普华每月新书信息快递，在线订购图书或向我们邮购图书时可获得免付图书邮寄费的优惠：①详细填写本卡并以**传真（复印有效）或邮寄**返回给我们；②**登录普华公司官网注册成为普华会员**；③关注微博：@ 普华文化（新浪微博）。会员单笔订购金额满 300 元，可免费获赠普华当月新书一本。

哪些因素促使您购买本书（可多选）

○本书摆放在书店显著位置　　　○封面推荐　　　　　○书名

○作者及出版社　　　　　　　　○封面设计及版式　　○媒体书评

○前言　　　　　　　　　　　　○内容　　　　　　　○价格

○其他（　　　　　　　　　　　　　　　　　　　　　　　　　　）

您最近三个月购买的其他经济管理类图书有

1.《　　　　　　　　》　　　　2.《　　　　　　　　》

3.《　　　　　　　　》　　　　4.《　　　　　　　　》

您还希望我们提供的服务有

1. 作者讲座或培训　　　　　　　2. 附赠光盘

3. 新书信息　　　　　　　　　　4. 其他（　　　　　　　　　　　）

请附阁下资料，便于我们向您提供图书信息

姓　　名　　　　　　联系电话　　　　　　　职　　务

电子邮箱　　　　　　工作单位

地　　址

地　　　址：北京市丰台区成寿寺路 11 号邮电出版大厦 1108 室

　　　　　　北京普华文化发展有限公司（100164）

传　　　真：010 – 81055644

读者热线：010 – 81055656

编辑邮箱：zhangguocai@ puhuabook. com

投稿邮箱：puhua111@ 126. com，或请登录普华官网"作者投稿专区"。

投稿热线：010 – 81055633

购书电话：010 – 81055656

媒体及活动联系电话：010 – 81055656　　　　　　邮件地址：hanjuan@ puhuabook. com

普华官网：http：//www. puhuabook. com. cn

博　　客：http：//blog. sina. com. cn/u/1812635437

新浪微博：@ 普华文化（关注微博，免费订阅普华每月新书信息速递）